工业互联网技术专业“十三五”规划教材
产 教 融 合 系 列 教 程
应 用 型 人 才 终 身 学 习 计 划

工业互联网智能网关技术应用初级教程

主　编　吴永新　张明文　王　伟
副主编　李向菊　王璐欢　李　闻

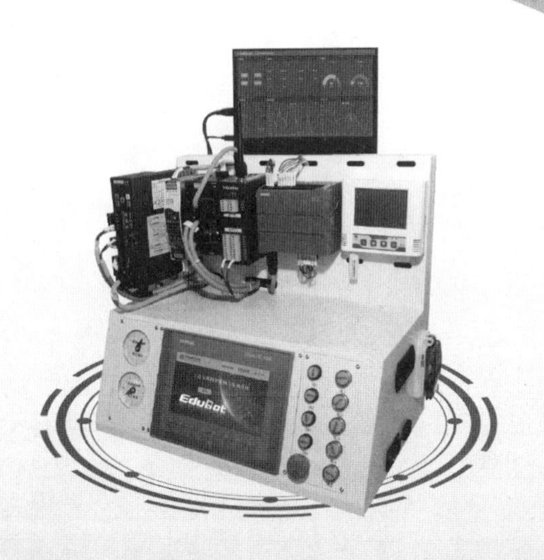

www.irobot-edu.com
教学视频+电子课件+技术交流

哈爾濱工業大學出版社
HARBIN INSTITUTE OF TECHNOLOGY PRESS

内 容 简 介

本书主要介绍工业互联网技术和基于工业互联网智能网关产教应用系统的知识及应用，分为基础理论和项目应用两部分。第一部分全面地介绍了工业互联网的基础知识，先围绕工业互联网的发展历程、定义特点、技术体系及平台架构等方面进行讲解，再针对工业互联网智能网关产教应用系统，着重介绍其功能特色、应用方法、网关编程等内容。第二部分基于工业互联网智能网关产教应用系统，介绍了基于智能网关实现 PLC、伺服系统和智能仪表等常见工业仪器设备的数据采集、数据可视化、云平台数据交互等内容。

本书可作为高职高专工业互联网、机电一体化、电气自动化及机器人技术等相关专业的教材，也可供从事相关行业的技术人员参考使用。

图书在版编目（CIP）数据

工业互联网智能网关技术应用初级教程 /吴永新，张明文，王伟主编. —哈尔滨：哈尔滨工业大学出版社，2022.6

产教融合系列教程

ISBN 978-7-5767-0191-3

Ⅰ. ①工… Ⅱ. ①吴… ②张… ③王… Ⅲ. ①互联网络-应用-工业发展-教材 Ⅳ. ①F403-39

中国版本图书馆 CIP 数据核字（2022）第 110880 号

策划编辑　王桂芝　张　荣

责任编辑　张　荣　王　爽

出版发行　哈尔滨工业大学出版社

社　　址　哈尔滨市南岗区复华四道街 10 号　邮编 150006

传　　真　0451-86414749

网　　址　http://hitpress.hit.edu.cn

印　　刷　辽宁新华印务有限公司

开　　本　787 mm×1 092 mm　1/16　印张 20.25　字数 450 千字

版　　次　2022 年 6 月第 1 版　2022 年 6 月第 1 次印刷

书　　号　ISBN 978-7-5767-0191-3

定　　价　56.00 元

编审委员会

前　言

工业互联网是互联网和新一代信息技术与工业系统全方位深度融合所形成的产业和应用生态，是工业智能化发展的关键综合信息基础设施。当前，新一轮科技革命和产业变革蓬勃兴起，工业经济数字化、网络化、智能化发展成为第四次工业革命的核心内容。工业互联网作为数字化转型的关键支撑力量，正在全球范围内不断颠覆传统制造模式、生产组织方式和产业形态，推动传统产业加快转型升级、新兴产业加速发展壮大。

工业互联网智能网关作为连接现场设备和工业网络的重要桥梁，主要完成对工业现场种类繁杂的仪器、设备的数据采集，实现各类工业设备的数据化、信息化，为构建工业互联网提供底层支撑。

在工业互联网与制造业融合的关键阶段，越来越多企业将面临“设备易得、人才难求”的尴尬局面，所以，要实现“互联网+先进制造业”，人才培养要先行。《国务院关于深化“互联网+先进制造业”发展工业互联网的指导意见》指出，协同发挥高校、企业、科研机构、产业集聚区等各方面作用，大力培养工业互联网技术人才和应用创新型人才。针对这一现状，为了更好地推广工业互联网，培养既熟悉工业 OT 层设备应用又掌握 IT 层技术的复合型人才，急需编写一本系统全面的工业互联网与智能网关技术的入门教材。

本书的主要内容分为两个部分：基础理论部分和项目应用部分。第一部分全面地介绍了工业互联网的基础知识，先围绕工业互联网的发展历程、定义特点、技术体系及平台架构等方面进行了讲解，再针对工业互联网智能网关产教应用系统，着重介绍了其功能特色、应用方法、网关编程等内容。第二部分基于工业互联网智能网关产教应用系统，介绍了基于智能网关实现 PLC、伺服系统、智能仪表等常见工业仪器设备的数据采集、数据可视化、云平台数据交互等内容。

本书依据工业互联网智能网关初级入门的学习要求科学设置知识点，倡导实用性、系统性；采用项目式教学，有助于激发学习兴趣，提高教学效率，便于读者在短时间内全面、系统地了解工业互联网智能网关的基本知识和应用技术。

本书图文并茂、通俗易懂、实用性强，既可作为高职高专工业互联网、机电一体化、电气自动化及机器人技术等相关专业的教材，也可供从事相关行业的技术人员参考使用。为了提高教学效果，建议采用启发式教学，开放性学习，重视小组讨论；在学习过程中，建议结合本书配套的教学辅助资源，如教学课件及视频素材、教学参考、拓展资料等。

限于编者水平，书中难免存在疏漏及不足之处，敬请读者批评指正。任何意见和建议可反馈至 E-mail:edubot_zhang@126.com。

编　者

2022 年 5 月

目　　录

第一部分　基础理论

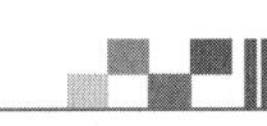

第一部分　基础理论

第1章　工业互联网概况

当前，新一轮科技革命和产业变革蓬勃兴起，工业经济数字化、网络化、智能化发展成为第四次工业革命的核心内容。工业互联网作为数字化转型的关键支撑力量，正在全球范围内不断颠覆传统制造模式、生产组织方式和产业形态，推动传统产业加快转型升级、新兴产业加速发展壮大。

1.1　国外工业互联网发展概况

※ 国外工业互联网发展概况

为了确保在未来新一轮工业发展浪潮中抢占先机，维持在国际制造业竞争中的优势地位，美国、德国、日本等主要工业强国纷纷布局工业互联网。美国由顶尖企业引领，提出工业互联网的概念；德国依靠自身装备制造领域的深厚积累，提出“工业4.0”对标美国工业互联网；日本基于自身社会现实，实施“互联工业”战略，建设符合日本实际的工业互联网体系。

1.1.1　美国工业互联网

1. 背景

20世纪80年代以来，随着经济全球化、国际产业转移及虚拟经济不断深化，美国产业结构发生了深刻的变化，制造业日益衰退，“去工业化”趋势明显，虽然美国制造业增加值逐年提高，但制造业增加值占国内生产总值的比重却在逐年下降。

2008年金融危机后，美国意识到发展实体经济的重要性，提出了“再工业化”的口号，主张发展制造业，减少对金融业的依赖。美国工业互联网的提出背景，如图1.1所示。

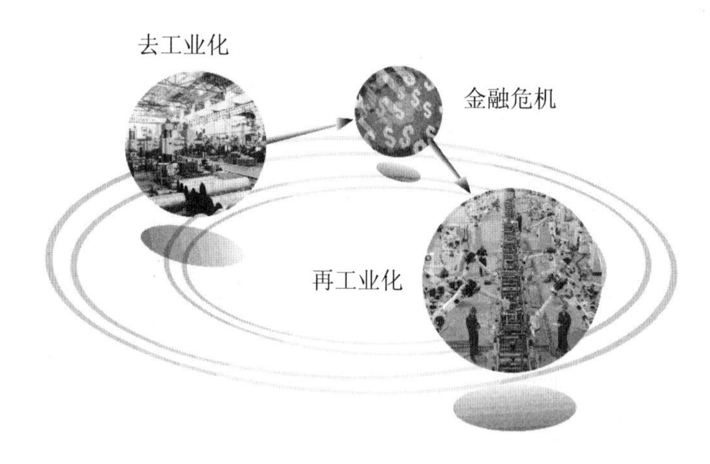

图 1.1　美国工业互联网的提出背景

2. 工业互联网概念的提出

2012 年，“工业互联网”的概念由美国通用电气公司首先提出，目标是通过智能机器之间的全面互联达成设备与设备之间的数据连通，让机器、设备和网络能在更深层次与信息世界的大数据和分析连接在一起，最终实现通信、控制和计算的集合。在实现手段上，美国工业互联网概念注重软件、网络、数据等信息对企业经营与顶层设计的增强。

2014 年，通用电气公司推出 Predix 工业互联网平台，实现了工业互联网在制造业企业的应用。

3. 发展概况

2011 年 6 月，美国启动《先进制造伙伴计划》，2012 年 2 月进一步提出《先进制造业国家战略计划》，鼓励发展高新技术平台、先进制造工艺、数据基础设施等工业互联网基础技术。

2013 年 1 月，美国提出《国家制造业创新网络：一个初步设计》，组建美国制造业创新网络平台，并在平台上推动数字化制造等高端制造发展。

2014 年 3 月，美国制造业龙头企业和政府机构牵头成立工业互联网联盟（Industrial Internet Consortium，简称 IIC），合力进行工业互联网的推广以及标准化工作。工业互联网联盟开发了 9 种旨在展示工业互联网应用的“Testbed”测试平台以推广工业互联网应用，给各企业提供测试工业互联网技术的有效工具。工业互联网联盟同时开发了工业互联网参考架构模型（Industrial Internet Reference Architecture，简称 IIRA）和标准词库（Industrial Internet Vocabulary，简称 IIV），为标准化的发展奠定了基础。

2019 年 6 月，工业互联网联盟公布了工业互联网参考架构 IIRA 1.9，进一步完善了工业互联网标准化体系建设，如图 1.2 所示。该参考架构对工业互联网关键属性和跨行业共性的架构问题与系统特征进行分析，并将分析结果通过模型等方式表达出来，因此，该架构能广泛地适用于各个行业。

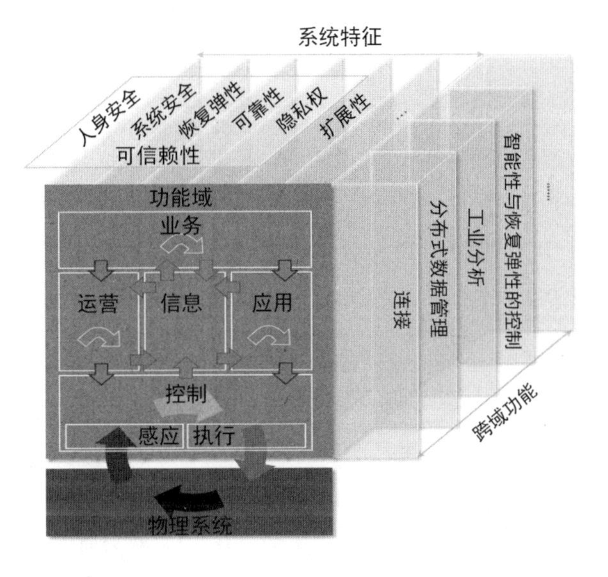

图 1.2　美国工业互联网参考架构 IIRA 1.9

在工业互联网联盟等组织的推动下，美国工业互联网标准化稳步推进，为未来的全面互联提供了良好的契机，美国工业互联网发展概况见表 1.1。

表 1.1　美国工业互联网发展概况

时间	事件
2012 年	通用电气公司发布《工业互联网：突破智慧和机器的界限》白皮书，首次提出“工业互联网”的概念
2013 年	美国政府发布《国家制造业创新网络：一个初步设计》，提出组建制造业创新网络的初步框架
2014 年	通用电气公司推出 Predix 工业互联网平台，实现了工业互联网在制造业企业内的应用
2014 年	美国政府发布《振兴美国先进制造业》报告，鼓励发展高新技术平台、先进制造工艺、数据基础设施等工业互联网基础技术
2014 年	工业互联网联盟成立，目前该联盟已汇聚 33 个国家/地区近 300 家成员单位，主要包括工业自动化解决方案企业、制造企业，以及信息通信企业
2015 年	工业互联网联盟发布工业互联网参考架构 IIRA 1.0 版本，致力于协助工业互联网解决方案架构设计及可互操作的工业互联网系统的部署
2016 年	工业互联网联盟发布工业互联网安全框架，用于指导企业进行工业互联网安全措施部署
2019 年	工业互联网联盟发布最新的工业互联网参考架构 IIRA 1.9 版本，进一步完善了工业互联网标准化体系建设

1.1.2 德国“工业 4.0”

1. 背景

德国是装备制造业最具竞争力的国家之一，长期专注于复杂工业流程的管理和创新，其在信息技术方面也有极强的竞争力，在嵌入式系统和自动化工程方面处于世界领先地位。为了稳固其工业强国的地位，德国对本国工业产业链进行了反思与探索，“工业 4.0”构想由此产生。

2. “工业 4.0”的提出

2010 年 7 月，德国政府发布《高技术战略 2020》，作为该战略的一个重要组成部分，“工业 4.0”的概念首次被提出。

在 2013 年 4 月的汉诺威工业博览会上，德国联邦教研部与联邦经济技术部正式推出以智能制造为主导的第四次工业革命，即“工业 4.0”，并将其纳入国家战略。“工业 4.0”提出基于信息物理系统（Cyber-Physical Systems，简称 CPS）实现工厂智能化生产，让工厂直接与消费需求对接。

CPS 是一个综合了计算、通信、控制技术的多维复杂系统，如图 1.3 所示。CPS 将物理设备连接到互联网上，让物理设备具有计算、通信、精确控制、远程协调和自治五大功能，从而实现虚拟网络世界与现实物理世界的融合。CPS 可将资源、信息、物体及人紧密联系在一起，如图 1.4 所示。

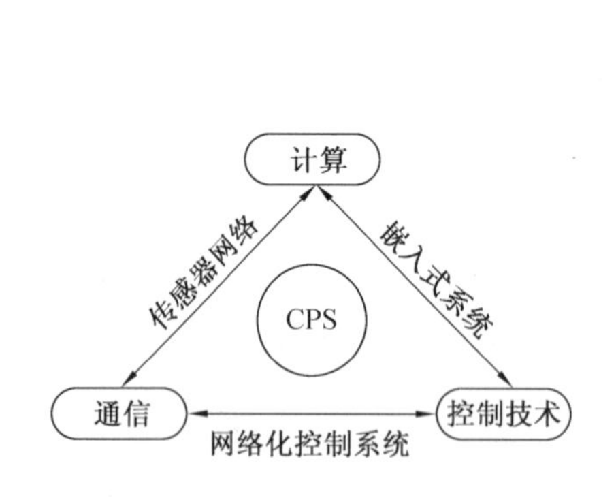

图 1.3 信息物理系统组成

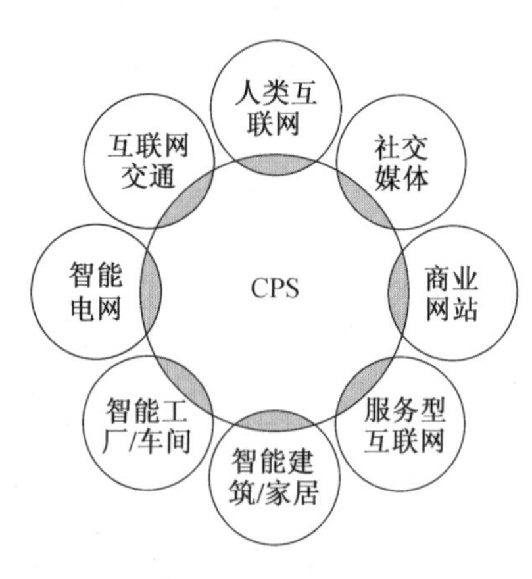

图 1.4 信息物理系统网络

在智能工厂中，CPS 将现实世界以网络连接，采集分析设计、开发、生产过程中的数据，构成自律的、动态的智能生产系统，“工业 4.0”的概念内涵如图 1.5 所示。在 CPS 中，每个工作站（工业机器人、机床等）都能够在网络上实时互联，根据信息自主切换最佳的生产方式，最大限度地杜绝浪费。德国“工业 4.0”更加关注现实生产层面的效率提高和智能化，与美国关注网络和互联的工业互联网概念有所区别。

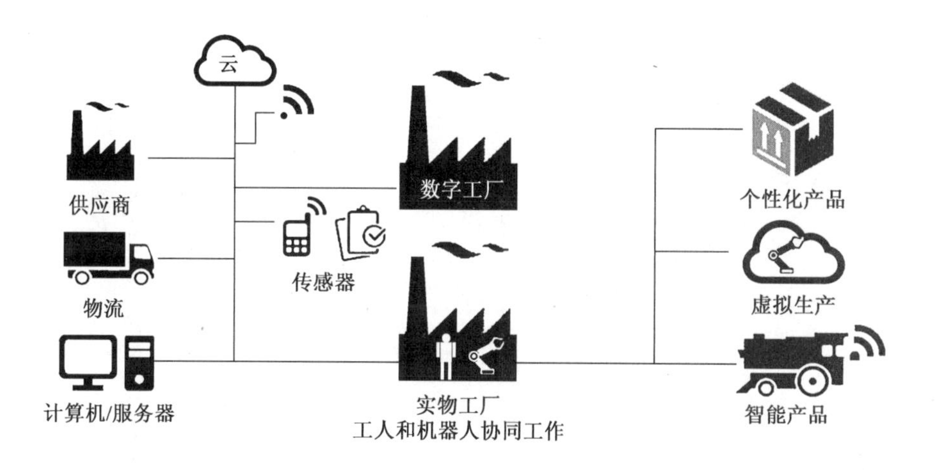

图 1.5　“工业 4.0”的概念内涵

“工业 4.0”将无处不在的传感器、嵌入式终端系统、智能控制系统、通信设施通过 CPS 形成智能网络，使人与人、人与机器、机器与机器及服务与服务之间能够互联，从而实现纵向集成、数字化集成和横向集成。

（1）纵向集成。纵向集成关注产品的生产过程，力求在智能工厂内通过联网建成生产的纵向集成。

（2）数字化集成。数字化集成关注产品整个生命周期的不同阶段，包括设计与开发、安排生产计划、管控生产过程以及产品的售后维护等，实现各个阶段之间的信息共享，从而达成工程数字化集成。

（3）横向集成。横向集成关注全社会价值网络的实现，从产品的研究、开发与应用拓展至建立标准化策略、提高社会分工合作的有效性、探索新的商业模式以及考虑社会的可持续发展等，从而达成德国制造业的横向集成。

3. “工业 4.0”的发展

德国行业联合会与政府紧密合作，在推广“工业 4.0”的过程中起到重要作用。2013 年 4 月，德国机械及制造商协会、德国信息技术、通讯与新媒体协会、德国电子电气制造商协会等行业协会合作设立了“工业 4.0 平台”，作为德国工业互联战略的合作组织。该平台向德国政府提交了平台工作组的最终报告《保障德国制造业的未来：关于实施“工业 4.0”战略的建议》，明确了德国在向“工业 4.0”进化的过程中要采取双重策略，即成为智能制造技术的主要供应商和 CPS 的领先市场。

德国“工业 4.0”平台主要从以下三个方面积极推动“工业 4.0”的发展：

（1）在线图书馆作为“工业 4.0”知识传播的节点，汇集了最新的工业知识以及相关研究成果和政府政策，为企业应用提供参考。

（2）用户案例以及“工业 4.0”地图集中展示了“工业 4.0”在德国以及其他国家的成功应用，让公众了解“工业 4.0”的最新进展。

（3）广泛开展国际合作，平台与中国、美国、日本等大国均建立了合作关系，让“工业 4.0”概念走向世界，成为国际性议题。

2015 年，在德国“工业 4.0”平台的努力下，德国正式提出了“工业 4.0”的参考架构模型（Reference Architectural Model Industries 4.0，简称 RAMI4.0），如图 1.6 所示。

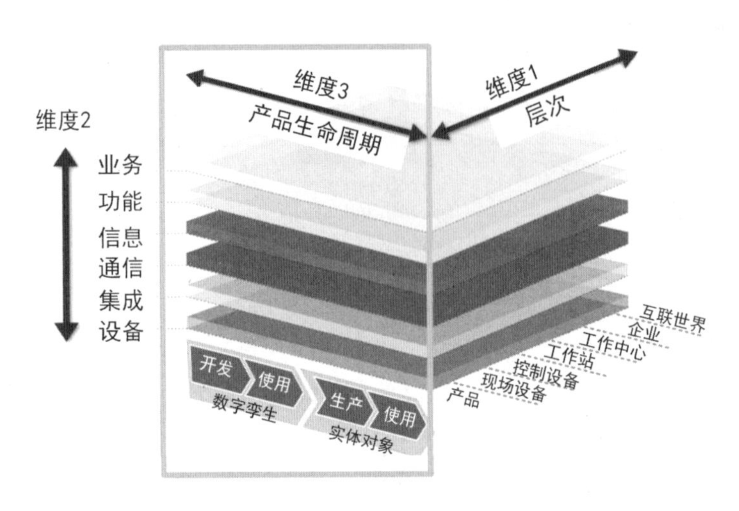

图 1.6 “工业 4.0”参考架构模型（RAMI4.0）

RAMI4.0 模型由三个维度组成：

（1）维度 1 由个体工厂拓展至“互联世界”，体现了“工业 4.0”针对产品服务和企业协同的要求。

（2）维度 2 描述了 CPS 的层级，以及各层级的功能。

（3）维度 3 从产品生命周期视角出发，描述了以零部件、机器和工厂为典型代表的工业生产要素从数字孪生到实体对象的全过程，强调了各类工业生产要素都要有虚拟和实体两个部分，体现了全要素数字孪生的特征。

4. 德国“工业 4.0”与美国工业互联网的关系

德国“工业 4.0”和美国工业互联网虽然在名称上不同，但在本质上两者具有一致性，强调的都是加强企业信息化、智能化和一体化的建设。

2017 年 9 月，美国工业互联网联盟与德国“工业 4.0”平台共同发布了一份关于美国工业互联网和德国“工业 4.0”对接分析的白皮书，指出美国工业互联网与德国“工业 4.0”在概念、方法和模型等方面有不少相互对应和相似之处，而差异之处的互补性也很强，相互之间可以取长补短。未来两国会在工业互联网领域加强国际合作，合力推动国内和国际工业互联网以及智能制造的发展。

1.1.3　日本互联工业

1. 背景

制造业面临的竞争压力促使日本提出符合自身需要的工业互联网概念。日本面临人口老龄化，劳动人口不足的问题；来自美国和德国的先进制造业竞争使得日本企业压力巨大；工业互联网和“工业 4.0”概念的提出给日本提供了战略上的参考。基于现实压力和自身在技术上的积累，日本于 2017 年 3 月在德国汉诺威通信展会上正式提出“互联工业”（Connected Industries，简称 CI）的概念。

2. “互联工业”的内容

作为日本国家战略层面的产业愿景，“互联工业”强调“通过各种关联，创造新的附加值的产业社会”，包括物与物的连接、人和设备及系统之间的协同、人和技术相互关联、已有经验和知识的传承，以及生产者和消费者之间的关联。在整个数字化进程中，需要充分发挥日本优势，构筑一个以解决问题为导向、以人为本的新型产业社会。

日本“互联工业”有三个核心内容：

（1）人与设备和系统交互。

（2）通过合作与协调解决工业新挑战。

（3）积极培养具有数字化意识和能力的高级人才。

与美国工业互联网、德国“工业 4.0”更关注企业内部的互联与智能化不同，日本“互联工业”另辟蹊径，关注企业之间的互联、互通，从而提升全行业的生产效率。

3. 工业价值链参考架构

与美国工业互联网参考架构 IIRA、德国“工业 4.0”框架 RAMI4.0 类似，日本也于 2016 年 12 月发布了自身的“互联工业”参考架构——工业价值链参考架构（Industrial Value Chain Reference Architecture，简称 IVRA）。

IVRA 将智能制造单元（Smart Manufacturing Unit，简称 SMU）作为互联工业微观层面的基本单元，如图 1.7 所示，多个智能制造单元按管理、活动、资产三个维度组合，形成通用功能模块，企业根据自身需要使用通用模块以达成企业所需的实际功能。IVRA 使用“宽松定义标准”，首先改进现有系统，而非完全创立一个全新的复杂互联体系，避免了企业大幅度更改生产方式带来的运营风险。

智能制造单元包含资产、活动、管理三个视角：

（1）资产视角向生产组织展示该智能制造单元的资产或财产，包括人员、过程、产品和设备四种类型，这与 RAMI4.0 模型中的资产基本一致。

（2）活动视角涉及该智能制造单元的人员和设备所执行的各种活动，包括“计划、执行、检验、改善”活动的不断循环。

（3）管理视角说明该智能制造单元实施的目的，并指出管理要素“质量、成本、交付、环境”之间的关系。

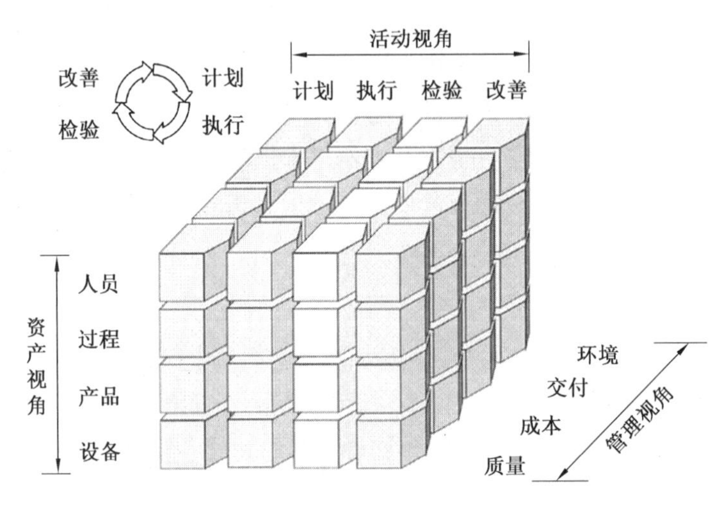

图 1.7　工业价值链参考架构（IVRA）的智能制造单元

4. “互联工业”重点发展领域

为了推进“互联工业”，日本经济产业省提出了“东京倡议”，确立了今后的五个重点发展领域：自动驾驶和移动服务、制造业和机器人、生物技术与材料、工厂/基础设施安保和智慧生活，如图 1.8 所示。

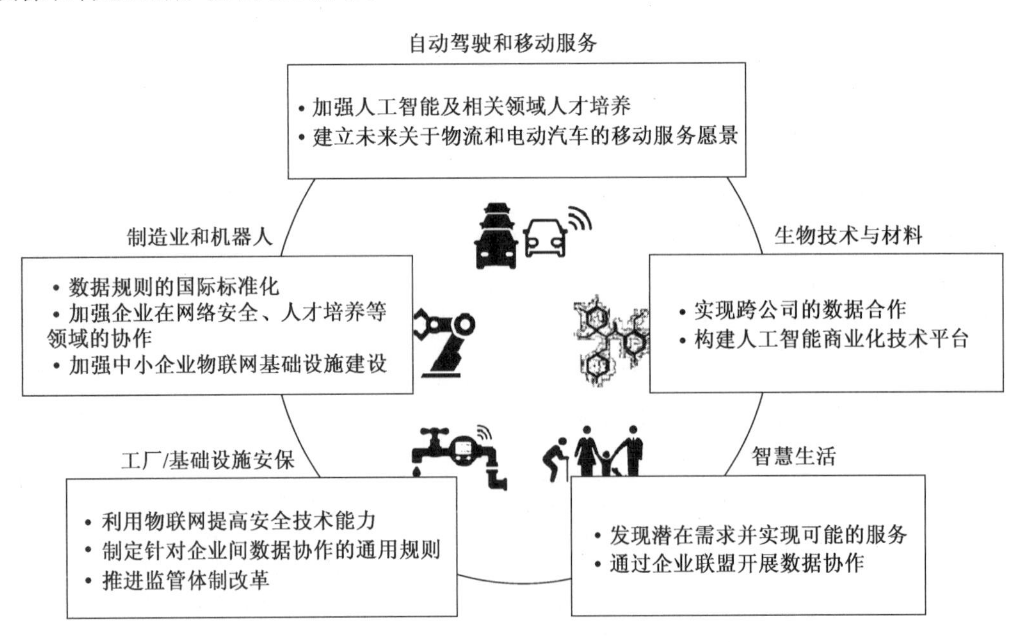

图 1.8　“互联工业”五个重点发展领域

1.2　国内工业互联网发展概况

※ 国内工业互联网发展概况

1.2.1　“中国制造 2025”

制造业是国民经济的基础，是科技创新的主战场，是立国之本、兴国之器、强国之基。当前，全球制造业发展格局和我国经济发展环境发生重大变化，因此必须紧紧抓住当前难得的机遇，突出创新驱动，优化政策环境，发挥制度优势，实现中国制造向中国创造转变，中国速度向中国质量转变，中国产品向中国品牌转变。

1.“中国制造 2025”的提出背景

中国制造业规模位列世界第一，门类齐全，体系完整，在支撑中国经济社会发展方面发挥着重要作用。在制造业重新成为全球经济竞争制高点、中国经济逐渐步入中高速增长新常态、中国制造业亟待突破大而不强旧格局的背景下，“中国制造 2025”应运而生。

2014 年 10 月，中国和德国联合发表了《中德合作行动纲要：共塑创新》，重点突出了双方在制造业就“工业 4.0”计划的携手合作。双方以中国担任 2015 年德国汉诺威消费电子、信息及通信博览会合作伙伴国为契机，推进两国在移动互联网、物联网、云计算、大数据等领域的合作。

借鉴德国的“工业 4.0”计划，我国主动应对新一轮科技革命和产业变革，在 2015 年出台“中国制造 2025”，并在部分地区已经展开了试点工作。

2.“中国制造 2025”的内容

（1）“三步走”战略。

“中国制造 2025”对构成制造强国评价体系的各项具体指标进行逐项的发展目标预测，将建设制造强国的进程大致分为三个阶段：

第一阶段，到 2025 年，综合指数接近德国、日本实现工业化时的制造强国水平，基本实现工业化，中国制造业迈入制造强国行列，进入世界制造业强国第二方阵。在创新能力、全员劳动生产率、两化融合、绿色发展等方面迈上新台阶，形成一批具有较强国际竞争力的跨国公司和产业集群，在全球产业分工和价值链中的地位明显提升。

第二阶段，到 2035 年，综合指数达到世界制造业强国第二方阵前列国家的水平，成为名副其实的制造强国。在创新驱动方面取得明显进展，优势行业形成全球创新引领能力，制造业整体竞争力显著增强。

第三阶段，到 2045 年，乃至建国一百周年时，综合指数率略高于第二方阵国家的水平，进入世界制造业强国第一方阵，成为具有全球引领影响力的制造强国。制造业主要领域具有创新引领能力和明显竞争优势，建成全球领先的技术体系和产业体系。

（2）基本原则和方针。

围绕实现制造强国的战略目标，“中国制造 2025”明确了四项基本原则和五项基本方针，如图 1.9、图 1.10 所示。

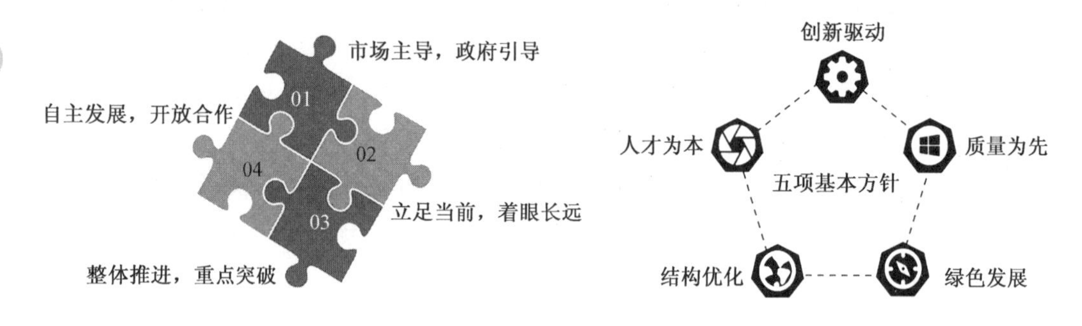

图 1.9　四项基本原则　　　　图 1.10　五项基本方针

（3）五大工程。

“中国制造 2025”将重点实施五大工程，如图 1.11 所示。

➢ 国家制造业创新中心建设工程。重点开展行业基础和共性关键技术研发、成果产业化、人才培训等工作；2015 年建成 15 家，2020 年建成 40 家制造业创新中心。

➢ 智能制造工程。开展新一代信息技术与制造装备融合的集成创新和工程应用；建立智能制造标准体系和信息安全保障系统等。

➢ 工业强基工程。以关键基础材料、核心基础零部件（元器件）、先进基础工艺、产业技术基础为发展重点。

➢ 绿色制造工程。组织实施传统制造业能效提升、清洁生产、节水治污等专项技术改造；制定绿色产品、绿色工厂、绿色企业标准体系。

➢ 高端装备创新工程。组织实施大型飞机、航空发动机、智能电网、高端诊疗设备等一批创新和产业化专项、重大工程。

图 1.11　五大工程

（4）十大重点领域。

“中国制造 2025”提出的十大重点领域，如图 1.12 所示，涉及领域无不属于高技术产业和先进制造业领域。

图 1.12　十大重点领域

1.2.2　工业互联网的提出

工业互联网是“中国制造 2025”的重要组成部分。“中国制造 2025”的主攻方向是智能制造，以推动信息技术与制造技术融合为重点，强调互联网技术在未来工业体系中的应用。“中国制造 2025”对工业互联网这一重要基础进行了具体规划：加强工业互联网基础设施建设，建设低时延、高可靠、广覆盖的工业互联网，以提升企业宽带接入信息网络的能力；在此基础上针对企业需求，组织开发智能控制系统、工业应用及故障诊断软件、传感系统和通信协议；最终实现人、设备与产品的实时联通、精确识别、有效交互与智能控制。

2015 年十二届全国人大三次会议政府工作报告中首次提出“互联网+”计划，推动互联网、大数据、物联网与云计算和现代制造业的结合，发展新经济，实现从工业大国向工业强国的迈进。

2017 年 11 月，《国务院关于深化“互联网+先进制造业”发展工业互联网的指导意见》（以下简称《意见》），《意见》指出，工业互联网作为新一代信息技术与制造业深度融合的产物，日益成为新工业革命的关键支撑和深化“互联网+先进制造业”的重要基石，对未来工业发展产生全方位、深层次、革命性影响。工业互联网通过系统构建网络、平台、安全三大功能体系，打造人、机、物全面互联的新型网络基础设施，形成智能化发展的新兴业态和应用模式，是推进制造强国和网络强国建设的重要基础，是全面建成小康社会和建设社会主义现代化强国的有力支撑。

1. 发展目标

《意见》提出工业互联网的三个阶段性发展目标，如图 1.13 所示。

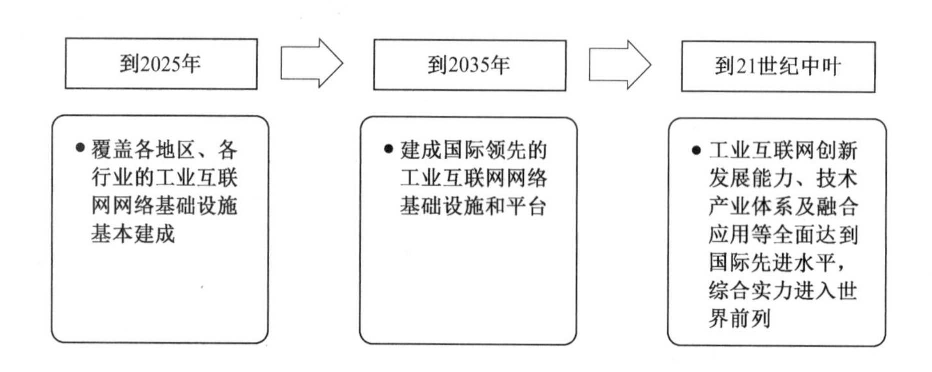

图 1.13　工业互联网的三个阶段性发展目标

2. 七项重点工程

《意见》部署了七项重点工程：

（1）工业互联网基础设施升级改造工程。组织实施工业互联网工业企业内网、工业企业外网和标识解析体系的建设升级。

（2）工业互联网平台建设及推广工程。开展四个方面建设和推广：一是工业互联网平台培育；二是工业互联网平台试验验证；三是百万家企业“上云”；四是百万工业 APP 培育。

（3）标准研制及试验验证工程。面向工业互联网标准化需求和标准体系建设，开展工业互联网标准研制。

（4）关键技术产业化工程。加快工业互联网关键网络设备产业化；研发推广关键智能网联装备，围绕数控机床、工业机器人、大型动力装备等关键领域，实现智能控制、智能传感、工业级芯片与网络通信模块的集成创新，形成一系列具备联网、计算、优化功能的新型智能装备；开发工业大数据分析软件。

（5）工业互联网集成创新应用工程。在智能化生产应用方面，鼓励大型工业企业实现内部各类生产设备与信息系统的广泛互联及相关工业数据的集成互通，并在此基础上发展质量优化、智能排产、供应链优化等应用。

（6）区域创新示范建设工程。开展工业互联网创新中心及产业示范基地建设。

（7）安全保障能力提升工程。打造工业互联网安全监测预警和防护处置平台、工业互联网安全核心技术研发平台及工业互联网安全测试评估平台等。

3. 行动计划

2018 年 5 月，工业和信息化部印发了《工业互联网发展行动计划（2018—2020 年）》，提出到 2020 年底，初步建成工业互联网基础设施和产业体系。该计划提出了八项重点行动，分别为基础设施能力提升行动、标识解析体系构建行动、工业互联网平台建设行动、核心技术标准突破行动、新模式新业态培育行动、产业生态融通发展行动、安全保障水平增强行动、开放合作实施推进行动。

1.2.3　工业互联网发展概况

2015 年 5 月，国务院出台的“中国制造 2025”计划正式拉开了我国工业互联网发展的序幕，确立了我国由制造大国转为制造强国的发展目标。

1. 工业互联网相关政策

自 2015 年以来，我国政府为推动工业互联网发展，先后出台一系列政策，工业互联网相关政策见表 1.2。

表 1.2　工业互联网相关政策

时间	文件名称	内容要点
2015 年	《国务院关于积极推进“互联网+”行动的指导意见》	提出推动互联网与制造业融合，提升制造业数字化、网络化、智能化水平，加强产业链协作
2016 年	《国务院关于深化制造业与互联网融合发展的指导意见》	提出充分释放“互联网+”的力量，改造提升传统动能，培育新的经济增长点，加快推动“中国制造”提质增效升级，实现从工业大国向工业强国迈进
2017 年	《国务院关于深化“互联网+先进制造业”发展工业互联网的指导意见》	提出加快建设和发展工业互联网，推动互联网、大数据、人工智能和实体经济深度融合，发展先进制造业，支持传统产业优化升级
2018 年	工信部《工业互联网平台建设及推广指南》	提出到 2020 年，培育 10 家左右的跨行业、跨领域工业互联网平台和一批企业级工业互联网平台
2018 年	工信部《工业互联网发展行动计划（2018—2020 年）》	提出到 2020 年底我国将实现“初步建成工业互联网基础设施和产业体系”的发展目标，具体包括建成约 5 个标识解析国家顶级节点，遴选约 10 个跨行业、跨领域平台
2019 年	工信部《工业互联网网络建设及推广指南》	初步建成工业互联网基础设施和技术产业体系，形成先进、系统的工业互联网网络技术体系和标准体系等
2019 年	国务院 2019 年《政府工作报告》	报告提出打造工业互联网平台，拓展“智能+”，为制造业转型升级赋能

2. 工业互联网产业联盟

2016 年 2 月，我国成立工业互联网产业联盟，该联盟立足于为推动“中国制造 2025”和“互联网+”融合发展提供必要支撑。

2016 年 8 月，中国工业互联网产业联盟发布了《工业互联网体系架构（版本 1.0）》，提出了工业互联网的标准体系框架、重点标准化方向以及标准化推进建议。该文件从网络连接、标识解析、平台支撑、数据管理和安全五大方面，对工业互联网的建设和运行设立了统一的标准，为工业互联网平台发展提供基础支撑。

2020 年 4 月，中国工业互联网产业联盟发布了《工业互联网体系架构（版本 2.0）》，从顶层设计的角度为工业互联网发展路径提供指导参考意见。《工业互联网体系架构（版本 2.0）》在分析业务需求基础上，提出了工业互联网体系架构，指出网络、平台和安全是体系架构的三大核心，如图 1.14 所示，其中“网络”是工业系统互联和数据传输交换的支撑基础，“平台”是工业互联网的核心，“安全”是网络、数据以及工业融合应用的重要前提。

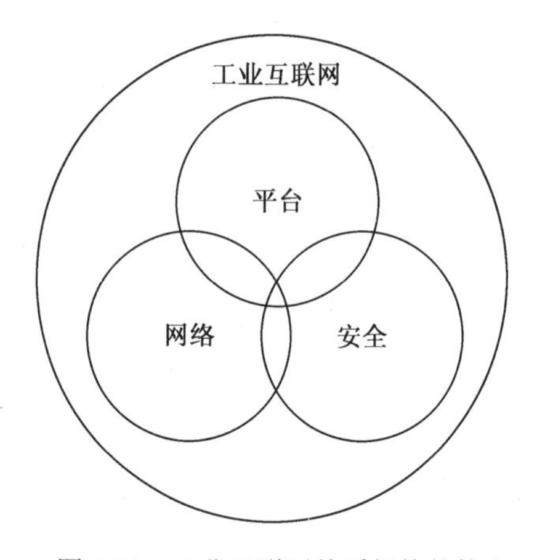

图 1.14　工业互联网体系架构的核心

1.2.4　工业互联网建设意义

随着科学技术的飞速发展，工业互联网已成为世界制造业发展的客观趋势，世界上主要工业发达国家正在大力推广和应用。发展工业互联网既符合我国制造业发展的内在要求，也是重塑我国制造业新优势，实现转型升级的必然选择。具体来看，发展工业互联网有以下三点重要意义。

1. 推动全球生产力变革

全球制造业在经历了机械化、电气化、自动化三个历史阶段后，当前正朝着网络化、智能化时代迈进。网络化、智能化的前提首先是构建一张打通制造业信息孤岛、支撑工业大数据安全有序流动的“高速公路网”。这张“高速公路网”在安全、功能、性能等方面都有着更加复杂的要求，现有的民用/商用互联网以及工业控制网都不能完全胜任，必须在各类网络基础之上叠加、融合、创新，即打造全新的工业互联网。

工业互联网的跨界融合特征不仅会带来一系列新的技术创新，还将有力支撑大规模个性定制、开放式协同制造、服务型制造等新模式、新业态得以深度应用和全面普及，进而推动人类生产力实现再一次跃升。

2. 推动我国制造业升级

工业互联网为智能制造提供不可或缺的网络连接，提供工业大数据的采集、传输、计算和分析，提供新模式、新业态发展所必需的信息服务。

工业互联网将为企业研发设计、经营决策、组织管理提供新的工具，为产业链上、下游协同提供新的平台，将有力推动我国工业生产方式由粗放低效走向绿色精益、生产组织由分散无序走向协同互通、产业生态由低端初级走向高端完善，进而逐步破解工业发展难题，推动全产业链整体跃升。

加快研制工业互联网前沿关键技术，将使我国在全球新一轮产业变革的竞争中走在前列，改变长期以来我国在技术、产业发展过程中跟随发达国家脚步的态势。

3. 加速我国经济转型升级

工业互联网催生大规模个性化定制、网络协同制造、服务型制造、智能化生产等一系列新模式、新业态，推动产能优化、存量盘活、绿色生产，为我国创造更多新兴经济增长点。

工业互联网打破创新个体的封闭围墙，为分布全国乃至全球的智力资源、制造能力提供了汇聚平台，推动了企业从封闭式创新走向开放式创新，加速了制造业领域的大众创业、万众创新。

1.3　工业互联网的行业应用

目前，工业互联网的应用范围和深度不断扩展，场景已覆盖产品、资产、生产线、商业、企业间等全要素、全价值链和全产业链。本节将以轻工家电、高端装备制造、电子信息、工程机械行业为例，介绍工业互联网的行业应用。

※ 工业互联网的行业应用

1.3.1　轻工家电行业

家电业是中国民族企业的骄傲，“十二五”时期，中国家电业取得了长足的发展与进步。家电行业发展到现在，随着新一代信息技术的不断成熟和应用以及新的商业模式的成功演变，整个家电行业对工业互联网有着以下四方面的需求：产品智能化需求、广泛联结的需求、大数据挖掘应用的需求和用户参与全流程交互和体验的需求。

（1）产品智能化。通过硬件的升级和软件技术完成整合、互联，使各种智能产品互联互通，并依托云计算和大数据实现人和产品之间、产品与产品之间的交互，最终构建一体化智慧家庭。

（2）广泛联结。智能家电的互联互通包括智能冰箱、洗衣机、电视、空调等各类家电产品能够通过工业互联网相互连接，包括通过工业互联网对其进行整体控制与管理。

（3）大数据挖掘应用。数字经济时代是一个以数据驱动的满足消费者新需求的时代，消费者从以前被动接受服务的角色逆转成为需求的主动提出者。

（4）用户参与全流程交互和体验。大部分家电行业产品的最终用户是消费者，消费者的使用体验和对产品的评价将直接影响家电产品的市场生命力。

目前，工业互联网在家电行业的应用主要体现在以下两方面：用户交互体验和大规模定制。

1. 用户交互体验

用户交互体验是指产品在送装至终端用户手中后的使用过程中通过与用户进行频繁的交互，持续地了解用户个性化信息，不断为用户提供贴心、个性化的服务，最大限度地提高用户的使用体验，进而让用户持续、深度地参与到以产品为载体的社群生态，为产品的迭代贡献最真实的意见和创意，最终达到用户、企业及生态圈多方多赢的结果，家电产品用户交互体验优化示例如图 1.15 所示。

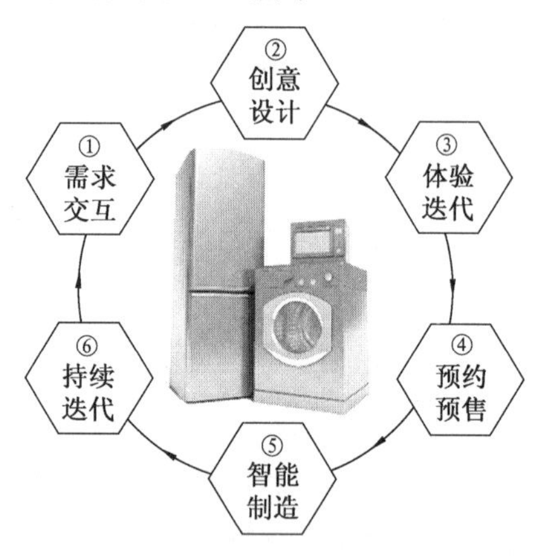

图 1.15　家电产品用户交互体验优化示例

工业互联网以产品为载体，通过产品的联网功能为用户提供交互接入的入口。通过入口，用户可进入产品本身的交互系统和以产品为载体的用户社群平台。产品本身的交互系统为用户提供产品自身的相关参数数据和工作运行的数据；能为用户的维修保养提供主动性的建议；同时该系统还为用户延伸提供与产品功能相关联的上、下游功能或生态资源。

2. 大规模定制

工业互联网应用于轻工家电生产工厂可实现“端到端”的信息化融合、实现信息技术和运营技术的融合、大规模和个性化的融合，通过大规模的高效率、低成本实现了定制的高精度、高品质，通过工业互联网平台实现大规模定制示例如图 1.16 所示。

通过工业互联网平台，实现用户订单直达工厂、设备及生产管理人员，实现用户深度参与制造过程，实现用户与工厂的“零距离”。智能制造的全过程可通过微信、网络实现线上交互、产品质量及生产全过程的数据透明，同时基于现场无线射频识别技术（RFID）、传感器等，实现了用户订单实时可视，随时随地可知产品的状态。

图 1.16 通过工业互联网平台实现大规模定制示例

1.3.2 高端装备制造行业

高端装备制造行业是我国新兴产业的重要组成部分，是装备制造产业中技术密集度最高的产业，处于产业链的核心部位，属于知识技术密集型、多学科多领域交叉行业，具有很强的竞争力。目前，我国高端装备制造业水平大幅度提升，一批重大装备和技术成果不断涌现，正稳步向自动化、数字化、集成化、网络化和智能化方向发展。高端装备的主要特点包括产品技术含量高、生产过程复杂、产品价值高。

根据高端装备制造行业的特点，对工业互联网实施的业务需求主要如下：

（1）高效协同研发。在产品的研发设计阶段，高端装备制造业往往涉及跨专业、跨企业、跨地域的网络化协同研发。根据产品研制需求，动态组建项目团队，能够充分发挥企业本身优势，并且最大化地利用协作团队的资源与技术，从而快速高效地研制产品，对于提升制造企业研制能力、提高产品研制质量都具有重要意义。

（2）生产过程管理。在产品的生产制造阶段，高端装备制造企业需要借助工业互联网实现复杂生产过程的管理，有效提升产品的生产质量。通过工业互联网的技术手段，将新一代信息技术与产品生产的全生命周期活动的各个环节相融合，实现自主感知制造信息、智能化决策优化生产过程、精准智能执行控制指令等，提升产品生产过程的自动化、智能化水平，提高制造效率、提升产品质量、降低能耗和人工成本。

（3）服务化延伸。在产品的售后阶段，高端装备制造企业通过工业大数据的技术应用，进行服务化延伸，提供覆盖高端装备全生命周期的远程智能维护。首先，对产品进行智能化升级，使产品具有感知自身位置、状态的能力，并能通过通信配合智能服务，破除信息孤岛；其次，企业通过监控实时工况数据与环境数据，基于历史数据进行整合分析，可实时提供设备健康状况评估、故障预警和诊断、维修决策等服务。

目前，工业互联网在高端装备制造行业的应用主要体现在两个方面：社会化协同研发与生产，以及高端装备的预测与健康管理。

1. 社会化协同研发与生产

高端装备的研发、生产过程非常复杂，产业链条很长。传统的研制模式是由一个超大型企业集团独立负责整个产品的研制，产品的总体研发设计和总装环节在企业内部进行，仅部分零部件会涉及外部协同生产。

基于工业互联网的高端装备研制模式相比传统模式更加开放，研发设计和生产装配环节都会和企业外部资源进行高效协同合作。在原来的模式下，只有超大型企业集团才能生产高端装备；而在基于工业互联网的社会化大协同模式下，有实力的中型企业也可以高效利用社会资源，研制出高端装备。

2. 高端装备的预测与健康管理

基于工业互联网的预测与健康管理是综合利用现代信息技术、人工智能技术的最新研究成果而提出的一种全新的管理健康状态的解决方案。预测是通过评估产品偏离或退化的程度与预期的正常操作条件来预测产品的未来可靠性的过程；健康管理是实时测量、记录和监测正常运行条件下偏差和退化程度的过程。高端装备的预测与健康管理示例如图 1.17 所示。

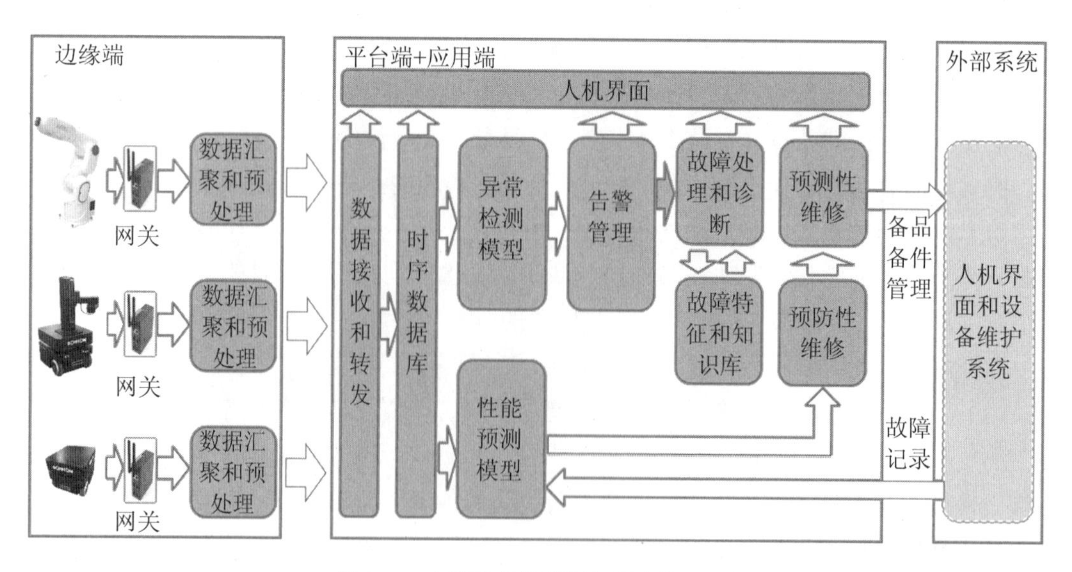

图 1.17　高端装备的预测与健康管理示例

传统的预测与健康管理模式，由于存在很多的局限性，无法实现各个环节之间的连续性、多要素的有效采集、海量数据的存储、众多关联因素的实时分析以及精准的故障预测，而且也很难实现同其他系统的集成。基于工业互联网的新一代预测与健康管理系统有如下的特点：

（1）更丰富的数据采集方法。系统支持更多的新型传感器和控制系统的数据采集，并提供本地的边缘计算能力。

（2）海量历史数据的存储能力。系统支持 PB 级别的时序数据的保存，以及高性能的查询，可以保存长达数十年的设备数据。

（3）更高性能的分析能力。系统通过分布式的大数据分析引擎，提供更强的处理性能，支持更多维度的关联分析，保障更多实时性要求更高的分析。

（4）更精准的预测能力。系统能够提供神经网络、深度学习的算法和模型，结合更多维度的输入，从而构建更精准的预测。

（5）更丰富的智能反馈。系统提供丰富的 API 接口，同不同的业务系统和控制系统进行对接，实现更智能的反馈。

1.3.3　电子信息行业

电子信息产品是指涉及电子信息的采集、获取、处理或控制方面的电子产品，如电子元器件、电子信息材料、手机、电脑、视听产品、网络及通信设备等。电子信息产品属于知识、技术密集型产品，其科技含量较高；产品注重质量、节能和环保；产品竞争激烈，升级换代迅速。

一般工厂根据产品生产订单量、产品生命周期、工艺过程特点等因素，综合考虑生产效率及投资效益，在确定产品生产制造模式的基础上建设产品生产线。整体上看，电子信息产品制造呈现出三种不同的制造模式：面向大规模产品的流水线制造模式、面向订单拉动产品的单元生产制造模式和面向单一高价值产品的手工生产制造模式。

目前，工业互联网在电子信息行业的应用主要包括以下三个方面：设备健康管理、人机协同一体化和生产过程质量追溯。

1. 设备健康管理

在电子信息产品制造中，自动化流水线制造模式实现大批量、标准化、持续不断的生产，需要依赖于大量生产装备，其对设备运行状态、维护状态、保养情况等都需要进行严格的管理和监控。一旦因设备管理不善而导致生产停机、贵重设备提前报废、产品质量隐患或安全事故，对企业造成的损失往往是巨大和难以承受的。为使这些设备保持健康运行状态，帮助企业降低生产制造成本和提高产品质量，实现企业的可持续和健康发展，就需要对设备进行健康管理。

通过工业互联网采集设备运行状态信息，对设备运行状态进行实时监测，并结合采集到的设备故障信息，实现对设备的健康管理和可预测性维护，以较少的投入，大大延长设备的技术寿命、经济寿命和使用寿命，为企业产生检修效益、增产效益和安全效益，使企业保持良好的经济效益。

2. 人机协同一体化

电子信息产品制造目前呈现出复杂化、非结构化、柔性化和随时可能改变尺寸形状等特点，在自动化流水线生产或单元作业方式中，单纯依靠机器来实现产品自动化生产，其解决方案难度和成本将会是巨大的；另外在高精密装配上，无论机器怎样发展，都有它的局限性，远不及人的灵活性。即便是那些已有大量操作依赖机器的企业也发现，机器灵活性不足以也难以适应不同的生产作业以及意外情况，仍需要人员针对不同的任务或花费昂贵的离线时间对机器进行重新设置。

通过工业互联网人机数据交互，在确保安全的前提下，可以消除人与机器的隔阂，将人的认知能力及灵活性与机器的效率和存储能力有机地结合起来，以人机协作的方式，提升整个产品制造的生产力及质量。

3. 生产过程质量追溯

电子信息产品的生产加工过程中，从来料、配送、生产、装配到发货各环节，整个过程经人为分割，导致各环节业务数据无法有效衔接及利用。

基于工业互联网技术，可获取全生产过程的材料质量数据、工艺参数及自动化生产设备的状态业务数据，配合数据挖掘技术，可进行质量问题的根源分析，发现并消除质量管理环节中存在的漏洞，也可运用大数据分析工具建立质量预测模型，实现质量问题的提前预警，为生产提供决策服务。生产过程质量追溯参考架构如图 1.18 所示。

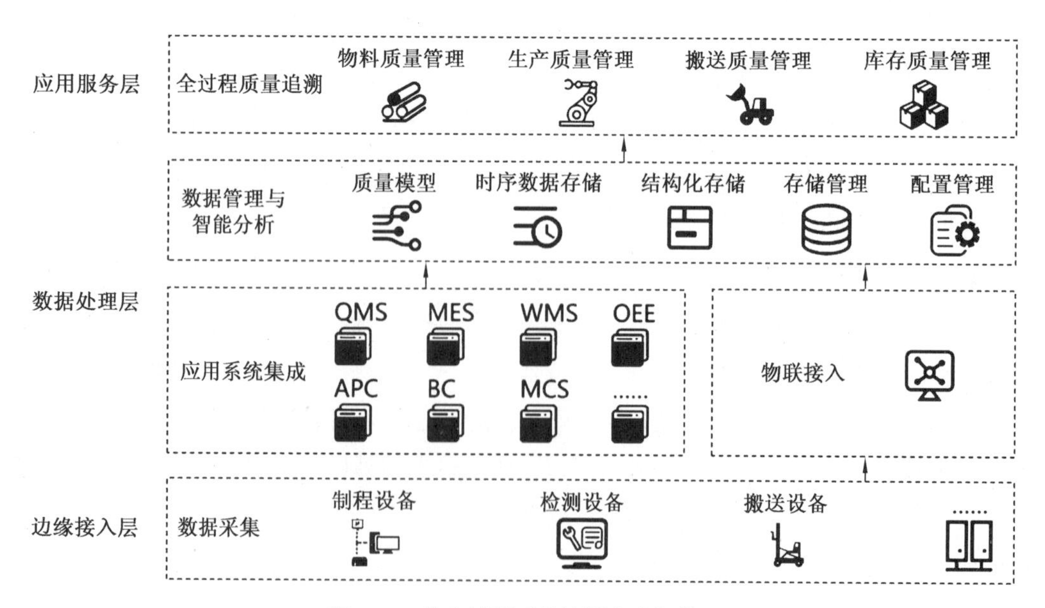

图 1.18　生产过程质量追溯参考架构

通过工业互联网、RFID 及二维码等技术与电子信息产品制造过程的结合，可实现对全生产过程关键工艺参数、设备参数及操作情况等数据的标记及采集，从原材料供应、生产的各工艺环节直至产品的最终交付，使整个链条的所有环节数据彼此建立关联关系。在任意环节出现质量异常时，均可精确追溯到前段任意工艺环节数据，并进行分析，来获取异常原因。可运用大数据分析工具建立质量预测模型，主动分析原材料质量数据、生产设备工艺参数及设备状态数据变化等，发现潜在质量问题，提前进行预警及解决。

1.3.4　工程机械行业

工程机械行业属于技术密集、劳动密集、资本密集型行业，在装备工业中占有举足轻重的地位。工程机械的发展与国民经济密切相关。

工程机械企业的生产模式是典型的离散制造模式，生产的主要特点是离散为主、流程为辅、装配为重点。

工程机械行业对工业互联网实施的业务需求包括以下几方面：

（1）提升生产过程智能制造水平，提高装备核心零部件生产效率与质量稳定性，缩短核心零部件新产品研制周期，提高设备能源利用水平。

（2）实现人、机、料、管理流程、管理系统的广泛互联，提高流程效率，降低运营成本。

（3）高度离散场景下，用户个性定制化需求不断增加，要求厂商能够有效地基于用户的需求进行研发设计和制造。

（4）智能化服务能力提升，装备制造厂商在主机市场渐趋饱和的环境下，必须严格控制主机故障率，延长设备服役时间，降低工厂生产设备及工程机械产品能耗。

目前，工业互联网在工程机械行业的应用主要包括以下三个方面：供应链协同创新、离散制造智能工厂和产品全生命周期智能服务。

1. 供应链协同创新

目前企业之间的竞争逐步演变成供应链和供应链之间的竞争。传统的供应链管理模式存在诸多现实问题，如成本控制问题、可视化问题、编码不统一问题、业务协同问题、全球化问题等，这些问题成为阻碍企业和行业健康发展的瓶颈。

工程机械领域的智能供应链管理系统利用工业互联网平台的数据集成与物联接入能力，将领域内供应链上、下游重点企业的信息系统数据和设备、产品或零部件的物理采集数据与平台进行对接，形成智能供应链系统。

智能供应链系统基于工业互联网平台形成一套编码规则与接口模型，对物联网对象进行全球唯一标识，通过标识解析服务，实现异构系统间信息共享与实时追踪，实现产业链各方协作，推进物流、信息流、资金流全方位融合，供应链运营成本显著降低，供应链智能化水平显著提升。

2. 离散制造智能工厂

智能工厂是在数字化工厂的基础上，利用物联网、大数据、人工智能等新一代信息技术加强信息管理和服务，提高生产过程可控性、减少生产线人工干预，以及合理计划排程，同时集智能手段和智能系统等新兴技术于一体，构建高效、节能、绿色、环保、舒适的人性化工厂。

智能工厂建设的基础就是现场数据（人、机、料、法、环）的采集和传输，数据信息使操作人员、管理人员、客户等都能够清晰地了解工厂的实际状态，并形成决策依据。智能工厂内部各环节如图 1.19 所示。

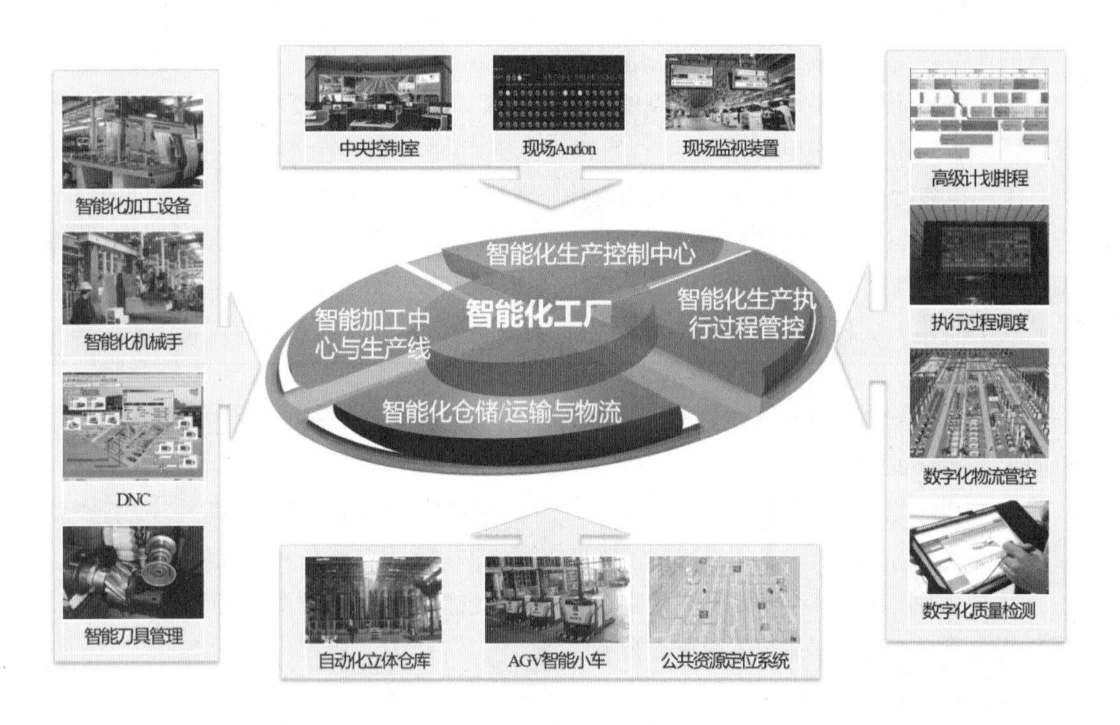

图 1.19　智能工厂内部环节

工业互联网相关技术在智能工厂的大规模应用，将有利于推动设备智能化改造、网络互联、数据和系统集成，创新生产经营管理和产业协作与服务模式，提升生产质量和效率，为未来实现高度柔性生产、实现从“传统制造”到“服务型制造”的升级提供了坚实的设备管理与联通的基础。

3. 产品全生命周期智能服务

随着工程机械行业竞争加剧、产品和服务同质化日趋严重，急需借助工业互联网、大数据分析等新技术，打造新常态下在售后服务领域的领先优势，引领行业产品售后服务和质量保障体系达到新的高度，带动装备制造业整体售后服务水平提升，提升国际市场竞争力。

如图 1.20 所示，工程机械产品全生命周期智能服务依托工业互联网平台，借助工业互联网通信技术，配合嵌入式智能终端、车载终端、智能手机等硬件设施，构造设备数据采集与分析机制、智能调度机制、服务订单管理机制、业绩可视化报表等核心服务。

同时，基于工业互联网平台的大数据服务能力，实现装备工况数据的存储、分析和应用，有效监控和优化工程机械运行工况、运行路径等参数与指标，提前预测预防故障与问题，智能调度内外部服务资源，为客户提供智能化服务。

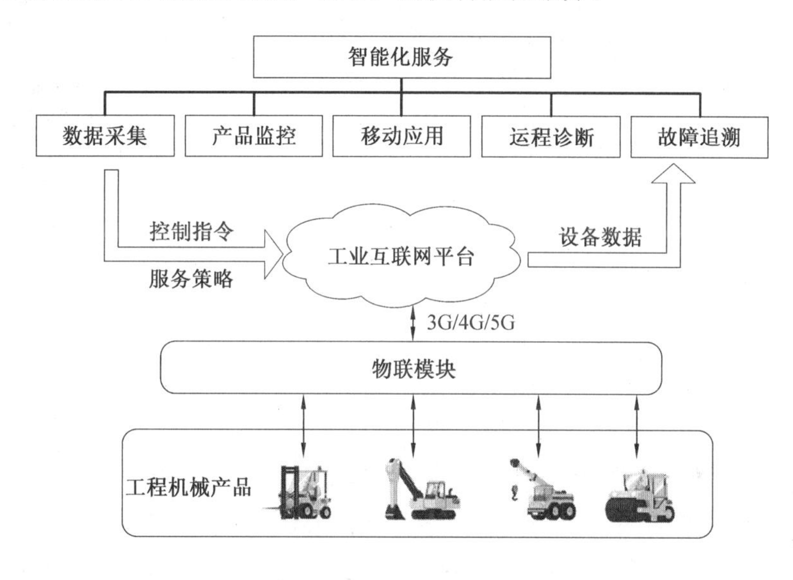

图 1.20　工程机械产品全生命周期智能服务参考架构

产品全生命周期智能服务包括：实时数据采集与回传，远程监控、分析、诊断、智能故障诊断，故障预测，设备解锁管理和机群管理等。

（1）实时数据采集与回传。实时采集各品类机器设备运行的各项参数，如地理位置信息、耗油量信息、设备运行状况信息等，并将数据存储，实时分析。

（2）远程监控、分析、诊断。针对设备工况数据进行分析，解决设备与日常管理运营问题，如设备运行轨迹、历史工况分析、机群管理分析、设备实时监控分析等。通过对设备整体或零部件运行状态、异常情况、磨损程度等技术参数的大数据分析，支持客户随时随地对设备进行监控和管理。

（3）智能故障诊断。对设备运行数据进行实时采集与处理分析，根据已设定的规则进行非法操作报警、设备异常报警、偏离预定位置报警等实时报警，以及故障远程诊断、维护，并与智能服务平台一键智能派工服务集成。

（4）故障预测。基于存储在大数据存储与分析平台中的数据，通过设备使用数据、工况数据、主机及配件性能数据、配件更换数据等设备与服务数据，进行设备故障、服务、配件需求的预测，为主动服务提供技术支撑，延长设备使用寿命，降低故障率。

（5）设备解锁管理。设备解锁管理是指实现系统远程锁机/解锁、多级别的锁机控制、锁机流程管理、锁机历史记录管理等。设备维保管理是指实现可根据自定义参数制订合理的保养计划并提供精准的保养提醒和记录等。设备档案管理是指实现设备图册管理、设备配件管理、操作保养手册管理和设备基础信息管理等。

（6）机群管理。客户对拥有的不同品类设备进行集中管理。已购机用户、有设备需求用户、项目承建方等可以在平台上进行需求管理，用户可以发布设备使用需求或设备采购需求，项目承建方发布设备需求并以虚拟项目形式对项目中涉及的设备进行机群管理，并主动推送相关信息。

1.4 工业互联网人才培养

※ 工业互联网人才培养

1.4.1 人才分类

工业互联网是支撑工业智能化发展的新型网络基础设施，是新一代信息通信技术与先进制造业深度融合形成的新兴业态与应用模式。因此，工业互联网领域急需既了解新一代信息通信技术又掌握制造业专业知识的人才。

2017 年，《制造业人才发展规划指南》对制造业十大重点领域的人才需求进行了预测，见表 1.3。到 2025 年，电力装备、新一代信息技术产业、高档数控机床和机器人、新材料将成为人才缺口最大的几个专业，其中新一代信息技术产业人才缺口将会达到 950 万人，高档数控机床和机器人的人才缺口将达到 450 万人。

表 1.3　制造业十大重点领域人才需求预测（单位：万人）

序号	十大重点领域	2015 年	2020 年		2025 年	
		人才总量	人才总量预测	人才缺口预测	人才总量预测	人才缺口预测
1	新一代信息技术产业	1 050	1 800	750	2 000	950
2	高档数控机床和机器人	450	750	300	900	450
3	航空航天装备	49.1	68.9	19.8	96.6	47.5
4	海洋工程装备及高技术船舶	102.2	118.6	16.4	128.8	26.6
5	先进轨道交通装备	32.4	38.4	6	43	10.6
6	节能与新能源汽车	17	85	68	120	103
7	电力装备	822	1 233	411	1 731	909
8	农机装备	28.3	45.2	16.9	72.3	44
9	新材料	600	900	300	1 000	400
10	生物医药及高性能医疗器械	55	80	25	100	45

针对我国工业互联网人才基础薄弱、缺口较大的形势，国务院发布的《深化“互联网+先进制造业”发展工业互联网的指导意见》（简称《指导意见》）提出强化专业人才支撑的重要举措，这对于加快工业互联网人才培育，补齐人才结构短板，充分发挥人才支撑作用意义重大。

工业互联网发展对专业技术人才和劳动者技能素质提出了新的更高要求。工业互联网对人才的需求主要分为以下三类：

1. 技术创新人才

工业互联网网络是实现工业系统互联和工业数据传输交换的基础，其技术创新和应用涉及网络和控制系统、标识解析、机器学习、CPS、工业软件等多领域、多学科技术，其中标识解析、机器学习等技术还属于相当前沿的领域，需要大量技术创新人才从事研发创新和探索实践。

2. 复合型应用人才

工业互联网平台是工业智能化发展的核心载体，平台上汇聚了海量异构数据、工业经验知识以及各类创新应用，能够支撑生产运营优化、关键设备监测、生产资源整合、通用工具集成等智能化生产运营活动。这需要积累大量生产经验，熟悉建模、虚拟仿真工具，能够将经验转化为固化模型，并掌握数据分析工具的复合型应用人才，以及时发现生产现场状况、协作企业信息、用户市场需求等高附加值预判信息，通过精确计算和复杂分析，实现从机器设备、运营管理到商业活动的价值挖掘和智能优化。

3. 安全保障人才

工业互联网将工业控制系统与互联网连接起来，意味着互联网安全风险向工业关键领域延伸渗透，网络安全将与工业安全风险交织，迫切需要培育大量专业化安全保障人才。一是关键技术研发人才，需要形成兼顾网络安全和工业安全的研发人才队伍。二是管理和咨询服务人才，能够满足工业互联网安全试验验证、安全监测预警、态势感知、安全公共服务等需求，形成工业互联网安全管理和服务人才体系。

1.4.2 职业规划

工业互联网的需求正盛，工业互联网相关的人才却稀缺。目前，我国工业互联网相关专业人才紧缺，尤其是既懂工业运营需求，又懂网络信息技术，还有较强创新能力和操作能力的复合型人才紧缺。按照技术方向，工业互联网岗位可分为八类，分别为：工业互联网网络岗位、工业互联网标识岗位、工业互联网平台岗位、工业大数据岗位、工业互联网安全岗位、工业互联网边缘岗位、工业互联网应用岗位和工业互联网运营岗位。

1. 工业互联网网络岗位

工业互联网网络岗位包括工业互联网网络架构工程师、开发工程师、集成工程师和运维工程师，主要负责工业企业内/外网、5G专网、工业数据互通解决方案的设计与规划，工业数据互通系统的设计、开发、集成、实施、运行与维护。

2. 工业互联网标识岗位

工业互联网标识岗位包括工业互联网标识解析架构设计工程师、研发工程师、产品设计工程师、运维工程师和系统集成工程师，主要负责标识解析应用系统的架构设计、部署运维与系统集成。

3. 工业互联网平台岗位

工业互联网平台岗位包括工业互联网平台架构工程师、开发工程师、测试工程师和运维工程师，主要负责工业互联网平台建设方案制定、架构设计、系统建设、系统测试和系统运维部署。

4. 工业大数据岗位

工业大数据岗位包括工业大数据架构师、分析管理师、建模工程师和测试工程师，主要负责工业大数据平台架构、工业大数据统计分析和工业大数据算法和机理模型的研发、测试。

5. 工业互联网安全岗位

工业互联网安全岗位包括工业互联网安全评估工程师、架构工程师、开发工程师、实施工程师和运维工程师，主要负责工业互联网信息系统和产品安全风险评估，安全管理组织架构，安全检测防护相关产品、工具、平台和业务系统的开发和运维。

6. 工业互联网边缘岗位

工业互联网边缘岗位包括工业互联网边缘计算系统架构师、智能硬件工程师、嵌入式开发工程师和实施工程师，主要负责边缘计算系统的技术架构，边缘智能硬件的设计开发，边缘计算产品的现场安装、调试和维护。

7. 工业互联网应用岗位

工业互联网应用岗位包括工业互联网行业实施架构工程师、行业应用实施工程师、应用成熟度评估工程师、解决方案规划工程师、系统集成工程师和运维工程师，主要负责面向行业的新应用软件研发、成熟应用软件云化部署开发、系统集成、解决方案开发等。

8. 工业互联网运营岗位

工业互联网运营岗位包括工业互联网运营管理师和运营工程师，主要负责工业互联网产业整体运营模式和方案策划，工业互联网产业平台、社区、生态、产品、数据等内容的具体运营推广工作。

第 2 章　智能网关产教应用系统

2.1　智能网关简介

工业互联网是基于多种手段进行数据采集，再将各种生产数据进行模型分析，从而最终实现改善生产过程、优化生产流程的目的。所以，工业互联网技术的快速发展离不开大量生产过程数据的获取。然而目前工业现场中存在着不同制造商生产的机器设备或者不同技术水平的生产设备，这些种类繁多的设备通常采用了不同的数据格式、编程语言和通信方式，要实现所有设备的数据采集，就需要采用一种能够和各种设备进行通信交互的专用设备。

工业互联网智能网关能够完成不同数据源间的通信协调和分析，再将通信内容转发给相应接收者，是目前及将来工业互联网技术发展的重要支撑，起到了桥梁的作用。

2.1.1　智能网关介绍

目前，工业现场应用中存在多种类型的工业互联网智能网关，这些智能网关除了在操作方式上存在一定差异之外，在运行机制上具有很多共性之处。

※ 智能网关简介

下面将以 EnGateWay 智能网关为例（图 2.1），介绍其功能特点和应用方法。

图 2.1　EnGateWay 智能网关

EnGateWay 智能网关是用于生产环节数据采集、处理和传输的开放性网关平台，是实现企业 IT 层和生产系统之间互联的理想网关。EnGateWay 智能网关作为中间层数据接口设备，可实现双向通信，一方面支持广泛的数据采集方式，从而在云平台进行数据分析，另一方面可以把云平台分析处理后的数据传送给生产控制设备。这种连续的数据传输使生产优化过程形成控制闭环。

EnGateWay 智能网关支持多种通信协议和开放式的组态编程语言，可根据应用场景需求快速实现定制化的解决方案。

EnGateWay 智能网关的主要特点包括：

➢ 性能卓越，优异的开放性。

➢ 支持 RS485、RS232 和以太网等多种通信方式。

➢ 可采用多种高级语言进行编程。

➢ 结构紧凑，支持 DIN 导轨安装。

➢ 采用了体积小、低功耗、高性能 Intel Atom 处理器。

2.1.2 智能网关组成

EnGateWay 智能网关具有多种通信接口，可以方便地集成到现有工厂系统中，以极高的性价比和安全性，快速实现对机器设备的升级改造。

EnGateWay 智能网关的结构包括：

（1）A 型 USB 接口。

（2）Realtek RTL8111G-CG。

（3） HDMI I2S。

（4）WiFi 天线。

（5）LED 指示灯

（6）COM 通信接口（RS485）。

（7）COM 通信接口（RS232）。

（8）数字 I/O 接口。

（9）电源连接口。

（10）DIN 式导轨。

2.1.3 智能网关主要参数

EnGateWay 智能网关基于 Windows 10 系统进行设计，具有良好的系统开放性，其配置的多种类型的通信接口，可为实现与不同工业设备之间的连接提供良好支持。EnGateWay 智能网关的主要技术参数见表 2.1。

表 2.1　EnGateWay 智能网关主要技术参数

处理器	Intel® Atom™ x5-Z8350 Processor
RAM	4 G
BIOS SPI 闪存	64 M
Audio	HDMI I2S
A 型 USB 接口	USB 2.0 HOST，最大 2.5 W/500 mA
LAN 以太网接	Realtek RTL8111G-CG
COM 通信接口	RS232，最高 2 Mbps RS485，最高 2 Mbps
Wifi 天线	2.4 G 和 5 G
供电规格	DC 24 V 1.2 A

2.2　产教应用系统简介

※ 产教应用系统简介

2.2.1　产教应用系统介绍

产教应用系统是融合了产业生产技术和产业教学理念的复合型应用系统。智能网关桌面实训台是一款基于产教应用系统技术理念设计而成的便携式教学平台，具有开放化、平台化、模块化等特点。在深入分析工业互联网产业技术背景的基础上，围绕 EnGateWay 智能网关，平台设计集成了 PLC、触摸屏、交流伺服系统等工业领域中常见的设备，实现了能够面向多类型智能化设备进行通信连接和数据采集的功能。智能网关桌面实训台，如图 2.2 所示。

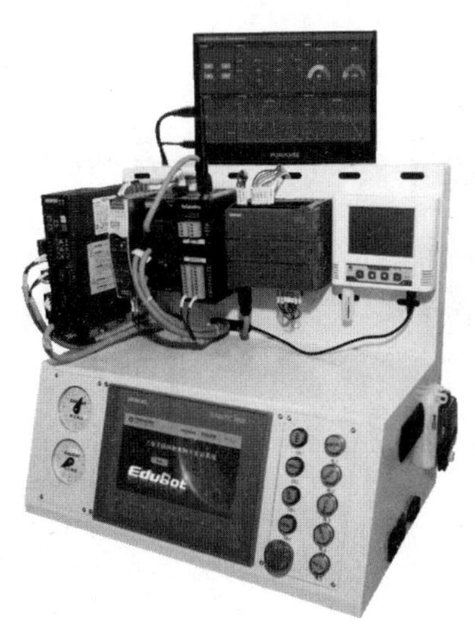

图 2.2　智能网关桌面实训台

智能网关桌面实训台集成元素丰富，灵活便携，可以很方便地应用于课堂教学与知识技能培训场合，构建灵活的知识教学与技能培养解决方案。智能网关桌面实训台相对于大型工业设备或教学设备，具有空间占用较小、硬件成本与运行成本低等优点，非常容易实现规模化教学，并达到最佳的学习效果。

2.2.2 基本组成

智能网关桌面实训台包括丰富的工业自动化元素，如 EnGateWay 智能网关、PLC、触摸屏、交流伺服系统、开关电源、工业交换机、温湿度记录仪等，智能网关桌面实训台结构图如图 2.3 所示。

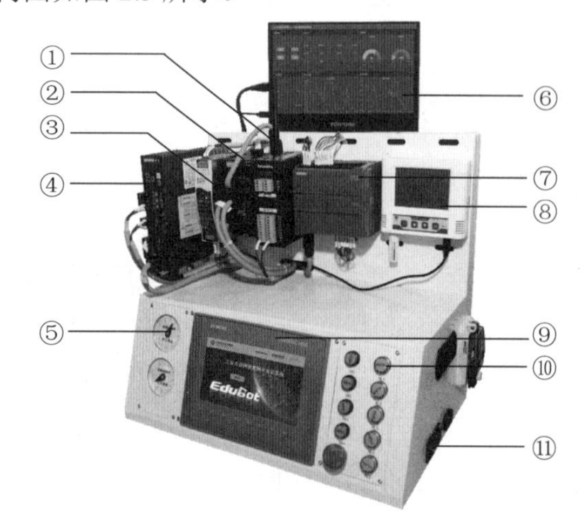

①智能网关
②工业交换机
③开关电源
④交流伺服驱动器
⑤伺服电机分度盘
⑥显示器
⑦PLC 控制器
⑧温湿度记录仪
⑨人机界面
⑩可编程用户 I/O 信号
⑪编程电源接口

图 2.4　智能网关桌面实训台结构图

平台具有扩展的以太网和 USB 通信接口，方便用户通过电脑直接进行联机调试。标准化的电源接口和电缆附件为方便、快速地运行系统提供了极大便利，平台连接图如图 2.4 所示。

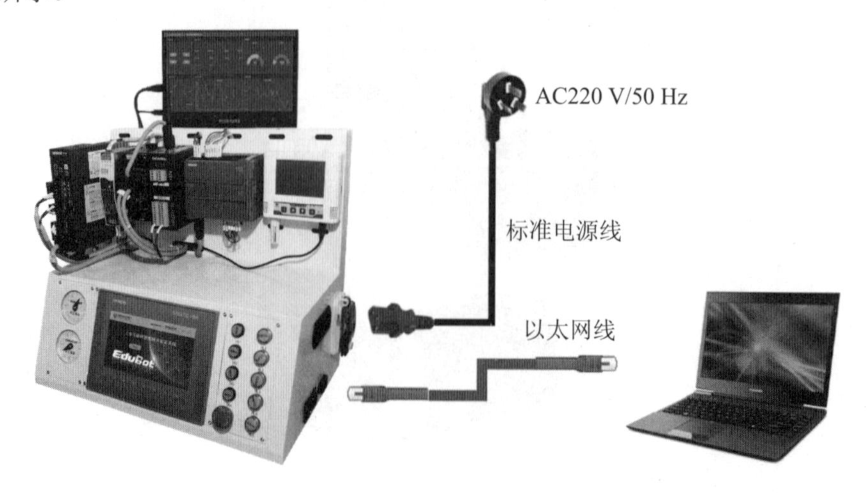

图 2.4　平台连接图

2.2.3　产教典型行业应用

1. 在制造业中的应用

互联的智能工厂的特点是具有更高的灵活性、效率和适应性，从而极大地提高生产率、优化资源配置和人机交互特性。

智能仓储是制造业中不可或缺的关键环节。目前工业中的各类仓库和配送中心的自动化程度越来越高，实现了更精准的订单、更快速的库存周转以及仓库空间的更有效利用。基于工业智能网关获取各类现场数据，利用工业互联网无线访问和远程连接，可实现远程管理和云端优化计算。

工业智能网关使远程访问的维护人员可以对自动材料处理设备进行故障排查和诊断。基于云端的连接，减少了昂贵的基础设施投入。工业互联网提升了仓库的可见性，所采集的各类智能设备的信息可以跨平台地在电脑和移动设备端透明展示，使得自动化设备的数据可以更有效地运用到信息模型中，以更低的成本实现更快的库存周转。

2. 在运输业中的应用

工业互联网在运输业中的应用，使得运输工具制造商和物流管理企业能够在任意时间、任意地点与驾驶员进行沟通，及时地参与到现场维修、维护等环节中。工业互联网技术的进步极大地改善了运输和物流企业的运营和数据使用方式。例如，将每个车辆连接到互联网，利用实时数据进行分析，实现整个车队的监控和优化调度。

在设备方面，基于工业互联网技术，设备生产商和经销商能够随时对车辆的关键操作部件进行故障排查，为用户提供预防性维护和燃料水平等服务通知，并优化车辆的整体性能，通过云端跟踪重要维护任务的状态。

在运营方面，可通过大量的数据分析，了解单个车辆或整个车队的利用率和生产率报告，将闲置车辆数量降到最低，在线生成任务工单，跟踪运营成本。

3. 在能源行业中的应用

随着可再生能源在全球能源需求中所占比例越来越高，就需要更加灵活的电网运行系统，以充分管理这些不能持续稳定供给的能源。一方面，电网必须实时匹配用户不断变化的需求；另一方面，需要兼顾绿色能源生产商为了优化成本而导致的电力输出的波动。

工业互联网为可再生能源的优化利用提供了解决方案。基于工业互联网技术将太阳能、风能和传统电力生产商与高能耗消费者（如加工制造企业、轻型商业建筑和高密度住宅）进行连接，允许电力控制系统监控潜在功率需求，使得能源生产企业能够根据电力需求情况，调配能源供给。

4. 在水处理行业中的应用

随着全球人口不断扩张，水资源变得越发稀缺，水资源循环利用成为重要的解决途径。因此，对远程抽水系统和废水处理系统的连接和管理能力变得至关重要。

提泵站是社区污水处理基础设施的重要组成部分，可将污水从不平坦的地面上有效地运输到初级处理厂。基于智能网关，通过使用各种无线和有线网络技术能够更有效管理远程提泵站。维护人员使用远程访问的方式，可以在任何位置进行信息更新和故障排查。基于云端的服务管理连接，可增加远程提泵站的可视化，减少了对基础设施建设的大量投入。

2.3 关联硬件应用基础

❋ 关联硬件应用基础

智能网关桌面实训台集成了典型的工业自动化器件，通过智能网关能够实现对多种硬件的连接和信息交互。周边的关联硬件是智能网关数据获取的载体，对各种主要的周边关联硬件的熟练掌握和正确使用，是智能网关能够进行数据采集、分析和展示的前提。下面将对智能网关桌面实训台涉及的主要自动化部件的基础应用进行简要介绍。

2.3.1 PLC 应用基础

PLC（可编程逻辑控制器）是一种专门为工业环境而设计的数字运算操作电子系统。它采用一种可编程的存储器，在其内部存储执行逻辑运算、顺序控制、定时、计数和算术运算等操作的指令，通过数字式或模拟式的输入、输出来控制各种类型的机械设备或生产过程。

智能网关桌面实训台采用 SIMATIC S7-1214C 型模块化紧凑型 PLC（图 2.5），其具有可扩展性强、灵活度高等设计特点，可实现最高标准工业通信的通信接口以及一整套强大的集成技术功能，是完整、全面的自动化解决方案的重要组成部分。

图 2.5 SIMATIC S7-1214C 型模块化紧凑型 PLC

1. 主要功能特点

（1）安装简单方便，结构紧凑并配备了可拆卸的端子板。

（2）可添加 3 个通信模块，支持 PROFIBUS 主从站通信。

（3）集成的 PROFINET 接口用于编程、HMI 通信、PLC 之间的通信。

（4）用户指令和数据提供高达 150 KB 的共用工作内存。同时还提供了高达 4 MB 的集成装载内存和 10 KB 的掉电保持内存。

（5）集成工艺，包括多路高速输入、脉冲输出功能。

2. 主要技术参数

SIMATIC S7-1214C DC/DC/DC 型 PLC 是 S7-1200 系列 PLC 的典型代表产品，其主要规格参数见表 2.2。

表 2.2　SIMATIC S7-1214C DC/DC/DC 型 PLC 的主要规格参数

型号	CPU 1214C DC/DC/DC
用户存储	100 KB 工作存储器/4 MB 负载存储器，可用专用 SD 卡扩展/10 KB 保持性存储器
板载 I/O	数字 I/O:14 点输入/10 点输出；模拟 I/O：2 路输入
过程映像大小	1 024 字节输入（I）/1 024 字节输出（Q）
高速计数器	共 6 个，单相：3 个 100 kHz 以及 3 个 30 kHz 的时钟频率；正交相位：3 个 80 kHz 以及 3 个 20 kHz 的时钟频率
脉冲输出	4 组脉冲发生器
脉冲捕捉输入	14 个
扩展能力	最多 8 个信号模块；最多 1 块信号板；最多 3 个通信模块
性能	布尔运算执行速度：0.08 μs/指令；移动字执行速度：1.7 μs/指令；实数数学运算执行速度：2.3 μs/指令
通信端口	1 个 10/100 Mb/s 以太网端口
供电电源规格	电压范围：20.4～28.8 V DC；输入电流：24 V DC 时 500 mA

3. 软件开发环境

TIA（Totally Integrated Automation，全集成自动化）博途软件是西门子面向工业自动化领域推出的新一代工程软件平台，博途将所有自动化软件工具集成在统一的开发环境中，借助该全新的工程技术软件平台，用户能够快速、直观地开发和调试自动化系统。

TIA 博途软件代表着软件开发领域的一个里程碑，它是世界第一款将所有自动化任务整合在一个工程设计环境下的软件。主要包括三个部分：SIMATIC STEP 7、SIMATIC WinCC 和 SIMATICS StartDrive。其中 SIMATIC STEP 7 是用于组态 S7 系列 PLC 和 WinAC 控制器的工程组态软件。

在使用 S7-1200 系列 PLC 的过程中，首先需要安装 TIA 博途软件。软件主要包含 STEP 7、WinCC、S7-PLCSIM、StartDrive、STEP 7 Safety Advanced 等组件。TIA 博途软件如图 2.6 所示。

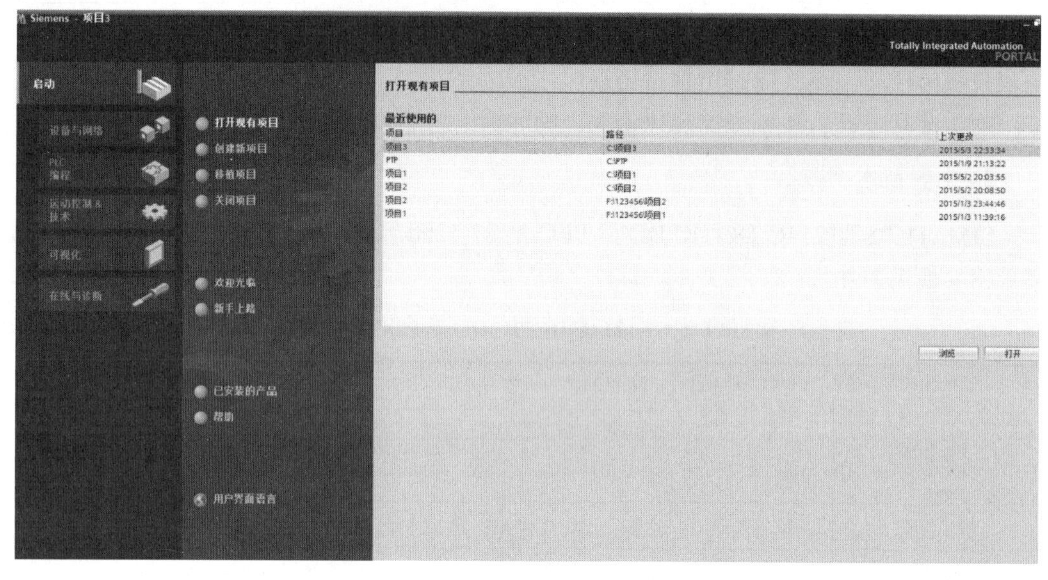

图 2.6　TIA 博途软件

其中，TIA STEP7 包括 TIA STEP7 Basic 和 TIA STEP7 Professional 两个版本。TIA STEP7 Basic 只能用于对 S7-1200 进行编程，而 TIA STEP7 Professional 不但可以对 S7-1200 编程还可以对 S7-300/400 和 S7-1500 编程。

2.3.2　人机界面应用基础

人机界面（Human Machine Interaction，HMI）又称触摸屏，是人与设备之间传递、交换信息的媒介和对话接口。在工业自动化领域为各个厂家提供了种类型号丰富的产品可供选择。西门子公司推出的精简系列人机界面拥有全面的人机界面基本功能，是适用于简易人机交互应用的理想选择。

智能网关桌面实训台采用西门子 SIMATIC KTP700 型人机界面，该款人机界面具有 64 K 色的创新型高分辨率显示屏，能够对各类图形进行展示，并具有 USB 接口，支持连接键盘、鼠标或条码扫描器等设备，能够通过集成以太网口方便地与西门子系列 PLC 控制器通信，SIMATIC KTP700 型人机界面如图 2.7 所示。

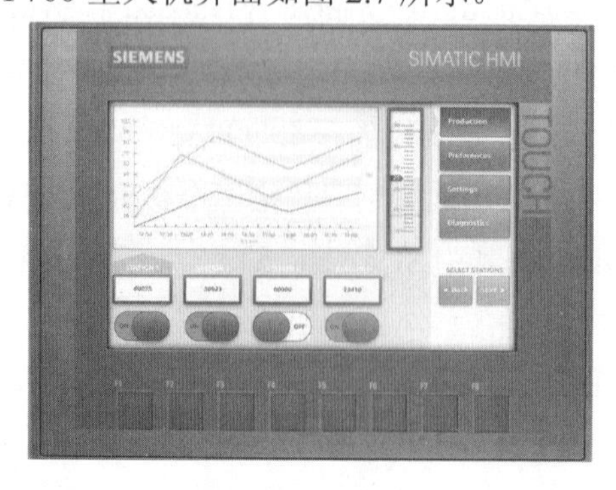

图 2.7　SIMATIC KTP700 型人机界面

1. 主要功能特点

（1）全集成自动化（TIA）的组成部分，缩短了组态和调试时间，采用免维护的设计，维修方便。

（2）由于具有输入/输出字段、矢量图形、趋势曲线、条形图、文本和位图等要素，可以简单、轻松地显示过程值。

（3）使用 USB 端口，可灵活连接 U 盘、键盘、鼠标或条码扫描器等设备。

（4）图片库带有现成的种类丰富的图形对象。

（5）可组态 32 种语言，在线可在多达 10 种语言之间进行切换。

2. 主要技术参数

西门子 KTP700 Basic PN 型人机界面的主要规格参数见表 2.3。

表 2.3　KTP700 Basic PN 型人机界面的主要规格参数

型号	KTP700 Basic PN
显示尺寸	7 寸 TFT 真彩液晶屏，64 K 色
分辨率	800×480
可编程按键	8 个可编程功能按键
存储空间	用户内存 10 MB，配方内存 256 KB，具有报警缓冲区
功能	画面数：100；变量：800；配方：50；支持矢量图、棒图、归档；报警数量/报警类别：1 000/32
接口	PROFINET（以太网），主 USB 口
供电电源规格	额定电压：24 V DC；电压范围：19.2～28.8 V DC；输入电流：24 V DC 时 230 mA

3. 软件开发环境

TIA WinCC 分为组态（RC）和运行（RT）两个类别，RC 系列有四种版本（表 2.4），分别是 WinCC Basic、WinCC Comfort、WinCC Advanced 和 WinCC Professional。两个运行系统（RT）分别为 WinCC Runtime Advanced 和 WinCC Runtime Professional。

表 2.4　TIA WinCC RC 系列各版本的区别

版本	可组态的对象
WinCC Basic	只针对精简系列面板
WinCC Comfort	精简系列面板、精智系列面板、移动面板
WinCC Advanced	全部面板、单机 PC 以及基于 PC 的“WinCC Runtime Advanced”
WinCC Professional	全部面板、单机 PC、C/S 和 B/S 架构的人机系统以及基于 PC 的运行系统“WinCC Runtime Professional”

人机界面的组态是在 TIA 博途 SIMATIC WinCC 上进行设计和编译的。用户可打开 TIA 软件，选择对应型号的触摸屏进行组态。

TIA 博途软件 SIMATIC WinCC 组态画面如图 2.8 所示。

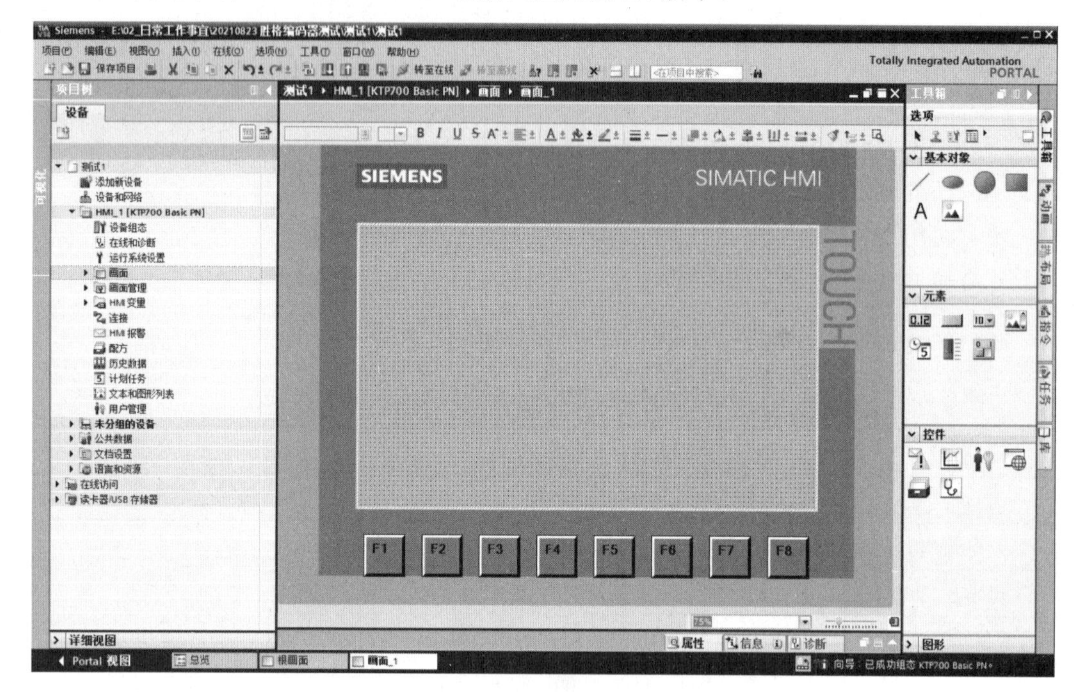

图 2.8　TIA 博途软件 SIMATIC WinCC 组态画面

2. 3. 3　伺服电机应用基础

伺服来自英文单词“Servo”，指系统跟随外部指令，按照所期望的位置、速度和力矩进行精确运动。目前工业中广泛应用的是交流伺服系统，主要用于对调速范围、定位精度、稳速精度、动态响应和运行稳定性等方面有特殊要求的场合。在交流伺服系统中，永磁同步电机以其优良的低速性能、动态特性和运行效率，在高精度、高动态响应的场合已经成为伺服系统的主流之选。交流伺服系统一般由交流伺服驱动器、交流伺服电机和相关电缆附件组成。

智能网关桌面实训台采用西门子 SINAMICS V90 型交流伺服驱动器，搭配 SIMOTICS S-1FL6 伺服电机，构建了一个兼顾高动态性能和平滑运动的交流伺服系统。SINAMICS V90 型交流伺服驱动器针对基本运动控制进行设计，支持内部设定值位置控制、外部脉冲位置控制、速度控制和扭矩控制，整合了脉冲输入、模拟量输入/输出、数字量输入/输出以及编码器脉冲输出接口。该伺服系统是西门子“全集成自动化”的理念的重要体现，能够与其他 SIMATIC 系列产品进行无缝的系统构建。西门子 SINAMICS 交流伺服系统如图 2.9 所示。

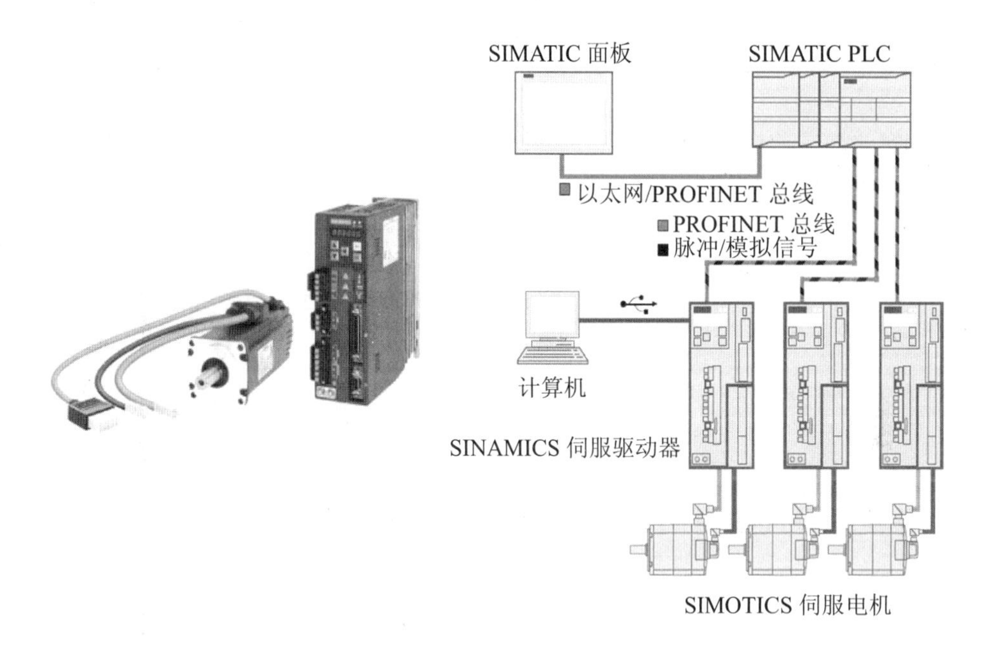

图 2.9　西门子 SINAMICS 交流伺服系统

1. 主要功能特点

（1）伺服性能优异。先进的一键优化及自动实时优化功能使设备获得更高的动态性能，自动抑制机械谐振频率，支持最高 1MHz 的高速脉冲输入，20 位分辨率的多圈绝对值编码器。

（2）集成丰富的控制模式。外部脉冲位置控制、内部设定值位置控制（通过程序步或 Modbus 或 PROFINET）、速度控制和扭矩控制。

（3）集成了 PROFINET、Modbus RTU 等接口方式，与控制系统的连接快捷简单。

（4）快速、便捷的伺服优化和机械优化。

（5）集成安全扭矩停止（STO）功能。

2. 主要技术参数

西门子 SINAMICS V90 型交流伺服驱动器与 SIMOTICS S-1FL6 伺服电机，是西门子集成驱动产品的典型代表，其主要规格参数见表 2.5。

表 2.5 SINAMICS V90 伺服驱动系统主要技术参数

伺服驱动器	SINAMICS V90 PN
控制模式	速度控制、基本位置控制
I/O 接口	20 pin DI/DO
运动控制通信	2*RJ45 接口，支持与 PLC 进行 PROFINET 通信
通信接口	Mini USB
人机接口	6 位七段数码管，5 个按键，RDY 指示灯，COM 通信指示灯
伺服电机	SIMOTICS S-1FL6
额定速度	3 000 rpm
最高速度	5 000 rpm
编码器	增量编码器
保护等级	IP65

3. 相关配套软件

西门子提供功能强大的监控软件 SINAMICS V-ASSISTANT 工具软件，用户可通过 USB 连接 SINAMICS V90 伺服驱动器，进行参数设置、运行测试和故障诊断，SINAMICS V-ASSISTANT 工具软件如图 2.10 所示。

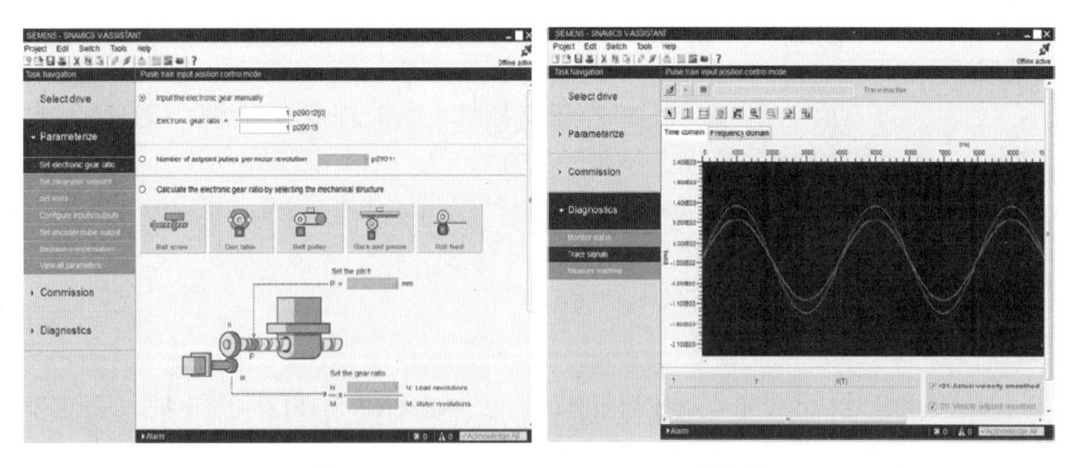

图 2.10 SINAMICS V-ASSISTANT 工具软件

（1）软件下载。

用户可通过西门子官方在线支持，搜索“SINAMICS V-ASSISTANT”，导航到下载页面进行软件下载安装，软件下载界面如图 2.11 所示。

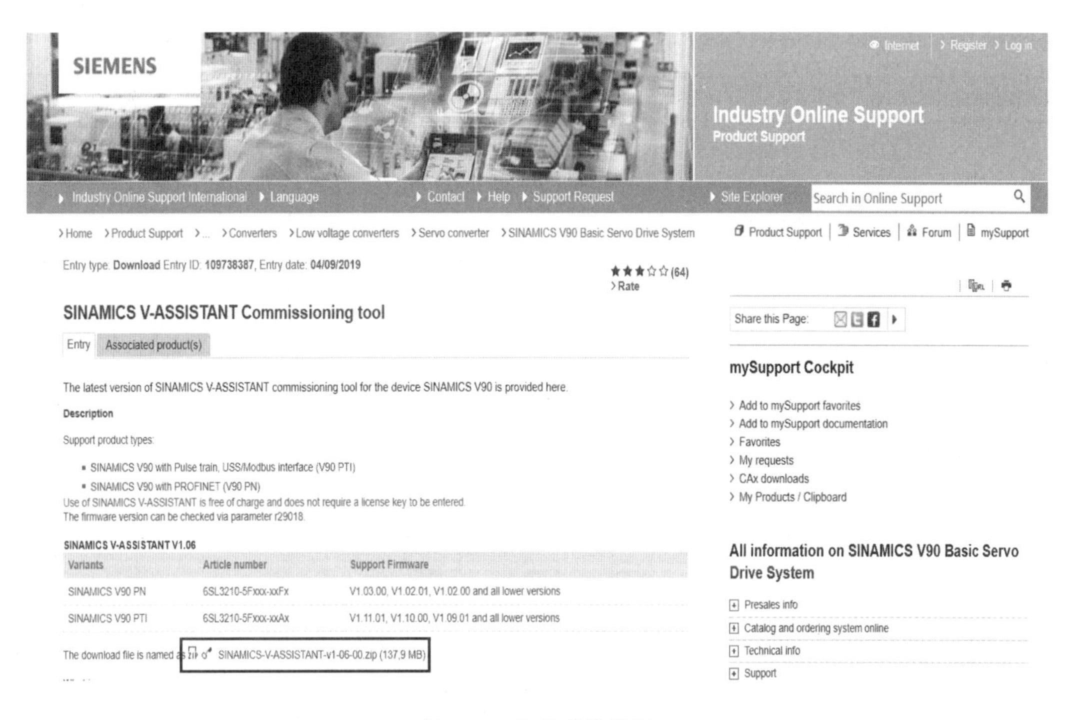

图 2.11　软件下载界面

（2）安装步骤。

下面介绍 SINAMICS V-ASSISTANT 的安装步骤，具体安装步骤见表 2.6。

表2.6　SINAMICS V-ASSISTANT安装步骤

序号	图片示例	操作步骤
1	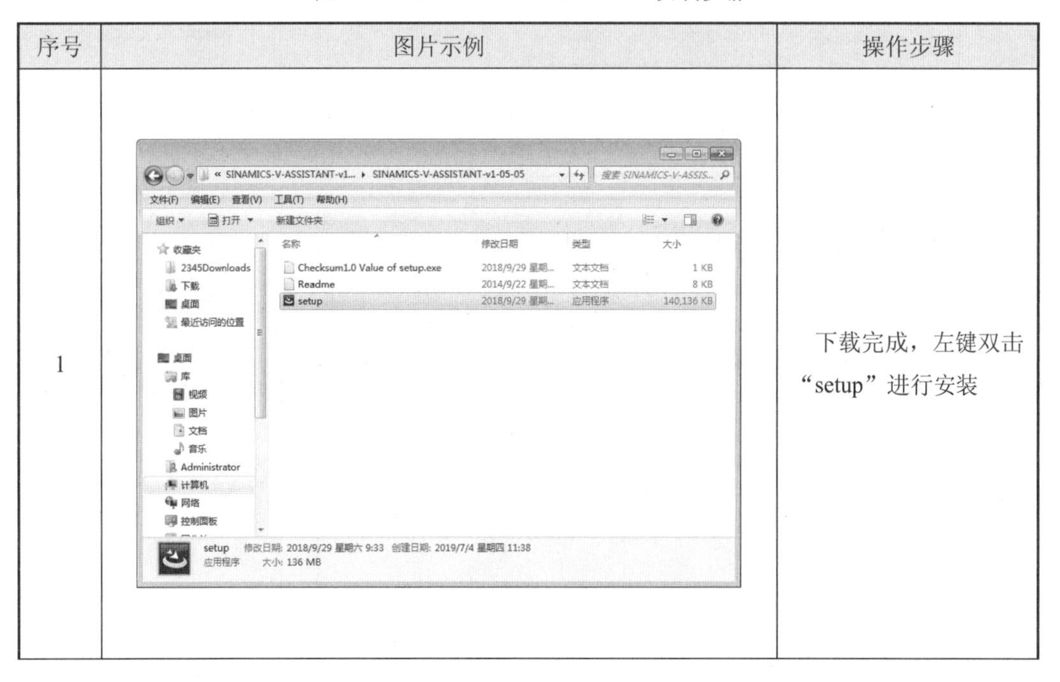	下载完成，左键双击“setup”进行安装

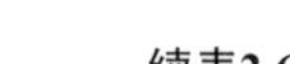

续表2.6

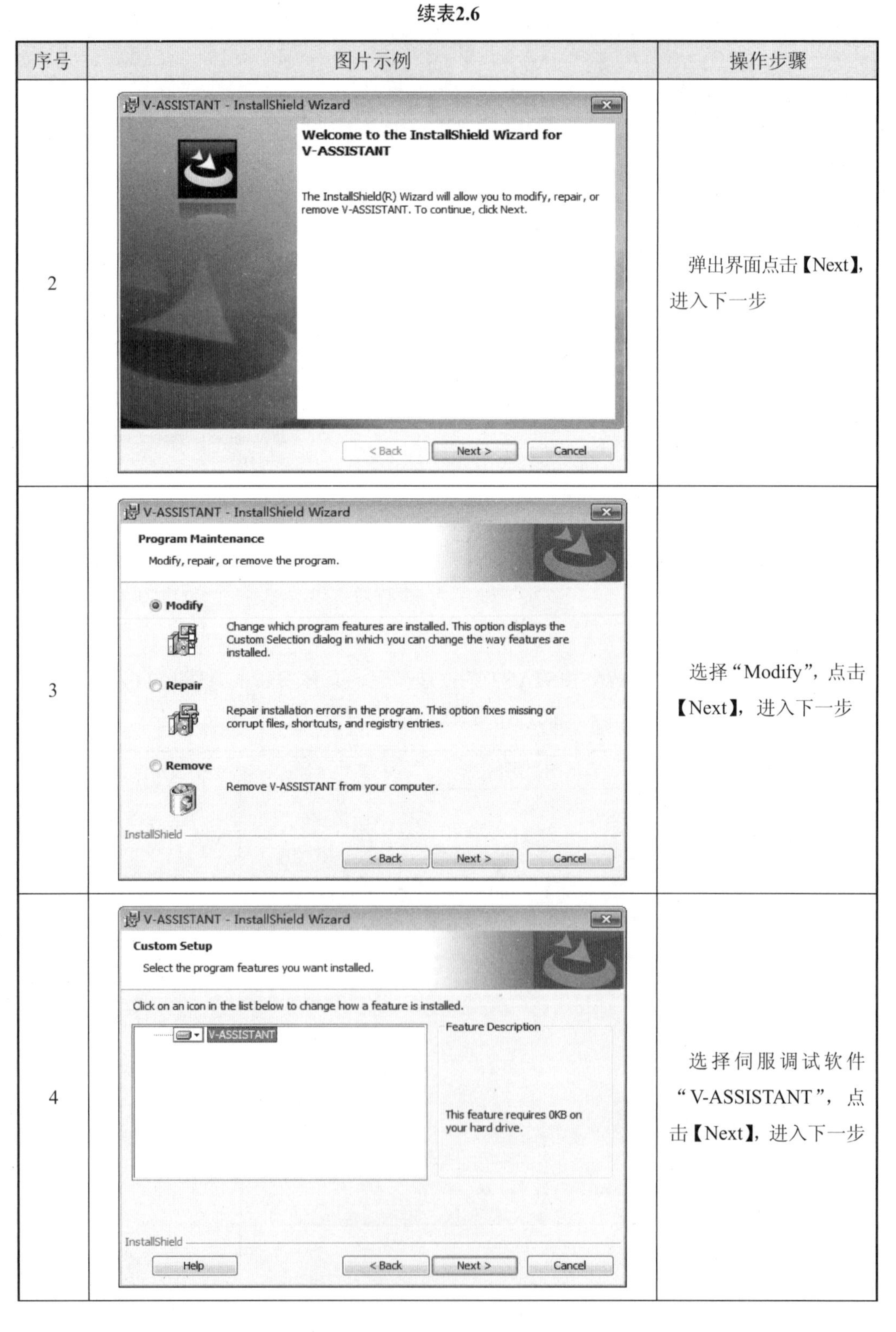

序号	图片示例	操作步骤
2		弹出界面点击【Next】，进入下一步
3		选择“Modify”，点击【Next】，进入下一步
4		选择伺服调试软件“V-ASSISTANT”，点击【Next】，进入下一步

续表2.6

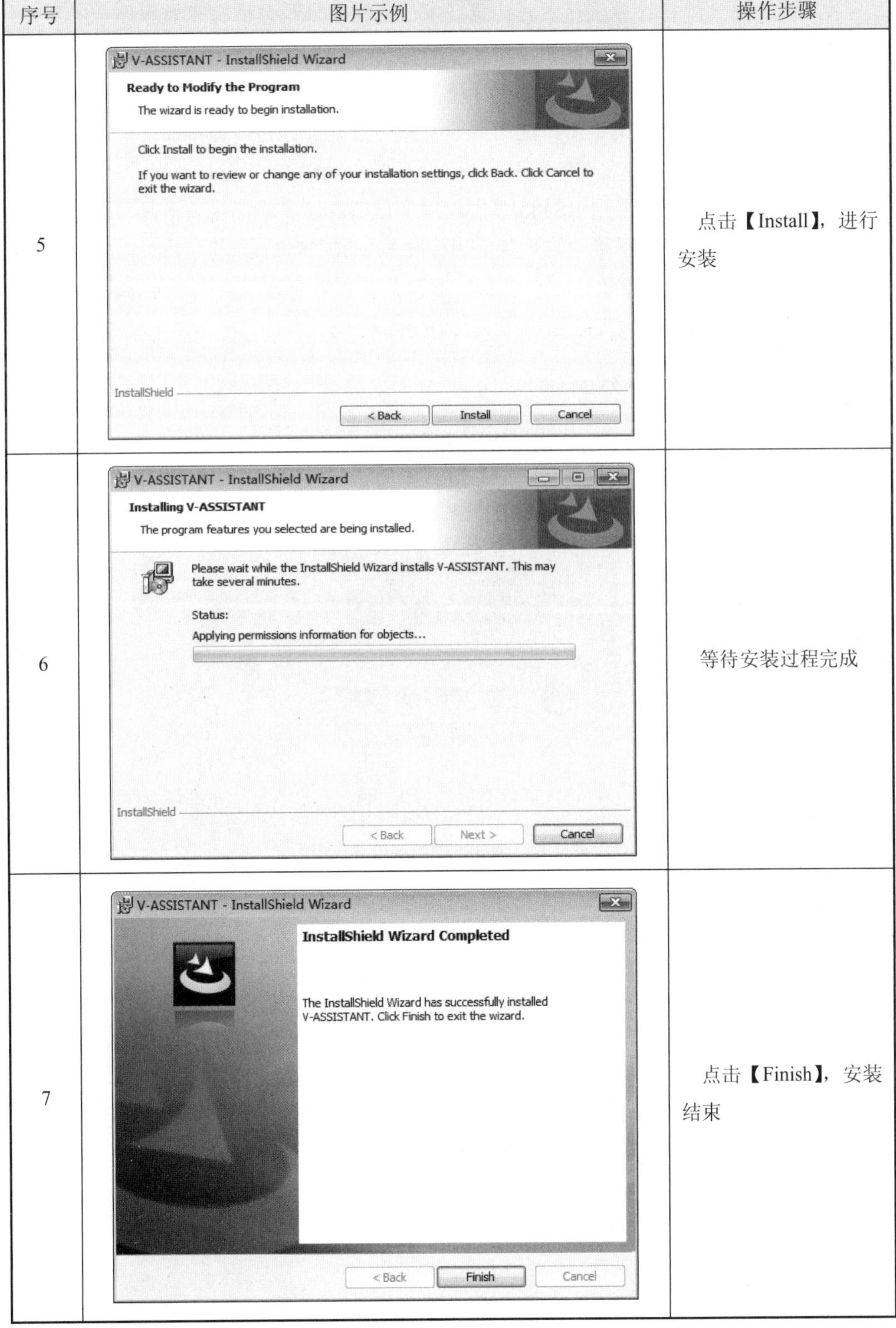

序号	图片示例	操作步骤
5		点击【Install】，进行安装
6		等待安装过程完成
7		点击【Finish】，安装结束

2.3.4 智能仪表应用基础

智能仪表是一种将计算机技术、传感技术、采集技术与通信技术有机结合的新一代“智能化仪表”的统称，具有电路简化、可靠性高、数据处理能力强和通信功能丰富等特点。以智能仪表为载体的智能感知是实现工业互联的关键基础，智能仪表是其中不可或缺的一部分，它通过采集数据，处理数据，并对数据进行初步分析加工，成为工业互联网感知的源头。

智能网关桌面实训台采用 RS485 型温湿度变送器。该变送器带有液晶显示，实时显示温湿度，背部免螺丝端子接线。设备采用标准 MODBUS-RTU 通信协议，RS485 信号输出，通信距离最大可达 2 000 m（实测）。该设备探头为内置型，安全可靠，外观美观，安装方便。RS485 型温湿度变送器如图 2.12 所示。

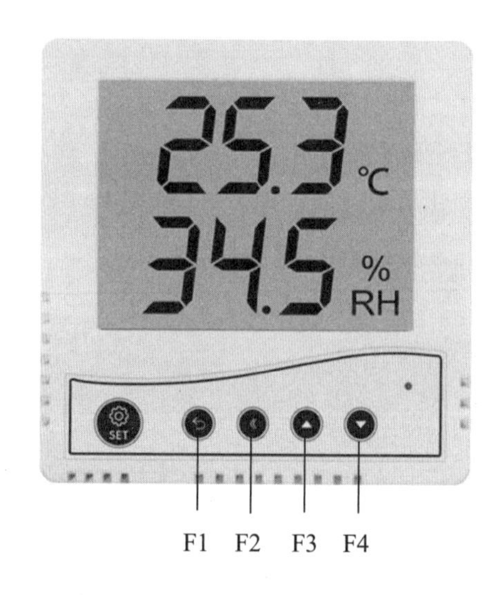

图 2.12 RS485 型温湿度变送器

1. 主要功能特点

（1）大屏液晶显示，美观大方。

（2）接线端子采用军工级弹簧式免螺丝端子，一压一插即可接线，现场即使没有螺丝刀也能快速接好线，可适应线径 0.3～2.0 mm^2。

（3）采用高精度温湿度测量单元，现场自校准，长期稳定性好、漂移小。

（4）采用专用的 485 电路，标准 ModBus-RTU 通信协议，通信地址及波特率可设置。

（5）10～30 V 直流宽电压范围供电。

（6）探头为内置型，安装简单方便。

（7）按键可设置参数，操作方便。

2. 主要技术参数

主要技术参数见表 2.7。

表2.7　主要技术参数

直流电源（默认）	10～30 V DC	
最大功率	0.4 W	
A 准精度	湿度	±2% RH（60% RH，25 ℃）
	温度	±0.4 ℃（25 ℃）
B 准精度（默认）	湿度	±3% RH（60% RH，25 ℃）
	温度	±0.5 ℃（25 ℃）
变送器电路工作温湿度	-20～+60 ℃，0%～80% RH	
探头工作温度	内置探头	-40～+80 ℃
探头工作湿度	0～100%RH	
通信协议	Modbus-RTU 通信协议	
输出信号	485 信号	
温度显示分辨率	0.1 ℃	
湿度显示分辨率	0.1% RH	
温湿度刷新时间	1 s	
长期稳定性	温度	≤0.1 ℃/y
	湿度	≤1% RH/y
响应时间	温度	≤25 s（1 m/s 风速）
	湿度	≤8 s（1 m/s 风速）
开孔尺寸	60 mm	
参数设置	通过按键直接修改	

3. 寄存器地址

寄存器地址见表 2.8。

表2.8　寄存器地址

寄存器地址（16 进制）	寄存器地址（10 进制）	PLC 或组态地址（10 进制）	内容	操作
0000 H	0	40001	湿度（比实际湿度扩大 10 倍）	只读
0001 H	1	40002	温度（比实际温度扩大 10 倍）	只读

4. 按键设置

设备共有六种项目可设置：地址、波特率、温度上限、湿度上限、温度下限、湿度下限。

按下 SET 键 2 秒钟，可以进入设置状态，按下可以变换设置项目，短按按照“地址、波特率、温度上限、湿度上限、温度下限、湿度下限”的顺序轮换显示。按键操作说明见表 2.9。

表2.9 按键操作说明

序号	界面说明	按键操作说明
1	地址	按 F1 返回温湿度查询界面；短按 F2 切换到地址设置界面；短按 F3 地址加 1，长按 F3 地址加 10；短按 F4 地址减 1，长按 F4 地址减 10。短按 SET 键，将显示地址值保存为目标地址
2	波特率	按 F1 返回温湿度查询界面；短按 F2 切换到波特率设置界面；短按 F3、F4，波特率在 2 400、4 800、9 600 三者之间切换。短按 SET 键，将显示波特率值保存为目标波特率
3	温度上限	按 F1 返回温湿度查询界面；短按 F2 切换到温度上限设置界面；短按 F3 加 1，长按 F3 加 10；短按 F4 减 1，长按 F4 减 10。短按 SET 键，将显示温度上限值保存为目标温度上限值
4	湿度上限	按 F1 返回温湿度查询界面；短按 F2 切换到湿度上限设置界面；短按 F3 加 1，长按 F3 加 10；短按 F4 减 1，长按 F4 减 10。短按 SET 键，将显示湿度上限值保存为目标湿度上限值
5	温度下限	按 F1 返回温湿度查询界面；短按 F2 切换到温度下限设置界面；短按 F3 加 1，长按 F3 加 10；短按 F4 减 1，长按 F4 减 10。短按 SET 键，将显示温度下限值保存为目标温度下限值
6	湿度下限	按 F1 返回温湿度查询界面；短按 F2 切换到湿度下限设置界面；短按 F3 加 1，长按 F3 加 10；短按 F4 减 1，长按 F4 减 10。短按 SET 键，将显示湿度下限值保存为目标湿度下限值

第3章　工业互联网智能网关应用基础

3.1　Node-RED 软件简介

EnGateWay 智能网关采用 Node-RED 开放式编程环境，用户能够基于图形化的编程方式，快速构建工业互联网数据采集应用程序。

❋ Node-RED 软件简介

3.1.1　Node-RED 软件介绍

Node-RED 是一种全新的编程工具，以图形化的方式非常直观地将硬件设备、API 和在线服务等部件连接在一起。它提供了一个基于浏览器的程序编辑器，可以很容易地使用系统中提供的各种功能节点（Node）连接成信号流（Flow），能够实现快速开发和部署各类应用程序。

Node-RED 构建在 Node.js 之上，充分利用其事件驱动的非阻塞模型，这使得它非常适合运行在低成本的嵌入式硬件上，如嵌入式单板电脑等。Node-RED 提供多种 API 应用节点，支持广泛的通讯协议，例如 MQTT、TCP、UDP 等。对于嵌入式系统，Node-RED 提供面向板级 IO 控制功能，并通过使用 MQTT、HTTP 等协议与云端做数据交互，从而能够方便地构建各类工业物联网（IOT）产品应用场景。

Node-RED 编程界面如图 3.1 所示。

图 3.1　Node-RED 编程界面

Node-RED 拥有以下诸多的优点：

（1）图形化编程界面，上手简单。

（2）适合作为概念性应用验证的开发工具。

（3）浅显易懂，快速应用。

（4）具有高度扩展性，默认提供了各类功能的 Library、Flow、Node 可供使用，并且支持用户自定义节点，实现功能扩展。

3.1.2 软件功能简介

基于 Node-RED 的 EnGateWay 智能网关编程软件的编程界面如图 3.2 所示。软件界面包括控件区、工作区、菜单栏和调试信息区。

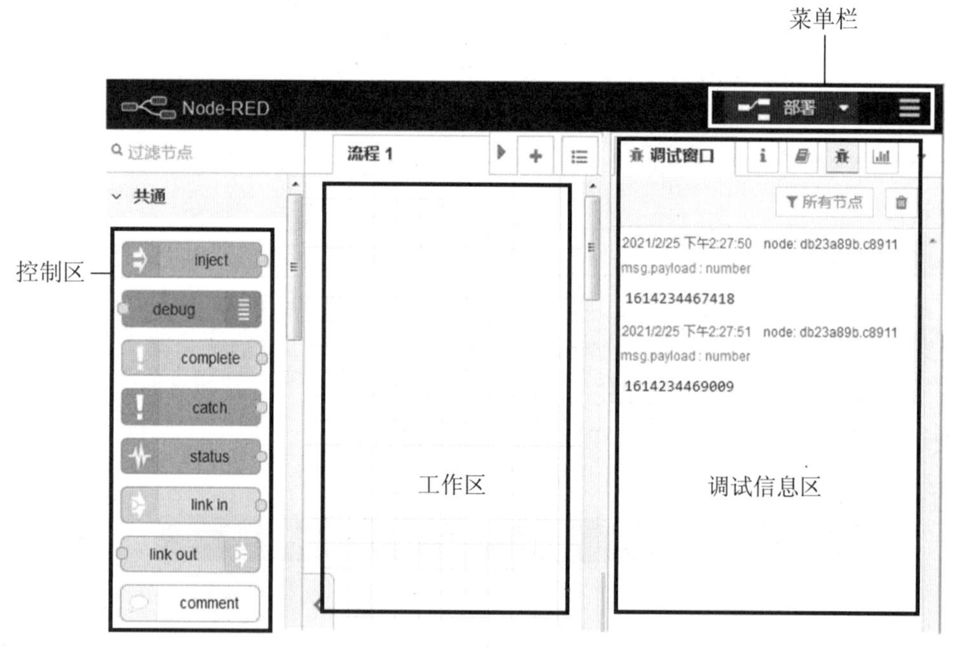

图 3.2 Node-RED 软件编程界面

1. 控件区

控件区包含 Node-RED 支持的内置节点以及放置后续可扩展节点。节点扩展是指用户可根据应用需要，在计算机联网后，通过 Node-RED 的节点管理器来搜索和安装所需的功能节点，就像搭积木一样，扩增 Node-RED 节点类型，灵活方便。

刚安装好的系统，Node-RED 会内置默认的多种类型功能节点，典型应用节点具体内容见表 3.1。

表 3.1　典型应用节点

节点类型	典型节点	功能
输入类节点	inject	inject 节点，为后续节点注入数据类型可选的消息
	mqtt	mqtt in 节点，接收来自 MQTT 服务器的主题信息
	tcp	tcp in 节点，连接至 TCP 通信功能
输出类节点	debug	debug 节点，在调试侧边栏可以显示传入的消息内容
	mqtt	mqtt out 节点，连接至 MQTT 服务器，发布消息
	tcp	tcp out 节点，连接至 TCP 通信功能
功能节点	function	function 节点，函数功能节点，能够在内部进行函数相关处理及运输
	switch	switch 节点，根据输入消息和判断条件实现消息路由选择功能
	range	range 节点，把输入的数字映射到不同的范围内
	random	random 节点，在设定的数字范围内产生随机
社交节点	email	e-mail in 节点，重复地接收 IMAP 服务器的邮件
	email	e-mail out 节点，将传入的消息以邮件的形式发送出去
存储节点	file	file in 节点，以字符串或二进制串的形式读取文件内容
	file	file out 节点，将消息内容写入文件中
分析节点	sentiment	Sentiment 节点，对传入的消息进行分析
高级节点	watch	watch 节点，用于监视系统文件或目录的变化，输出变化信息
	exec	exec 节点，运行系统命令，并返回结果

2. 工作区

工作区是用户通过拖放节点，并按照功能要求进行信号流组合分配的区域。在工作区窗格的顶部是一组选项卡页面，用户可以将一个大的程序按照功能进行划分，从而放置在不同的选项卡页面里，以方便模块化程序设计。点击每个选项卡，就可以显示对应的 Node-RED 工程，工作区展示图如图 3.3 所示。

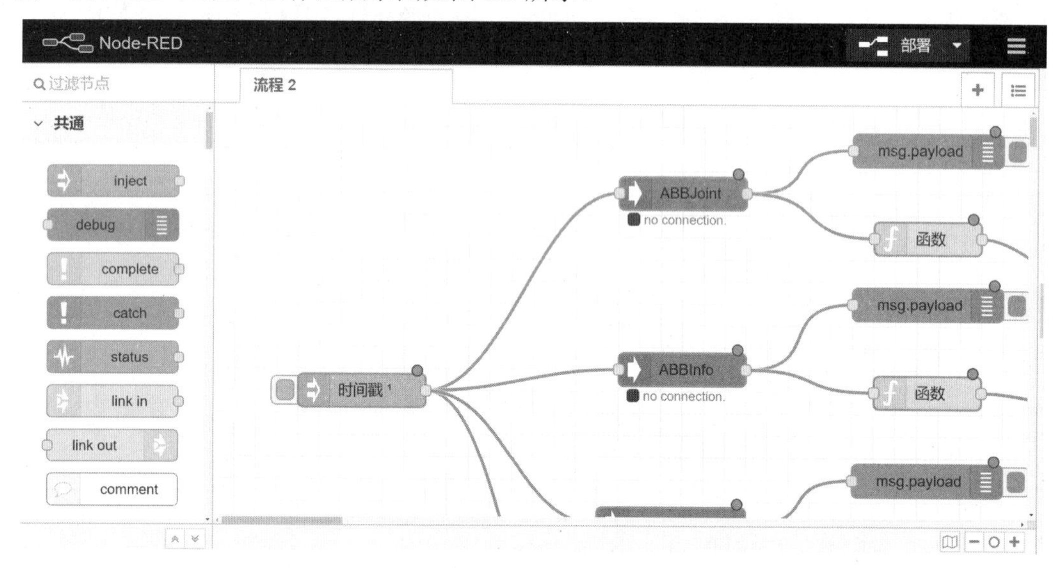

图 3.3　工作区展示图

在工作区内编程，包括节点放置和节点连线两个步骤。

通过选中控件区内所需的功能节点，点击左键不放，拖放到工作区，松开左键后，即可在工作区显示拖放的节点。

不同节点之间的连接，可以通过左键点击节点的输出（右侧的小方块），按住不放（或按住 Ctrl 键），拖至另外一个节点的输入端口（左侧的小方块），即可完成两个节点间的连线。信号或消息即可在连线的节点之间进行流转和处理。

3. 菜单栏

菜单栏具有丰富的功能，用户可以进行程序部署、模板导入/导出、流程导入/导出、管理节点、修改节点配置、管理流程、软件设置等操作。

（1）程序部署类型。

程序部署类型如图 3.4 所示，当点击【部署】按钮右侧的下拉三角形按钮后，可以设置当每次点击【部署】按钮后，程序的部署级别形式。程序部署级别总共可分为三类：

①全面：全面部署在工作区中的所有内容和改动情况。

②已修改的流程：只部署包含已更改节点的流。

③已更改的节点：只部署已经更改的节点。

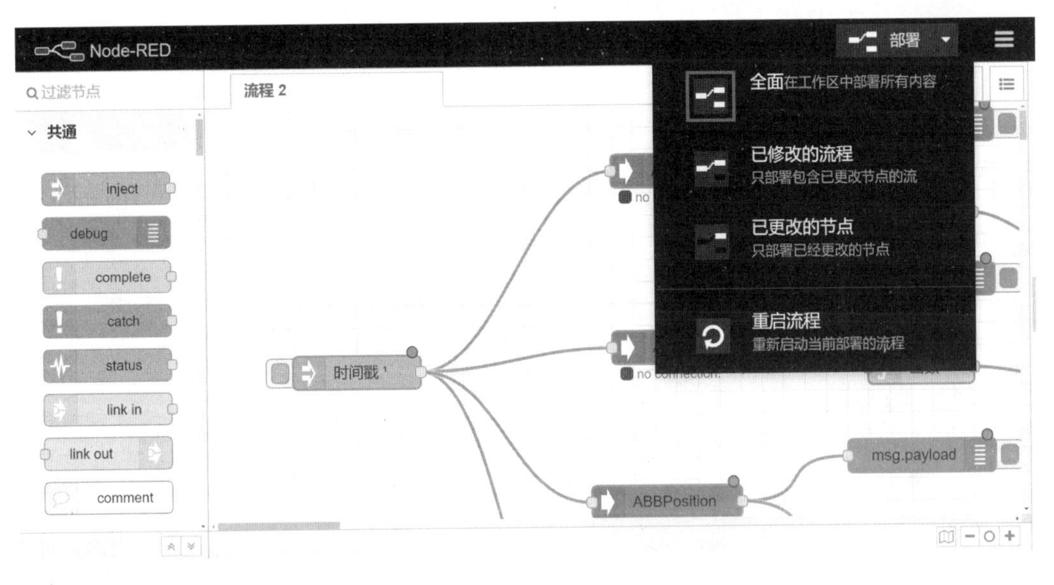

图 3.4　程序部署类型选择

（2）菜单栏菜单选项。

菜单栏的具体菜单选项如图 3.5 所示。

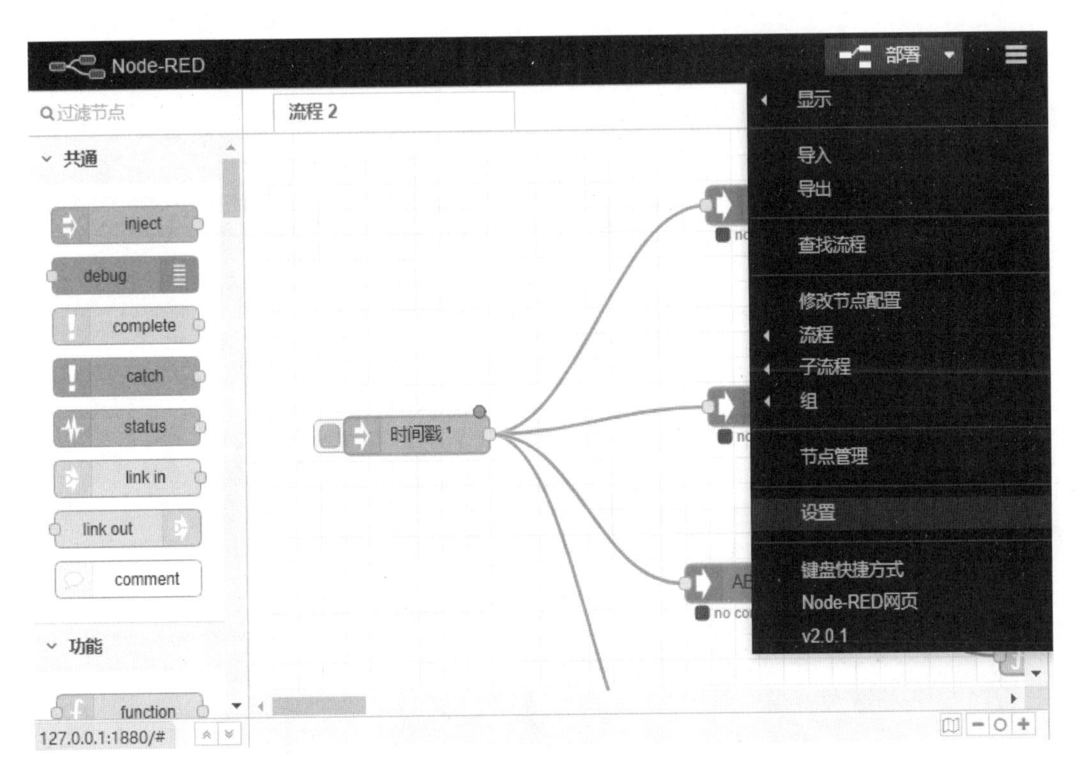

图 3.5　菜单栏

基于弹出的菜单选项，可以进行一些常规和通用功能的设置，菜单栏各菜单项功能见表 3.2。

表 3.2　菜单栏各菜单项功能

菜单名	功能
显示	进行软件界面显示设置。如可以设置成为是否显示控件区、是否显示侧边栏，是否显示日志事件等
导入	可以选择从剪切板或库中导入相应的流
导出	可以将选择的对象导出到剪切板或库
查找流程	可以用于快速定位到所选的流程的 tab
配置节点	可以对节点的属性进行批量设置或修改
流程	可选择对流程进行新增、重命名、删除操作
子流程点	可以新建空白子流程或将所选对象创建为子流程，方便模块化程序设计
节点管理	管理面板，可以对节点查询、节点安装等方面进行操作，或查询和设置快捷键

4. 调试信息区

调试信息区可以在多个选项卡间切换，如信息选项卡和调试窗口选项卡等。当信息选项卡被选中时，将显示所选节点的文档；当调试窗口选项卡被选中时，它将显示节点概况、程序运行错误和警告等类型的信息，调试窗口如图 3.6 所示。

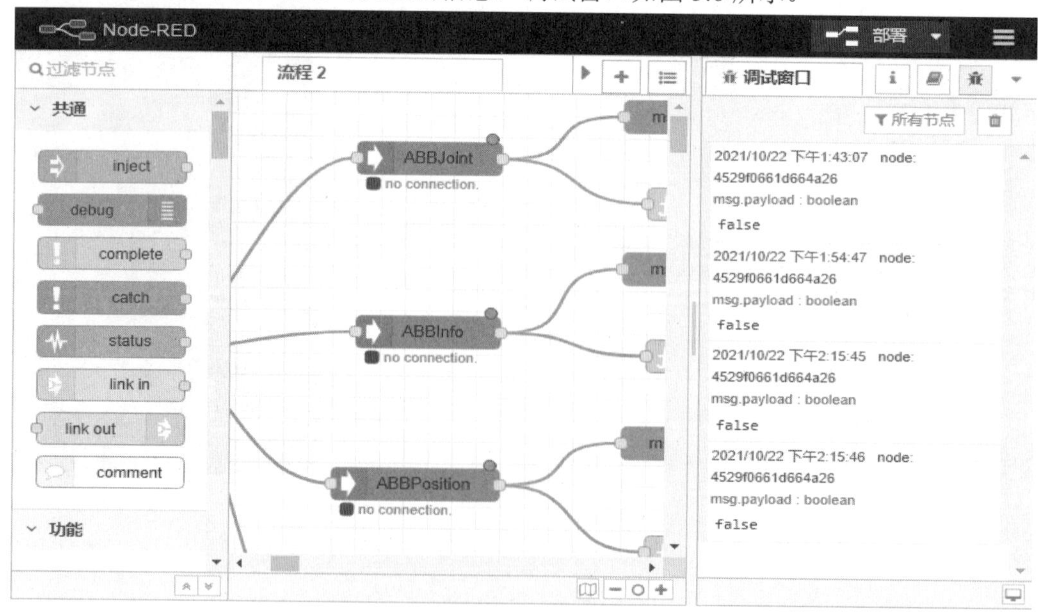

图 3.6　调试窗口

3.1.3　编程语言

※ Node-RED 编程简介

1. 语言介绍

Node-RED 是 IBM 公司开发的一个基于 Node.js 环境的可视化编程工具。它允许程序设计人员通过组合各部件节点来编写应用程序。这些部件可以是硬件设备节点、Web API 节点、功能函数节点和在线服务节点等。

Node-RED 提供了基于网页浏览器的编程环境，通过拖放功能节点到工作区并用线连接各个节点来创建数据流，从而实现丰富功能的编程设计。完成程序设计后，可通过点击【部署】按钮实现一键保存并执行程序。Node-RED 程序是以 json 字符串格式保存的，方便用户分享、修改。

基本概念：

（1）数据流程（Flow）。

数据流程（Flow）是 Node-RED 中最重要的概念之一。一个 Flow 流程就是一个 Node-RED 程序，它是由多个节点相互连接在一起形成数据通信的集合。在 Node-RED 的底层实现原理上，一个 Flow 流程通常是由一系列的 JavaScript 对象和若干个节点的配置信息组成，通过底层的 Node.js 环境再去执行 JavaScript 代码。

（2）节点（Node）。

节点（Node）是构建 Flow 的最基本元素，也是真正进行数据通信处理的载体。当程序设计者将编写好的 Flow 流程运行起来的时候，节点的功能就是对从上游节点接收到的消息（Message）进行处理，并返回新的消息结果传递给下游节点，以实现后续的工作。一个 Node-RED 的节点包括一个.js 文件和一个.html 文件，分别完成对节点逻辑功能的实现和节点的样式设计。

（3）消息（Message）。

消息（Message）是节点之间进行数据传输的对象，也是数据的载体。理论上，消息是一个 JavaScript 对象，它包含了对数据描述的所有属性。消息是 Node-RED 处理数据的最基本的数据结构，只有当节点被激活时消息才被处理，再加上所有节点都是相互独立的，这就保证了数据流程是互不影响并且是无状态的。

（4）连线（Wire）。

连线（Wire）是构建数据流程和节点与节点的通信连接桥梁，连线是将节点的输出端点连接到下一个节点的输入端，表示一个节点生成的消息的流向。

2. 编程调试

编程调试主要由以下三个步骤组成：项目创建→程序编写→项目调试。

（1）项目创建。

项目创建有两种方式，主要操作步骤见表 3.3。

表 3.3　项目流程创建的操作步骤

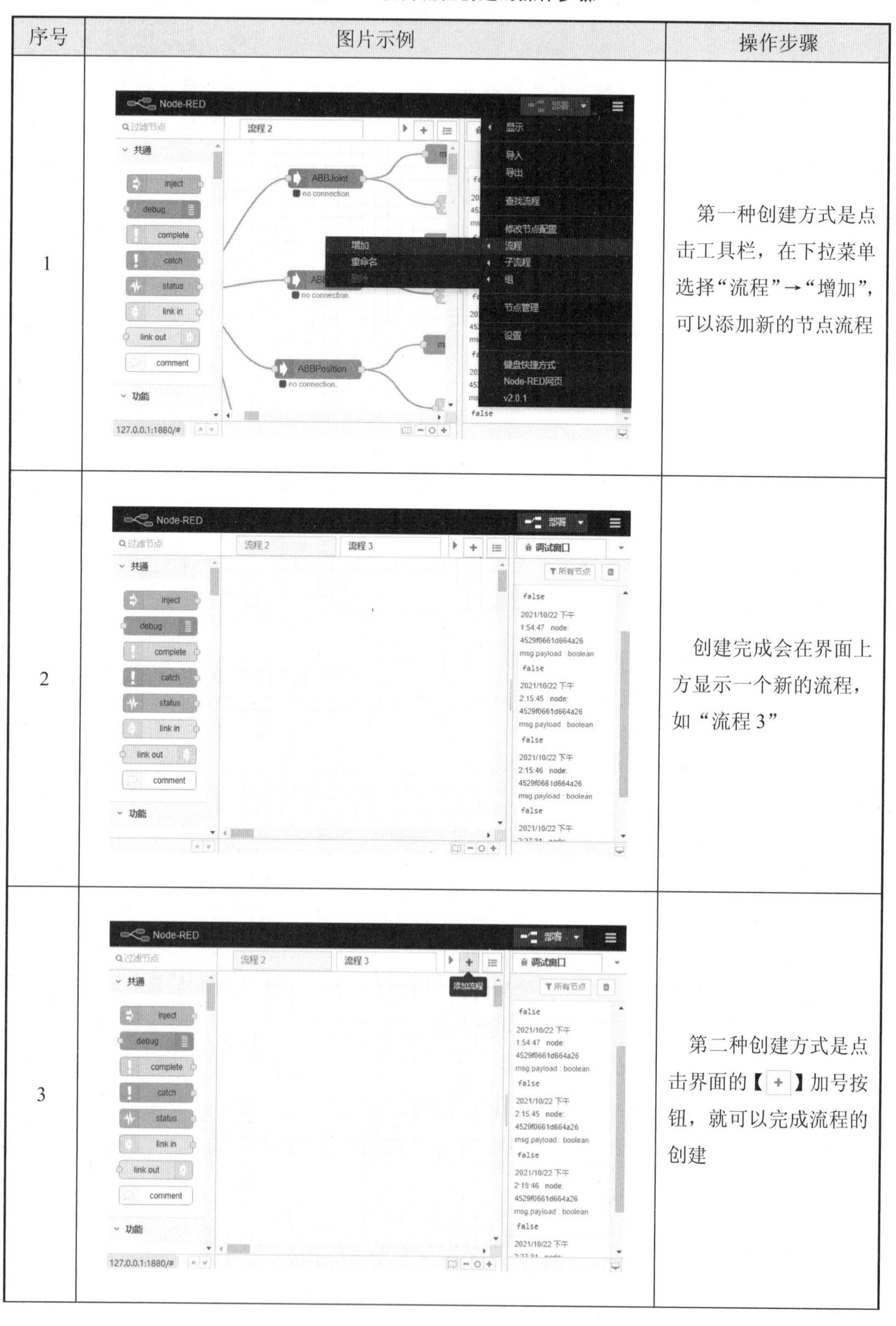

序号	图片示例	操作步骤
1		第一种创建方式是点击工具栏，在下拉菜单选择“流程”→“增加”，可以添加新的节点流程
2		创建完成会在界面上方显示一个新的流程，如“流程 3”
3		第二种创建方式是点击界面的【+】加号按钮，就可以完成流程的创建

续表 3.3

序号	图片示例	操作步骤
4		双击创建的节点流选项卡，可以更改流程的名称

（2）程序编写。

程序编写的具体操作步骤见表 3.4。

表 3.4　程序编写的具体操作步骤

序号	图片示例	操作步骤
1	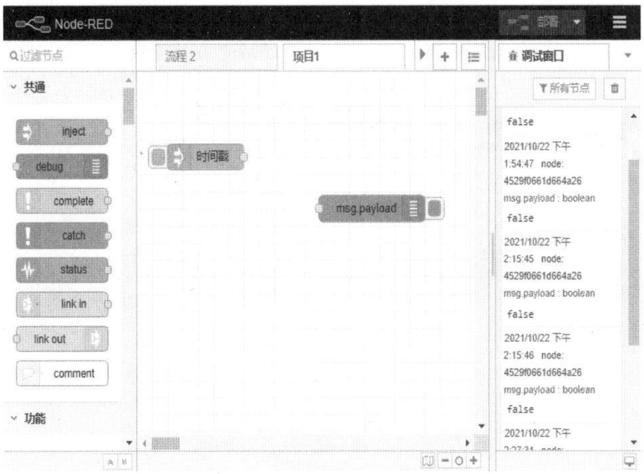	在项目 1 中添加新的 inject 节点和 debug 节点

续表 3.4

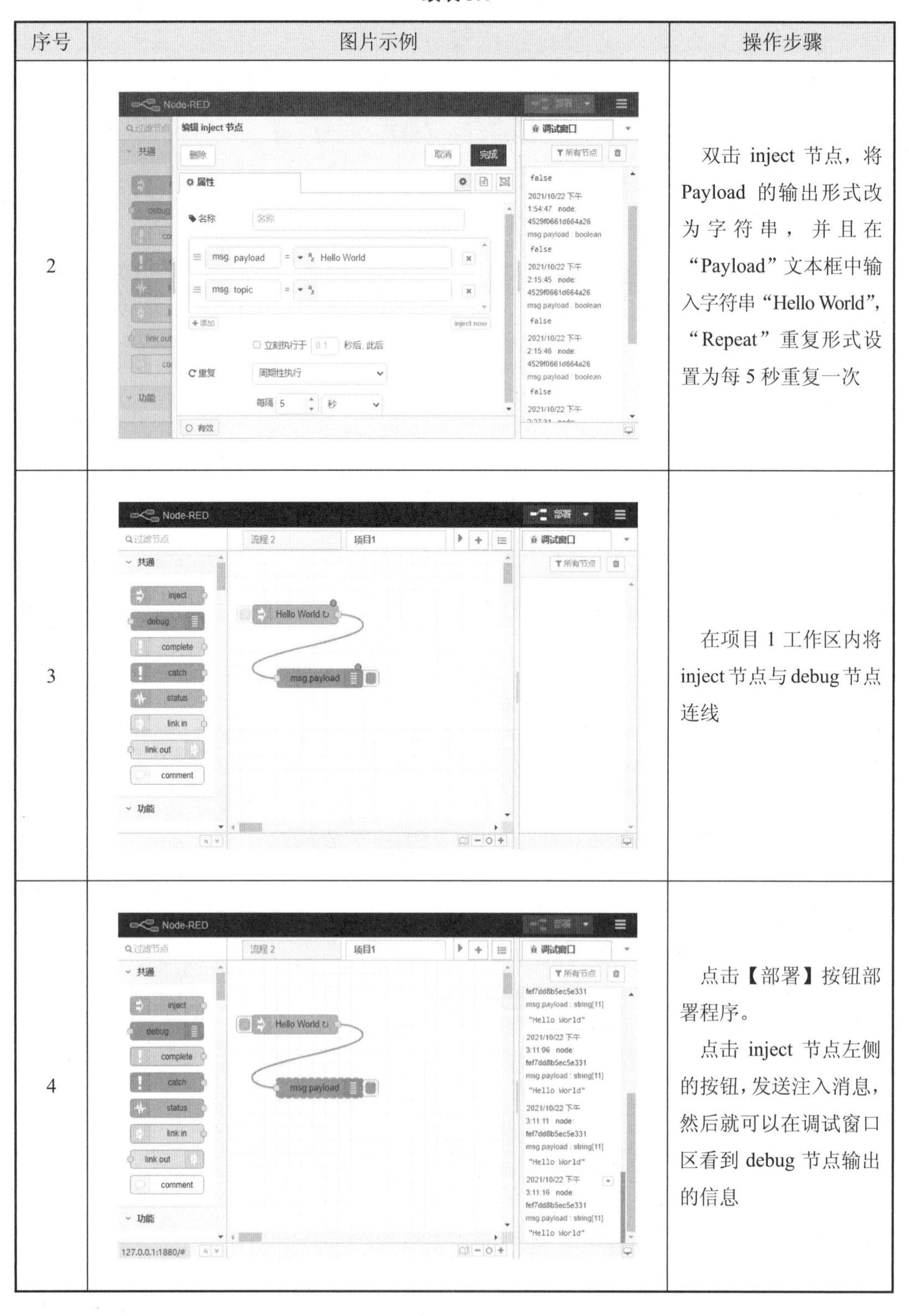

序号	图片示例	操作步骤
2		双击 inject 节点，将 Payload 的输出形式改为字符串，并且在“Payload”文本框中输入字符串“Hello World”，“Repeat”重复形式设置为每 5 秒重复一次
3		在项目 1 工作区内将 inject 节点与 debug 节点连线
4		点击【部署】按钮部署程序。 点击 inject 节点左侧的按钮，发送注入消息，然后就可以在调试窗口区看到 debug 节点输出的信息

3.1.4　功能节点使用

本节将以 inject 节点和 debug 节点为例，说明这两个常用节点的属性的设置方法和节点使用方法。以此类推，用户可以通过本节的学习，了解到在 Node-RED 环境下，功能节点的设置方式，了解图形化编程的特点。

1. Inject 节点

Inject 节点可将时间戳或用户配置的文本注入消息中。Inject 节点可以启动带有特定载荷（Payload）的流，默认的载荷是时间戳。时间戳表示从 1970 年 1 月 1 日到当前时间，经历了多少毫秒数。该节点还支持注入字符串、数字、布尔值、JavaScript 对象或流/全局上下文等类型的值。

默认情况下，通过单击 inject 节点左侧的按钮来手动触发消息注入。该节点也可以被设置为定期注入、根据时间表进行注入、在每次启动流时注入一次等方式。

（1）输入时间戳。

输入时间戳的介绍与使用见表 3.5。

表 3.5　输入时间戳的介绍与使用

序号	图片示例	操作步骤
1	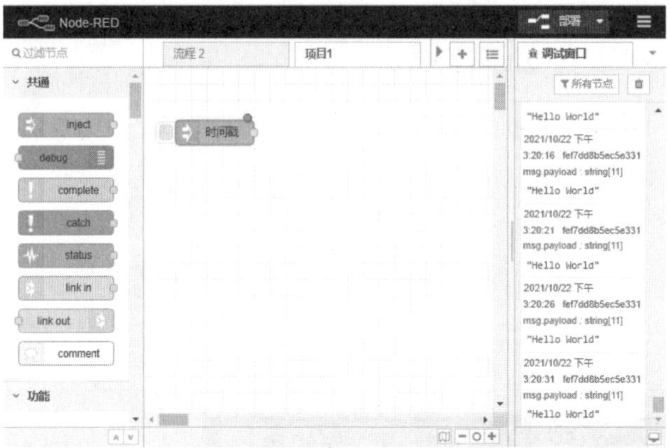	点击控件区的 inject 节点，将其拖入工作区，inject 节点默认的输出数据是时间戳，在工作区显示的是“时间戳”名称
2	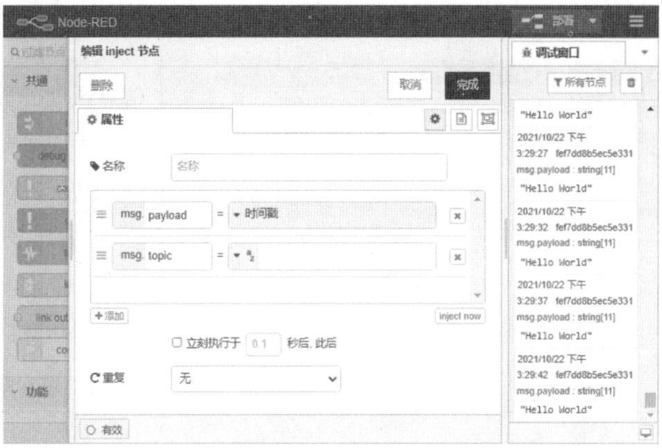	双击节点进入 inject 节点编辑界面

续表 3.5

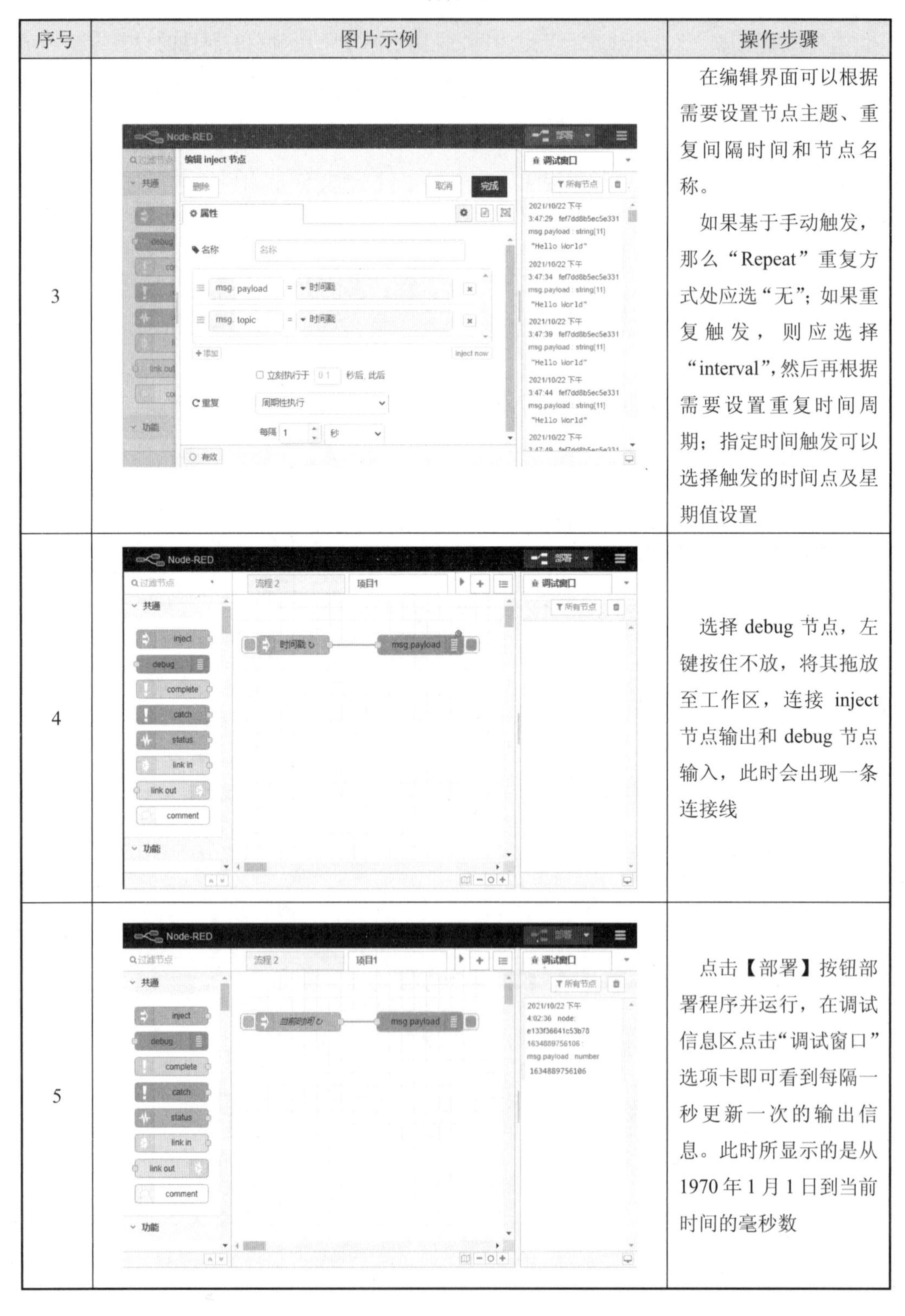

序号	图片示例	操作步骤
3		在编辑界面可以根据需要设置节点主题、重复间隔时间和节点名称。 如果基于手动触发，那么“Repeat”重复方式处应选“无”；如果重复触发，则应选择“interval”，然后再根据需要设置重复时间周期；指定时间触发可以选择触发的时间点及星期值设置
4		选择 debug 节点，左键按住不放，将其拖放至工作区，连接 inject 节点输出和 debug 节点输入，此时会出现一条连接线
5		点击【部署】按钮部署程序并运行，在调试信息区点击“调试窗口”选项卡即可看到每隔一秒更新一次的输出信息。此时所显示的是从 1970 年 1 月 1 日到当前时间的毫秒数

（2）输入字符串、输入数字。

inject 节点也可以设置为输入字符串、输入数字，对其的介绍与使用见表 3.6。

表 3.6　输入字符串、输入数字的介绍与使用

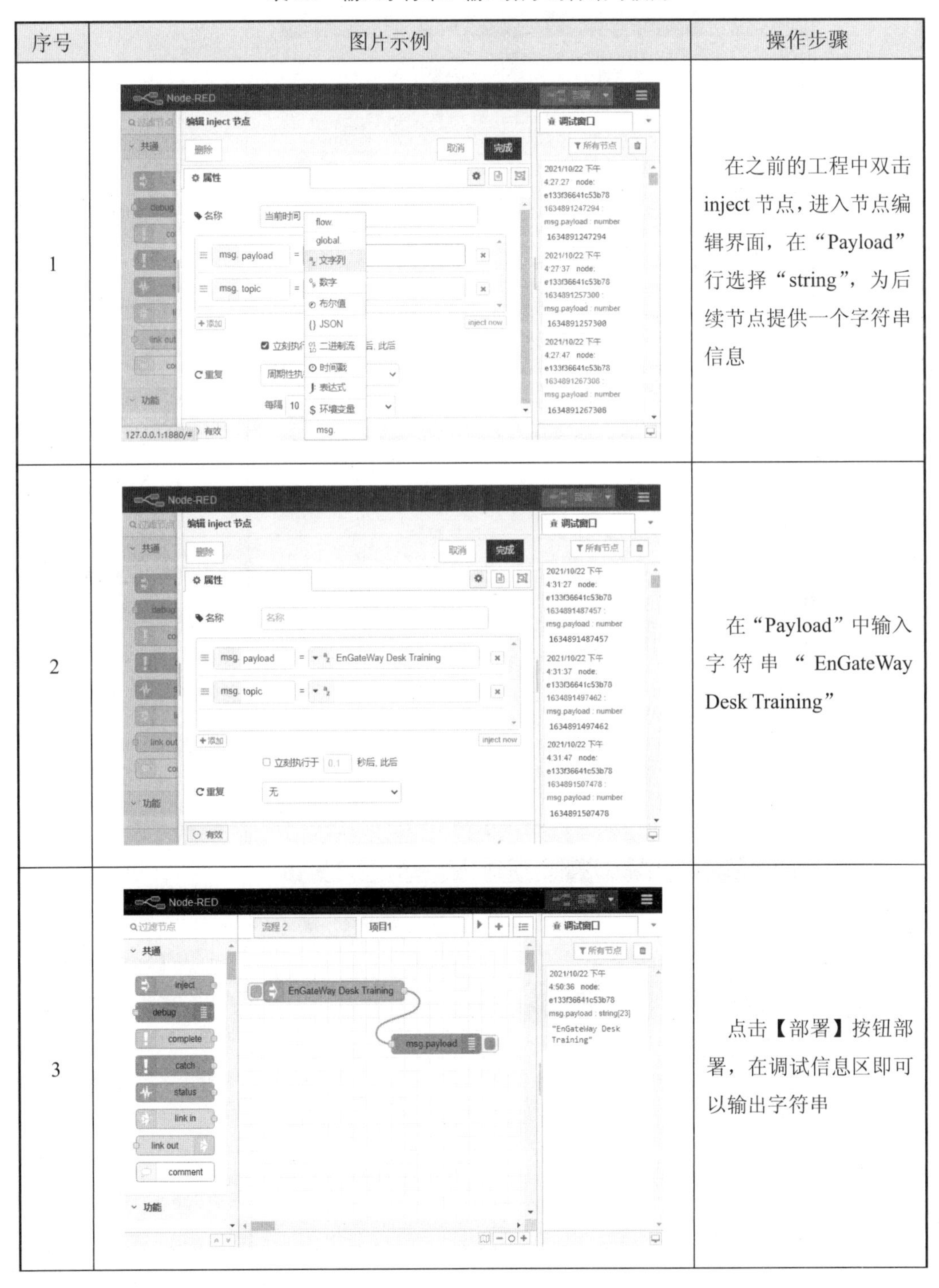

序号	图片示例	操作步骤
1		在之前的工程中双击 inject 节点，进入节点编辑界面，在“Payload”行选择“string”，为后续节点提供一个字符串信息
2		在“Payload”中输入字符串“EnGateWay Desk Training”
3		点击【部署】按钮部署，在调试信息区即可以输出字符串

续表 3.6

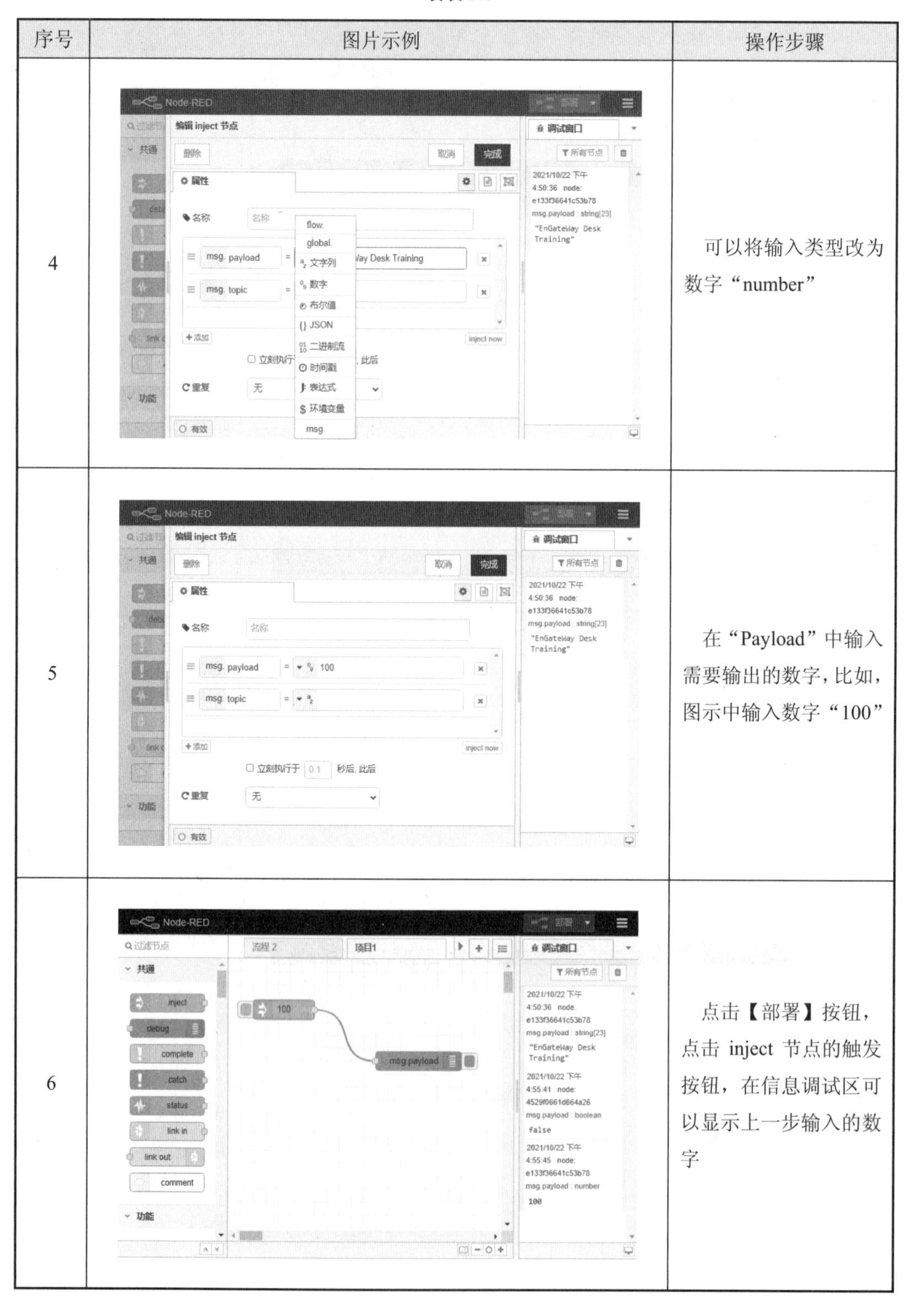

序号	图片示例	操作步骤
4		可以将输入类型改为数字“number”
5		在“Payload”中输入需要输出的数字，比如，图示中输入数字“100”
6		点击【部署】按钮，点击 inject 节点的触发按钮，在信息调试区可以显示上一步输入的数字

（3）Topic（主题）和 Name（名称）。

主题和名称是为了给节点分类和命名，属于同一类型的节点都用相同的主题名，对于每个节点可以分别给它们命名，以示区分。具体操作步骤见表 3.7。

表 3.7　节点的主题和名称

序号	图片示例	操作步骤
1		拖入新的 inject 节点，更改内容类型为“string”，输入“node”内容
2		debug 节点默认的输出形式是“msg.payload”，对此可以进行修改。 拖入新的 debug 节点，双击 debug 节点，通过下拉菜单即可更改为完整信息
3		连线并点击【部署】，即可在调试窗口看到图示的完整信息串

续表 3.7

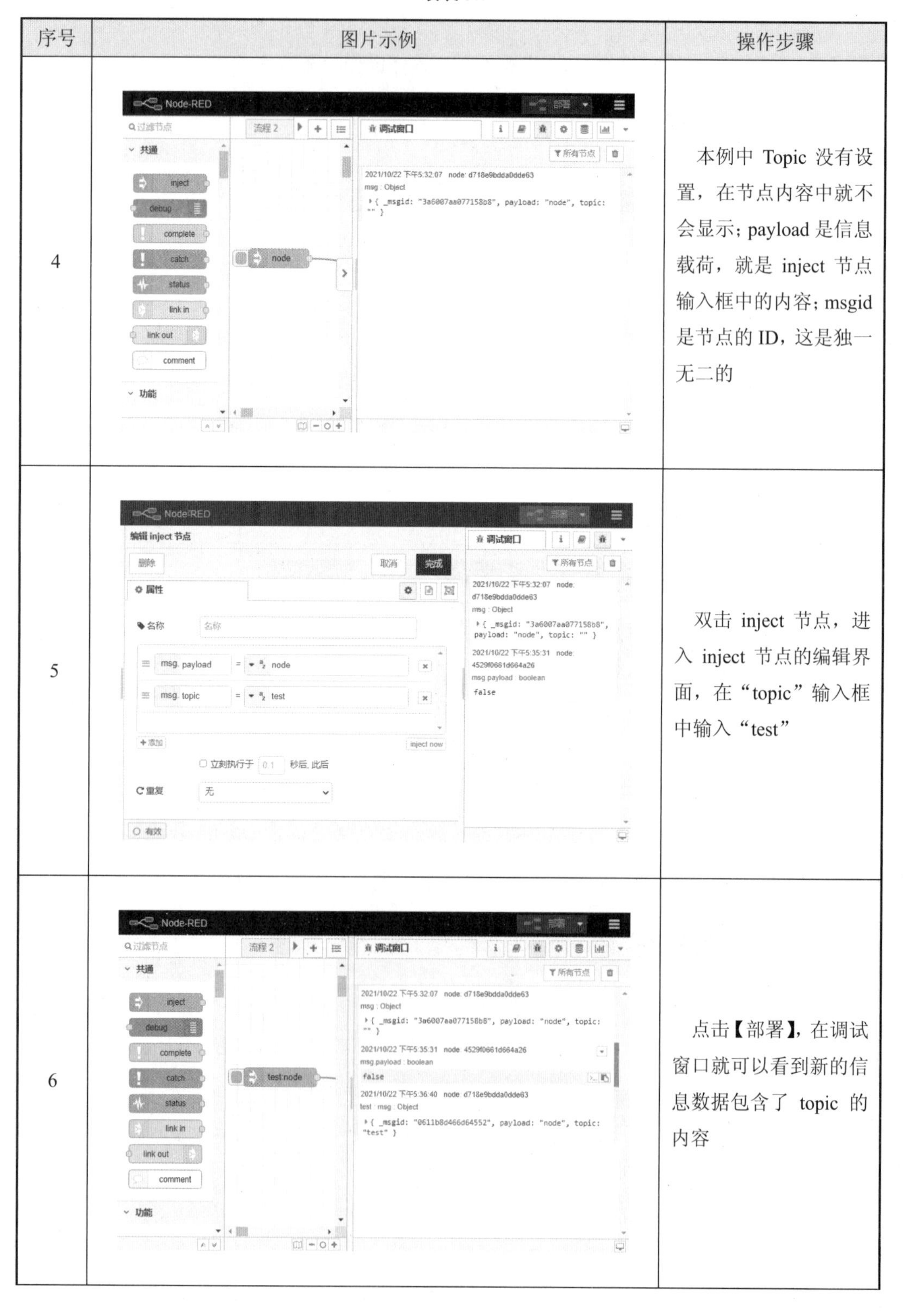

序号	图片示例	操作步骤
4		本例中 Topic 没有设置，在节点内容中就不会显示；payload 是信息载荷，就是 inject 节点输入框中的内容；msgid 是节点的 ID，这是独一无二的
5		双击 inject 节点，进入 inject 节点的编辑界面，在“topic”输入框中输入“test”
6		点击【部署】，在调试窗口就可以看到新的信息数据包含了 topic 的内容

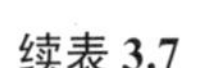

续表 3.7

<table>
<tr><th>序号</th><th>图片示例</th><th>操作步骤</th></tr>
<tr><td>7</td><td>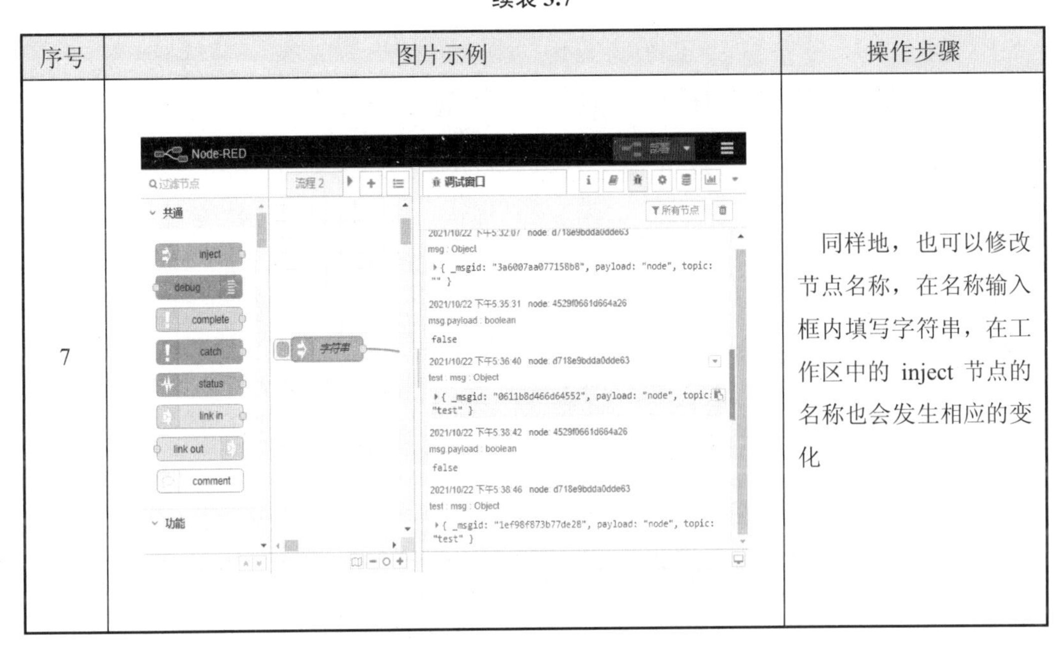
</td><td>同样地，也可以修改节点名称，在名称输入框内填写字符串，在工作区中的 inject 节点的名称也会发生相应的变化</td></tr>
</table>

（4）重复发送。

Inject 节点可以设置重复发送的时间，具体操作步骤见表 3.8。

表 3.8　重复发送的操作步骤

<table>
<tr><th>序号</th><th>图片示例</th><th>操作步骤</th></tr>
<tr><td>1</td><td>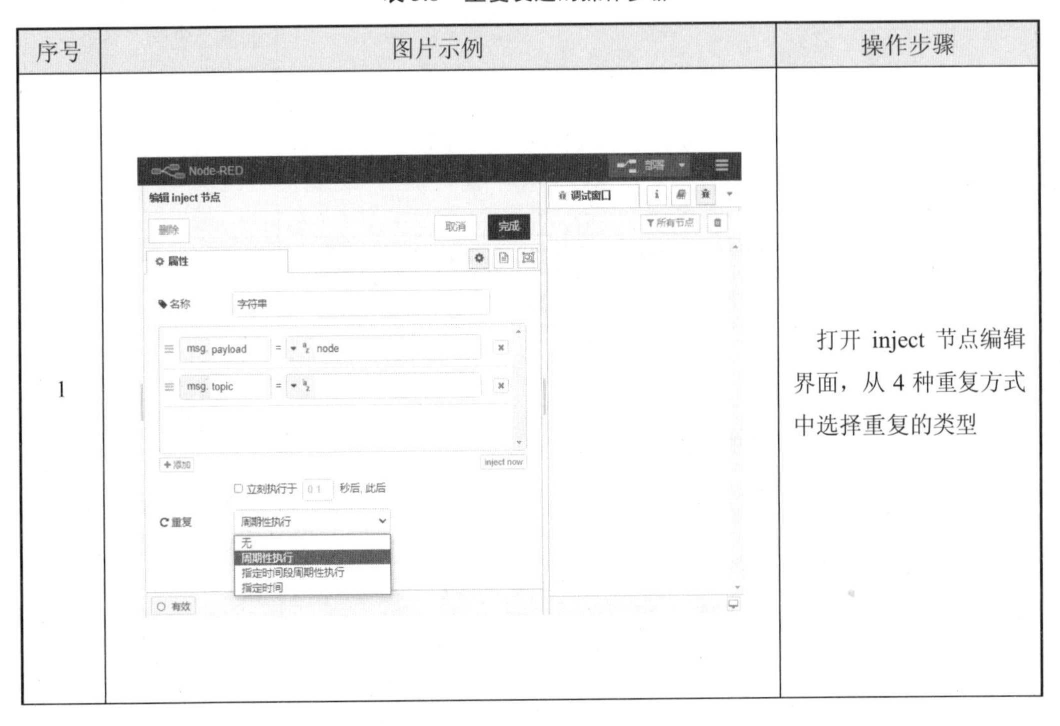
</td><td>打开 inject 节点编辑界面，从 4 种重复方式中选择重复的类型</td></tr>
</table>

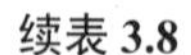

续表 3.8

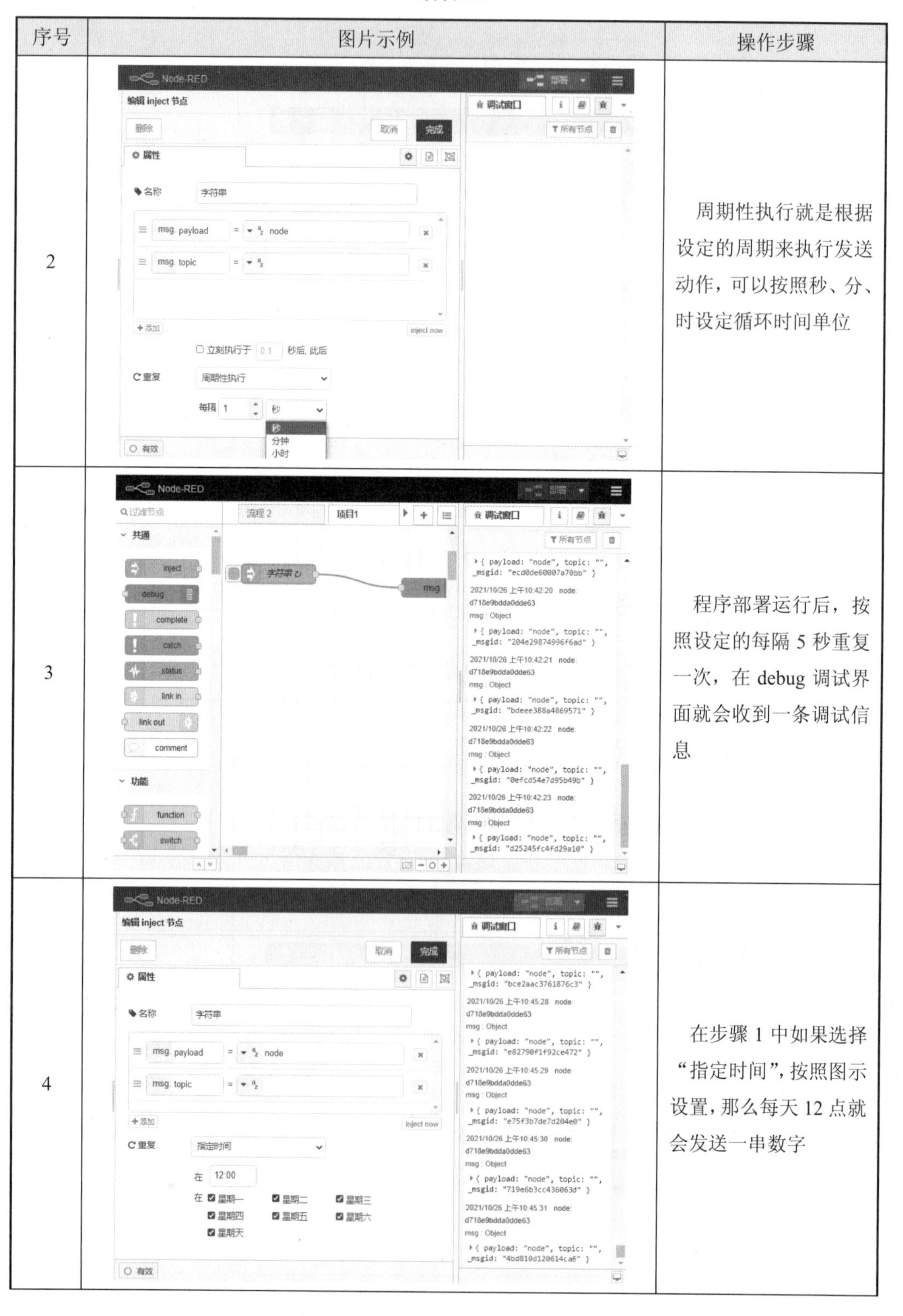

序号	图片示例	操作步骤
2		周期性执行就是根据设定的周期来执行发送动作，可以按照秒、分、时设定循环时间单位
3		程序部署运行后，按照设定的每隔 5 秒重复一次，在 debug 调试界面就会收到一条调试信息
4		在步骤 1 中如果选择“指定时间”，按照图示设置，那么每天 12 点就会发送一串数字

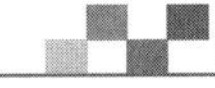

续表 3.8

序号	图片示例	操作步骤
5	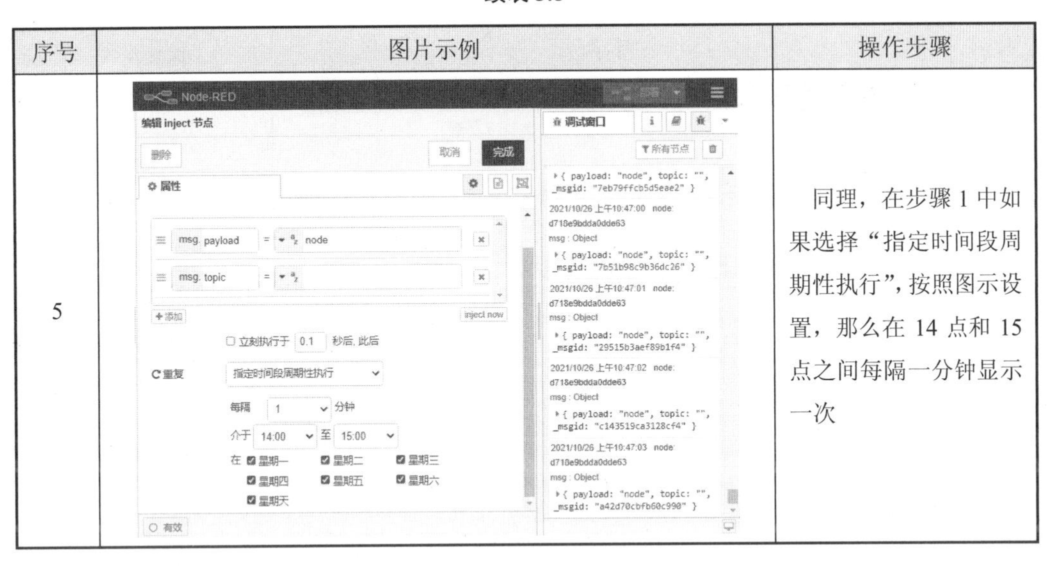	同理，在步骤 1 中如果选择“指定时间段周期性执行”，按照图示设置，那么在 14 点和 15 点之间每隔一分钟显示一次

2. debug 节点

debug 节点最主要的作用是打印出调试信息，方便程序的调试。在默认情况下，会显示消息的有效负载（msg.payload）。

debug 节点主要特点包括：

（1）点击信息切换显示，可显示 ASCII 码、十进制、十六进制。

（2）对于 buffer 或数组输入，可展开显示内部数据。

（3）可选择输出内容的显示形式。

（4）可显示数据信息的具体时间。

debug 节点控件的具体应用操作步骤见表 3.9。

表 3.9　debug 节点控件的具体操作步骤

序号	图片示例	操作步骤
1	Node-RED 部署 过滤节点 共通 inject debug complete catch status link in link out comment 功能 function switch 流程 2 项目1 时间戳 msg.payload 调试窗口 所有节点	新建一个节点流，在节点流的工作区分别拖放两个 inject 节点和 debug 节点

续表 3.9

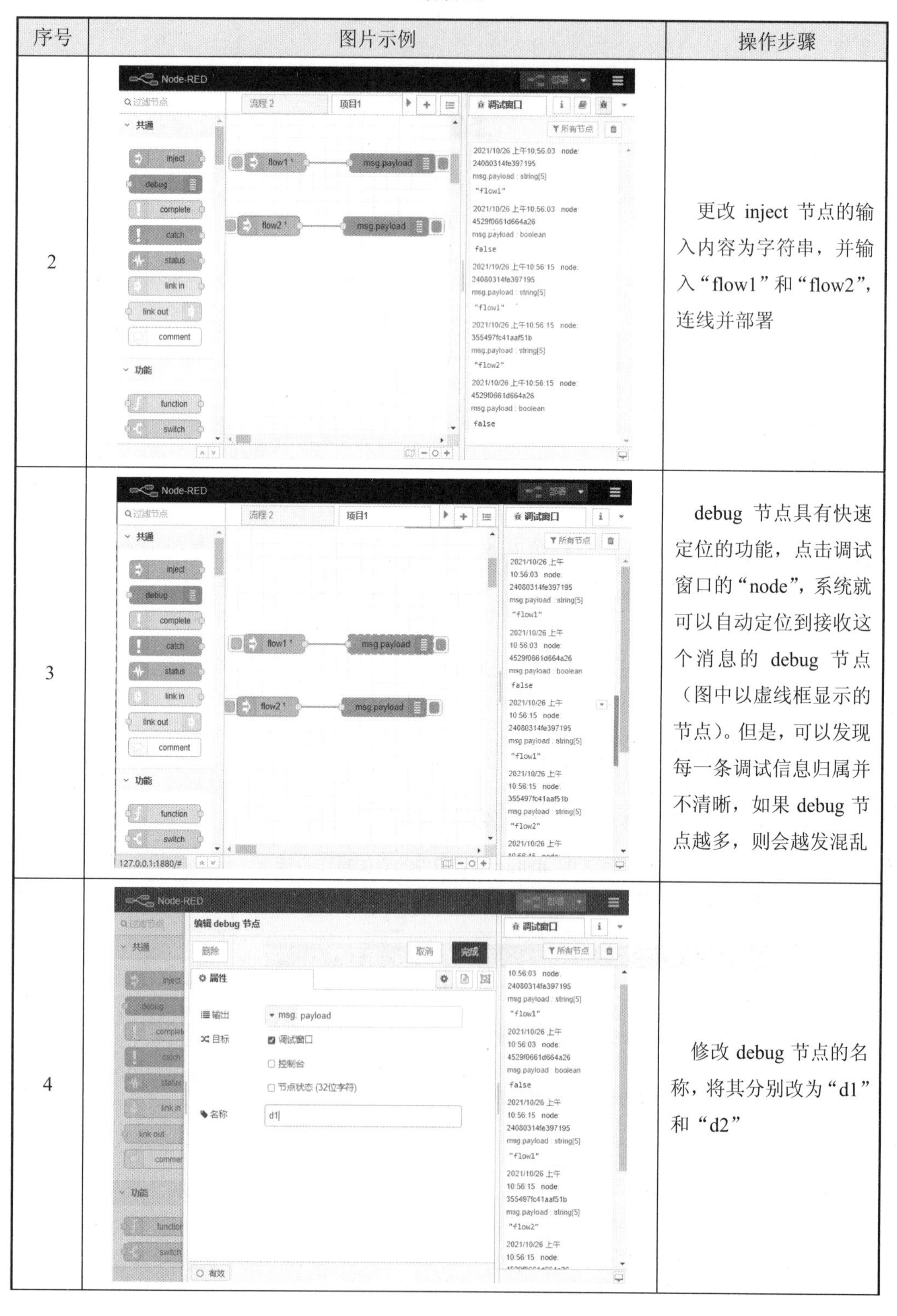

序号	图片示例	操作步骤
2		更改 inject 节点的输入内容为字符串，并输入“flow1”和“flow2”，连线并部署
3		debug 节点具有快速定位的功能，点击调试窗口的“node”，系统就可以自动定位到接收这个消息的 debug 节点（图中以虚线框显示的节点）。但是，可以发现每一条调试信息归属并不清晰，如果 debug 节点越多，则会越发混乱
4		修改 debug 节点的名称，将其分别改为“d1”和“d2”

续表 3.9

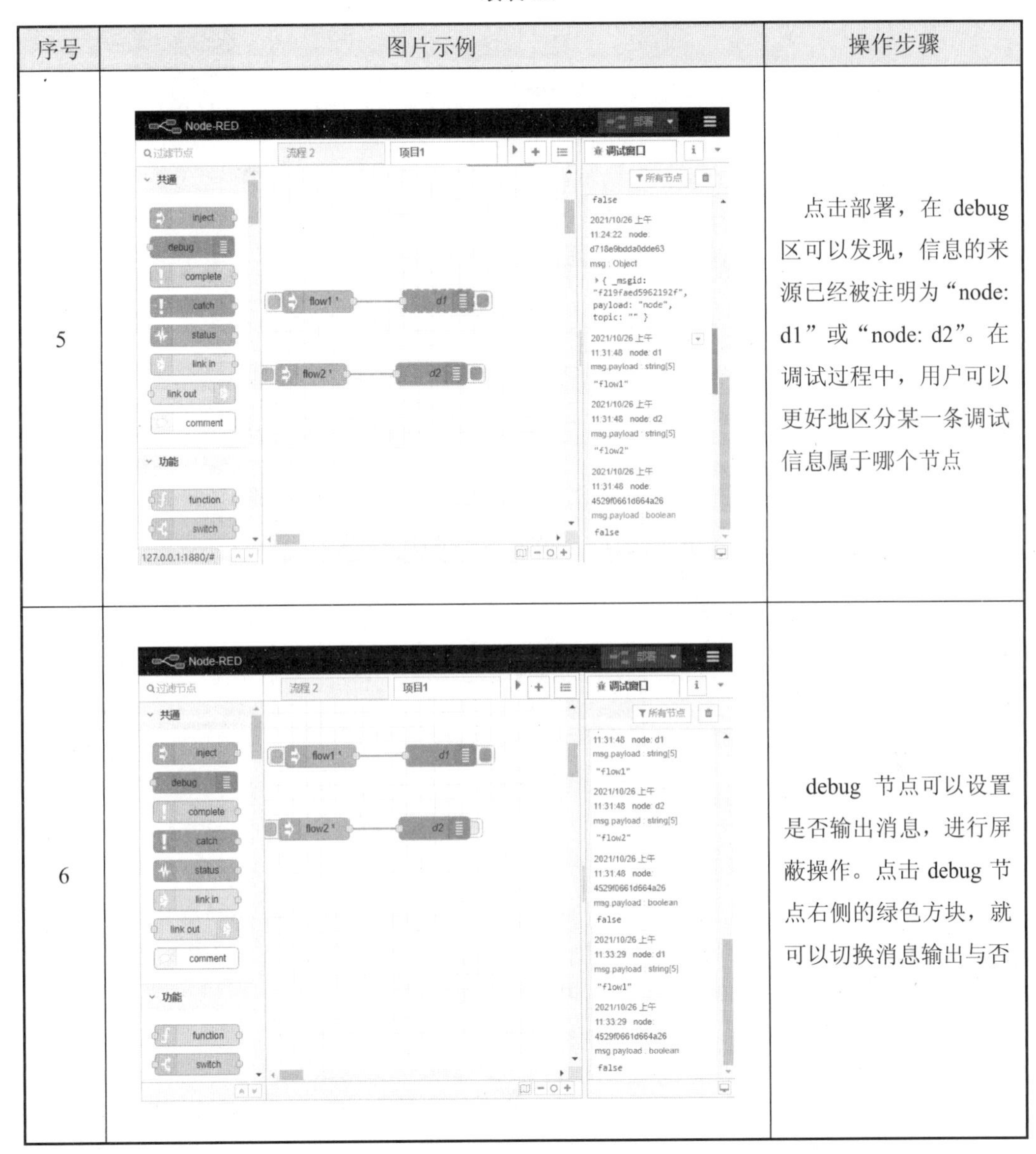

序号	图片示例	操作步骤
5		点击部署，在 debug 区可以发现，信息的来源已经被注明为“node: d1”或“node: d2”。在调试过程中，用户可以更好地区分某一条调试信息属于哪个节点
6		debug 节点可以设置是否输出消息，进行屏蔽操作。点击 debug 节点右侧的绿色方块，就可以切换消息输出与否

3. 节点应用总结

从 inject 节点和 debug 节点的配置和使用过程可以看出，Node-RED 图形化编程中节点是实现程序功能的重要部分。通过对话框式的节点功能配置，即可实现不同的节点功能，极大简化了编程的复杂度。用户不需要学习专门的编程语法或具备专业的程序设计能力，就可以在智能网关上完成应用程序的设计和开发，对于工业应用领域的工程师来说，可以将更多的精力用在工业控制业务流程上，而不是 IT 层的程序设计上，这无疑为 IT 和 OT 的融合提供了一个很好的解决方案。

3.2 物联网云平台应用简介

※ 物联网云平台应用简介

云计算平台也称为云平台，是指基于硬件资源和软件资源的服务，具备提供计算、网络和存储的能力。云计算平台在功能上可以划分为 3 类：以数据存储为主的存储型云平台，以数据处理为主的计算型云平台以及计算和数据存储处理兼顾的综合云计算平台。云计算平台的应用模式主要有基础设施即服务（IaaS）、平台即服务（PaaS）和软件即服务（SaaS），如图 3.7 所示。

66

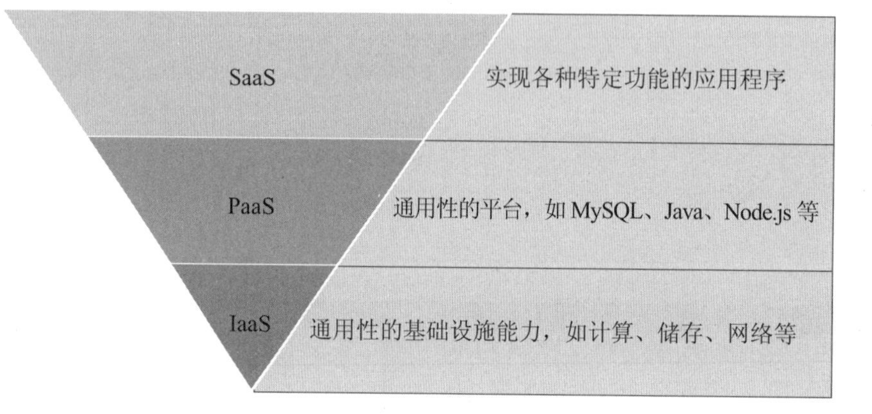

图 3.7 云平台的应用模式分类

1. IaaS 模式（基础设施即服务）

IaaS 是将虚拟机或者其他资源作为服务提供给用户。通过 IaaS 这种模式，用户可以从云供应商那里获得他所需要的虚拟机或者存储等资源来进行后续部署和相关应用开发。而这些基础设施的管理工作将由 IaaS 提供商来处理。

2. PaaS 模式（平台即服务）

PaaS 是将一个开发平台作为服务提供给用户。通过 PaaS 这种模式，用户可以在一个包括 SDK（软件开发工具包）、文档和测试环境等在内的开发平台上方便地编写应用，而且不论是在部署还是运行的时候，服务器、操作系统、网络和存储等资源都已经搭建好，这些管理工作由 PaaS 提供商负责处理。

3. SaaS 模式（软件即服务）

SaaS 是将应用软件作为服务提供给客户。通过 SaaS 这种模式，用户只要接上网络通过浏览器就能直接使用云端上运行的应用，不需考虑安装等问题，并且免去初期高昂的软硬件投入。

目前，国内外有大量的公司能够提供云平台服务，国外的如亚马逊、微软、IBM 等，国内的如阿里云、腾讯云、百度云、华为云等。各个厂商所提供的功能服务大体一致，但各自的面向对象、服务区域、服务领域等方面有所侧重。本书所采用的是阿里云平台。阿里云平台通过对其丰富的网络资源进行整合，拥有自己的数据中心，是国内云主机中的佼佼者，占据了大部分的市场份额，满足大多数对象的应用需求。

3.2.1　物联网云平台介绍

阿里云物联网平台为设备提供安全可靠的连接通信能力，向下连接海量设备，支撑设备数据采集上云；向上提供云端 API，服务端通过调用云端 API 将指令下发至设备端，实现远程控制。

物联网平台也提供了其他增值能力，如设备管理、规则引擎等，为各类 IoT 场景和行业开发者赋能。物联网云平台链路图如图 3.8 所示。

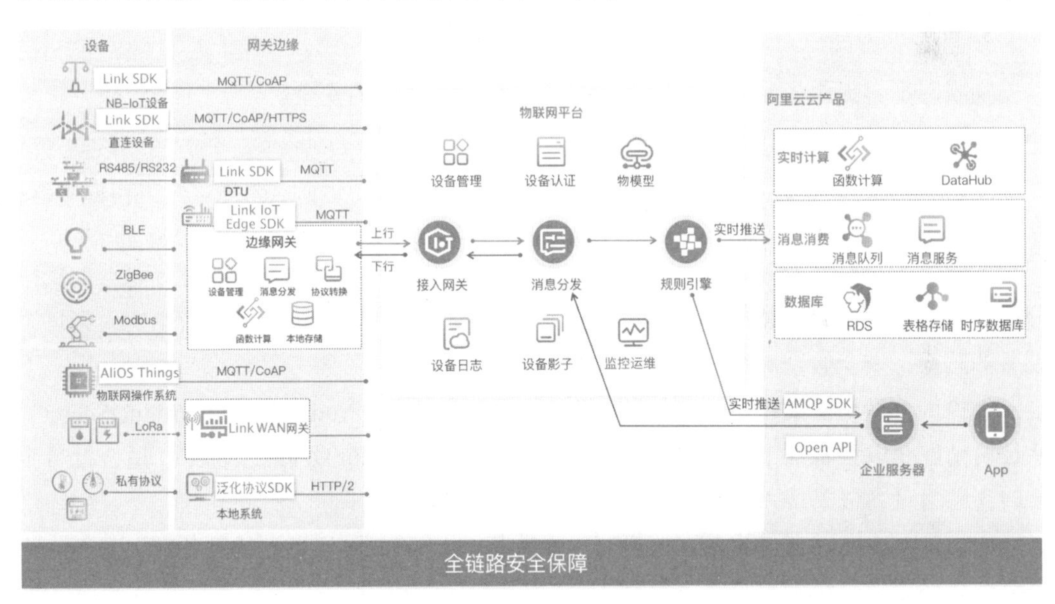

图 3.8　物联网云平台链路图

物联网平台主要提供以下能力。

1. 设备接入

物联网平台支持海量设备连接上云，设备与云端通过 IoT Hub 进行稳定可靠地双向通信。

（1）提供设备端 SDK、驱动、软件包等帮助不同设备、网关轻松接入阿里云。

（2）提供蜂窝（2G/3G/4G/5G）、NB-IoT、LoRaWAN、Wi-Fi 等不同网络设备接入方案，解决企业异构网络设备接入管理痛点。

（3）提供 MQTT、CoAP、HTTP/S 等多种协议的设备端 SDK，既满足长连接的实时性需求，也满足短连接的低功耗需求。

（4）开源多种平台设备端代码，提供跨平台移植指导，赋能企业基于多种平台做设备接入。

2. 设备管理

物联网平台提供完整的设备生命周期管理功能，支持设备注册、功能定义、数据解析、在线调试、远程配置、OTA 升级、远程维护、实时监控、分组管理、设备删除等功能。

（1）提供设备物模型，简化应用开发。

（2）提供设备上下线变更通知服务，方便实时获取设备状态。

（3）提供数据存储能力，方便用户海量设备数据的存储及实时访问。

（4）支持 OTA 升级，赋能设备远程升级。

（5）提供设备影子缓存机制，将设备与应用解耦，解决不稳定无线网络下的通信不可靠痛点。

3. 安全能力

物联网平台提供多重防护，有效保障设备和云端数据的安全。

（1）身份认证。

①提供芯片级安全存储方案（ID^2）及设备密钥安全管理机制，防止设备密钥被破解。安全级别很高。

②提供一机一密的设备认证机制，降低设备被攻破的安全风险。适合有能力批量预分配设备证书（ProductKey、DeviceName 和 DeviceSecret），将设备证书信息烧入到每个设备的芯片。安全级别高。

③提供一型一密的设备认证机制。设备预烧产品证书（ProductKey 和 ProductSecret），认证时动态获取设备证书（包括 ProductKey、DeviceName 和 DeviceSecret）。适合批量生产时无法将设备证书烧入每个设备的情况。安全级别普通。

④提供 X.509 证书的设备认证机制，支持基于 MQTT 协议直连的设备使用 X.509 证书进行认证。安全级别很高。

（2）通信安全。

①支持 TLS（MQTT\HTTP）、DTLS（CoAP）数据传输通道，保证数据的机密性和完整性，适用于硬件资源充足、对功耗不是很敏感的设备。安全级别高。

②支持设备权限管理机制，保障设备与云端安全通信。

③支持设备级别的通信资源（Topic 等）隔离，防止设备越权等问题。

4. 规则引擎

物联网平台规则引擎包含以下功能：

（1）服务端订阅。订阅某产品下所有设备的某个或多个类型消息，您的服务端可以通过 AMQP 客户端或消息服务（MNS）客户端获取订阅的消息。

（2）云产品流转。物联网平台根据您配置的数据流转规则，将指定 Topic 消息的指定字段流转到目的地，进行存储和计算处理。

①将数据转发到另一个设备的 Topic 中，实现设备与设备之间的通信。

②如果购买了实例，将数据转发到实例内的时序数据存储，实现设备时序数据的高效写入。

③将数据转发到 AMQP 服务端订阅消费组，您的服务端通过 AMQP 客户端监听消费组获取消息。

④将数据转发到消息服务（MNS）和消息队列（RocketMQ）中，保障应用消费设备数据的稳定可靠性。

⑤将数据转发到表格存储（Table Store），提供设备数据采集+结构化存储的联合方案。

⑥将数据转发到云数据库（RDS）中，提供设备数据采集+关系型数据库存储的联合方案。

⑦将数据转发到 DataHub 中，提供设备数据采集+大数据计算的联合方案。

⑧将数据转发到时序时空数据库（TSDB），提供设备数据采集+时序数据存储的联合方案。

⑨将数据转发到函数计算中，提供设备数据采集+事件计算的联合方案。

（3）场景联动。配置简单规则，即可将设备数据无缝流转至其他设备，实现设备联动。

3.2.2 设备管理应用简介

在设备管理中创建产品和对应设备是使用物联网云平台的第一步，产品相当于一类设备的集合，同一产品下的设备具有相同的功能，云端产品与设备的关系如图 3.9 所示。从而可以根据产品批量管理设备，如定义物模型、自定义 Topic 等。每个实际的设备需对应一个物联网平台设备。

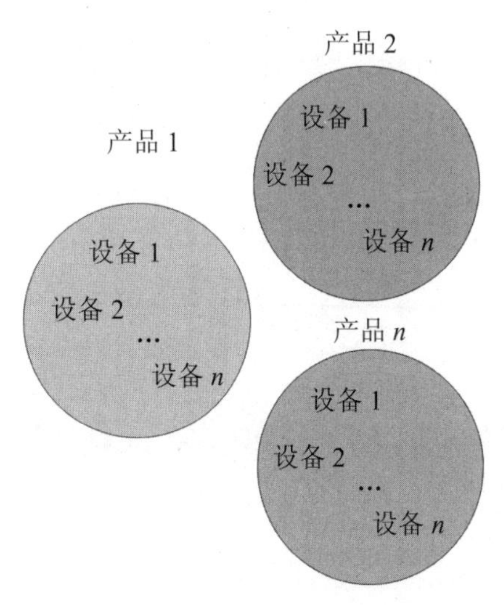

图 3.9 云端产品与设备的关系

1. 产品界面

产品：设备的集合，通常指一组具有相同功能的设备。物联网平台为每个产品颁发全局唯一的 ProductKey。

以阿里云物联网平台为例，在产品界面中可以创建产品，产品界面如图 3.10 所示。

图 3.10　产品界面

在产品界面里，可以点击“创建产品”创建新的产品，创建产品界面如图 3.11 所示。

图 3.11　创建产品对话框

创建产品对话框各参数详细描述见表 3.10。

表 3.10　创建产品对话框各参数详细描述

序号	参数	描述
1	产品名称	为产品命名。产品名称在账号内具有唯一性。例如，可以填写为产品型号。支持中文、英文字母、日文、数字、下划线（_）、短划线（-）、@符号和英文圆括号，长度限制 4～30 个字符，一个中文或日文占 2 个字符
2	所属品类	相当于产品模板。 标准品类：物联网平台已为标准品类预定义了功能模板。例如，能源管理 > 电表品类已预定义用电量、电压、电流、总累积量等电表标准功能。选择该品类，创建的产品具有预定义的功能。您可以在该产品的产品详情页功能定义页签下，编辑、修改、新增功能。 自定义品类：产品创建成功后，需根据实际需要，自定义物模型
3	节点类型	产品下设备的类型。 直连设备：直连物联网平台，且不能挂载子设备，也不能作为子设备挂载到网关下的设备。 网关子设备：不直接连接物联网平台，而是通过网关设备接入物联网平台的设备。 网关设备：可以挂载子设备的直连设备。网关具有子设备管理模块，可以维持子设备的拓扑关系，将与子设备的拓扑关系同步到云端
4	接入网关协议	节点类型选择为网关子设备的参数。表示该产品下的设备作为子设备与网关的通讯协议类型。 自定义：表示子设备和网关之间是其他标准或私有协议。 Modbus：表示子设备和网关之间的通讯协议是 Modbus。 OPC UA：表示子设备和网关之间的通讯协议是 OPC UA。 ZigBee：表示子设备和网关之间的通讯协议是 ZigBee。 BLE：表示子设备和网关之间的通讯协议是 BLE
5	连网方式	直连设备和网关设备的连网方式。 Wi-Fi 蜂窝（2G/3G/4G） 以太网 LoRaWAN 其他

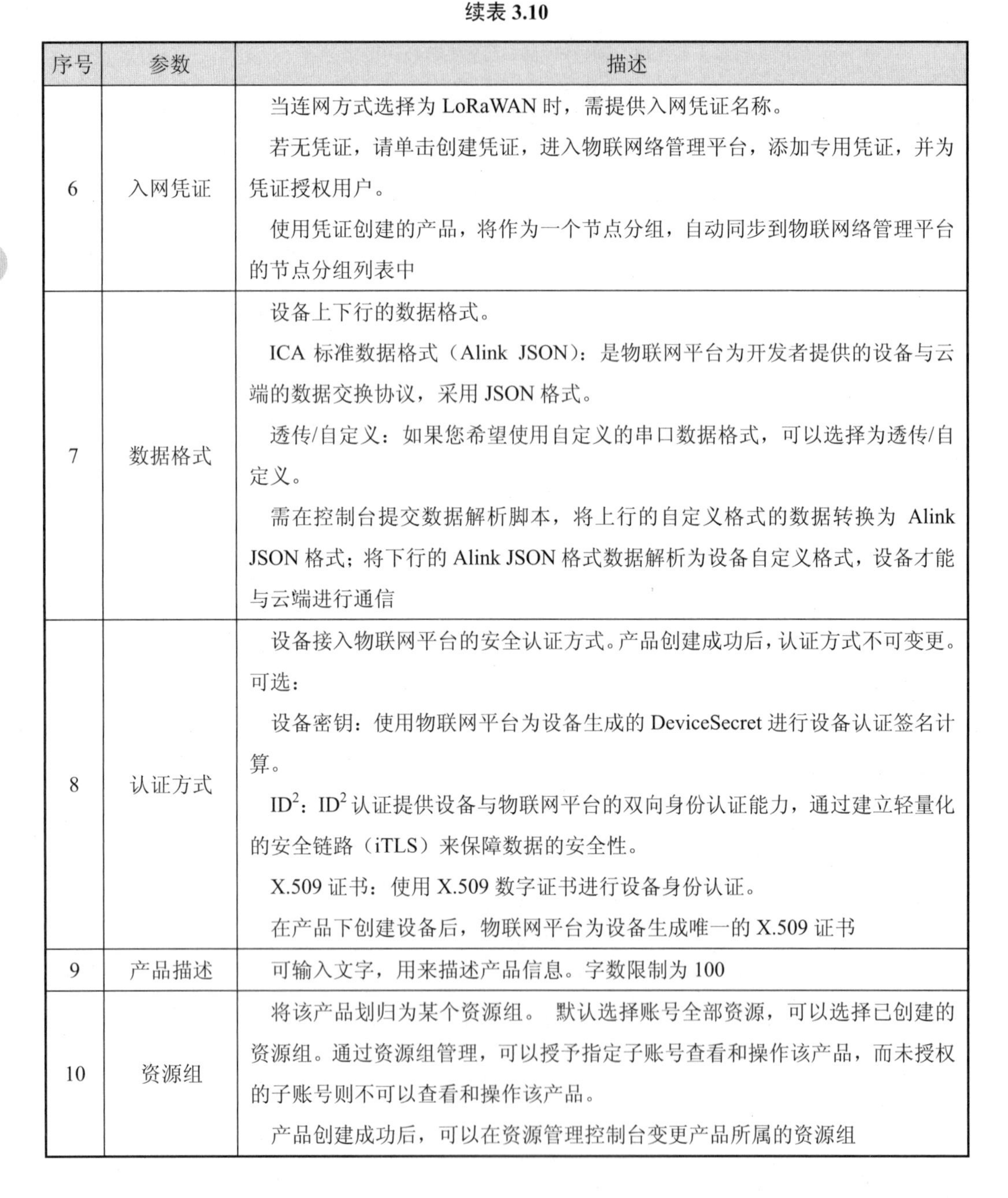

续表 3.10

序号	参数	描述
6	入网凭证	当连网方式选择为 LoRaWAN 时，需提供入网凭证名称。 若无凭证，请单击创建凭证，进入物联网络管理平台，添加专用凭证，并为凭证授权用户。 使用凭证创建的产品，将作为一个节点分组，自动同步到物联网络管理平台的节点分组列表中
7	数据格式	设备上下行的数据格式。 ICA 标准数据格式（Alink JSON）：是物联网平台为开发者提供的设备与云端的数据交换协议，采用 JSON 格式。 透传/自定义：如果您希望使用自定义的串口数据格式，可以选择为透传/自定义。 需在控制台提交数据解析脚本，将上行的自定义格式的数据转换为 Alink JSON 格式；将下行的 Alink JSON 格式数据解析为设备自定义格式，设备才能与云端进行通信
8	认证方式	设备接入物联网平台的安全认证方式。产品创建成功后，认证方式不可变更。可选： 设备密钥：使用物联网平台为设备生成的 DeviceSecret 进行设备认证签名计算。 ID^2：ID^2 认证提供设备与物联网平台的双向身份认证能力，通过建立轻量化的安全链路（iTLS）来保障数据的安全性。 X.509 证书：使用 X.509 数字证书进行设备身份认证。 在产品下创建设备后，物联网平台为设备生成唯一的 X.509 证书
9	产品描述	可输入文字，用来描述产品信息。字数限制为 100
10	资源组	将该产品划归为某个资源组。 默认选择账号全部资源，可以选择已创建的资源组。通过资源组管理，可以授予指定子账号查看和操作该产品，而未授权的子账号则不可以查看和操作该产品。 产品创建成功后，可以在资源管理控制台变更产品所属的资源组

创建产品后，可以在页面中部看到已创建完成的产品，可以看到该产品的“产品名称”“产品密钥（ProductKey）”、“节点类型”和“创建时间”，在“操作”中可以点击“查看”查看产品的详细信息；点击“管理设备”管理该产品下建立的设备；点击“删除”删除该产品。

2. 设备界面

设备：归属于某个产品下的具体设备。物联网平台为设备颁发产品唯一的证书 DeviceName。设备可以直接连接物联网平台，也可以作为子设备通过网关连接物联网平台。

在设备界面可以添加设备，设备界面如图 3.12 所示。

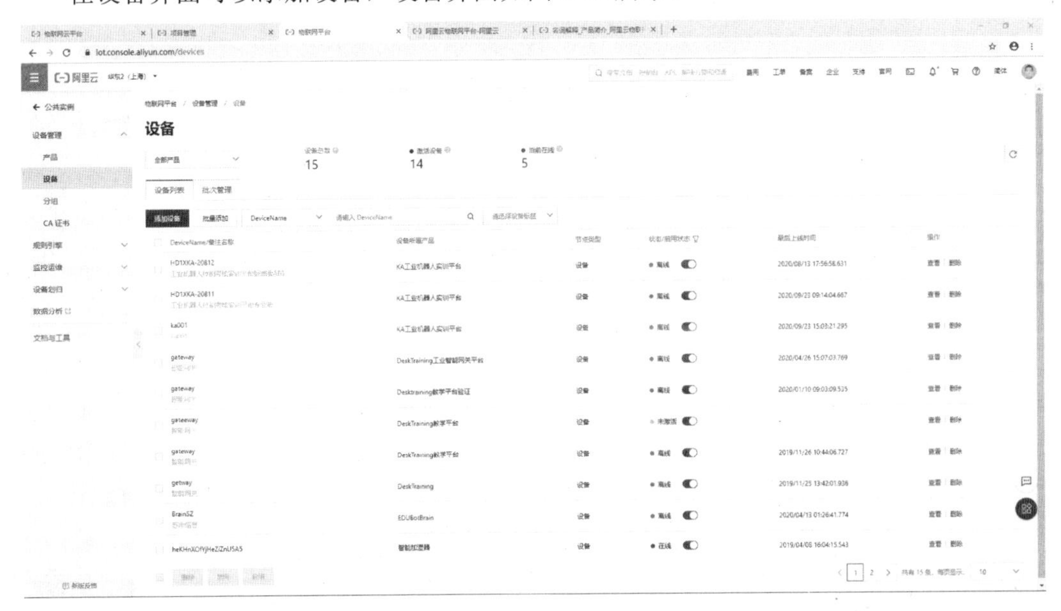

图 3.12　设备界面

在左侧导航栏，选择设备管理 > 设备，进入设备界面，在设备页中，单击“添加设备”弹出“添加设备对话框”，输入设备信息后就可以完成设备添加。添加设备对话框如图 3.13 所示。

图 3.13　添加设备对话框

添加设备对话框各个参数描述见表 3.11。

表 3.11 添加设备对话框各参数详细描述

序号	参数	描述
1	产品	选择产品。新创建的设备将继承该产品定义好的功能和特性
2	DeviceName	设置设备名称。 设备名称在产品内具有唯一性。支持英文字母、数字、短划线（-）、下划线（_）、at 符号（@）、点号（.）和英文冒号（:），长度限制为 4～32 个字符
3	备注名称	设置备注名称。支持中文、英文字母、日文、数字和下划线（_），备注名称长度为 4～64 个字符，一个中文或日文占 2 个字符

设备创建成功后，将自动弹出查看设备证书对话框。您可以查看、复制设备证书信息。设备证书由设备的 ProductKey、DeviceName 和 DeviceSecret 组成，是设备与物联网平台进行通信的重要身份认证，建议您妥善保管。设备证书各参数描述见表 3.12。

表 3.12 设备证书各参数描述

序号	参数	描述
1	ProductKey	设备所隶属产品的 Key，即物联网平台为产品颁发的全局唯一标识符
2	DeviceName	设备在产品内的唯一标识符。DeviceName 与设备所属产品的 ProductKey 组合，作为设备标识，用来与物联网平台进行连接认证和通信
3	DeviceSecret	物联网平台为设备颁发的设备密钥，用于认证加密。需与 DeviceName 成对使用

3. 分组界面

设备分组：物联网平台提供设备分组功能。用户可以通过设备分组来进行跨产品管理设备。分组界面如图 3.14 所示。

图 3.14　分组界面

在分组界面中进行设备分组需要注意以下几点：

（1）一个分组最多可包含 100 个一级子分组。

（2）分组只支持三级嵌套，即分组>子分组>子子分组。

（3）一个子分组只能隶属于一个父组。

（4）分组的嵌套关系创建后不能修改，只能删除后重新创建。

（5）分组下有子分组时，不能直接删除分组。需子分组全部删除后，才能删除父组。

（6）搜索分组时，支持分组名称模糊搜索，包括在分组列表和子分组列表里的搜索。

在左侧导航栏，选择设备管理>分组，进入分组界面，在分组界面中，单击“新建分组”弹出“新建分组对话框”，输入分组参数后就可以完成设备分组添加。新建分组对话框如图 3.15 所示。

图 3.15　新建分组对话框

新建分组对话框各个参数描述见表 3.13。

表 3.13 新建分组对话框各个参数详细描述

序号	参数	描述
1	父组（分组、选择指定父组）	父组：选择创建的分组类型。 分组：创建的分组是一个父组。 选择指定父组：以指定的分组为父组，创建子分组
2	分组名称	给该分组创建名称。分组名称支持中文、英文字母、日文、数字和下划线（_），长度限制 4～30，一个中文或日文占 2 个字符。分组名称必须为账号下唯一，且创建后不能修改
3	分组描述	输入文字，描述该分组。可为空

在分组页面，单击已创建分组对应的查看操作按钮，进入分组详情页面，单击设备列表>添加设备到分组。搜索并选择设备，单击【确定】将选中设备添加至分组。

4. CA 证书

CA 证书：物联网平台支持使用数字证书进行设备接入认证。使用数字证书，需先向证书颁发机构申请 CA 证书，然后在物联网平台注册 CA 证书，最后将数字设备证书与设备身份相绑定。CA 证书界面如图 3.16 所示。

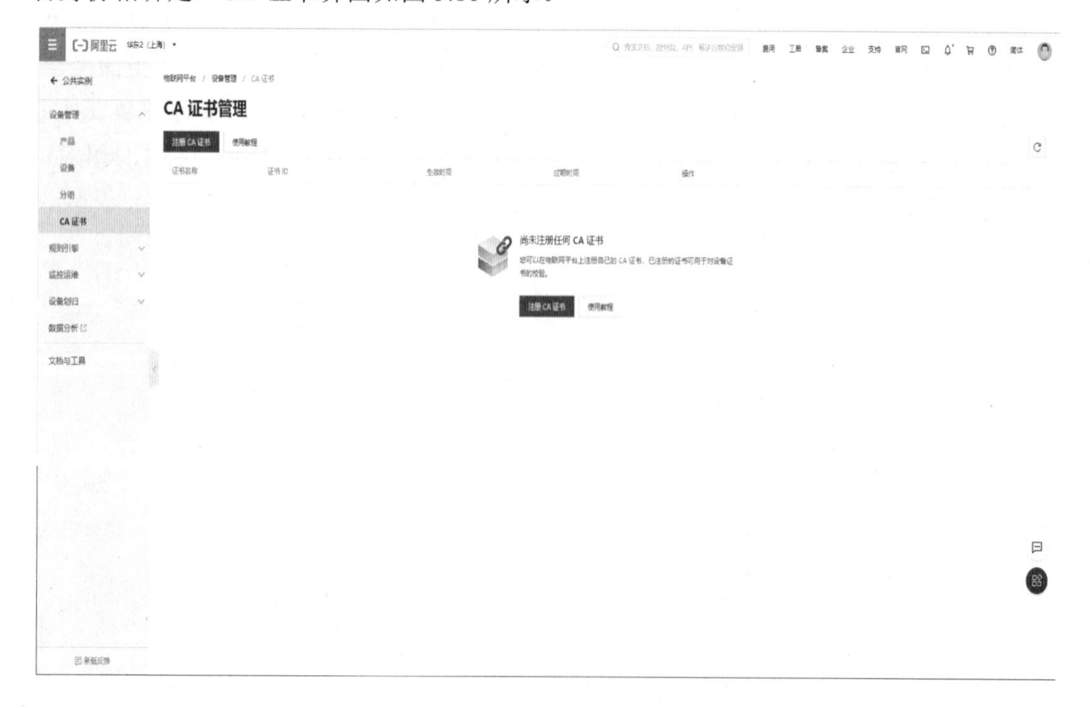

图 3.16 CA 证书界面

3.2.3　IoT Studio 应用简介

※ IoT Studio 应用简介

物联网应用开发（IoT Studio）是阿里云针对物联网场景提供的生产力工具，是阿里云物联网平台的一部分。可覆盖各个物联网行业核心应用场景，帮助您高效经济地完成物联网数据分析、设备、服务及应用开发，加速物联网 SaaS 构建。

物联网应用开发提供了 Web 可视化开发、业务逻辑开发与物联网数据分析等一系列便捷的物联网开发工具，解决物联网开发领域开发链路长、技术栈复杂、协同成本高、方案移植困难等问题。IoT Studio 架构如图 3.17 所示。

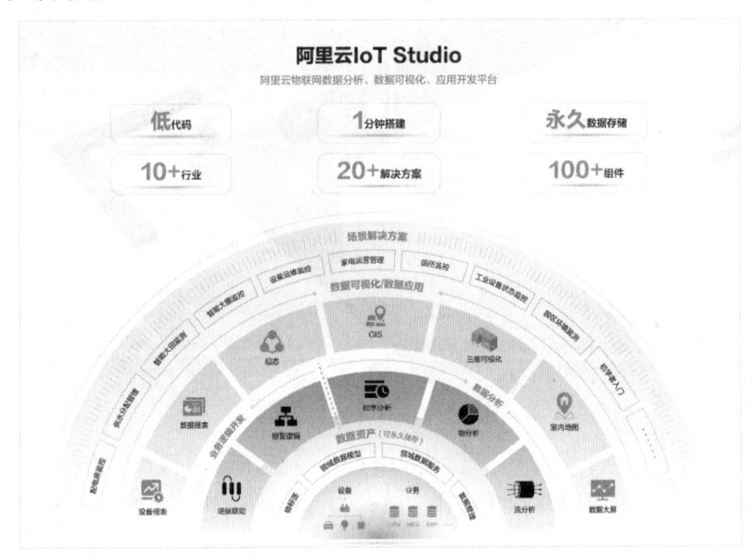

图 3.17　IoT Studio 架构图

1. Web 可视化开发

Web 可视化开发工作台是物联网应用开发（IoT Studio）中的工具。无需写代码，只需在编辑器中，拖拽组件到画布上，再配置组件的显示样式、数据源及交互动作，以可视化的方式进行 Web 应用开发。适用于开发状态监控面板、设备管理后台、设备数据分析报表等。

（1）功能特点。

①免代码开发。

Web 可视化工作台与物联网平台的设备接入能力和物模型能力无缝衔接。无需写代码，您就可以调用设备数据，控制设备，或完成 SaaS 搭建。

②完全托管。

无需额外购买服务器和数据库。应用搭建完毕，即可预览和发布到云端以供使用。应用发布后，支持绑定您自己的域名。

③模版丰富。

Web 可视化开发提供丰富的页面模版。使用页面模版，可有效地简化物联网应用开发过程。应用发布后，可以为应用批量绑定设备。

（2）创建 Web 应用。

Web 可视化开发工具通过 Web 应用编辑器，开发一个基于网页的控制界面，无需编写代码，十分的方便快捷。IoT Studio 界面如图 3.18 所示。

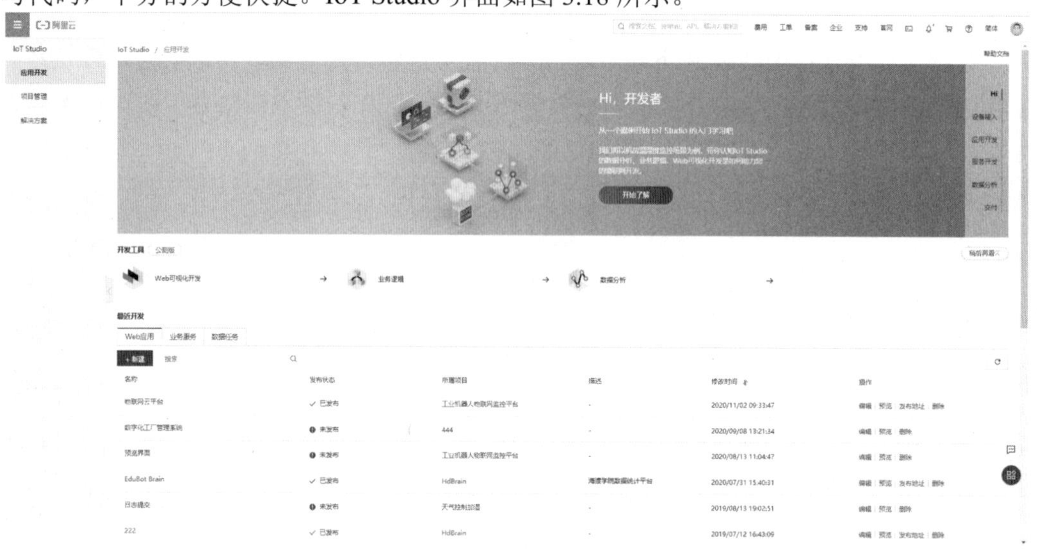

图 3.18　IoT Studio 界面

在项目主页页面的项目开发下，选择 Web 应用。单击应用列表上方的“新建”。在新建 Web 应用对话框中，填入应用名称和描述，即可完成应用创建，进入 Web 应用编辑器。Web 应用编辑器分为顶部操作栏、左侧导航栏、中间画布和右侧配置栏四个区域，如图 3.19 所示。

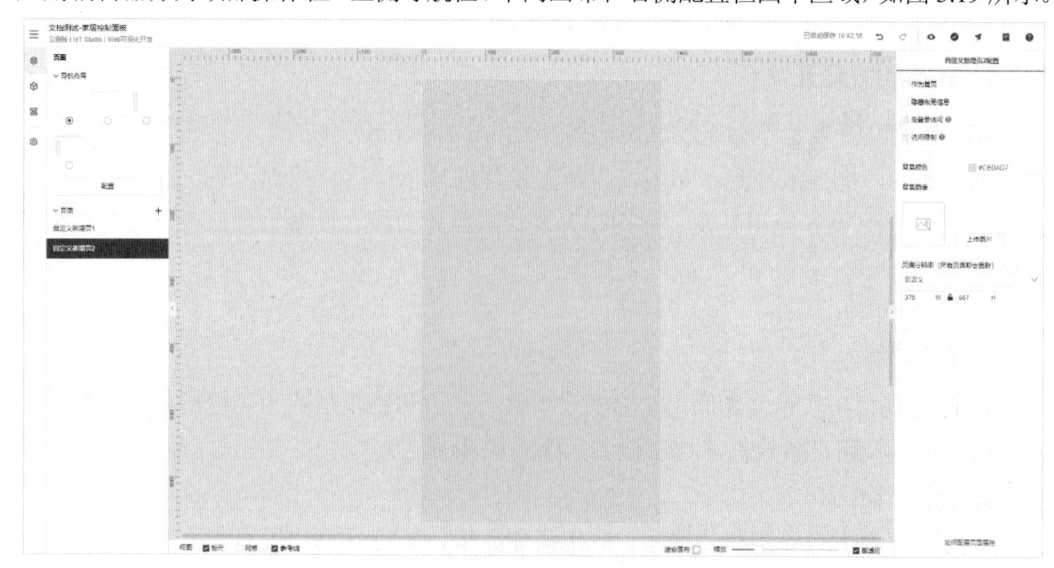

图 3.19　Web 应用编辑器

2. 移动可视化开发

移动可视化开发是物联网应用开发（IoT Studio）提供的开发工具。无需写代码，只需在编辑器中，拖拽组件到画布上，再配置组件显示样式、数据源和动作。目前支持生成 HTML5 应用，并绑定域名发布。适用于开发设备控制 App、工业监测 App 等。移动可视化开发界面如图 3.20 所示。

图 3.20　移动可视化开发界面

（1）功能特点。

①简单易用。

移动可视化工作台与阿里云物联网平台设备接入能力、物模型能力无缝衔接。无需写代码，就可以快速搭建设备控制、设备状态展示、数据展示等物联网场景下的移动应用。

②安全托管。

无需额外的服务器和数据库。移动应用搭建完毕后，即可构建生成移动应用安装包和工程源代码。

3. 业务逻辑

物联网应用开发（IoT Studio）提供了物联网业务逻辑的开发工具，支持通过编排服务节点的方式快速完成简单的物联网业务逻辑的设计。业务逻辑界面如图 3.21 所示。

图 3.21　业务逻辑界面

（1）应用场景。

①设备联动。

②设备数据处理。

③设备与服务联动。

④API 的生成。

⑤生成 APP 的后端服务。

（2）功能特点。

①简单易用。

对不熟悉服务端开发的用户，提供免代码开发物联网服务的方案，只需简单学习即可使用；对高阶用户提供 JS 脚本、扩展库等高阶能力服务。

②基于阿里云丰富的物联网云服务。

可以使用阿里云物联网平台提供的基础服务、阿里云市场的 API，也可以接入用户自定义的 API。

③易读易理解，沉淀企业核心业务。

可视化的流程图更利于业务人员理解，避免人员交接造成信息丢失，有利于沉淀企业核心业务能力。

④易快速定位、修复故障。

节点之间的依赖项清晰可见，便于快速定位服务的问题，快速地进行热修复。

⑤云端完全托管服务。

IoT Studio 提供云端托管能力，服务开发完成即可使用，无需额外购买服务器。并且，IoT Studio 支持在线调试。

第二部分　项目应用

第 4 章　指示灯逻辑控制项目

※ 项目目的

4.1　项目概况

4.1.1　项目背景

智能网关是一种集成了多种互联网通讯技术，面向工业领域应用的通讯终端产品。它提供了多种互联网接入方式，可以适应各种网络应用环境，为设备的信息化管理提供了高速的数据通道和安全可靠的通信基础。

一般情况下，为了满足不同应用场合的需求，需要对智能网关进行进一步的配置和开发。目前，智能网关的编程开发一般可以分为两种形式：一种是图形化编程，如使用 Node-RED 编程开发环境；另一种是使用专门的编程语言，如 C、Python 等编程语言。采用专用编程语言进行编程，具有很大的灵活性，但是要求工程师要具有一定的编程基础。采用图形化编程方式，具有直观易懂，上手容易，开放性好等特点，且能够满足大多数的应用场景需求。

Node-RED 是一种典型的图形化编程环境，其采用全新的编程工具，以直观的图形化方式将各种组件（节点），如硬件设备、API、在线服务等，连接在一起。Node-RED 提供了一种基于网页浏览器的程序设计界面，具有良好的兼容性、可移植性，可以基于丰富的功能节点连接成所需的功能流程，快速实现项目完成部署。

4.1.2　项目需求

运用智能网关实现外部输入信号的获取，并发出控制信号对输出单元进行控制，项目需求如图 4.1 所示，通过 SB1、SB2 按钮控制 HL1、HL2、HL3、HL4 指示灯的通断。

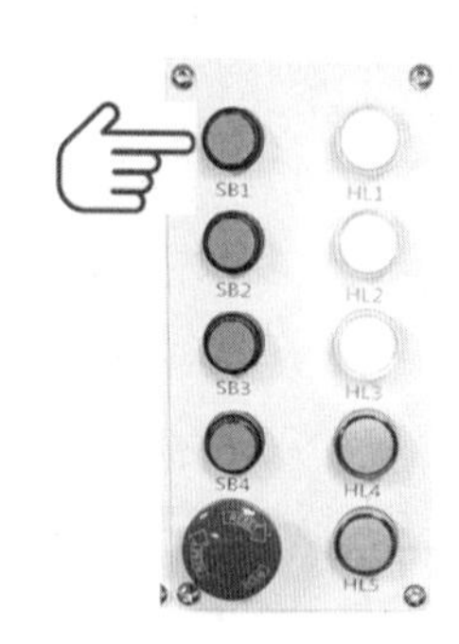

图 4.1　项目需求图

4.1.3　项目目的

（1）熟悉 Node-RED 图形化编程的基础操作。

（2）掌握 Node-RED 函数（function）功能节点的使用。

（3）掌握 Node-RED switch 功能节点的使用。

（4）掌握 Node-RED I/O 功能节点的使用。

（5）掌握 Node-RED 的基本编程设计调试。

4.2　项目分析

※ 项目分析

4.2.1　项目构架

本项目是基于桌面型（Desk Training）工业互联网智能网关教学平台的基础入门编程项目。使用计算机通过工业交换机与 EnGateWay 智能网关模块进行连接。项目构架图如图 4.2 示。

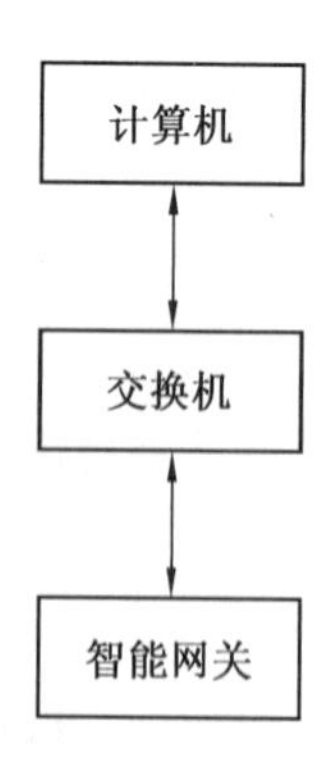

图 4.2　项目构架图

当按下按钮 SB1 后指示灯进入循环运行状态，此时要求任意时刻按下 SB2 均能在循环结束后退出循环，将按钮的逻辑处理与指示灯的循环运行进行分离，使得程序结构更加清晰。各任务程序流程图如图 4.3 所示。

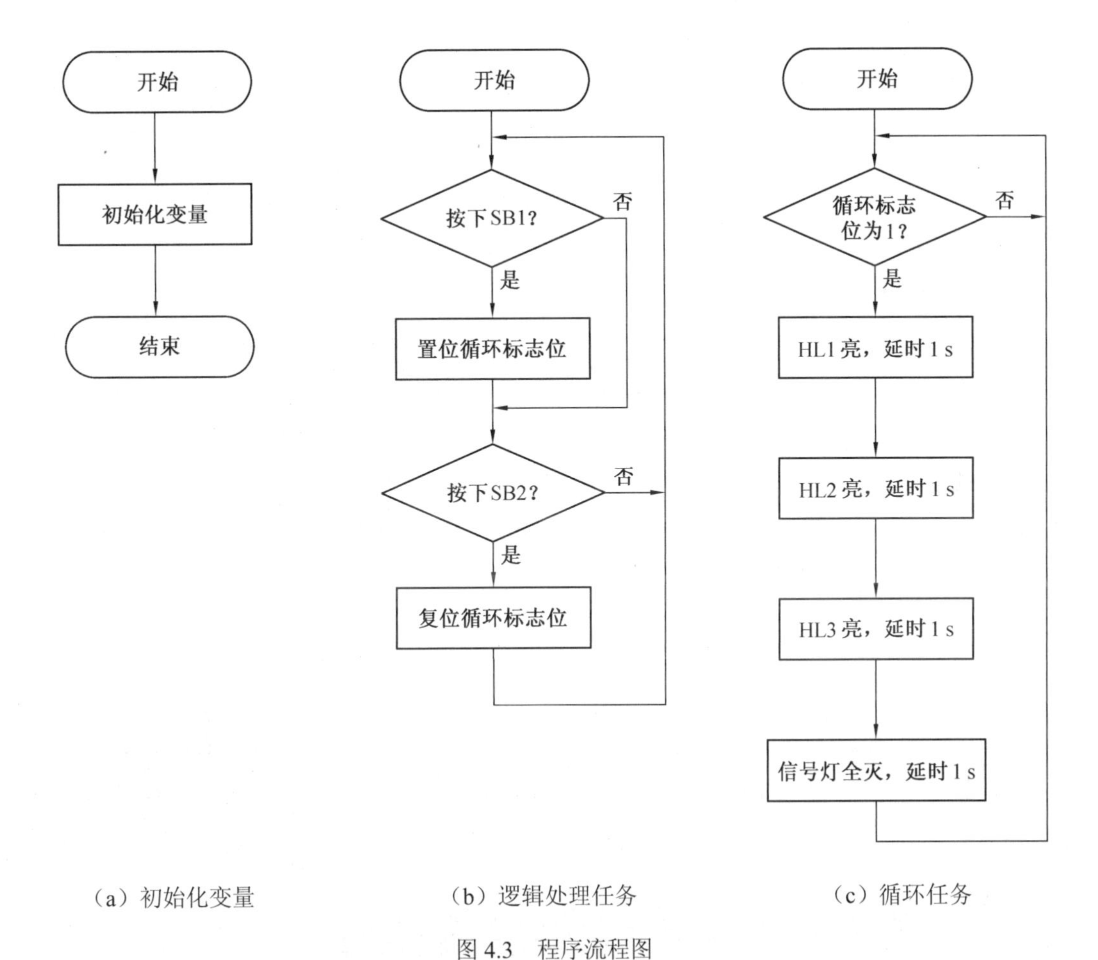

（a）初始化变量　　（b）逻辑处理任务　　（c）循环任务

图 4.3　程序流程图

4.2.2　项目流程

为了实现基本的 Node-RED 项目编程与调试，需要遵循一定的项目流程顺序，以实现所需的功能。本项目的项目流程图如图 4.4 所示。

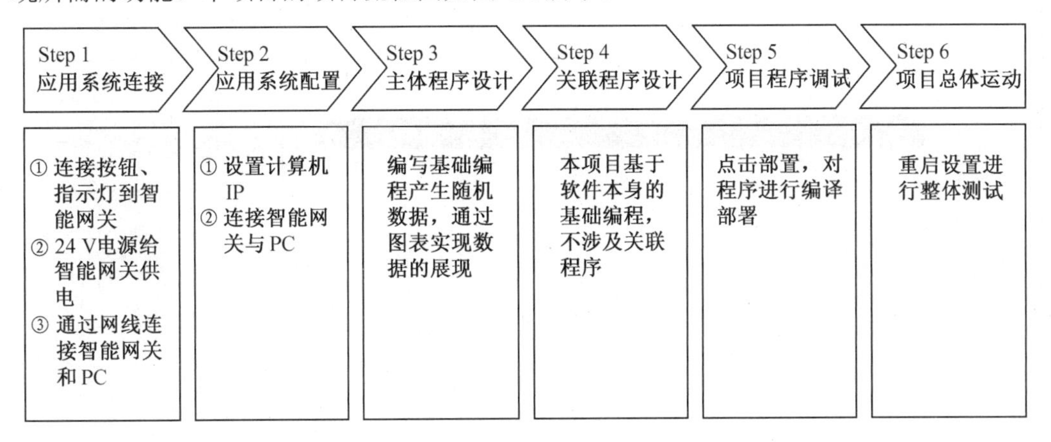

图 4.4　项目流程图

4.3 项目要点

在本项目中，涉及 function 节点、switch 节点、I/O 节点的综合应用。通过本小节的学习分别掌握这三个节点的功能特点及应用方法。

※ 项目要点

4.3.1 function 节点

在 Node-RED 中，function 节点是能够进行自定义函数编写并运行的功能节点。自定义函数的功能实现，是用户基于 JavaScript 语言进行编程，对所接收的消息进行相关处理后，进行输出或者其他显示等操作。

function 节点的输入是 msg，被称为消息，它是作为 JavaScript 对象传入，msg 的属性值（msg.payload）包含有效的消息内容。function 节点处理完成后，可以返回一个或多个消息对象。

用户可以使用 function 节点，通过编程的方式实现所需的功能。本例通过 function 节点的使用分别对文本和数字进行函数处理。具体内容见表 4.1。

表 4.1 函数控件用法说明

序号	图片示例	操作步骤
1	Node-RED 流程 1 时间戳 函数 msg.payload	分别拖入 inject、function 和 debug 三个节点到工作区，保持默认设置不变，直接用线进行连接，并部署
2	Node-RED 部署 流程 1 调试窗口 所有节点 2020/11/4 下午4:48:37 node: 90c4d8b8.72b588 msg.payload : number 1604479680543 时间戳 函数 msg.payload	点击 inject 节点的输入按钮，观察调试窗口。可以看到 debug 节点打印的调试信息。这里显示的信息是和 inject 节点注入的信息一致的。Function 节点只是起到了消息传递的作用

续表 4.1

序号	图片示例	操作步骤
3	 Node-RED 编辑 function 节点 删除 取消 完成 属性 名称 名称 设置 函数 关闭 1 2 return msg; 输出 1	双击函数节点，可以看到函数节点的函数代码为“return msg;”，直接返回所接收到的消息
4	 Node-RED 编辑 function 节点 删除 取消 完成 属性 名称 名称 设置 函数 关闭 1 2 return null; 输出 1	将“return msg;”更改为“return null;”，部署程序后，点击 inject 节点输入按钮，则在调试窗口不会输出任何消息。用户可自行检验效果

续表 4.1

序号	图片示例	操作步骤
5	 Node-RED 编辑 function 节点 删除 取消 完成 属性 名称 名称 设置 函数 关闭 1 2 return msg; 输出 3	通过设置“Outputs”处的数值，function 节点还可以用来调整输出路径数量
6	 Node-RED 流程 编辑 inject 节点 删除 取消 完成 属性 名称 名称 msg. payload = 1234 msg. topic = +添加 立刻执行于 0.1 秒后, 此后 重复 无	为了实现数学相关的函数运算，可双击 inject 节点，把 inject 节点的 payload 输入内容改为数字“1234”

续表 4.1

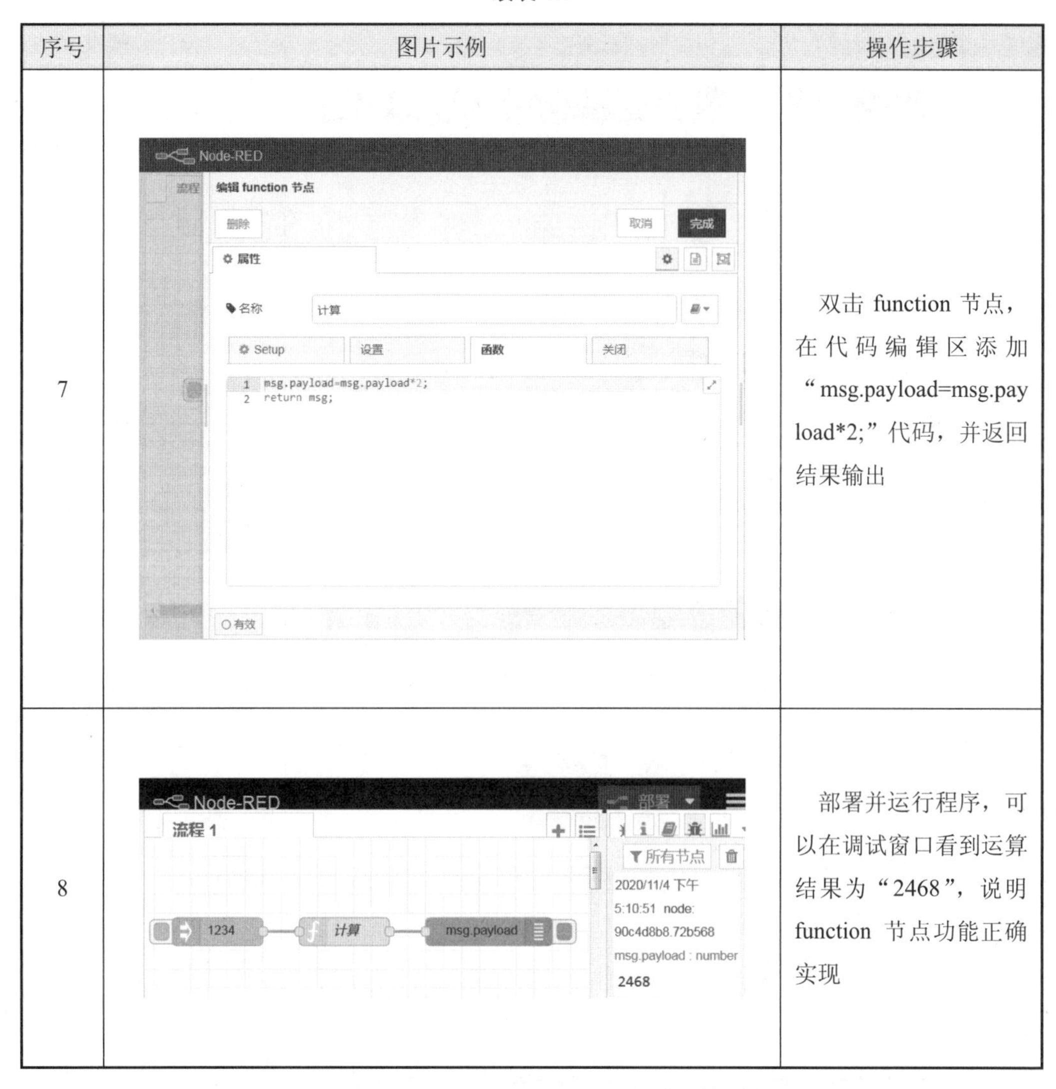

序号	图片示例	操作步骤
7		双击 function 节点，在代码编辑区添加“msg.payload=msg.payload*2;”代码，并返回结果输出
8		部署并运行程序，可以在调试窗口看到运算结果为“2468”，说明 function 节点功能正确实现

通过上面的例程可以看出，function 节点提供了一种非常灵活的、用户可自定义的编程方式，能够根据应用需求，对消息进行各种灵活的函数处理。

4.3.2　switch 节点

switch 本意是“开关”“转换”。Node-RED 里使用 switch 节点进行数据流的流向切换，switch 节点可以根据消息的“topic”“payload”或者其他属性来判断消息数据应该发送给哪一个出口。具体操作见表 4.2。本例程中，将通过 switch 节点对数字和节点主题进行判断选择。

表 4.2　switch 节点操作说明

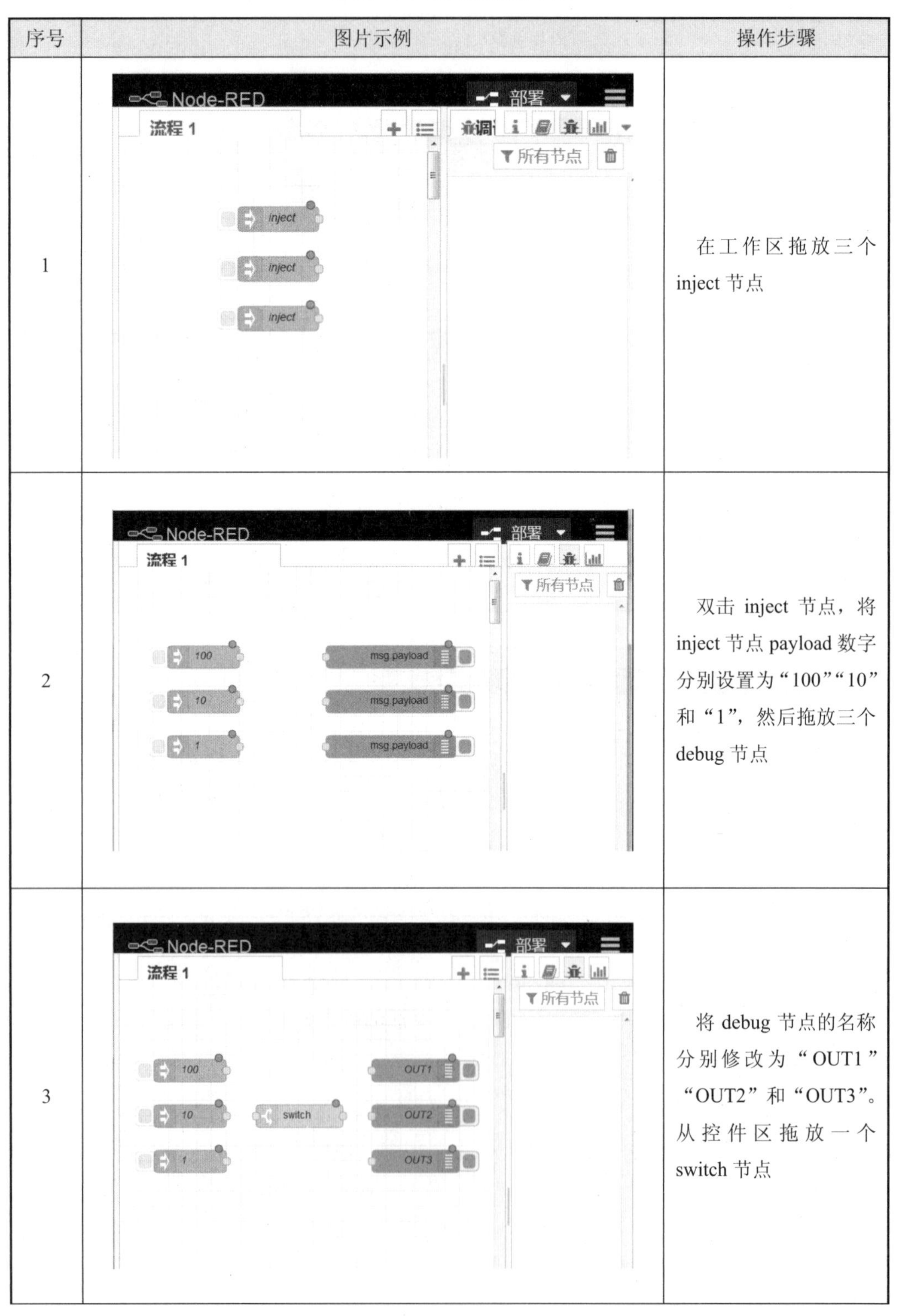

序号	图片示例	操作步骤
1		在工作区拖放三个 inject 节点
2		双击 inject 节点，将 inject 节点 payload 数字分别设置为“100”“10”和“1”，然后拖放三个 debug 节点
3		将 debug 节点的名称分别修改为“OUT1”“OUT2”和“OUT3”。从控件区拖放一个 switch 节点

续表 4.2

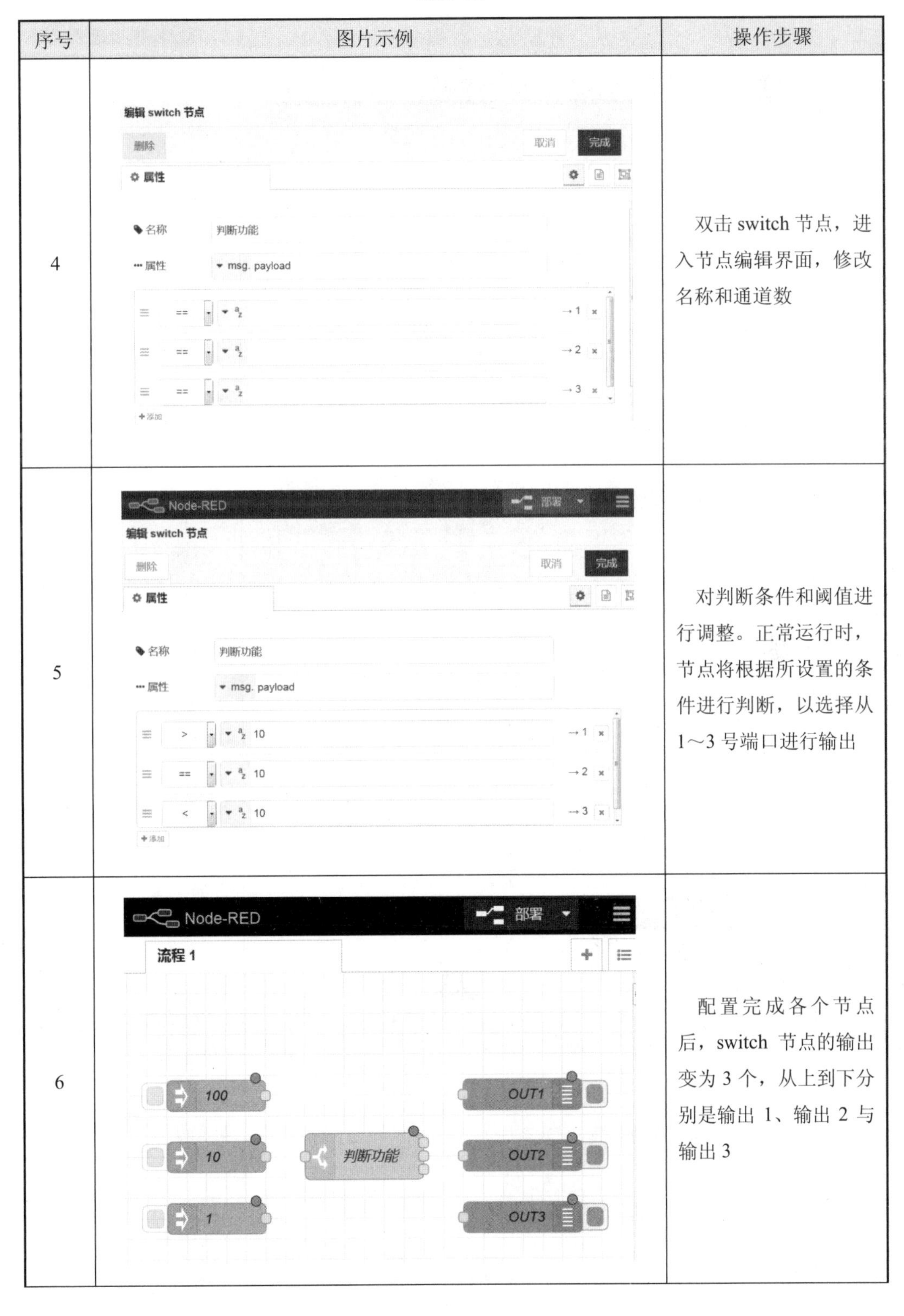

序号	图片示例	操作步骤
4		双击 switch 节点，进入节点编辑界面，修改名称和通道数
5		对判断条件和阈值进行调整。正常运行时，节点将根据所设置的条件进行判断，以选择从 1～3 号端口进行输出
6		配置完成各个节点后，switch 节点的输出变为 3 个，从上到下分别是输出 1、输出 2 与输出 3

续表 4.2

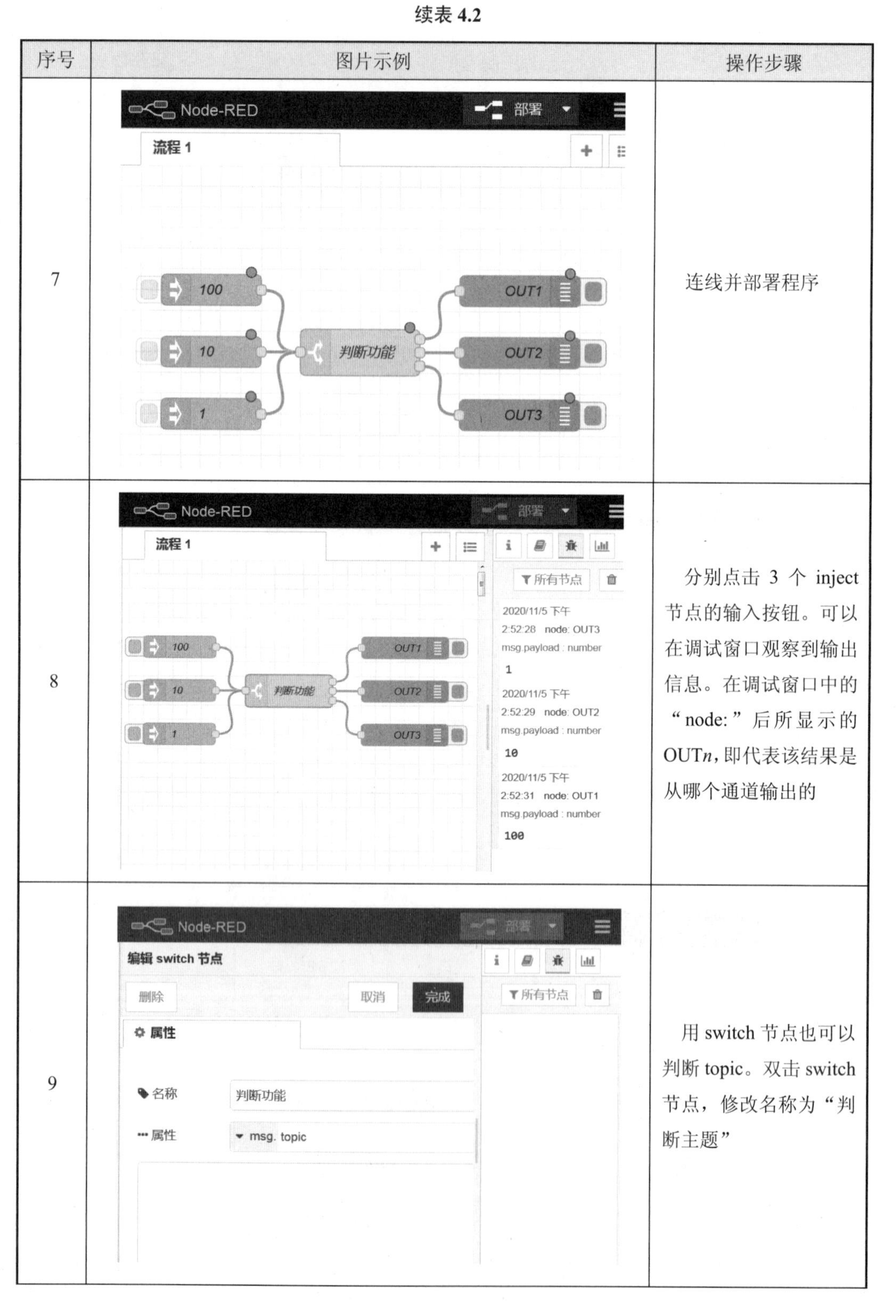

序号	图片示例	操作步骤
7		连线并部署程序
8		分别点击 3 个 inject 节点的输入按钮。可以在调试窗口观察到输出信息。在调试窗口中的“node:”后所显示的 OUTn，即代表该结果是从哪个通道输出的
9		用 switch 节点也可以判断 topic。双击 switch 节点，修改名称为“判断主题”

续表 4.2

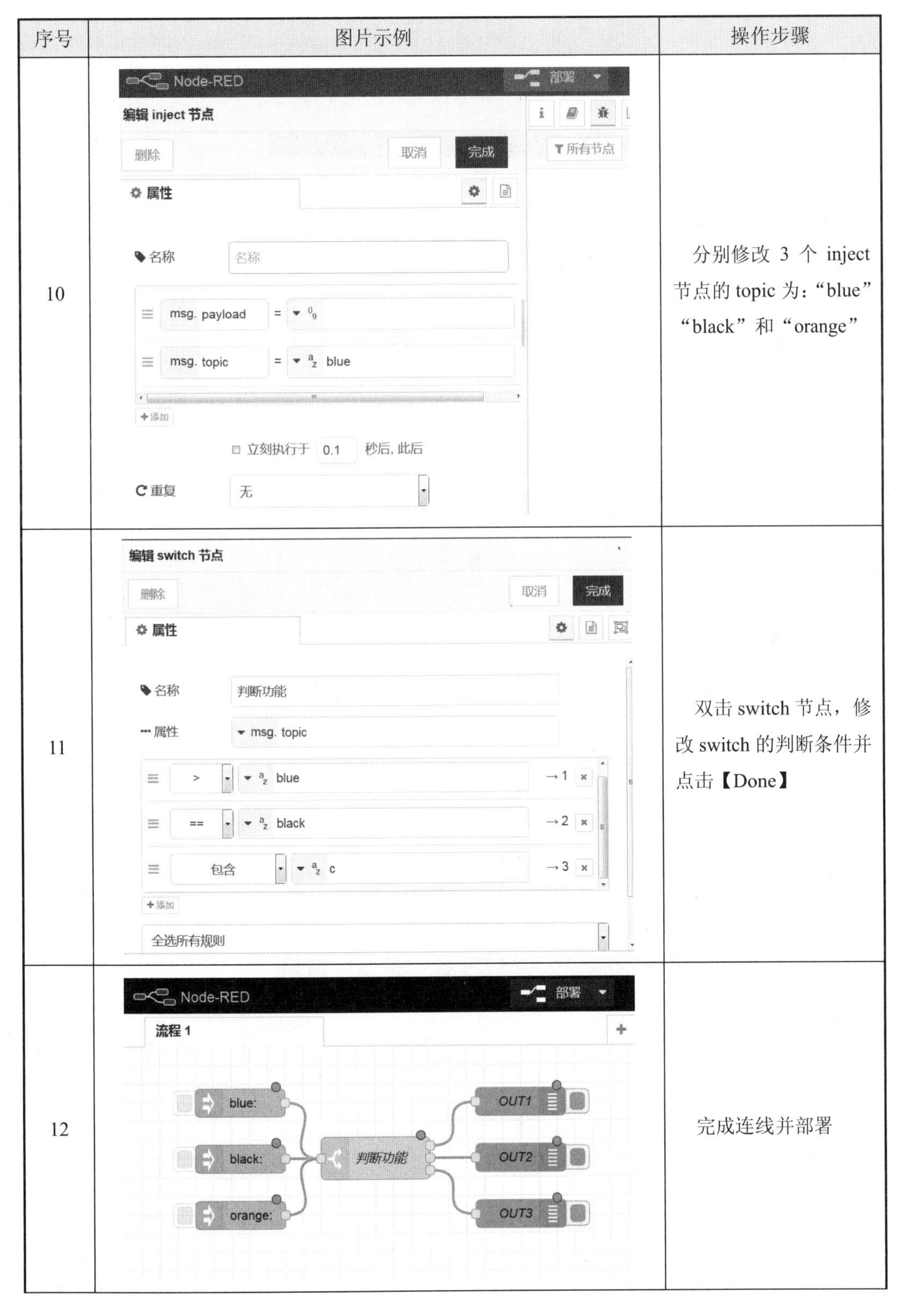

序号	图片示例	操作步骤
10		分别修改 3 个 inject 节点的 topic 为："blue""black"和"orange"
11		双击 switch 节点，修改 switch 的判断条件并点击【Done】
12		完成连线并部署

续表 4.2

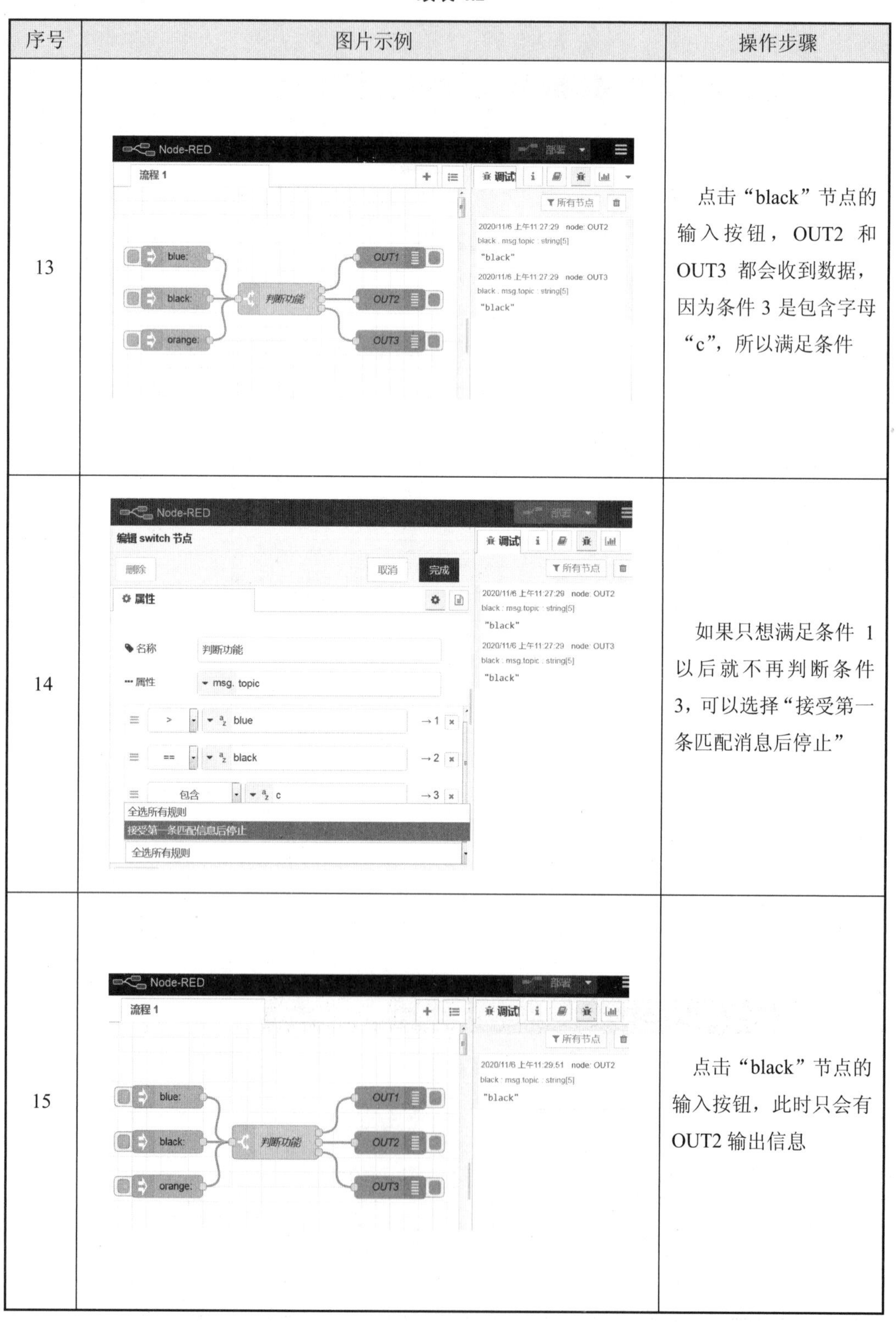

序号	图片示例	操作步骤
13		点击“black”节点的输入按钮，OUT2 和 OUT3 都会收到数据，因为条件 3 是包含字母“c”，所以满足条件
14		如果只想满足条件 1 以后就不再判断条件 3，可以选择“接受第一条匹配消息后停止”
15		点击“black”节点的输入按钮，此时只会有 OUT2 输出信息

4.3.3　I/O 通信

I/O 信号即输入/输出信号，I/O 通信是网关与外部设备进行交互的基本方式。

EnGateWay 智能网关由直流 24 V 供电，自身提供了 8 路数字量输入和 8 路数字量输出。控制器数字 I/O 定义如图 4.5 所示。

图 4.5　控制器数字 I/O 定义

网关输入、输出电路均通过双向光耦进行隔离，支持 PNP 和 NPN 两种配线方式。配线之前，需要确认 I/O 类型是否与外部连接设备相匹配。错误的配线将导致网关无法正常动作，甚至导致网关内部元件损坏。数字 I/O 电路结构如图 4.6 所示。

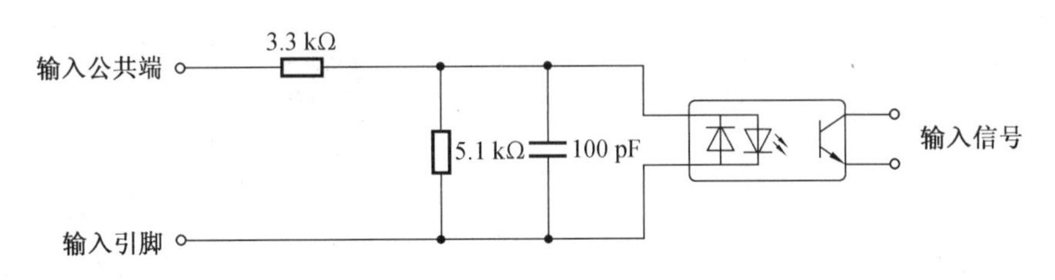

（a）DI0～DI7 输入电路

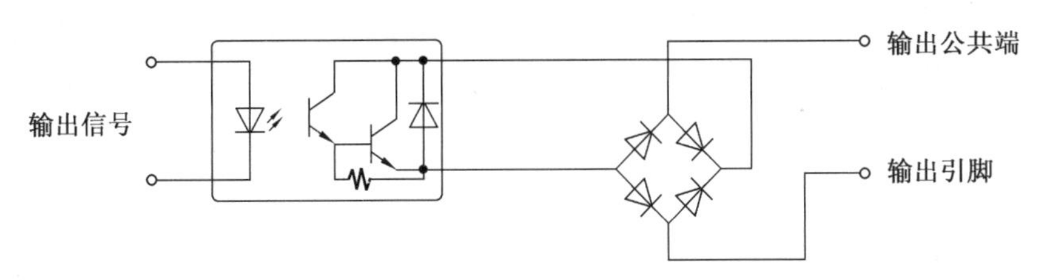

（b）DO0～DO7 输出电路

图 4.6　数字 I/O 电路结构

4.3.4 I/O 节点

在 Node-RED 中，I/O 节点是 EnGateWay 输入输出的专用节点。对该节点的具体操作方法见表 4.3。

表 4.3 I/O 节点操作步骤

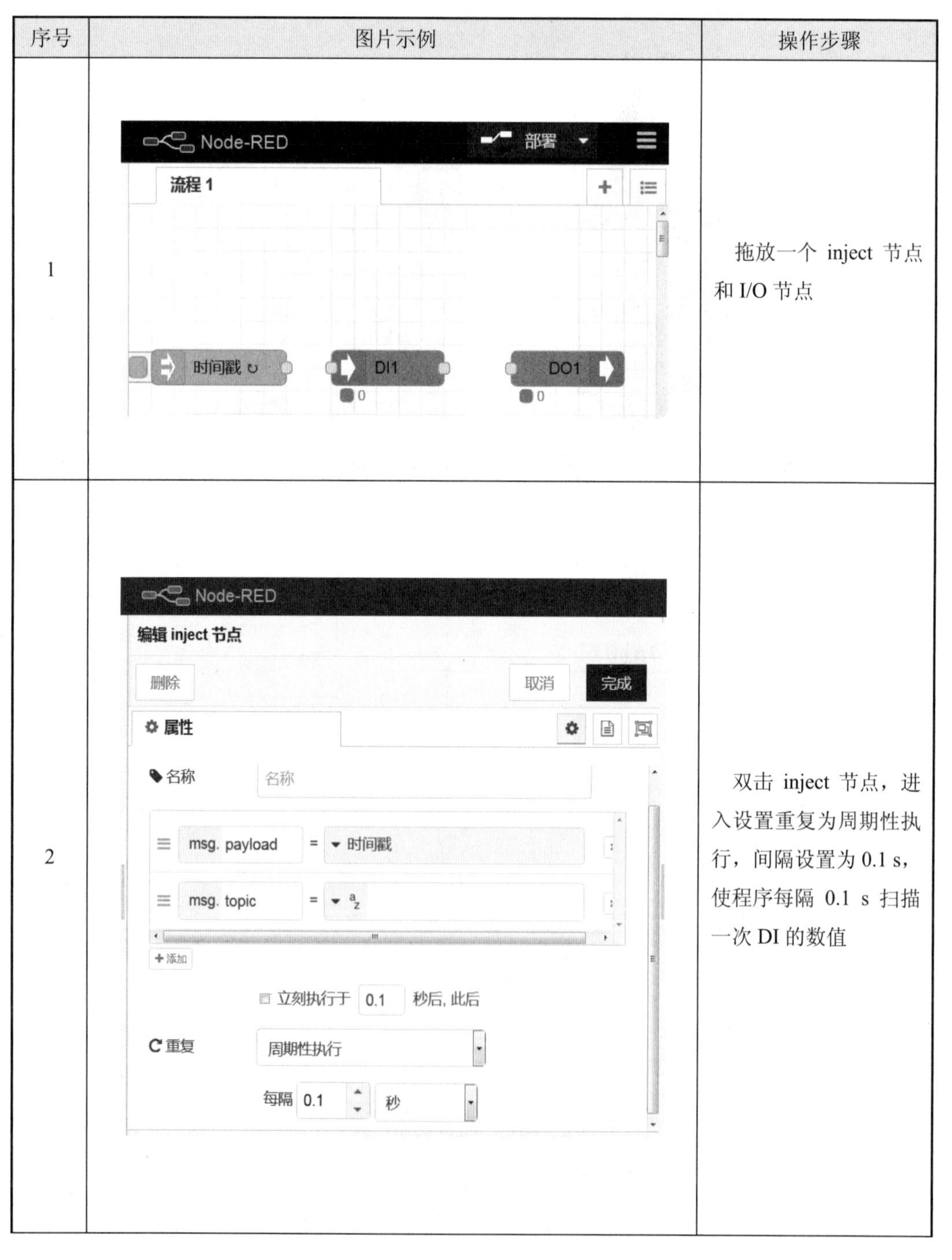

序号	图片示例	操作步骤
1		拖放一个 inject 节点和 I/O 节点
2		双击 inject 节点，进入设置重复为周期性执行，间隔设置为 0.1 s，使程序每隔 0.1 s 扫描一次 DI 的数值

续表 4.3

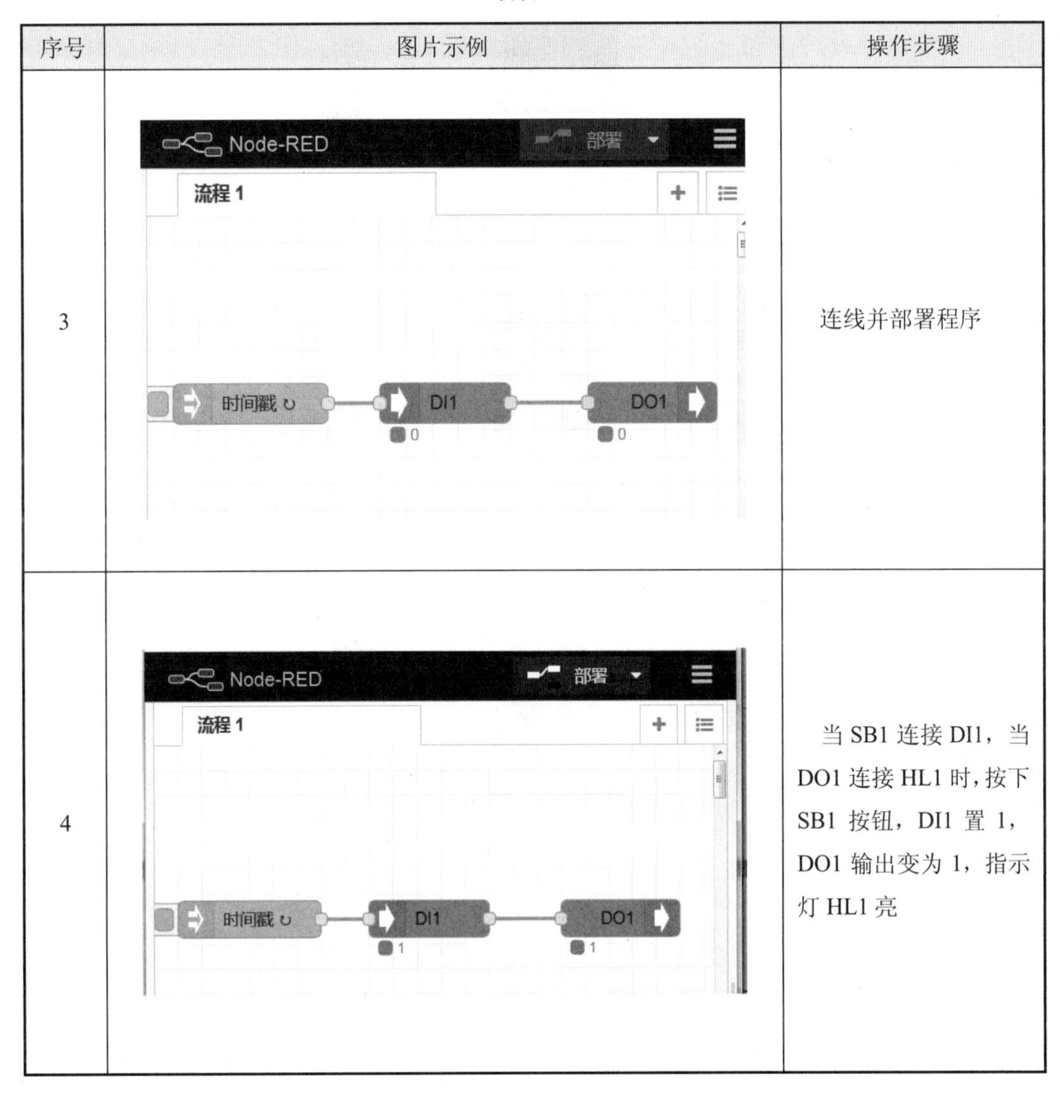

序号	图片示例	操作步骤
3	Node-RED 部署 流程 1 时间戳 DI1 0 DO1 0	连线并部署程序
4	Node-RED 部署 流程 1 时间戳 DI1 1 DO1 1	当 SB1 连接 DI1，当 DO1 连接 HL1 时，按下 SB1 按钮，DI1 置 1，DO1 输出变为 1，指示灯 HL1 亮

4.4　项目步骤

4.4.1　应用系统连接

指示灯逻辑控制项目应用系统主要组成包括智能网关、计算机（PC）、输入输出模块，通过以太网线完成系统连接，连接图如图 4.7 所示，应用系统的连接分为 3 部分：画出 I/O 分配表、画出硬件接线图、根据硬件接线图进行接线。

❋　项目步骤

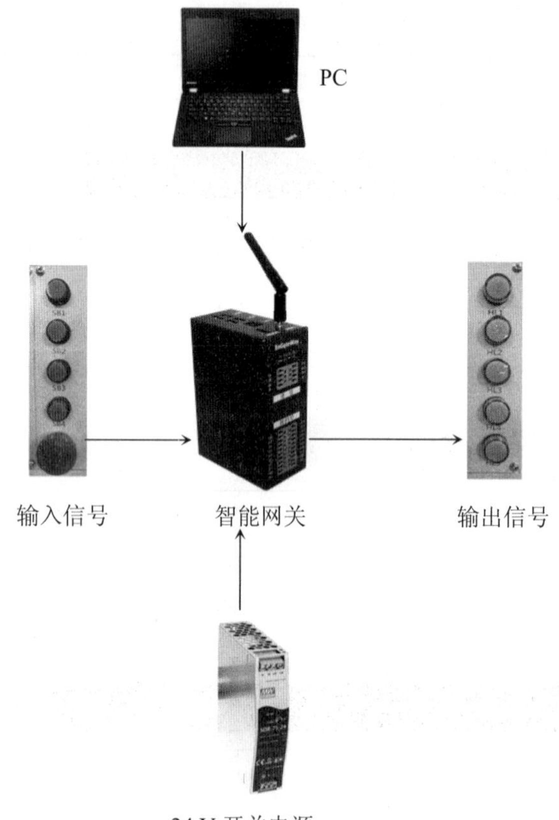

图 4.7 应用系统连接示意图

1. I/O 分配表

I/O 分配表见表 4.4。

表 4.4 I/O 分配表

硬件名称	控制器输入	功能	硬件输出	控制器输出	功能
SB1	DI0	启动	HL1	DO0	指示灯 1
SB2	DI1	停止	HL2	DO1	指示灯 2
SB3	DI2	选择 1	HL3	DO2	指示灯 3
SB4	DI3	选择 2	HL4	DO3	指示灯 4
SB5	DI4	急停	HL5	DO4	指示灯 5

2. 硬件接线图

逻辑控制的硬件接线图如图 4.8 所示，硬件接线图绘制完成后，根据绘制的电气图，对电路进行正确接线。

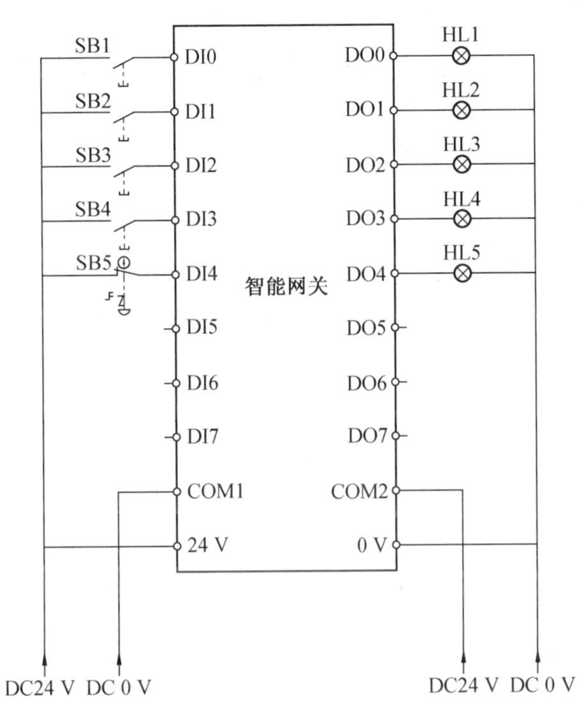

图 4.8　硬件接线图

4.4.2　应用系统配置

将计算机的 IP 地址和智能网关的 IP 地址配置到同一网段。智能网关初始 IP 为 192.168.1.190，初始端口号为 1880。只需要把电脑 IP 修改至与网关在同一网段内即可进行连接，具体连接细节见表 4.5。

表 4.5　计算机 IP 设置

序号	图片示例	操作步骤
1		点击“控制面板”→“网络和 Internet”→“网络和共享中心”按钮

续表 4.5

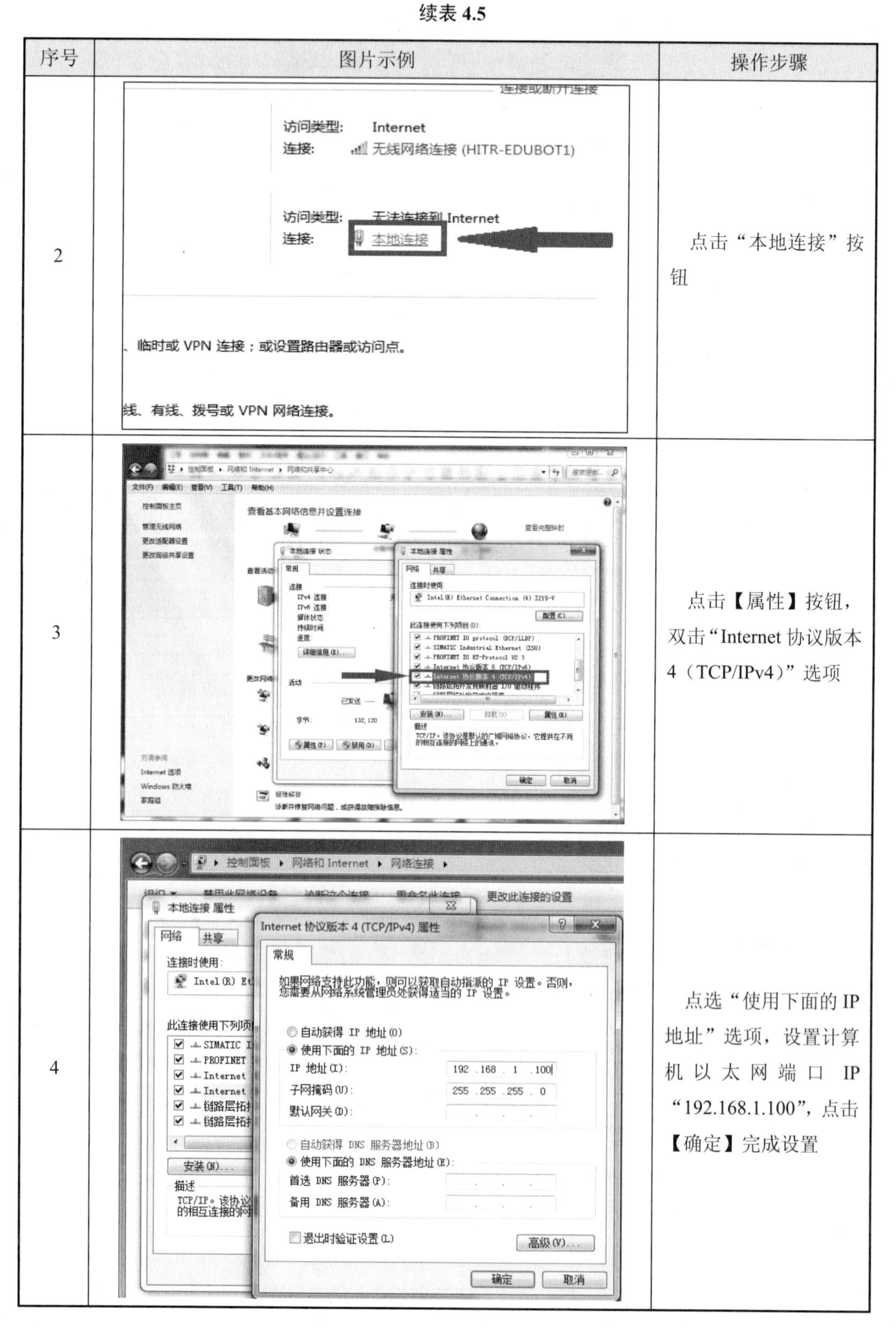

序号	图片示例	操作步骤
2		点击“本地连接”按钮
3		点击【属性】按钮，双击“Internet 协议版本 4（TCP/IPv4）”选项
4		点选“使用下面的 IP 地址”选项，设置计算机以太网端口 IP “192.168.1.100”，点击【确定】完成设置

4.4.3　主体程序设计

主体程序是利用 Node-RED 节点完成数据处理设计，本项目共包含 3 个部分，各部分功能为：

（1）初始化程序：上电自动启动程序，负责初始化参数，仅运行 1 次。

（2）逻辑处理程序：负责数字输入逻辑的处理。

（3）循环运行程序：负责指示灯 HL1、HL2、HL3 的循环输出。

1. 初始化程序设计

初始化程序设计的具体操作见表 4.6。

表 4.6　初始化程序设计

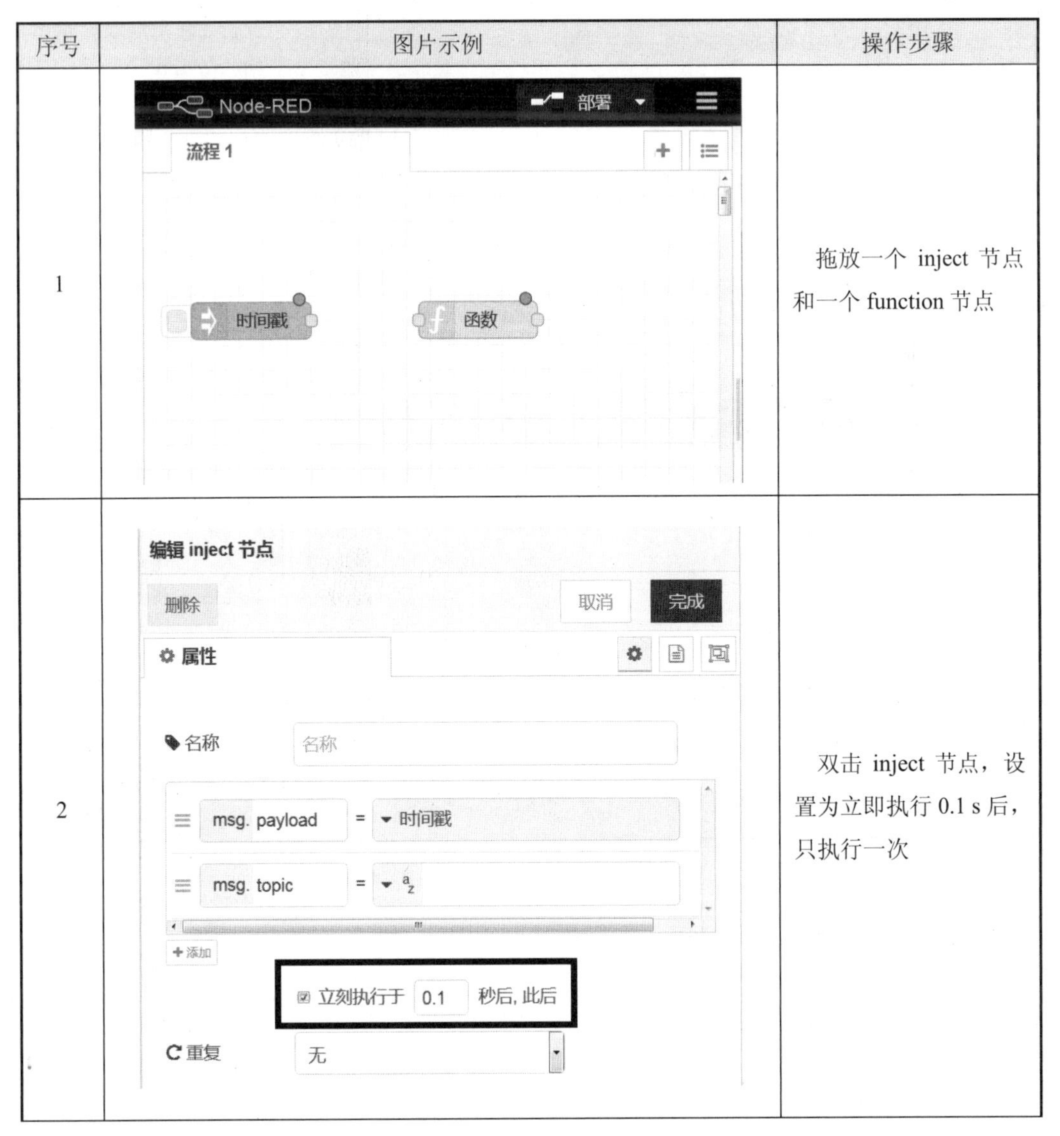

序号	图片示例	操作步骤
1		拖放一个 inject 节点和一个 function 节点
2		双击 inject 节点，设置为立即执行 0.1 s 后，只执行一次

续表 4.6

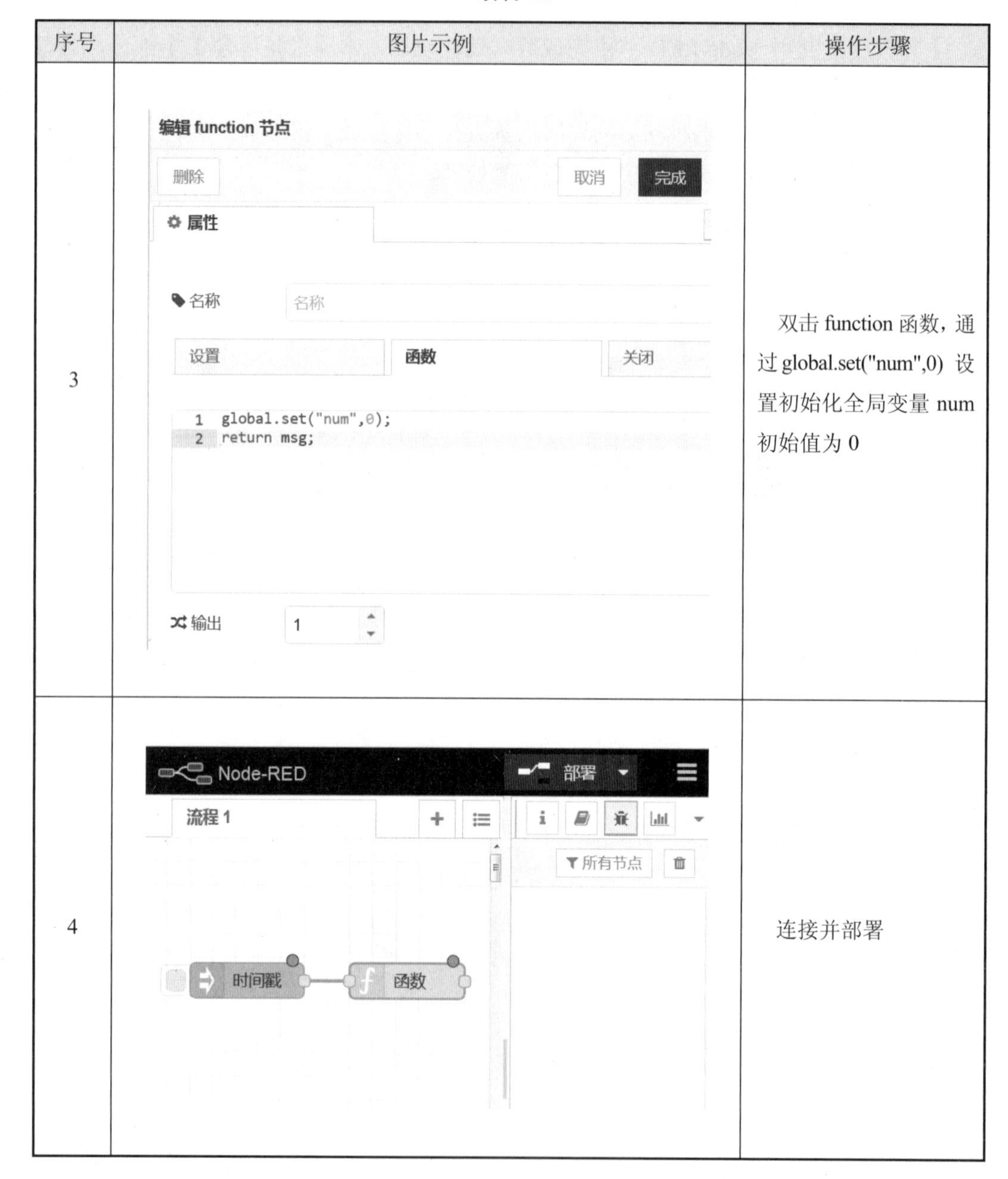

序号	图片示例	操作步骤
3		双击 function 函数，通过 global.set("num",0) 设置初始化全局变量 num 初始值为 0
4		连接并部署

2. 逻辑程序设计

逻辑程序设计的具体操作见表 4.7。

表 4.7　逻辑处理程序设计步骤

序号	图片示例	操作步骤
1	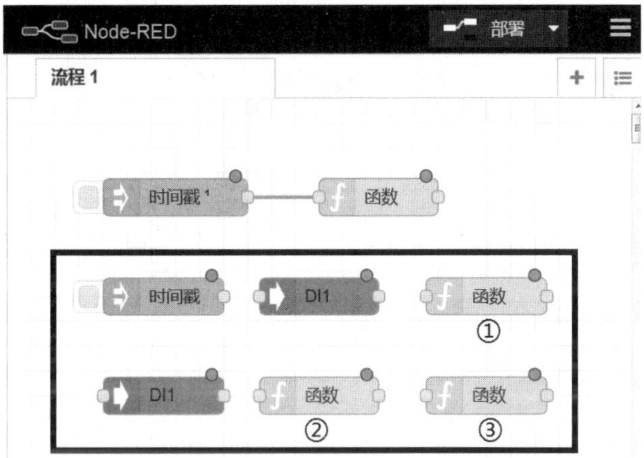	拖放一个 inject 节点、三个 function 节点和 2 个 DI 节点
2		双击 inject 节点，重复改为周期性执行，间隔时间改为 0.1 s
3	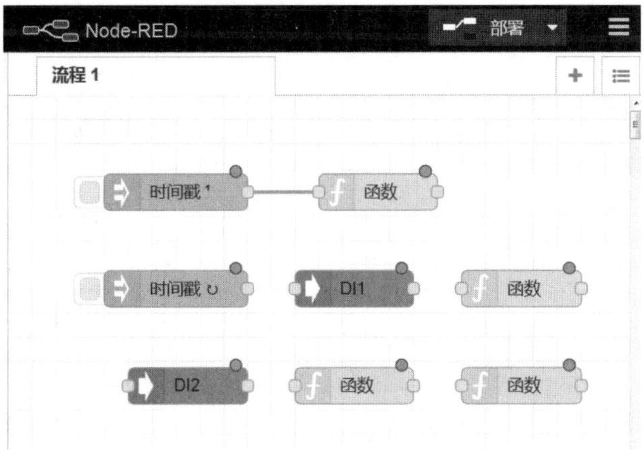	输入节点改为 DI1 与 DI2

续表 4.7

序号	图片示例	操作步骤
4	 Node-RED 部署 编辑 function 节点 删除 取消 完成 属性 名称 名称 设置 函数 关闭 1 var a=msg.payload; 2 global.set("DI1",a); 3 return msg; 输出 1	双击第一个 function 节点，编辑程序声明 DI1 变量
5	 Node-RED 部署 编辑 function 节点 删除 取消 完成 属性 名称 名称 设置 函数 关闭 1 var a=msg.payload; 2 global.set("DI2",a); 3 return msg; 输出 1	双击第二个 function 节点，编辑程序声明 DI2 变量

续表 4.7

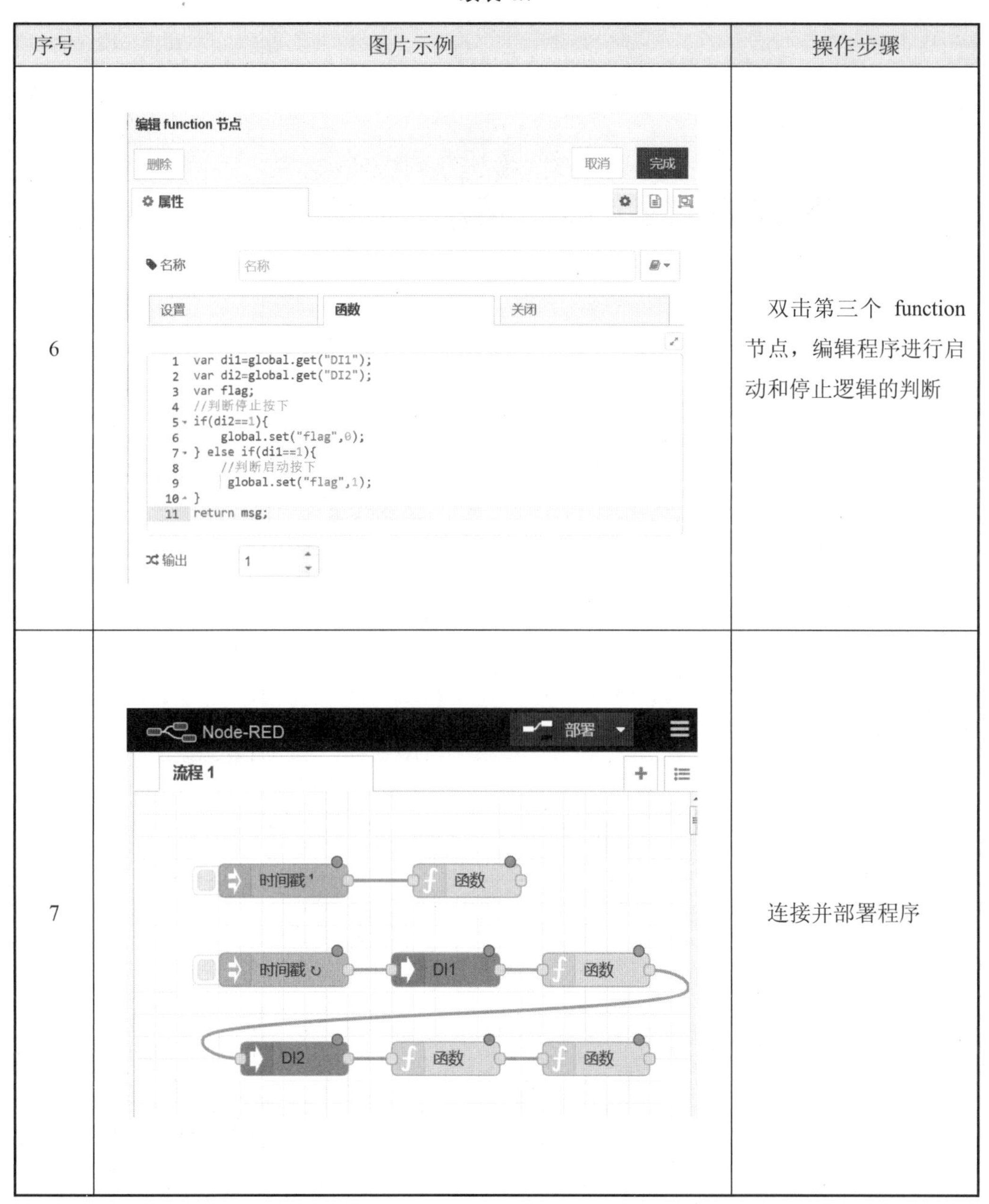

序号	图片示例	操作步骤
6		双击第三个 function 节点，编辑程序进行启动和停止逻辑的判断
7		连接并部署程序

3. 运行程序设计

运行程序设计的具体操作见表 4.8。

表 4.8 运行程序设计步骤

序号	图片示例	操作步骤
1	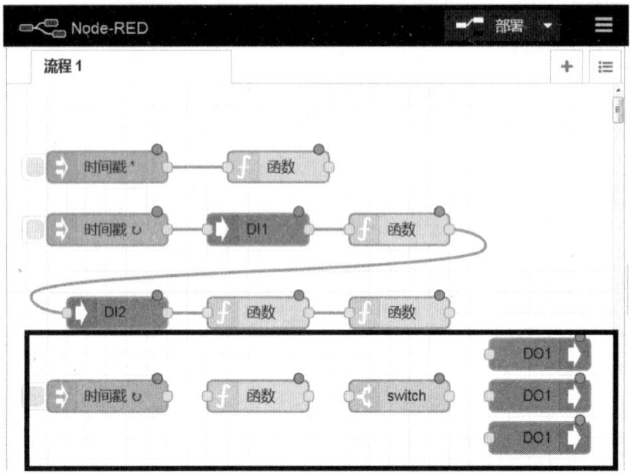	拖放一个 inject 节点、一个 function 节点、一个 switch 节点和 3 个 DO 节点
2		双击 inject 节点，重复改为周期性执行，间隔时间改为 1 秒

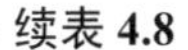

续表 4.8

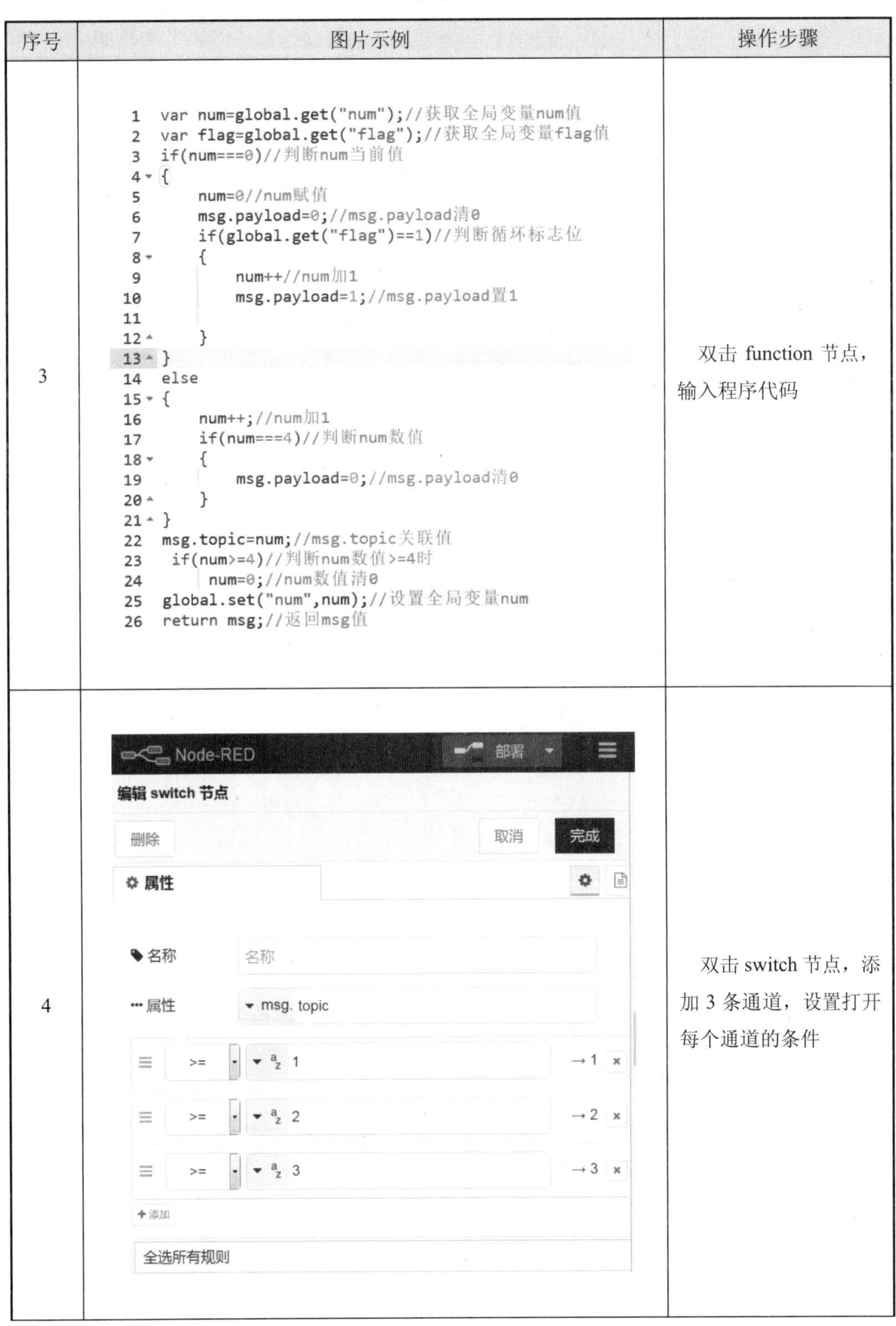

序号	图片示例	操作步骤

3	1 var num=global.get("num");//获取全局变量num值
	2 var flag=global.get("flag");//获取全局变量flag值
	3 if(num===0)//判断num当前值
	4 {
	5 　　num=0//num赋值
	6 　　msg.payload=0;//msg.payload清0
	7 　　if(global.get("flag")==1)//判断循环标志位
	8 　　{
	9 　　　　num++//num加1
	10 　　　　msg.payload=1;//msg.payload置1
	11
	12 　　}
	13 }
	14 else
	15 {
	16 　　num++;//num加1
	17 　　if(num===4)//判断num数值
	18 　　{
	19 　　　　msg.payload=0;//msg.payload清0
	20 　　}
	21 }
	22 msg.topic=num;//msg.topic关联值
	23 　if(num>=4)//判断num数值>=4时
	24 　　num=0;//num数值清0
	25 global.set("num",num);//设置全局变量num
	26 return msg;//返回msg值
		双击 function 节点，输入程序代码

4	Node-RED　部署 编辑 switch 节点 删除　取消　完成 属性 名称　名称 属性　msg. topic >=　1　→1 >=　2　→2 >=　3　→3 + 添加 全选所有规则	双击 switch 节点，添加 3 条通道，设置打开每个通道的条件

续表 4.8

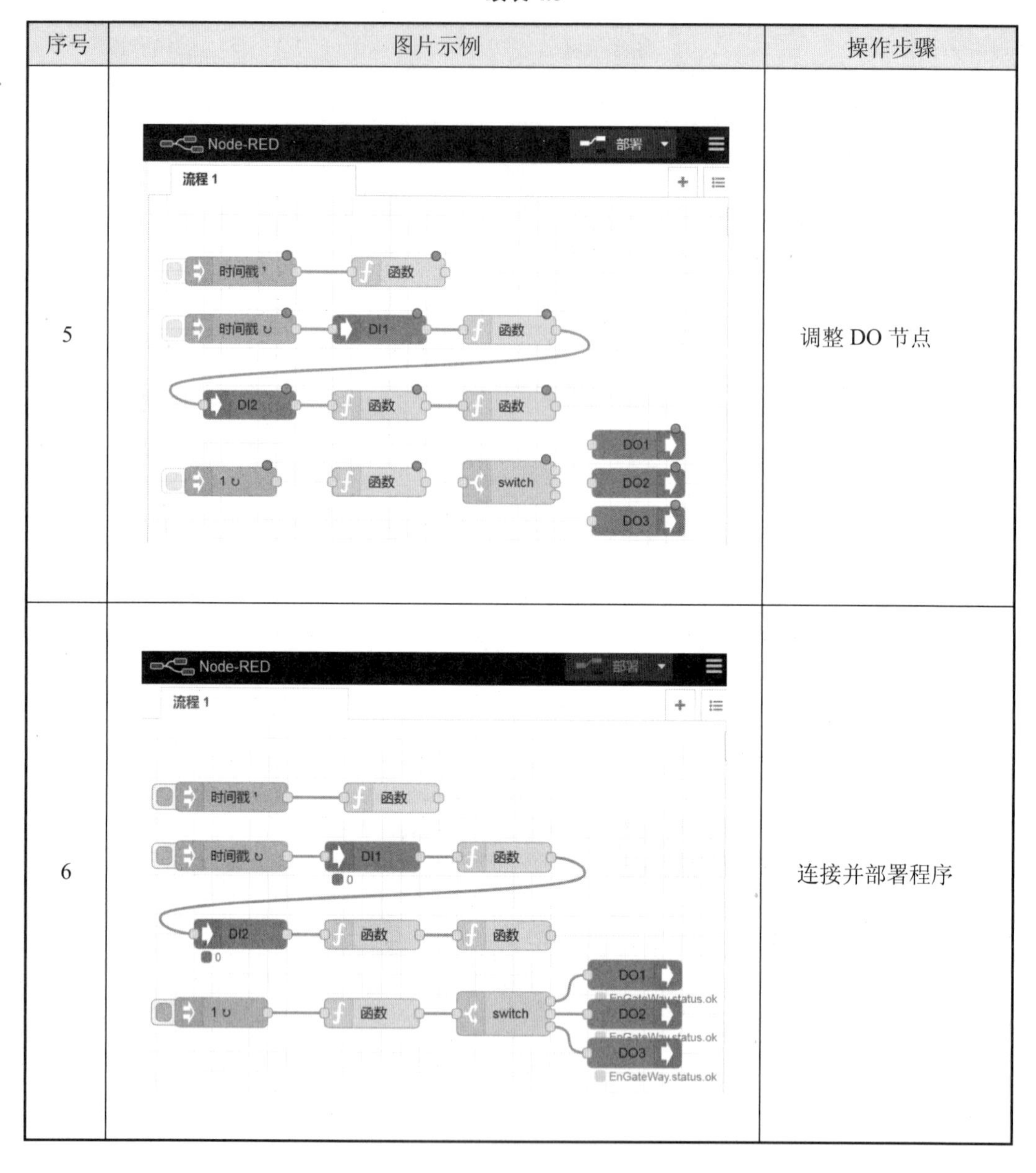

序号	图片示例	操作步骤
5		调整 DO 节点
6		连接并部署程序

4.4.4 关联程序设计

本项目只是基于 Node-RED 的基础入门编程，未涉及周边软硬件平台的使用，所以无相关的关联程序设计环节。

4.4.5 项目程序调试

在确认程序中各节点正确设置和连线后，可以进行程序调试，详细步骤见表 4.9。

表 4.9　项目程序调试

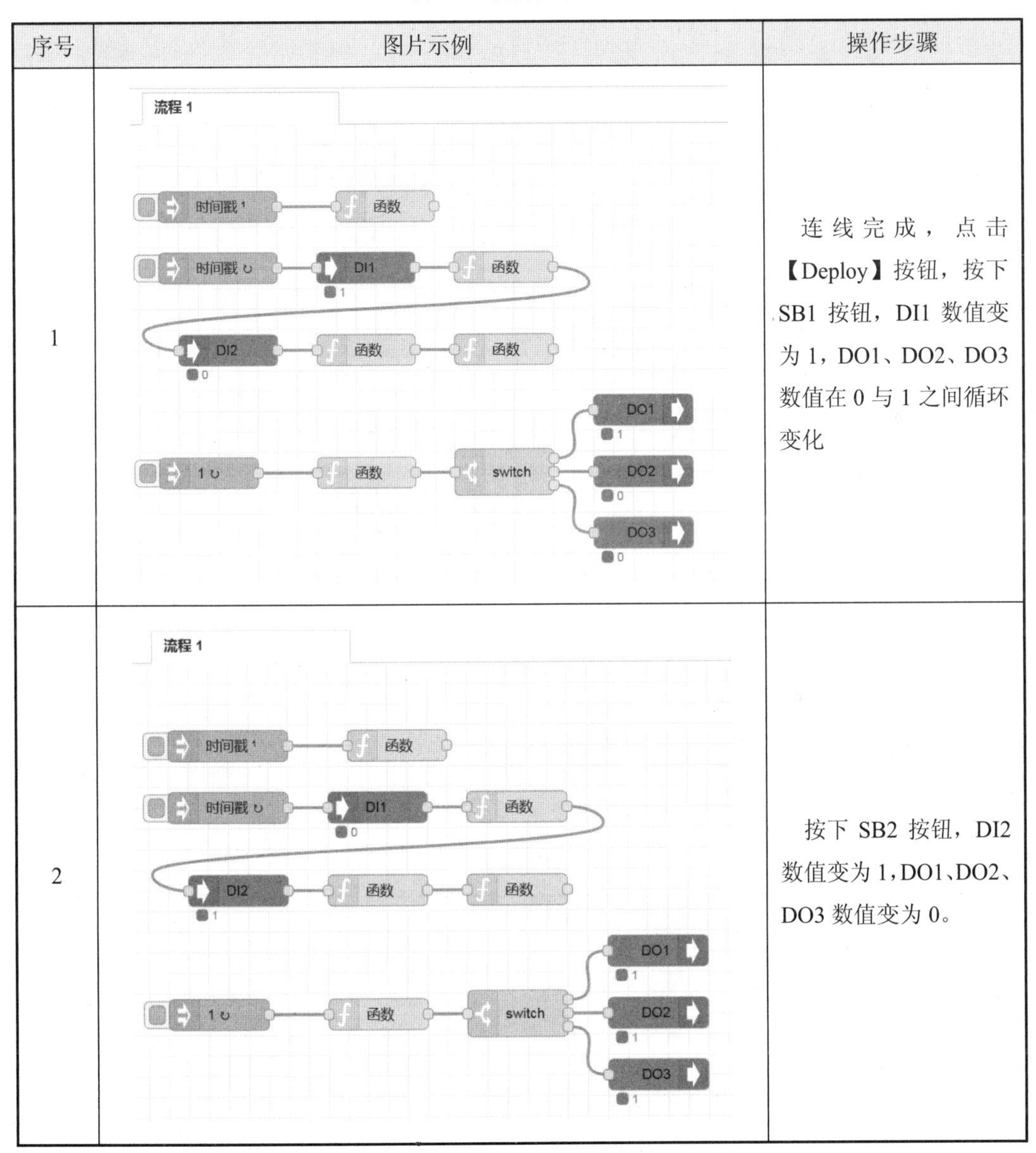

序号	图片示例	操作步骤
1		连线完成，点击【Deploy】按钮，按下 SB1 按钮，DI1 数值变为 1，DO1、DO2、DO3 数值在 0 与 1 之间循环变化
2		按下 SB2 按钮，DI2 数值变为 1，DO1、DO2、DO3 数值变为 0。

4.4.6　项目总体运行

本项目程序调试的最终结果即为项目总体运行的结果，因此不再赘述。

4.5　项目验证

4.5.1　效果验证

程序运行效果见表 4.10。

表 4.10　程序运行效果

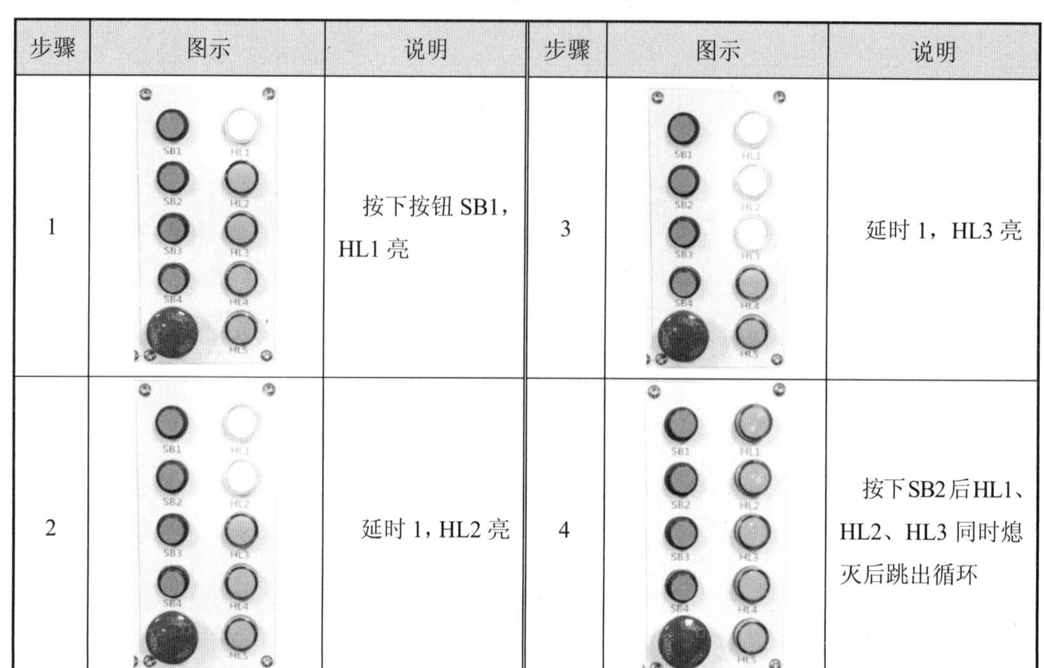

步骤	图示	说明	步骤	图示	说明
1		按下按钮 SB1，HL1 亮	3		延时 1，HL3 亮
2		延时 1，HL2 亮	4		按下 SB2 后 HL1、HL2、HL3 同时熄灭后跳出循环

4. 5. 2　数据验证

根据输出的数值情况，验证程序设置是否正确。数据验证见表 4.11。

表 4.11　数据验证

序号	图片示例	操作步骤
1		按下 SB1 按钮，DI1 数值变为 1，DO1、DO2、DO3 数值在 0 与 1 之间循环变化

续表 4.11

序号	图片示例	操作步骤
2	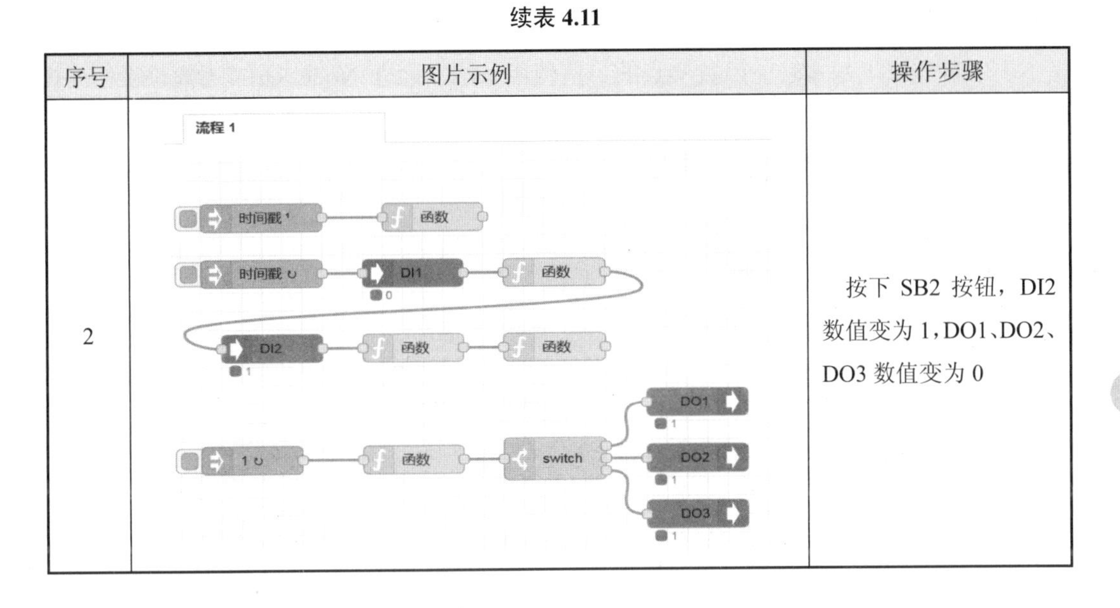	按下 SB2 按钮，DI2 数值变为 1，DO1、DO2、DO3 数值变为 0

4.6　项目总结

4.6.1　项目评价

项目评价表见表 4.12。通过对整个项目的练习，评价对 Node-RED 功能节点的掌握情况。

表 4.12　项目评价表

项目指标		分值	自评	互评	完成情况说明
项目分析	1. 硬件架构分析	6			
	2. 项目流程分析	6			
项目要点	1. Function 节点	8			
	2. Switch 节点	8			
	3. I/O 节点	8			
项目步骤	1. 应用系统连接	9			
	2. 应用系统配置	9			
	3. 主体程序设计	9			
	4. 关联程序设计	9			
	5. 项目程序调试	9			
	6. 项目运行调试	9			
项目验证	1. 效果验证	5			
	2. 数据验证	5			
合计		100			

4.6.2 项目拓展

本项目介绍了基本功能函数节点的一些使用方法，此外 Node-RED 还提供了很多内置的其他功能节点。例如，在流程 2 中用功能函数调用另外一个流程的内容，实现子流程调用功能；用 delay 函数产生随机时间延时等等。用户可以自由去开发探索，具体内容根据需求进行拓展。

第5章　数据可视化编程项目

5.1　项目概况

❋ 项目目的

5.1.1　项目背景

通过工业智能网关采集的海量原始工业数据，对于分析设备运行状况、生产工作状态等指标不具有直观性，所以往往需要对采集的数据进行二次处理。其中数据可视化就是一种基本的处理与显示方式。

数据可视化是通过使用可视化屏幕来展现和分析各类庞杂的数据的一种方式。Node-RED 提供的图形化的编程组态方式，即使是非专业的工程师也能够轻松搭建专业水准的可视化应用程序，满足数据展示、业务监控、风险预警、地理信息分析等多种业务的可视化需求，让使用、决策人员能够直观地看到数据的变化情况。相比于传统图表与机械仪表盘，数据可视化技术致力于用更生动、友好的形式，即时呈现隐藏在瞬息万变且庞杂数据背后的变化规律，所以逐渐成为工业互联网解决方案中不可或缺的一环。数据可视化图示如图 5.1 所示。

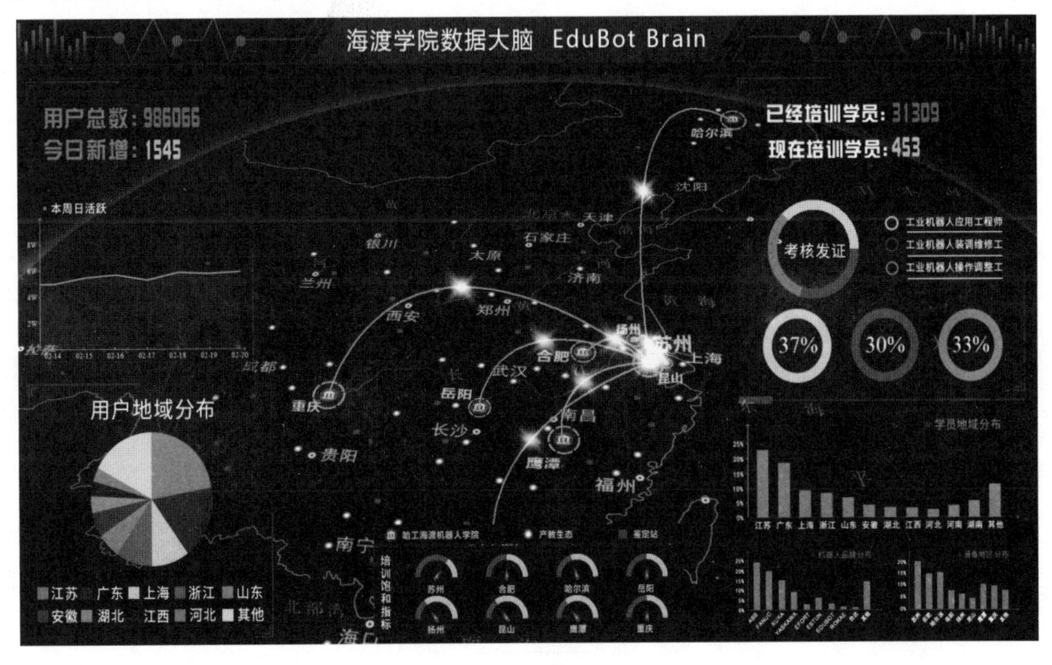

图 5.1　数据可视化图示

5.1.2 项目需求

本项目的主要内容是利用 inject 节点产生数据源，经过 random 功能节点进行处理产生随机数，最后利用 dashboard 图表节点以多种表现方式对所采集的随机数据进行可视化显示。数据可视化处理流程如图 5.2 所示。

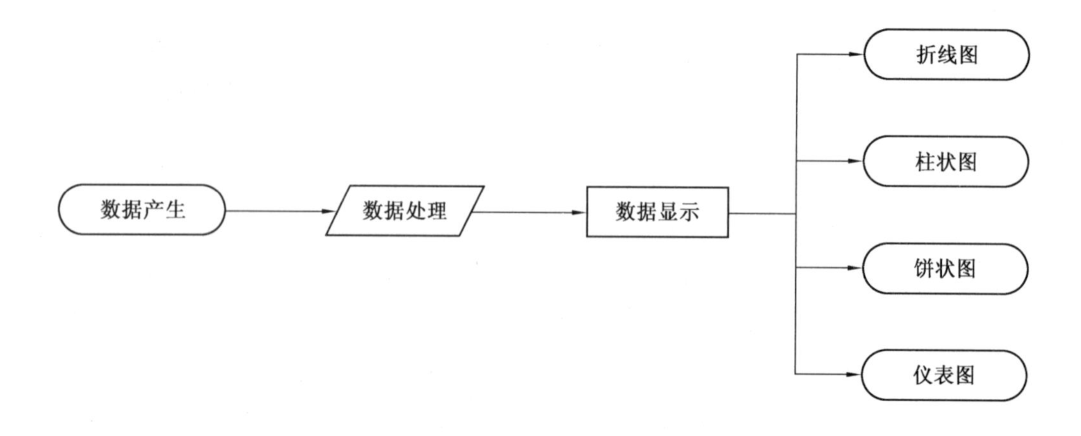

图 5.2　数据可视化处理流程图

5.1.3 项目目的

（1）掌握 Node-RED 的 dashboard 编程设计。

（2）掌握 Node-RED 的可视化界面设计。

（3）掌握 Node-RED 的可视化界面布局调试。

5.2 项目分析

※ 项目分析

5.2.1 项目构架

本项目是基于桌面型（Desk Training）工业互联网智能网关教学平台的可视化编程项目。使用计算机通过工业交换机与智能网关模块进行连接。项目构架图如图 5.3 所示。

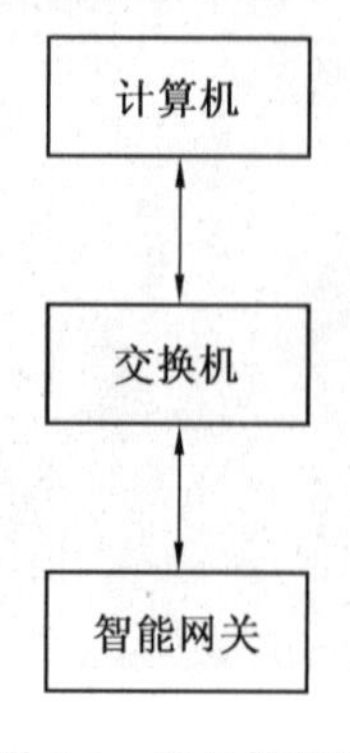

图 5.3　项目构架图

5.2.2　项目流程

为了实现基本的 Node-RED 项目编程、调试与可视化界面的设计，需要遵循一定的项目流程顺序，以实现所需的功能。本项目的项目流程见图 5.4。

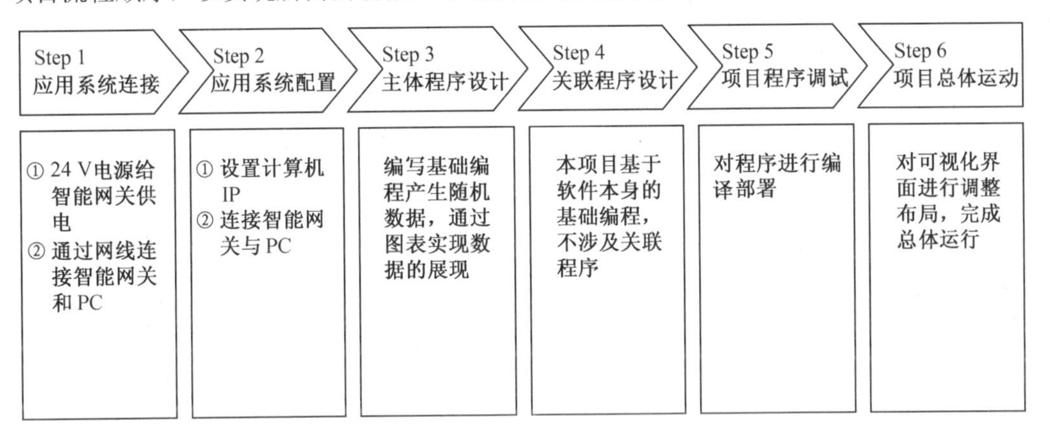

图 5.4　项目流程图

5.3　项目要点

※ 项目要点

5.3.1　dashboard 功能介绍

Dashboard 意为“画板”，是 Node-RED 为用户提供的一种自由设计的数据可视化显示功能组件。Dashboard 功能提供了一系列的界面显示方式，如图形、仪表盘、按键、滑动条、文字输入输出界面等，可根据不同应用场景选择多种方式展现所监测的数据（如图 5.5）。而 dashboard 所提供的 Template 节点，更是可以让开发者自定义 UI 样式。

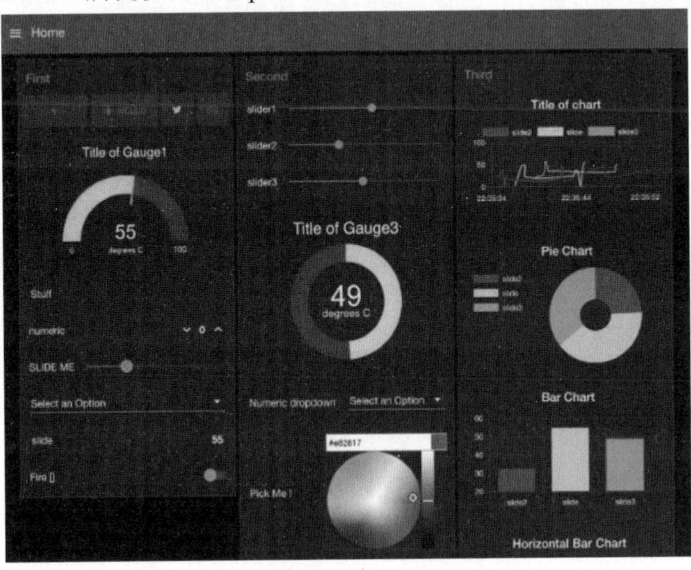

图 5.5　dashboard 可视化界面

dashboard 可以设计多个页面（Tab）来呈现丰富的需要展示的数据信息，每一个选项卡又可以分成多个群组（Group）。Tab 可以理解为页面，Group 是页面下的分组，一个页面里可以有多个分组，从而实现布局合理、功能分类等目的。dashboard 通过设置 Tab 和 Group 属性，完成界面整体布局和规划。每个组的元素默认宽度是 6 个单位，每个单位默认宽度是 48 像素，间距 6 像素。Node-RED 可以根据页面的大小动态调整分组的位置，dashboard 的页面与组如图 5.6 所示。

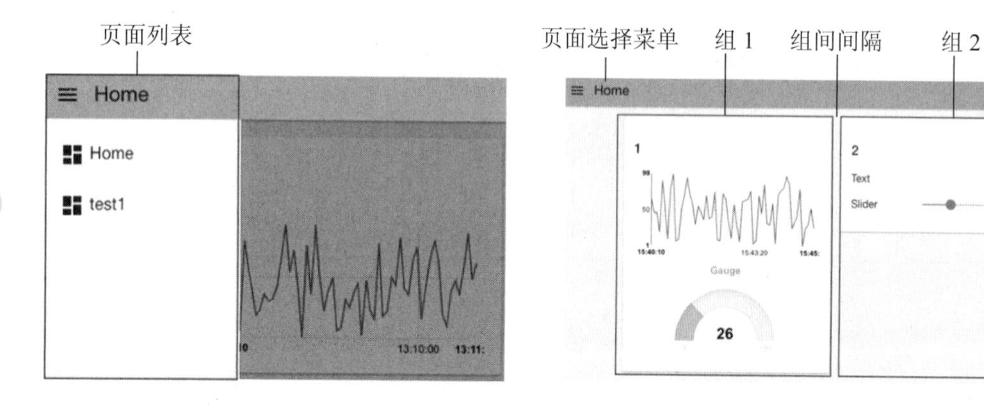

图 5.6　dashboard 的页面与组

默认情况下，需要对 Node-RED 扩展安装“Node-RED-dashboard”控件模块，用户才能在左侧的控件区使用 dashboard 的各种节点。

5.3.2　dashboard 节点安装

基于 EnGateWay 智能网关进行 Dashboard 控件模块安装，首先将 EnGateWay 连接至计算机的网络接口，进行配置和调整，网络连接如图 5.7 所示。

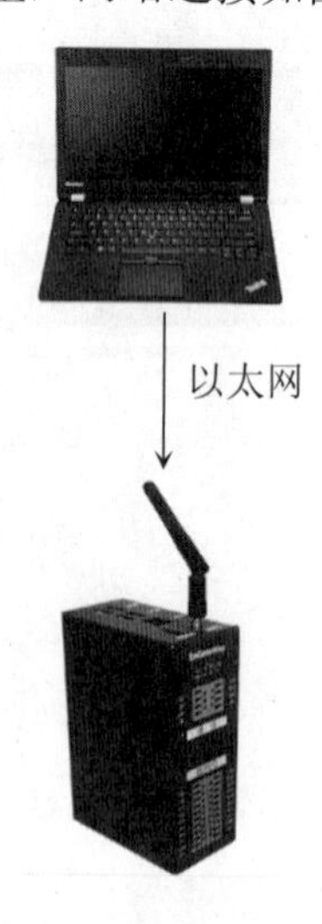

图 5.7　网络连接

在将计算机和 EnGateWay 智能网关完成硬件连接和基础配置后，就可以通过计算机访问到 EnGateWay 的 Node-RED 编程环境，此过程不再赘述。

下面将进一步介绍如何安装 dashboard 控件模块，具体操作步骤见表 5.1。

表 5.1　Node-RED-dashboard 控件模块安装步骤

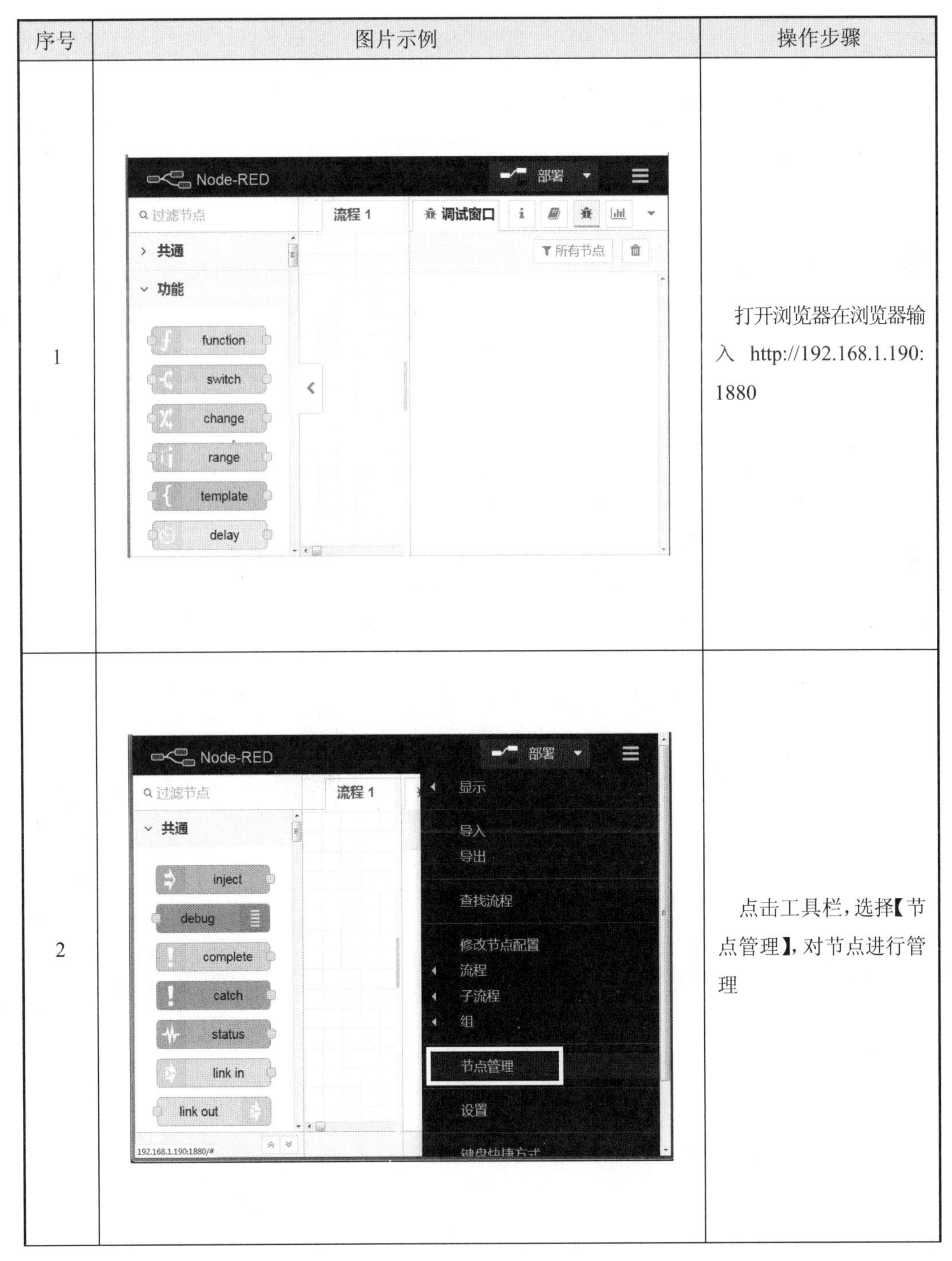

序号	图片示例	操作步骤
1		打开浏览器在浏览器输入 http://192.168.1.190:1880
2		点击工具栏，选择【节点管理】，对节点进行管理

续表 5.1

序号	图片示例	操作步骤
3	 用户设置 显示 键盘 控制板 节点 安装 过滤节点 node-red 1.1.2 › 46 个节点 node-red-contrib-modbus 5.13.3 › 13 个节点 node-red-contrib-s7 2.2.1 › 4 个节点 更新至 3.0.0-beta.3 版本 node-red-contrib-ui-led	出现节点管理栏后，点击“安装”选项卡
4	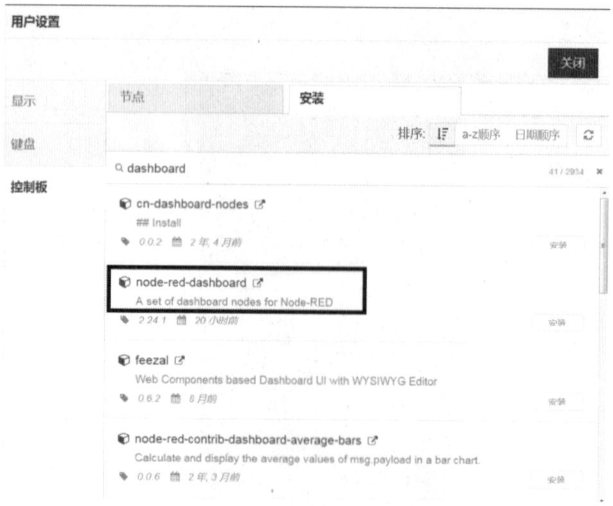 用户设置 关闭 显示 键盘 控制板 节点 安装 排序: a-z顺序 日期顺序 dashboard 41 / 2954 cn-dashboard-nodes ## Install 0.0.2 2 年 4 月前 安装 node-red-dashboard A set of dashboard nodes for Node-RED 2.24.1 20 小时前 安装 feezal Web Components based Dashboard UI with WYSIWYG Editor 0.6.2 8 月前 安装 node-red-contrib-dashboard-average-bars Calculate and display the average values of msg.payload in a bar chart. 0.0.6 2 年 3 月前 安装	在搜索栏输入需要安装的“dashboard”节点，找到所需版本的节点，点击右下角的【安装】按钮进行节点安装

续表 5.1

序号	图片示例	操作步骤
5		节点安装完成后，切换到“Nodes”选项卡后，输入“dashboard”就会显示“node-red-dashboard”处于“in use”状态，表明该节点已经安装成功
6		安装完成后，点击【关闭】，返回节点编辑界面，在控件区可以找到已经安装的 dashboard 控件及其所包含的节点

5.3.3　dashboard 节点布局

在进行可视化编程设计时，首先需要对页面数量、展示功能等进行规划，以实现丰富的信息显示和良好的界面布局，为每个界面的详细功能设计奠定基础。

dashboard 提供了一种选择式的页面规划功能，可以方便地进行整体页面规划和布局，具体操作步骤见表 5.2。

表 5.2 dashboard 整体布局操作步骤

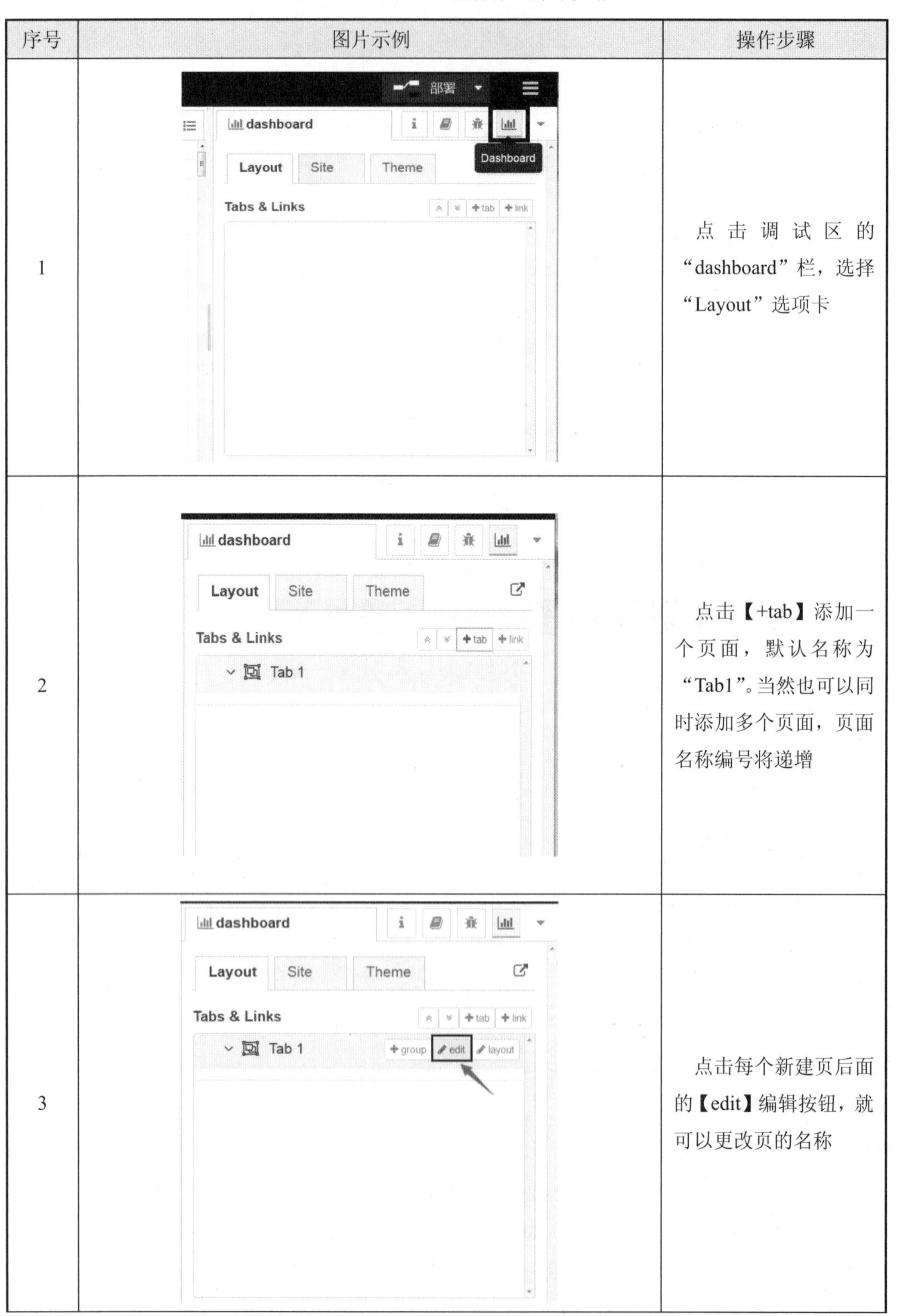

序号	图片示例	操作步骤
1		点击调试区的“dashboard”栏，选择“Layout”选项卡
2		点击【+tab】添加一个页面，默认名称为“Tab1”。当然也可以同时添加多个页面，页面名称编号将递增
3		点击每个新建页后面的【edit】编辑按钮，就可以更改页的名称

续表 5.2

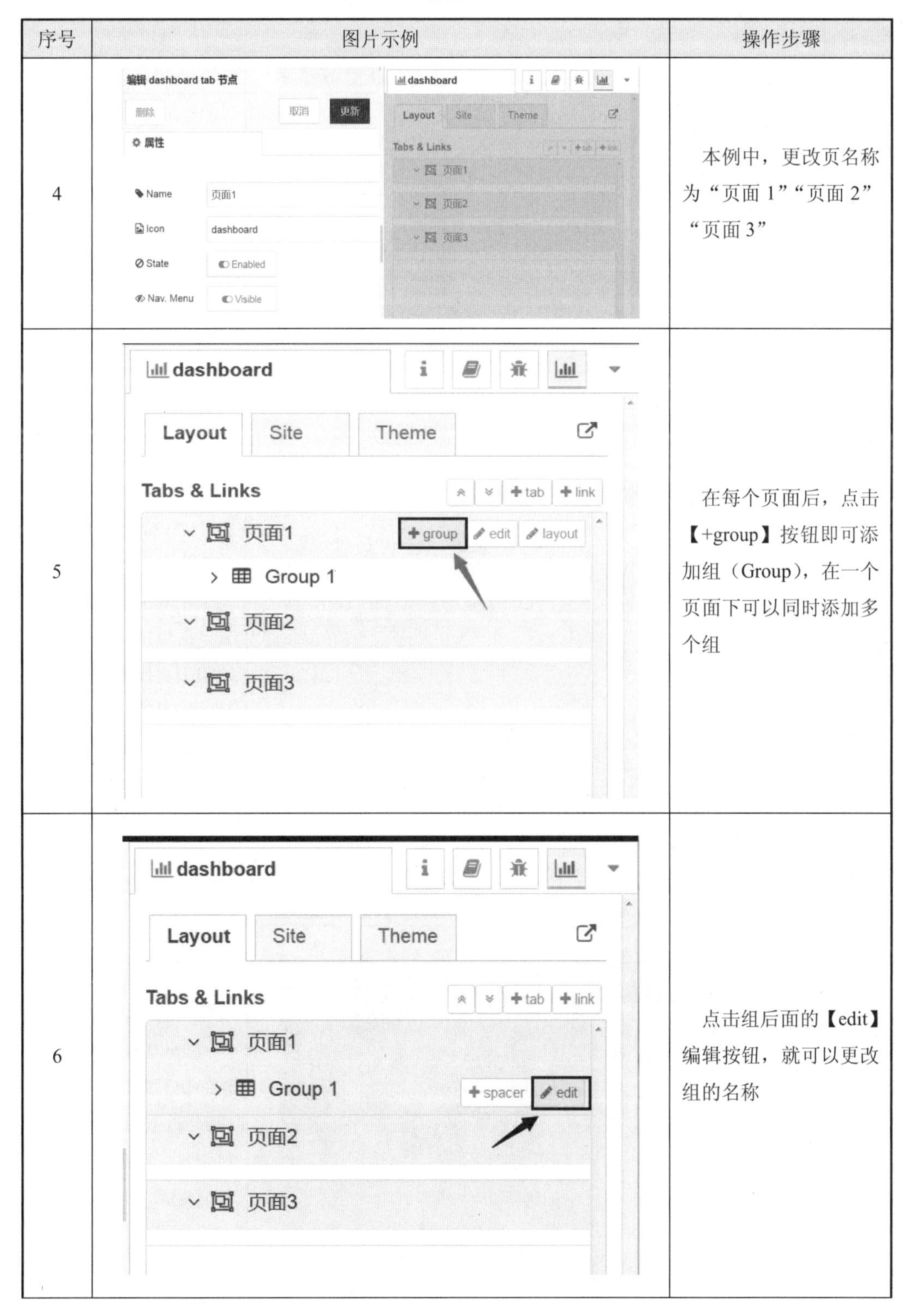

序号	图片示例	操作步骤
4		本例中，更改页名称为“页面 1”“页面 2”“页面 3”
5		在每个页面后，点击【+group】按钮即可添加组（Group），在一个页面下可以同时添加多个组
6		点击组后面的【edit】编辑按钮，就可以更改组的名称

续表 5.2

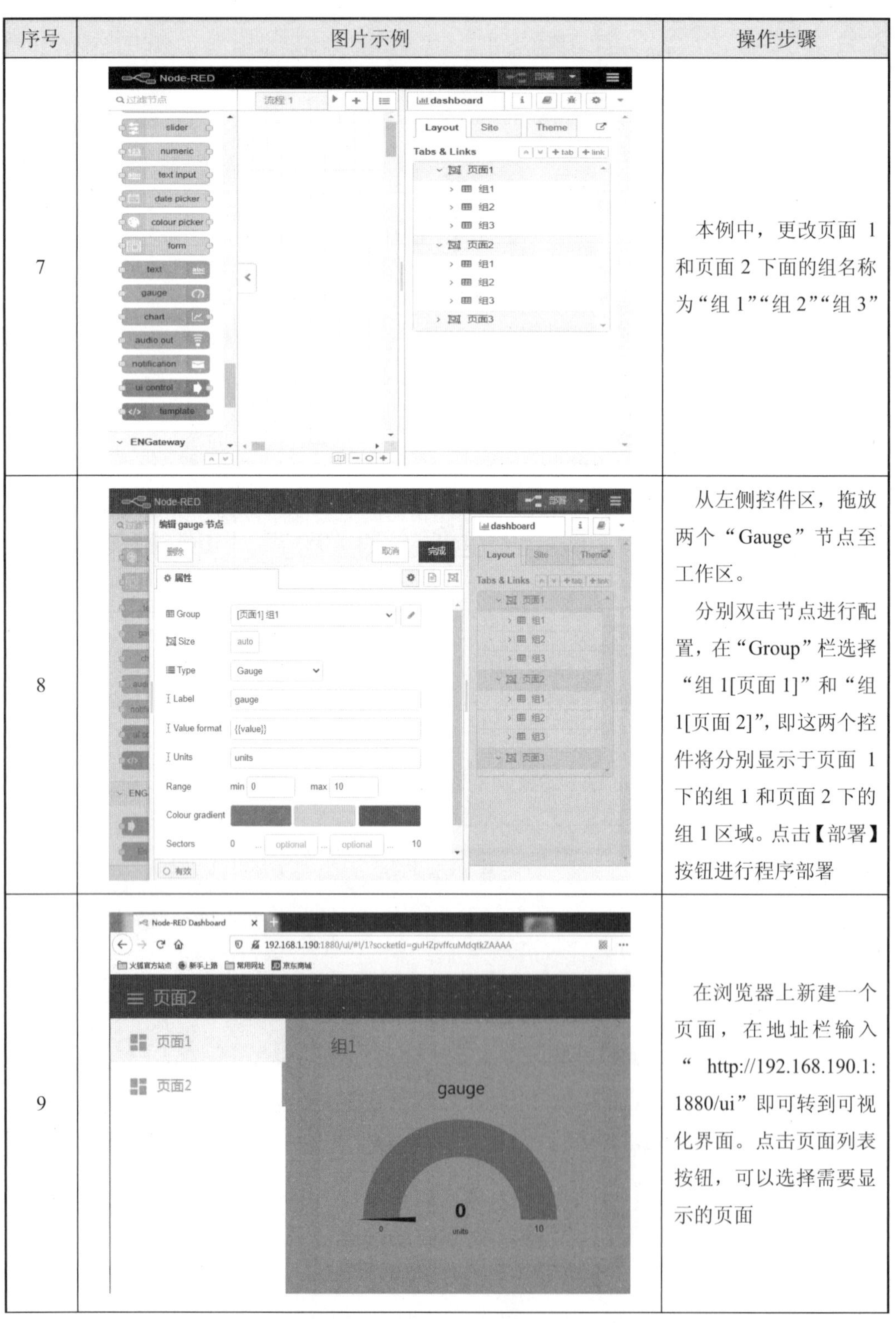

序号	图片示例	操作步骤
7		本例中，更改页面 1 和页面 2 下面的组名称为“组 1”“组 2”“组 3”
8		从左侧控件区，拖放两个“Gauge”节点至工作区。 分别双击节点进行配置，在“Group”栏选择“组 1[页面 1]”和“组 1[页面 2]”，即这两个控件将分别显示于页面 1 下的组 1 和页面 2 下的组 1 区域。点击【部署】按钮进行程序部署
9		在浏览器上新建一个页面，在地址栏输入“ http://192.168.190.1:1880/ui”即可转到可视化界面。点击页面列表按钮，可以选择需要显示的页面

续表 5.2

序号	图片示例	操作步骤
10	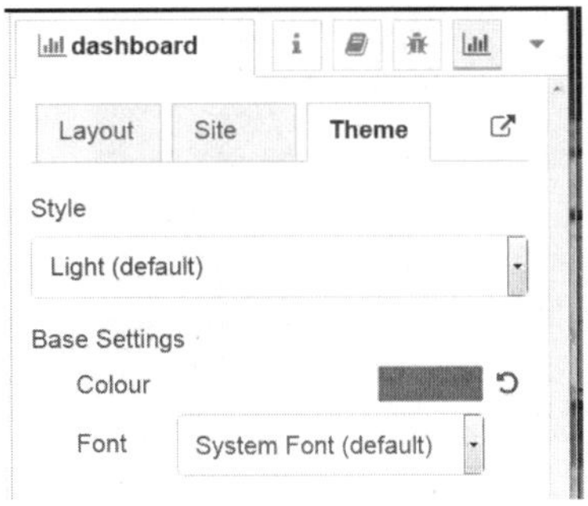	点击“dashboard”选项卡下的“Theme”栏
11	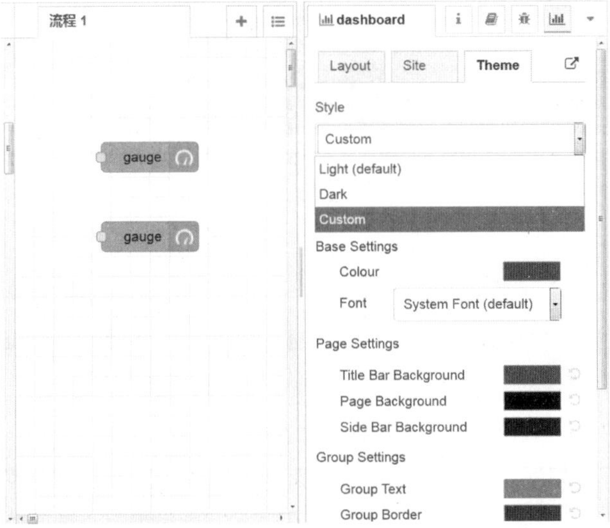	在 Theme 栏可以更改页面显示的样式、背景等，用户也可以自定义显示式样
12	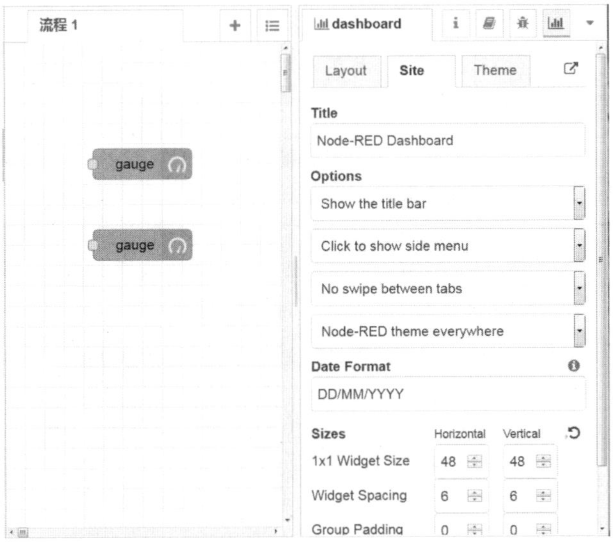	点击 dashboard 下的“Site”栏，可以设置是否显示标题栏、标签页，并能够对控件和组进行尺寸设置调整

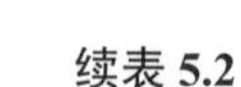
续表 5.2

序号	图片示例	操作步骤
13	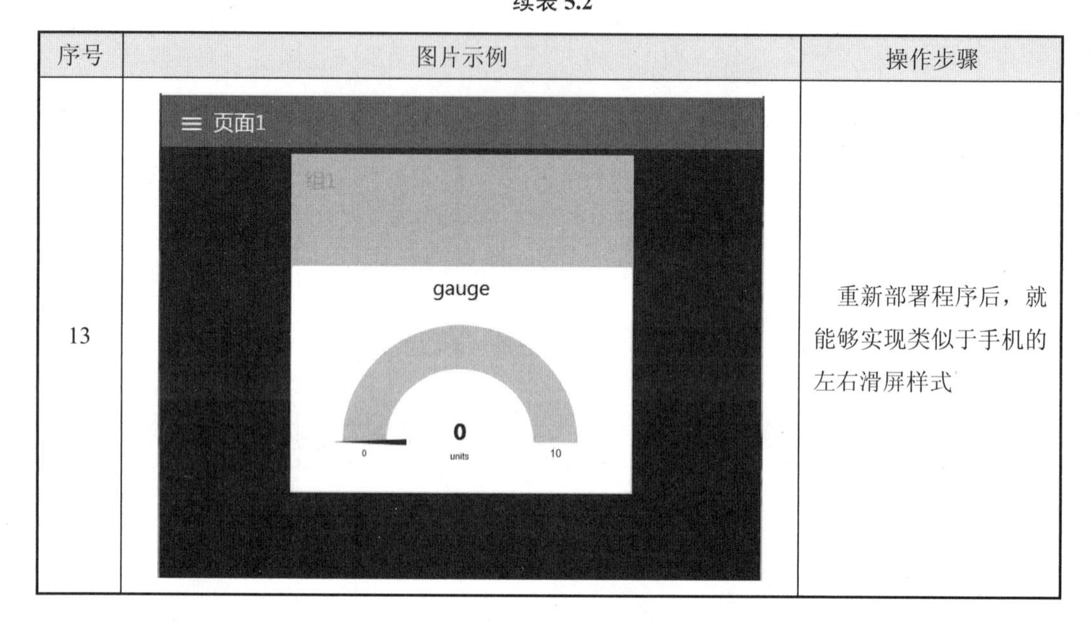	重新部署程序后，就能够实现类似于手机的左右滑屏样式

5. 3. 4　dashboard 节点应用

dashboard 控件的功能节点主要可以分为两种：一种是输入型，功能类似于 inject 节点，用于生成 msg 消息；另一种是显示型，也可以称为输出型，类似于 debug 节点，用于图形化展示一些数据，表 5.3 展示了一些常用的 dashboard 节点。

表 5.3　dashboard 节点

名称	节点图示	功能说明
button	button	按钮节点，可以点击，发送一个 msg 消息
dropdown	dropdown	下拉菜单，可以指定标签与值的对应关系
switch	switch	开关节点，添加一个开关按钮到用户界面，开关变化的切换可以产生一个 msg
slider	slider	滑块节点，产生一个可以更改步长的水平滑块
numeric	123 numeric	数字选择，带有上、下按钮的数字输入节点
text input	abc text input	文本输入，带有可选标签的文本，支持密码、电子邮件和颜色选择

续表 5.3

名称	节点图示	功能说明
date picker	date picker	日期选择器，用于选择日期
colour picker	colour picker	颜色选择器，用于选择颜色
form	form	表单，由多个小部件组成，构建一个表格
text	text abc	文本，只读控件，可以配置为 Label 型和 Value 型
gauge	gauge	仪表，有四种模式，常规型、圆圈型、指南针型和波浪型，可以指定表盘的颜色范围
chart	chart	图表，具有折线、条形和饼图模式可选择，可以使用日期格式化字符串来定义 X 轴标签
audio out	audio out	音频输出，用于播放音频或发送文本到语音客户端
notification	notification	通知功能节点，为用户创建警报，可以弹出窗口或显示报警框
ui control	ui control	UI 控制节点，允许对仪表盘进行动态控制
template	</> template	模板节点，允许用户使用 HTML、Javascript 等语言在框架内创建自己的小部件

1. dashboard 输入型控件

（1）button 节点。

button 节点使用户可以在编辑界面添加一个按钮，单击按钮会生成相应消息。按钮默认的大小是 3×1 单元大小。

对于生成按钮的图标、文字、背景用户都可以自定义，也可以使用消息属性来设置按钮的各种功能，例如 msg.background（按钮背景）、msg.topic（按钮消息）、msg.enable（按钮使能）。下面将介绍 button 节点的使用方法，具体操作步骤见表 5.4。

表 5.4　button 节点的使用方法

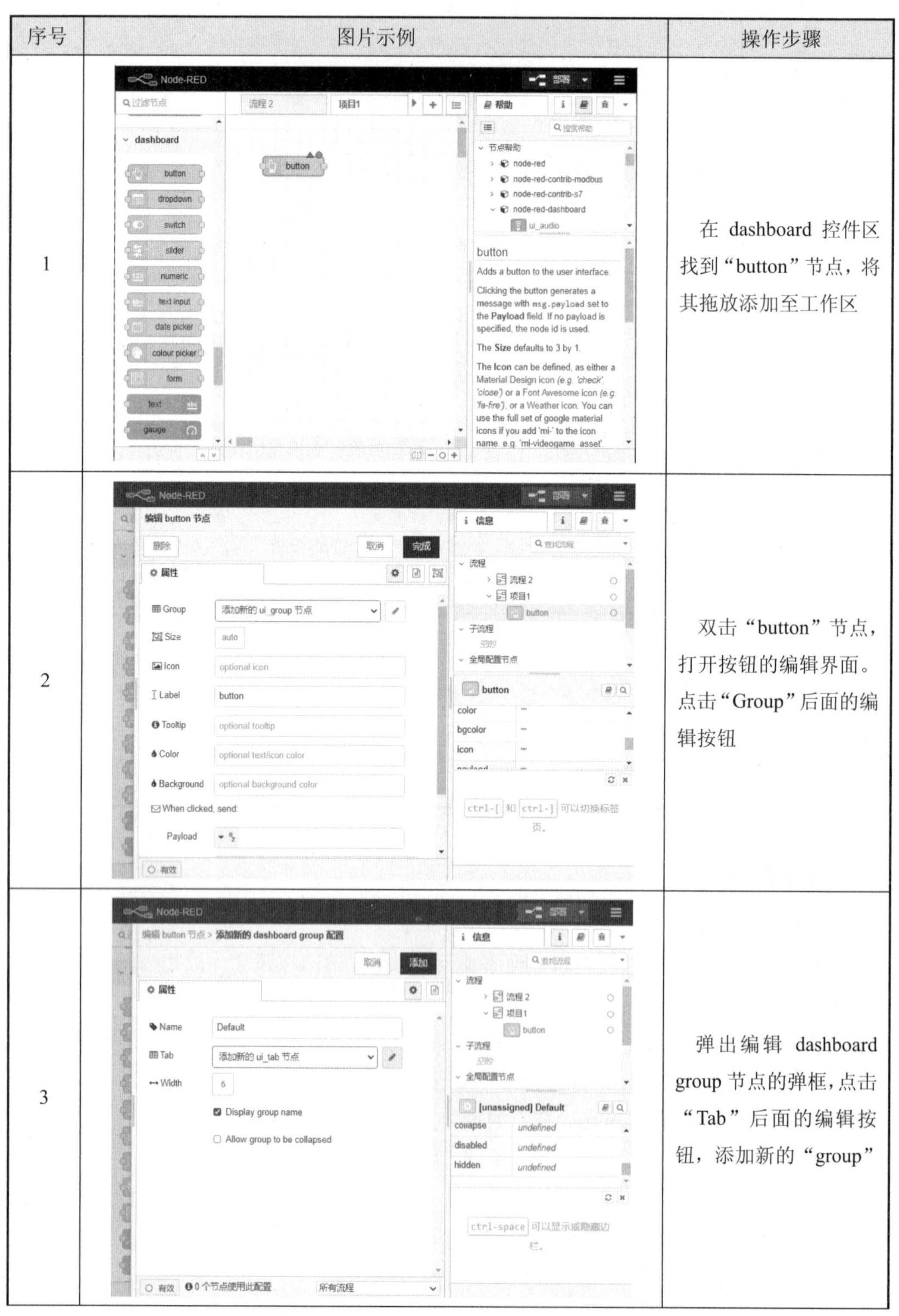

序号	图片示例	操作步骤
1		在 dashboard 控件区找到“button”节点，将其拖放添加至工作区
2		双击“button”节点，打开按钮的编辑界面。点击“Group”后面的编辑按钮
3		弹出编辑 dashboard group 节点的弹框，点击“Tab”后面的编辑按钮，添加新的“group”

续表 5.4

序号	图片示例	操作步骤
4	 Node-RED　部署 编辑 button 节点 > 添加新的 dashboard group 配置 > 添加新的 dashboard tab 配置 取消　添加 属性 Name　Home Icon　dashboard State　Enabled Nav. Menu　Visible The Icon field can be either a Material Design icon (e.g. 'check', 'close') or a Font Awesome icon (e.g. 'fa-fire'), or a Weather icon (e.g. 'wi-wu-sunny'). You can use the full set of google material icons if you add 'mi-' to the icon name. e.g. 'mi-videogame_asset'. 有效　0 个节点使用此配置　所有流程 信息　查找流程 流程　流程 2　项目1　button 子流程　空的 全局配置节点 Home order　undefined disabled　undefined hidden　undefined 您可以用 ctrl-e 来导出被选中的节点或标签页中的流程。	弹出编辑 dashboard tab 节点的弹框。将名称改为“Home”，然后点击【Add】按钮，添加页面完成
5	 Node-RED　部署 编辑 button 节点 > 添加新的 dashboard group 配置 取消　添加 属性 Name　Default Tab　Home Width　12 Allow group to be collapsed 有效　0 个节点使用此配置　所有流程 信息　查找流程 流程　流程 2　项目1　button 子流程　空的 全局配置节点 [unassigned] Default order　undefined disp　true width　6 collapse　undefined ctrl-f 可以在流程内搜索节点。	在 dashboard group 节点的弹窗，可以看到 tab 的名字已经更改为“Home”。 组宽度“Width”可根据需求进行调整，默认是 6 个单位大小，最小可以设置为 1 个单位。 设置完成后，点击【Add】按钮
6	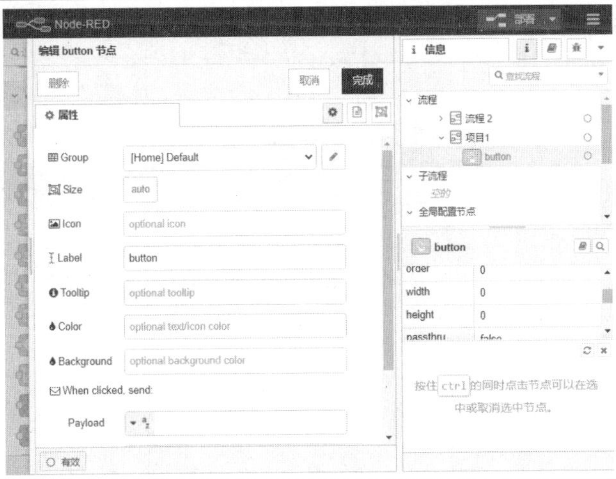 Node-RED　部署 编辑 button 节点 删除　取消　完成 属性 Group　[Home] Default Size　auto Icon　optional icon Label　button Tooltip　optional tooltip Color　optional text/icon color Background　optional background color When clicked, send: Payload 有效 信息　查找流程 流程　流程 2　项目1　button 子流程　空的 全局配置节点 button order　0 width　0 height　0 passthru　false 按住 ctrl 的同时点击节点可以在选中或取消选中节点。	回到 button 节点编辑界面后，可以看到新增的 group 和所属页面“Default[Home]”

续表 5.4

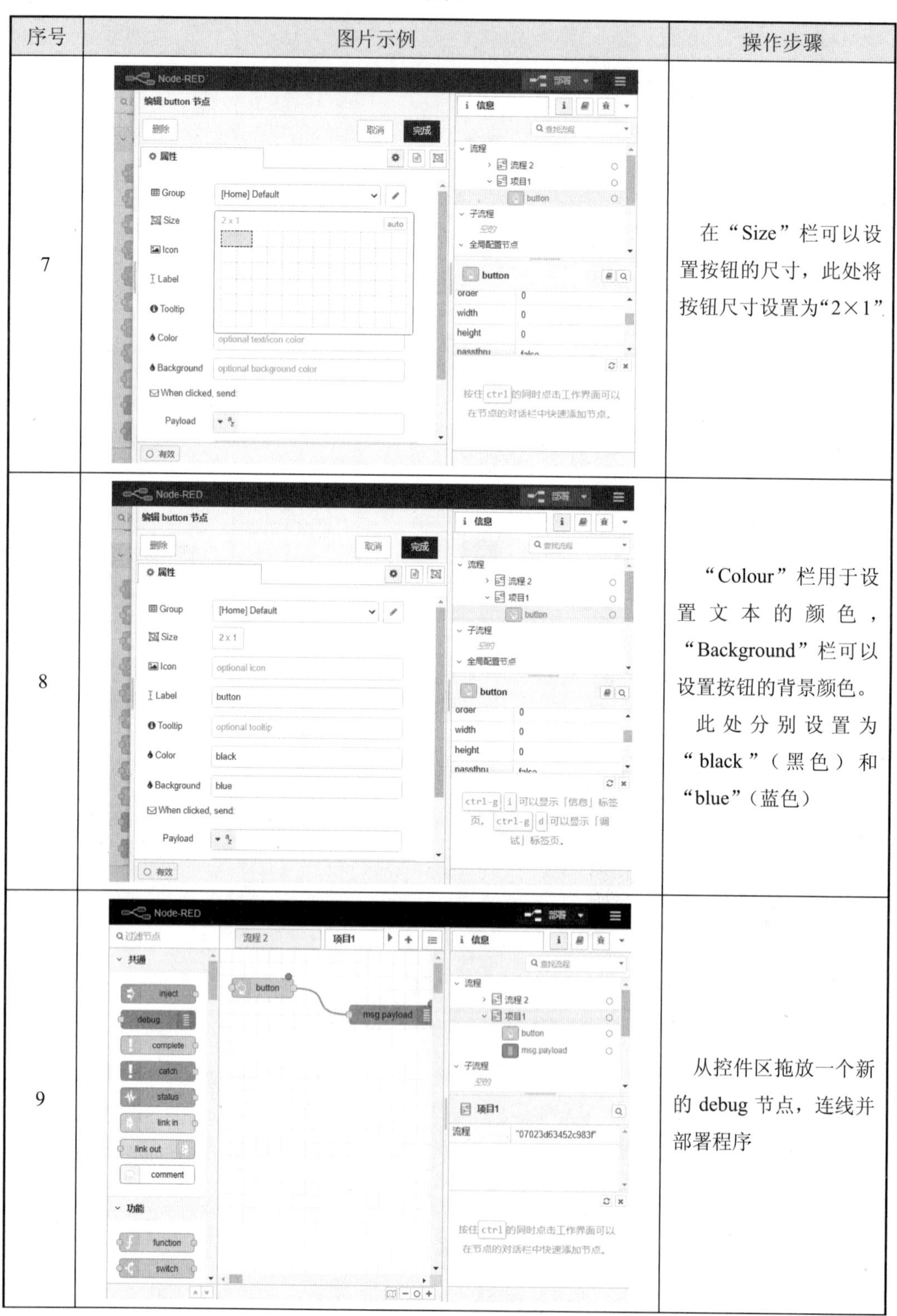

序号	图片示例	操作步骤
7		在“Size”栏可以设置按钮的尺寸，此处将按钮尺寸设置为“2×1”
8		“Colour”栏用于设置文本的颜色，“Background”栏可以设置按钮的背景颜色。此处分别设置为“black”（黑色）和“blue”（蓝色）
9		从控件区拖放一个新的debug节点，连线并部署程序

续表 5.4

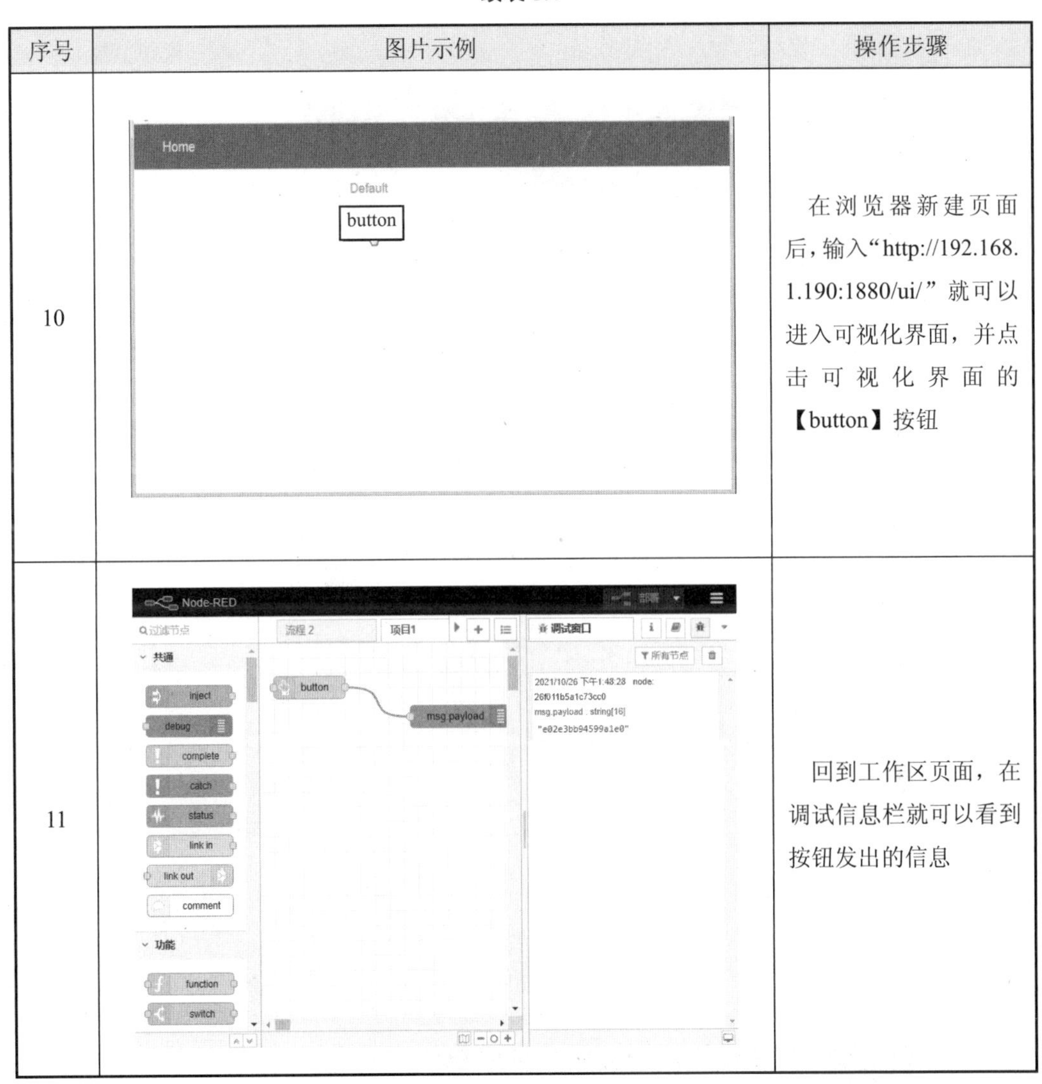

序号	图片示例	操作步骤
10		在浏览器新建页面后，输入“http://192.168.1.190:1880/ui/”就可以进入可视化界面，并点击可视化界面的【button】按钮
11		回到工作区页面，在调试信息栏就可以看到按钮发出的信息

（2）switch 节点。

switch 节点能够起到开关功能，Dashboard 中的 switch 节点可以增加一个开关到用户界面，开关状态的变化会产生一个带有“on”或“off”值的 msg.payload。在外观上，开关的颜色与图标等元素，和 button 类似，是可以自由配置的，从而具有丰富的展示性。

下面将介绍 switch 节点的使用方法，具体操作步骤见表 5.5。

表 5.5 switch 节点的使用方法

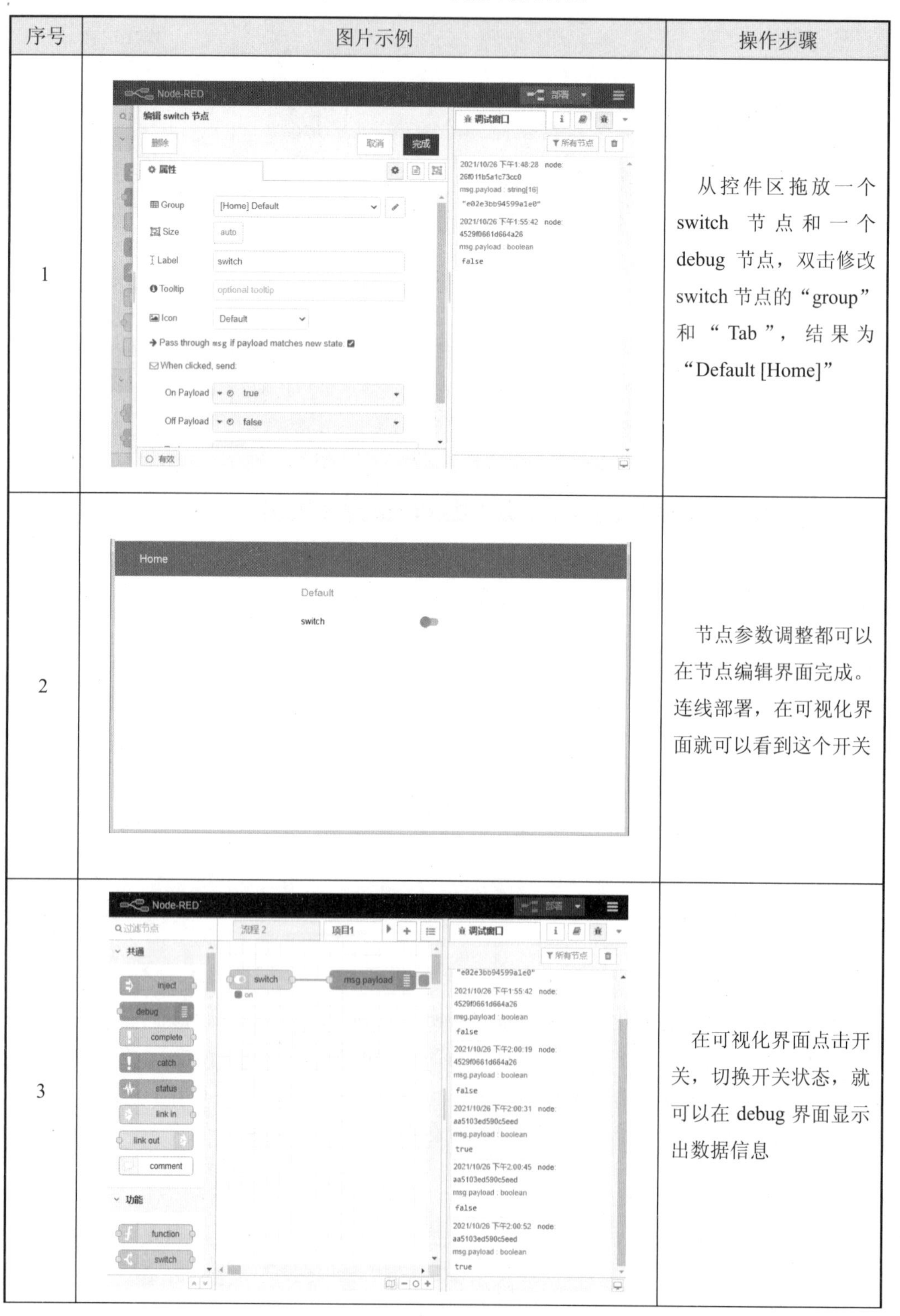

序号	图片示例	操作步骤
1		从控件区拖放一个 switch 节点和一个 debug 节点，双击修改 switch 节点的“group”和“Tab”，结果为“Default [Home]”
2		节点参数调整都可以在节点编辑界面完成。连线部署，在可视化界面就可以看到这个开关
3		在可视化界面点击开关，切换开关状态，就可以在 debug 界面显示出数据信息

续表 5.5

序号	图片示例	操作步骤
4	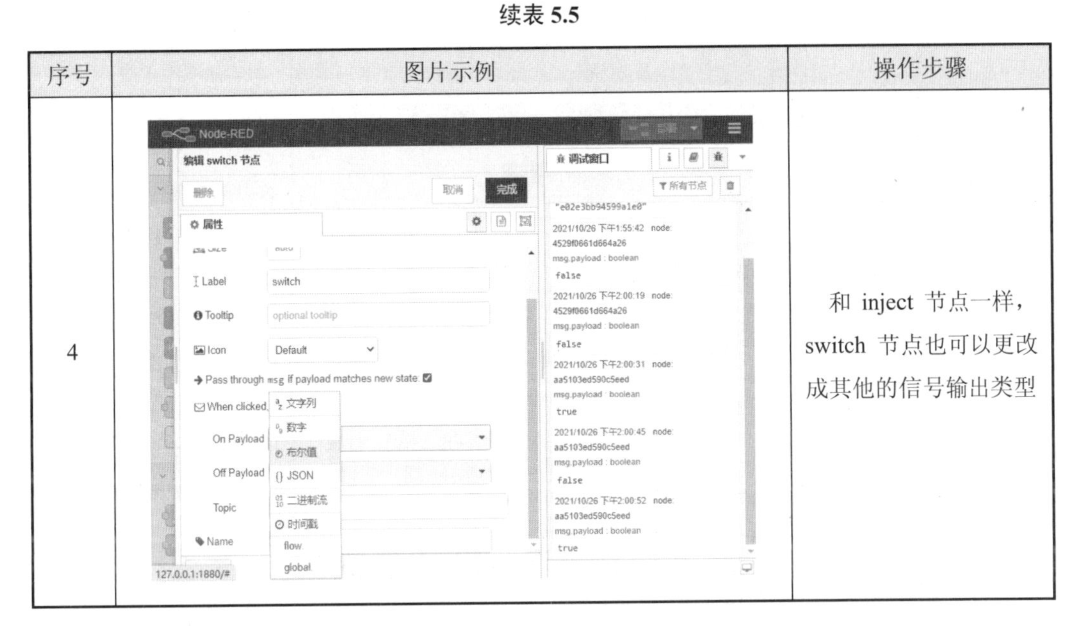	和 inject 节点一样，switch 节点也可以更改成其他的信号输出类型

（3）text input 节点。

text input 节点是为用户提供一个输入文本框功能。text input 节点的文本输入格式可以设置为：常规文本、电子邮件或颜色选择器等。从文本框中输入的信息以 msg.payload 的形式对外发送，也可以通过设置 msg.payload 属性来预设文本信息。text input 节点的 Delay 参数可以设置从输入字符到发送字符的延时时间，默认是 300ms，也可以设置为 0ms，即在文本框中键入 Enter 或 Tab 键后，立即发送消息。

下面将介绍输入框的使用方法，具体操作步骤见表 5.6。

表 5.6　输入框的使用方法

序号	图片示例	操作步骤
1		在工作区拖放一个 text input 节点和一个 debug 节点，修改 group 和 tab，然后与 debug 节点连接

续表 5.6

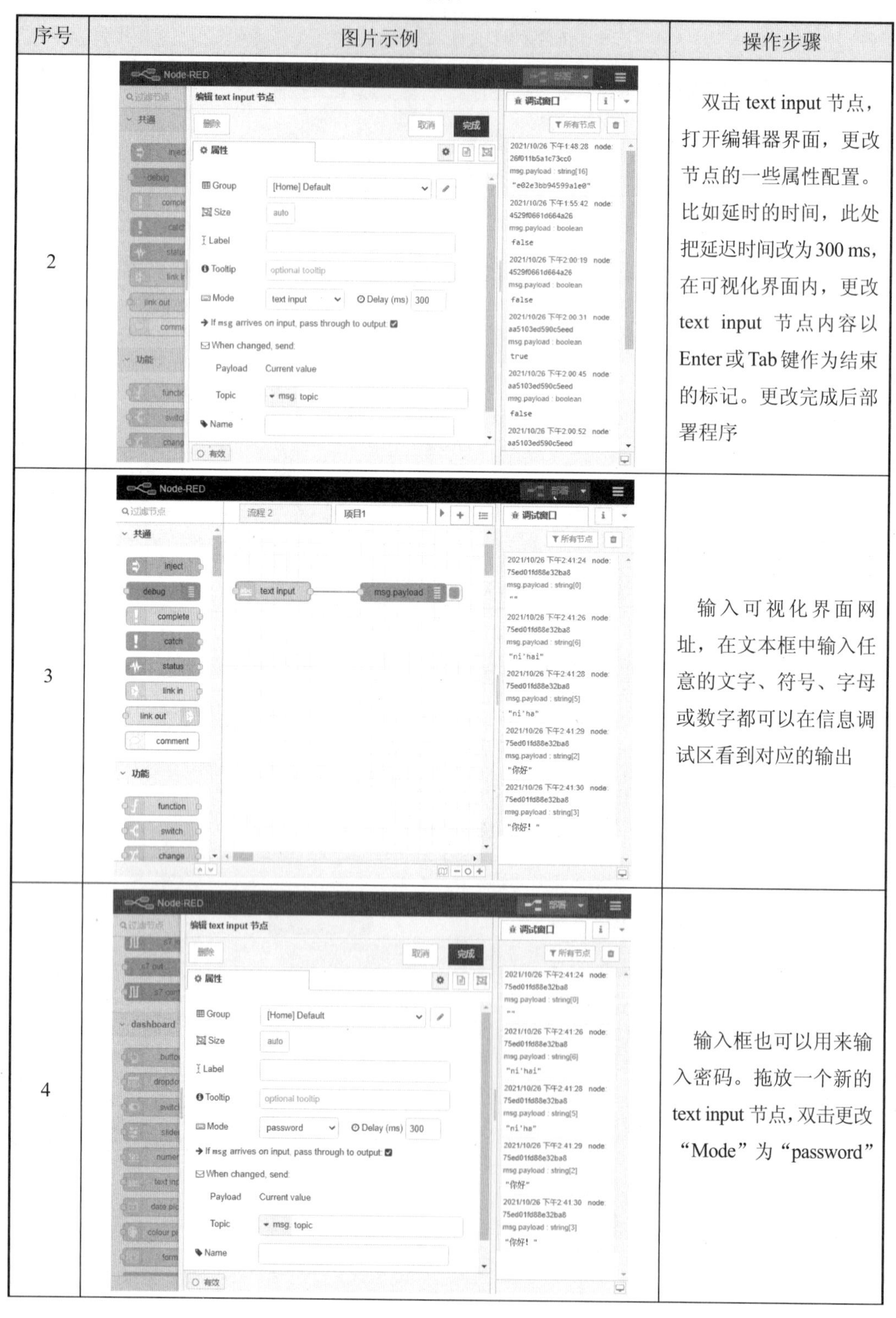

序号	图片示例	操作步骤
2		双击 text input 节点，打开编辑器界面，更改节点的一些属性配置。比如延时的时间，此处把延迟时间改为 300 ms，在可视化界面内，更改 text input 节点内容以 Enter 或 Tab 键作为结束的标记。更改完成后部署程序
3		输入可视化界面网址，在文本框中输入任意的文字、符号、字母或数字都可以在信息调试区看到对应的输出
4		输入框也可以用来输入密码。拖放一个新的 text input 节点，双击更改“Mode”为“password”

续表 5.6

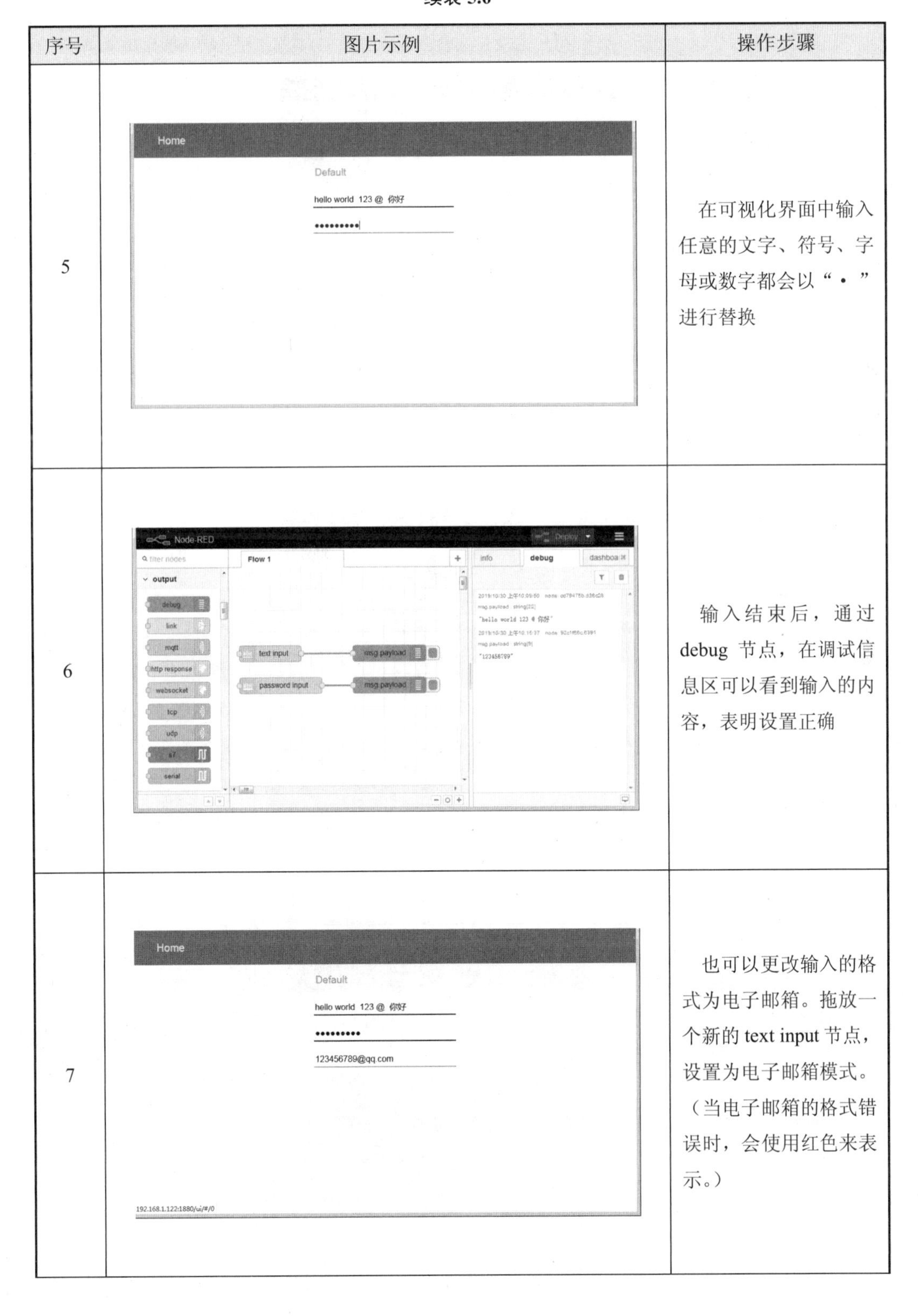

序号	图片示例	操作步骤
5		在可视化界面中输入任意的文字、符号、字母或数字都会以“•”进行替换
6		输入结束后，通过 debug 节点，在调试信息区可以看到输入的内容，表明设置正确
7		也可以更改输入的格式为电子邮箱。拖放一个新的 text input 节点，设置为电子邮箱模式。（当电子邮箱的格式错误时，会使用红色来表示。）

续表 5.6

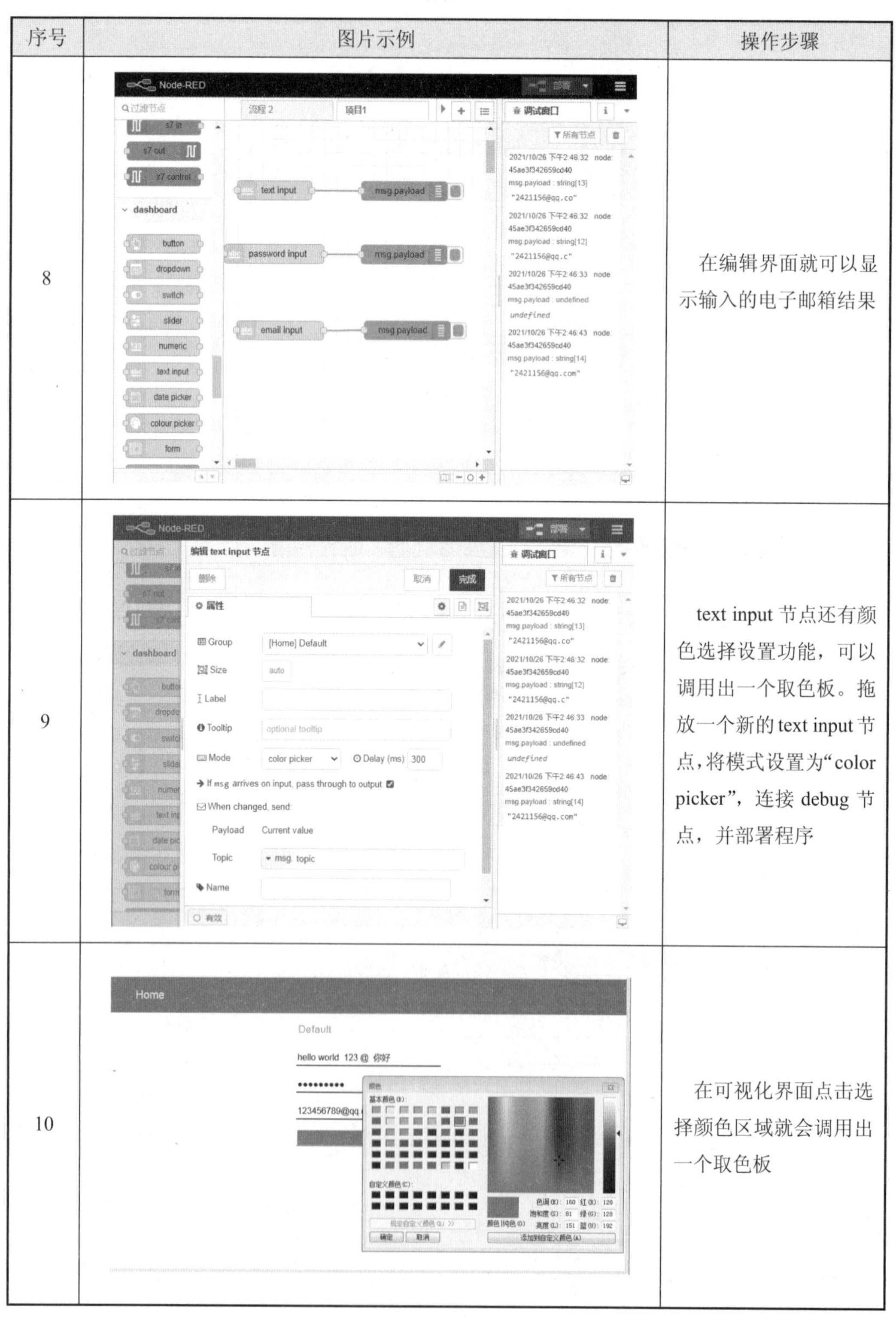

序号	图片示例	操作步骤
8		在编辑界面就可以显示输入的电子邮箱结果
9		text input 节点还有颜色选择设置功能，可以调用出一个取色板。拖放一个新的 text input 节点，将模式设置为“color picker”，连接 debug 节点，并部署程序
10		在可视化界面点击选择颜色区域就会调用出一个取色板

2. dashboard 输出型控件

（1）text 节点。

text 节点是文本输出框，可以在用户界面上显示一个不可编辑的文本字段。该节点每收到一个有效消息，将根据消息的值更新文本内容。text 节点的另一个比较重要的作用就是可以用来调整可视化界面的布局。

下面将介绍 text 节点的使用方法，具体操作步骤见表 5.7。

表 5.7　输出框的使用方法

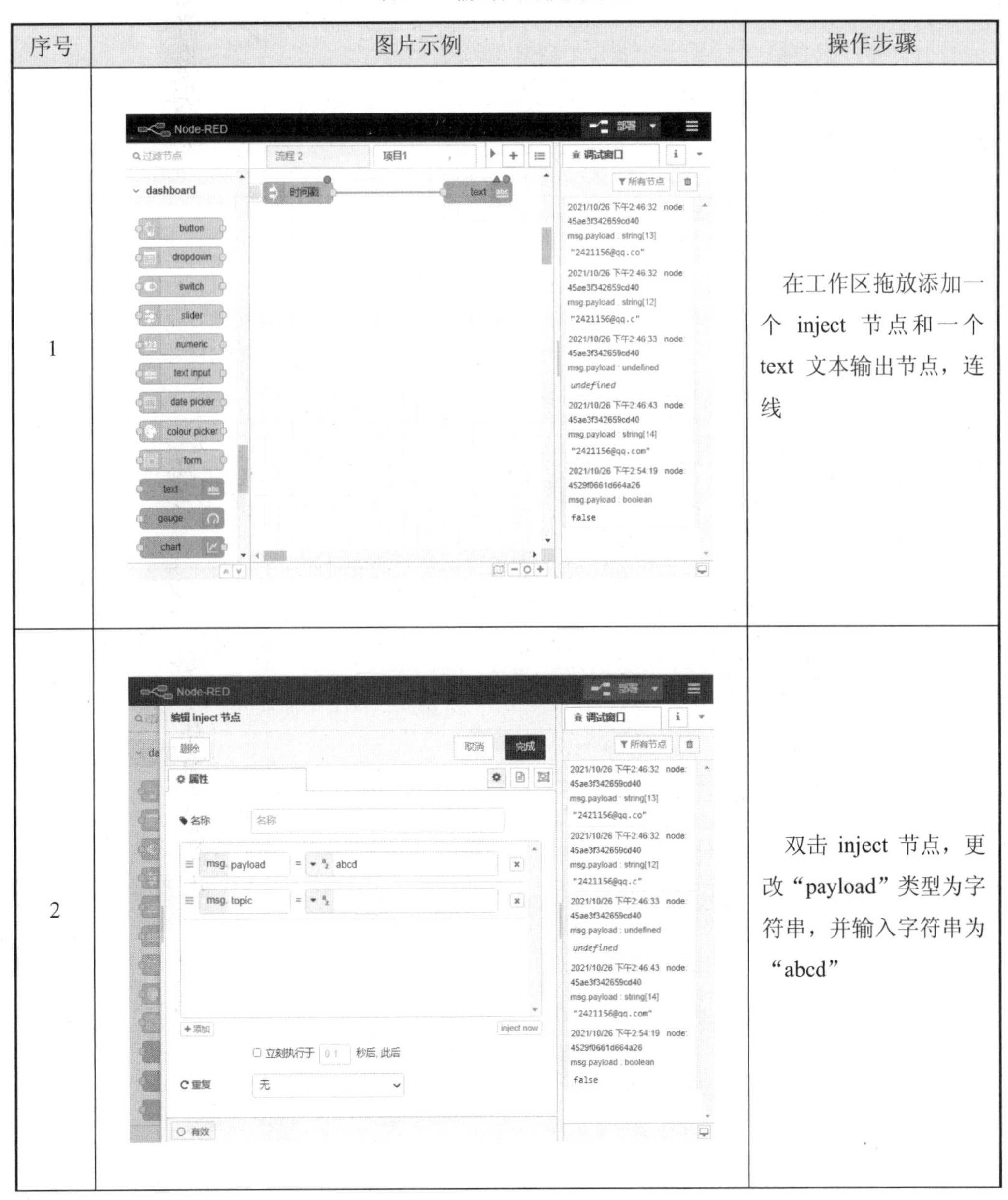

序号	图片示例	操作步骤
1		在工作区拖放添加一个 inject 节点和一个 text 文本输出节点，连线
2		双击 inject 节点，更改“payload”类型为字符串，并输入字符串为“abcd”

续表 5.7

序号	图片示例	操作步骤
3	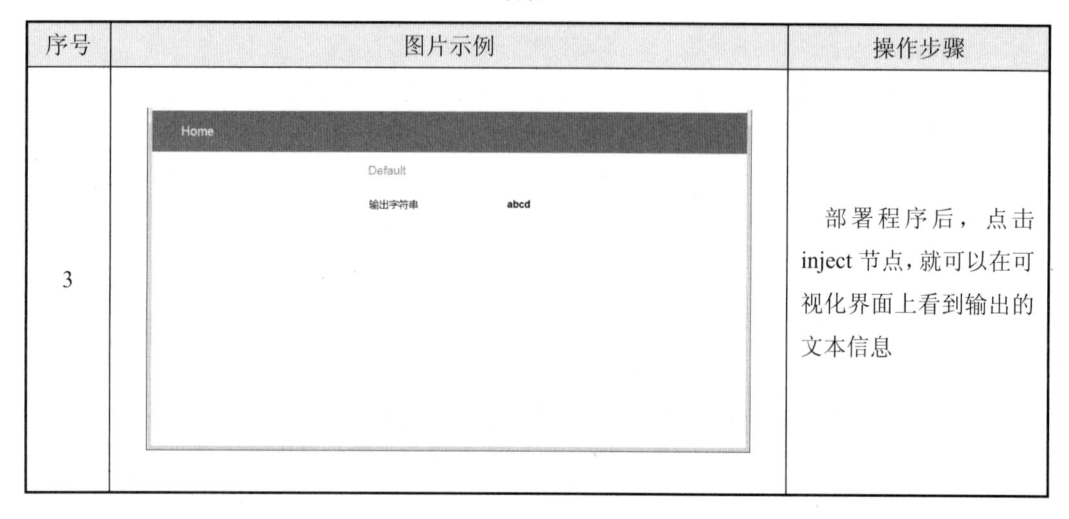	部署程序后，点击 inject 节点，就可以在可视化界面上看到输出的文本信息

（2）gauge 仪表盘节点。

gauge 仪表盘节点主要是以仪表盘的形式显示一些实时变化的数据，能够展示数据的动态变化，表现更加直观生动。该节点的输入要求是数值类型消息，且格式要与 Value Format 一致。在 gauge 仪表盘节点中可以指定 3 个扇区的颜色和四种模式，如常规型、圆圈型、指南针型和波浪型。

下面将介绍 gauge 仪表盘节点的使用方法，具体操作步骤见表 5.8。

表 5.8　仪表盘的使用方法

序号	图片示例	操作步骤
1		在工作区拖放一个“slider”滑块节点，该节点拖动滑块就可以根据设置的数值范围和步长更改数值。 设置其数值变化的范围为“10～30”，步长为 1

续表 5.8

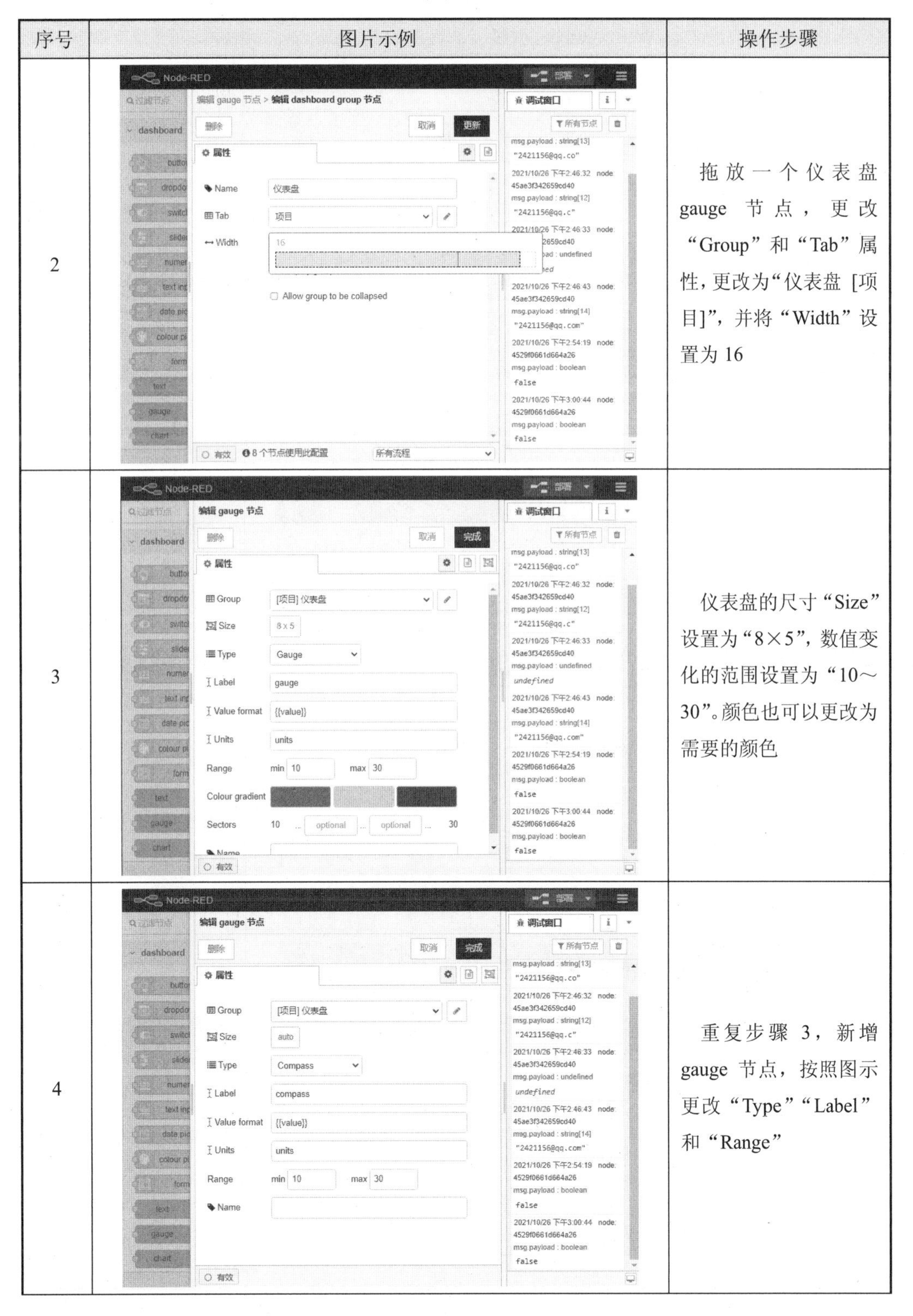

序号	图片示例	操作步骤
2		拖放一个仪表盘 gauge 节点，更改“Group”和“Tab”属性，更改为“仪表盘 [项目]”，并将“Width”设置为 16
3		仪表盘的尺寸“Size”设置为“8×5”，数值变化的范围设置为“10～30”。颜色也可以更改为需要的颜色
4		重复步骤 3，新增 gauge 节点，按照图示更改“Type”“Label”和“Range”

续表 5.8

序号	图片示例	操作步骤
5	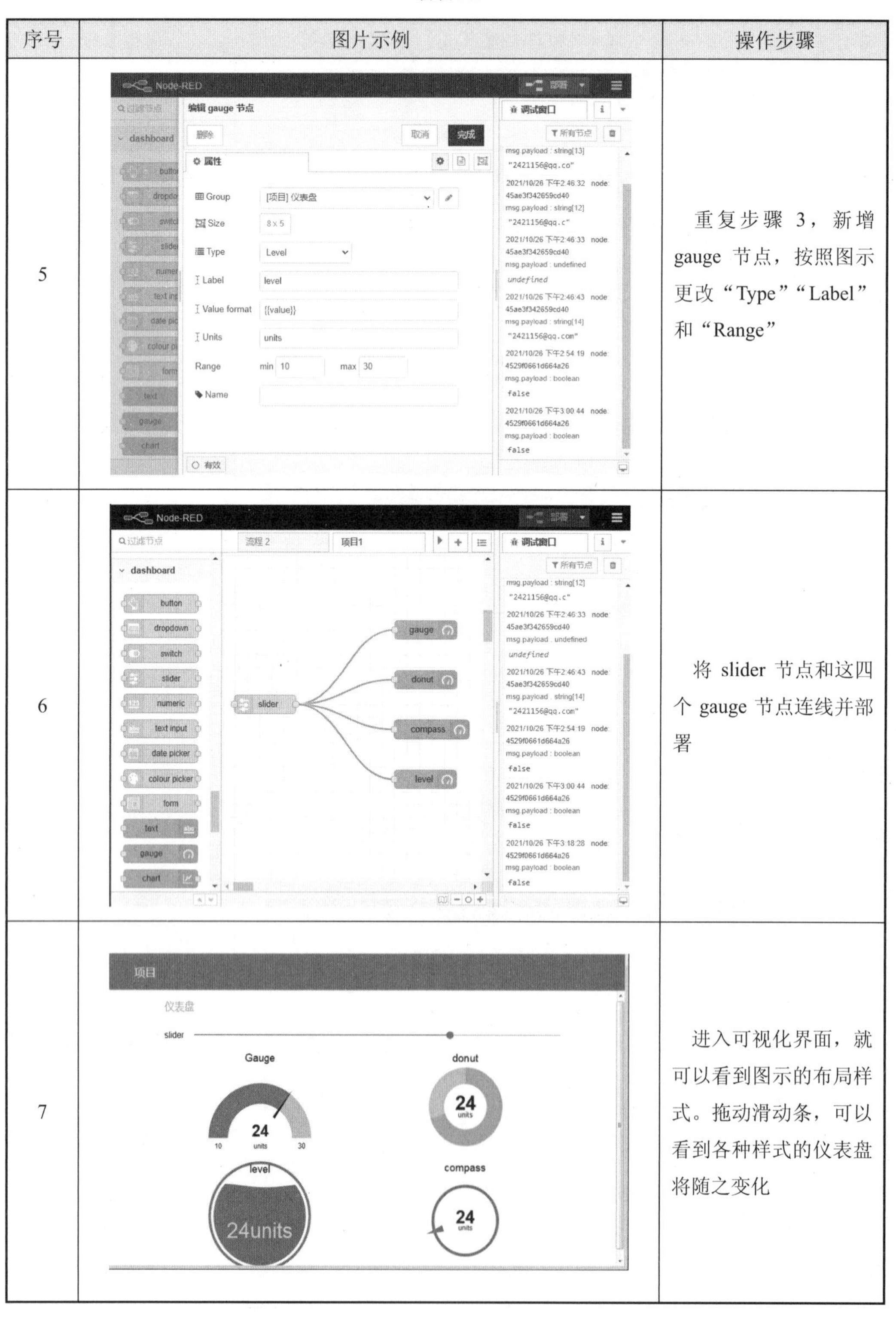	重复步骤 3，新增 gauge 节点，按照图示更改“Type”“Label”和“Range”
6		将 slider 节点和这四个 gauge 节点连线并部署
7		进入可视化界面，就可以看到图示的布局样式。拖动滑动条，可以看到各种样式的仪表盘将随之变化

（3）chart 图表节点。

chart 图表节点是一种将输入值绘制在图表上的功能节点。图表形式丰富多样，可以是基于时间的折线图、条形图（垂直或水平）或者饼图。每个输入到节点的消息值将被转换成一个数字，如果转换失败，则消息将被忽略。

chart 图表节点可以根据应用需求，进行多种属性的调整。如图表显示范围、轴名称、空白标签等。其中，*X* 轴定义了一个时间窗口或显示的最大点数，旧的数据将自动从图中删除；*Y* 轴的数值范围可设置为一个固定的数值区间或根据接收到的数值进行自行调整。

下面将介绍 chart 图表节点的使用方法，具体操作步骤见表 5.9。

表 5.9　图表的使用方法

序号	图片示例	操作步骤
1	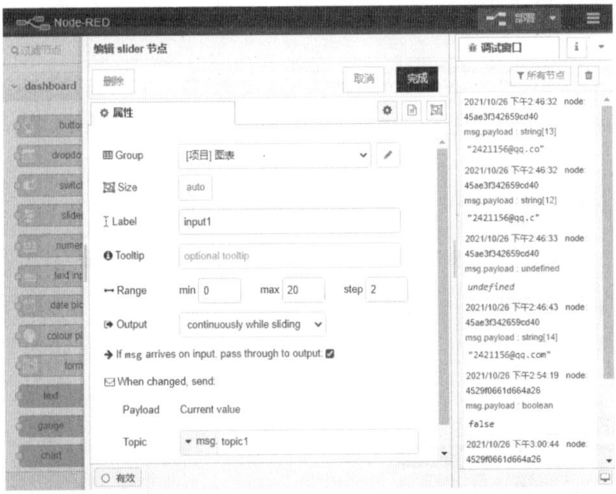	在工作区拖放 3 个 slider 节点，作为图表显示的输入源，分别配置节点的参数：把“Label”属性分别改为“input1”、“input2”和“input3”；数字范围设置为 1～20，并对每一个 slider 节点设置一个 Topic 主题
2	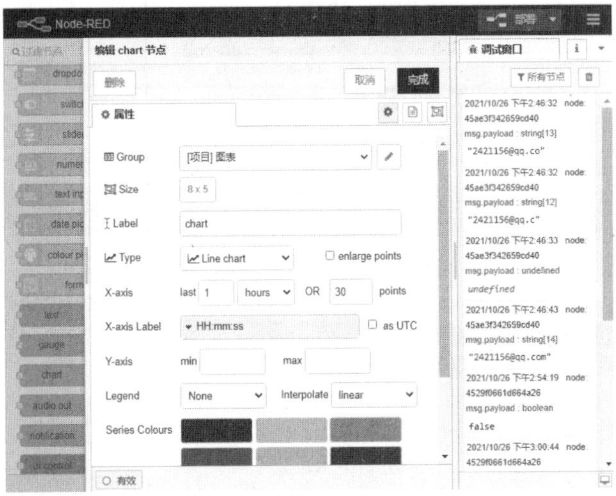	拖放一个 chart 节点到工作区，并配置 chart 的信息，更改图表类型为“Line chart”

续表 5.9

序号	图片示例	操作步骤
3		拖放第 2 个 chart 节点到工作区，选择类型为“Bar chart”
4		拖放第 3 个 chart 节点到工作区，选择类型为“Bar chart(H)”
5		拖放第 4 个 chart 节点到工作区，选择类型为“Pie chart”

续表 5.9

序号	图片示例	操作步骤
6	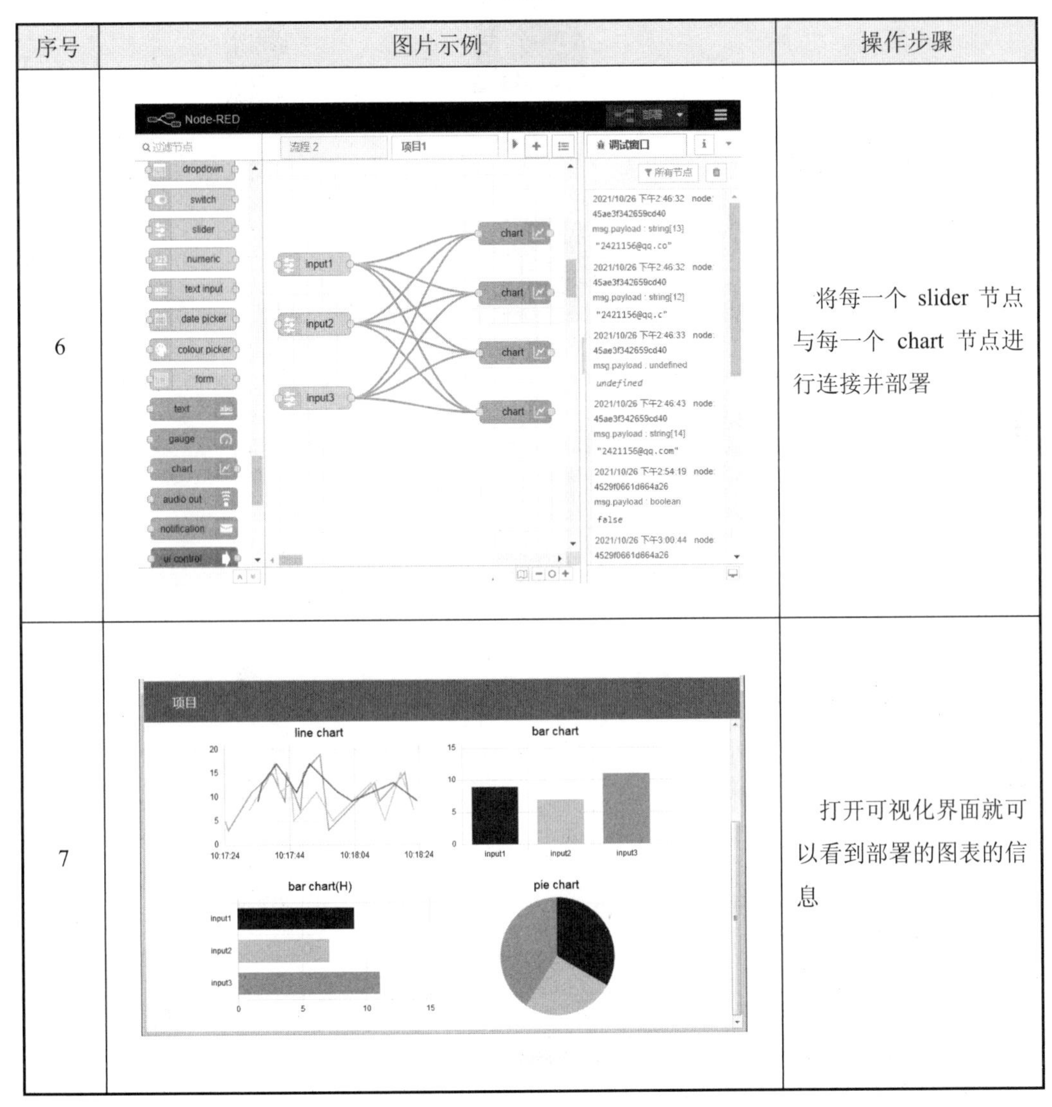	将每一个 slider 节点与每一个 chart 节点进行连接并部署
7		打开可视化界面就可以看到部署的图表的信息

5.4　项目步骤

5.4.1　应用系统连接

应用系统主要组成包括 EnGateWay 智能网关、计算机（PC）、工业交换机，通过以太网线完成系统连接，应用系统连接图如图 5.8 所示。

※ 项目步骤

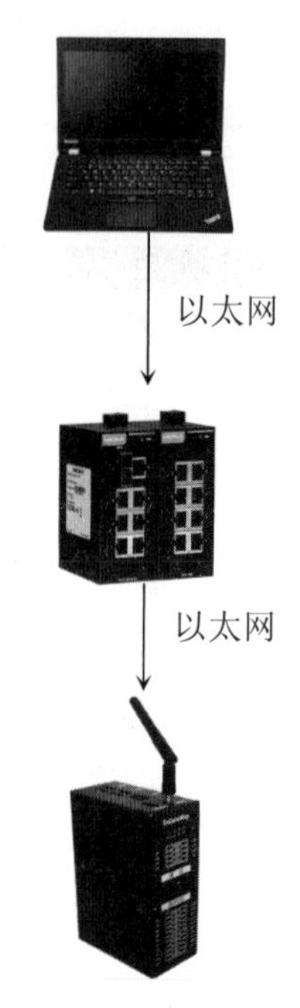

图 5.8　应用系统连接图

5.4.2　应用系统配置

本项目的应用系统配置与第 4 章相同，连接网关至计算机。如计算机已经完成配置，那么可跳过应用系统配置环节。

5.4.3　主体程序设计

主体程序设计操作步骤见表 5.10。

表 5.10　主体程序设计操作步骤

序号	图片示例	操作步骤
1	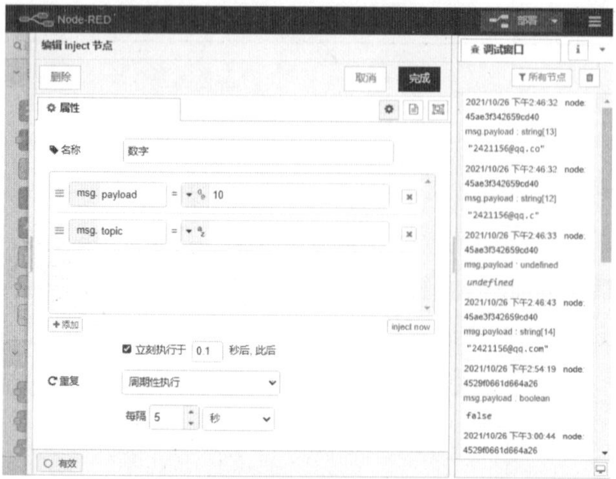	拖放 2 个 inject 节点，分别将输入类型改为数字类型和字符串类型，并将 2 个节点分别命名。设置循环发送时间为 5 秒

续表 5.10

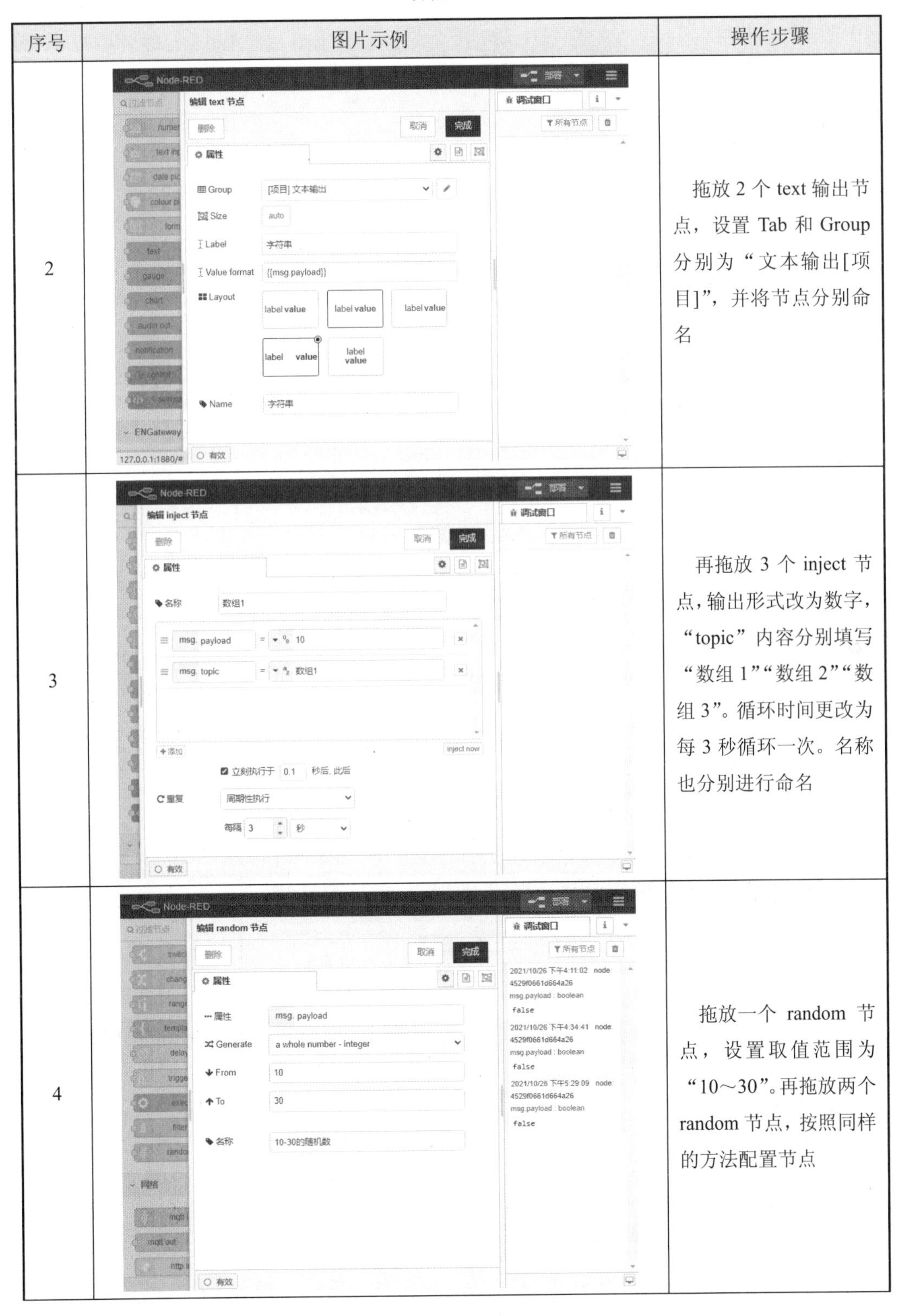

序号	图片示例	操作步骤
2		拖放 2 个 text 输出节点，设置 Tab 和 Group 分别为“文本输出[项目]”，并将节点分别命名
3		再拖放 3 个 inject 节点，输出形式改为数字，“topic”内容分别填写“数组 1”“数组 2”“数组 3”。循环时间更改为每 3 秒循环一次。名称也分别进行命名
4		拖放一个 random 节点，设置取值范围为“10～30”。再拖放两个 random 节点，按照同样的方法配置节点

续表 5.10

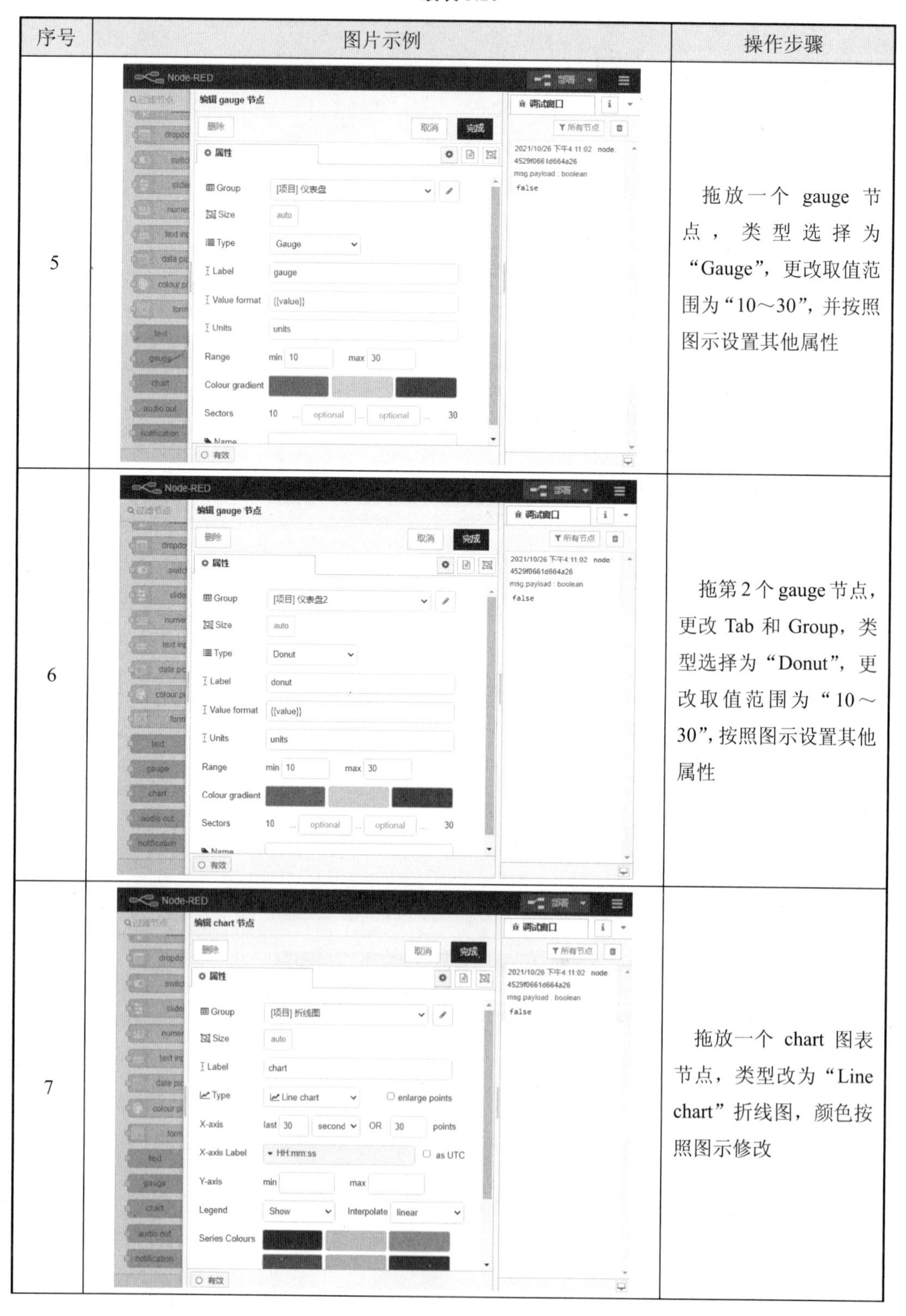

序号	图片示例	操作步骤
5		拖放一个 gauge 节点，类型选择为“Gauge”，更改取值范围为“10～30”，并按照图示设置其他属性
6		拖第 2 个 gauge 节点，更改 Tab 和 Group，类型选择为“Donut”，更改取值范围为“10～30”，按照图示设置其他属性
7		拖放一个 chart 图表节点，类型改为“Line chart”折线图，颜色按照图示修改

续表 5.10

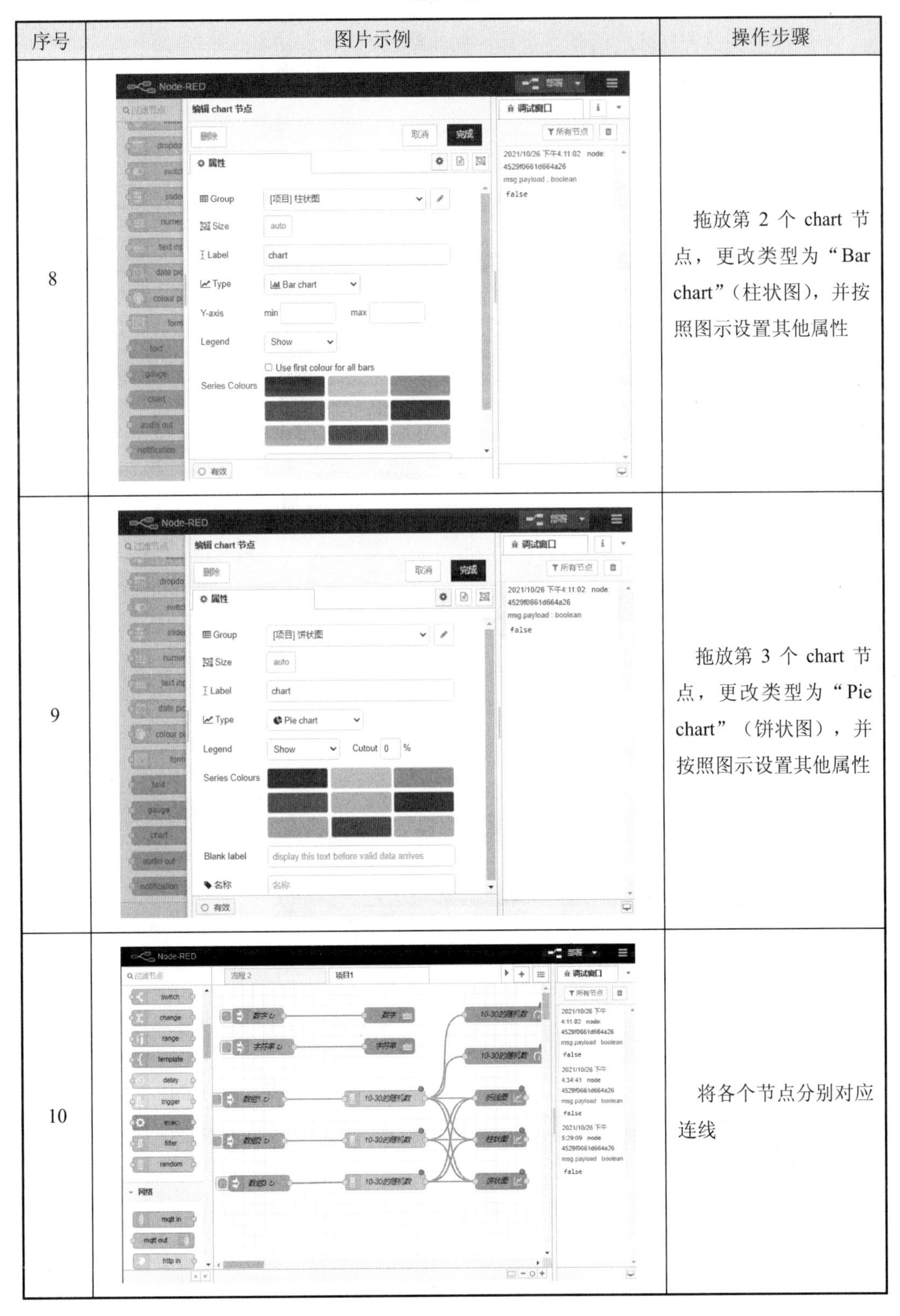

序号	图片示例	操作步骤
8		拖放第 2 个 chart 节点，更改类型为“Bar chart”（柱状图），并按照图示设置其他属性
9		拖放第 3 个 chart 节点，更改类型为“Pie chart”（饼状图），并按照图示设置其他属性
10		将各个节点分别对应连线

5.4.4 关联程序设计

本项目不涉及关联硬件的程序设计，在此略过。

5.4.5 项目程序调试

项目程序调试的具体操作步骤见表 5.11。

表 5.11 项目总体调试运行

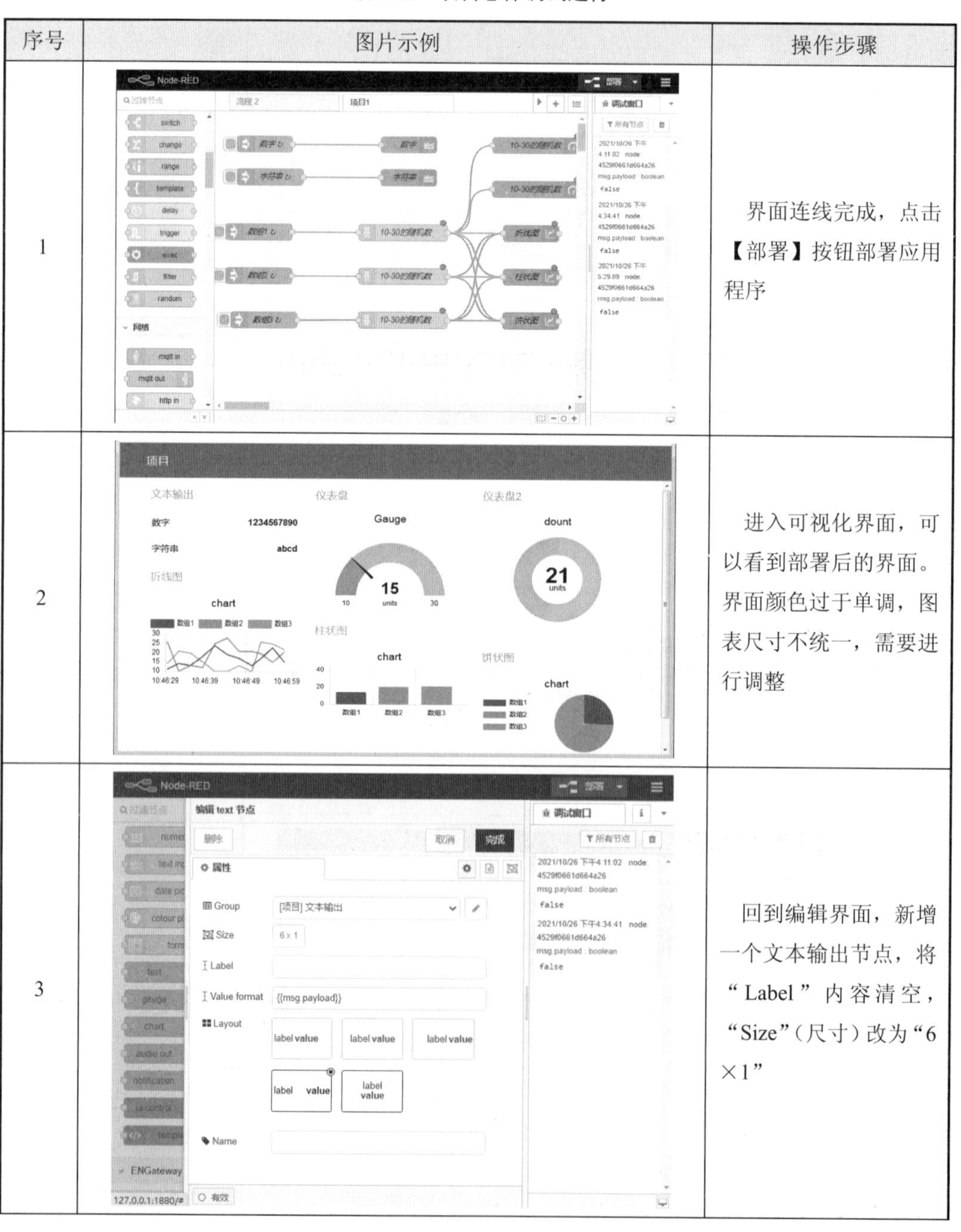

序号	图片示例	操作步骤
1		界面连线完成，点击【部署】按钮部署应用程序
2		进入可视化界面，可以看到部署后的界面。界面颜色过于单调，图表尺寸不统一，需要进行调整
3		回到编辑界面，新增一个文本输出节点，将“Label”内容清空，“Size”（尺寸）改为“6×1”

续表 5.11

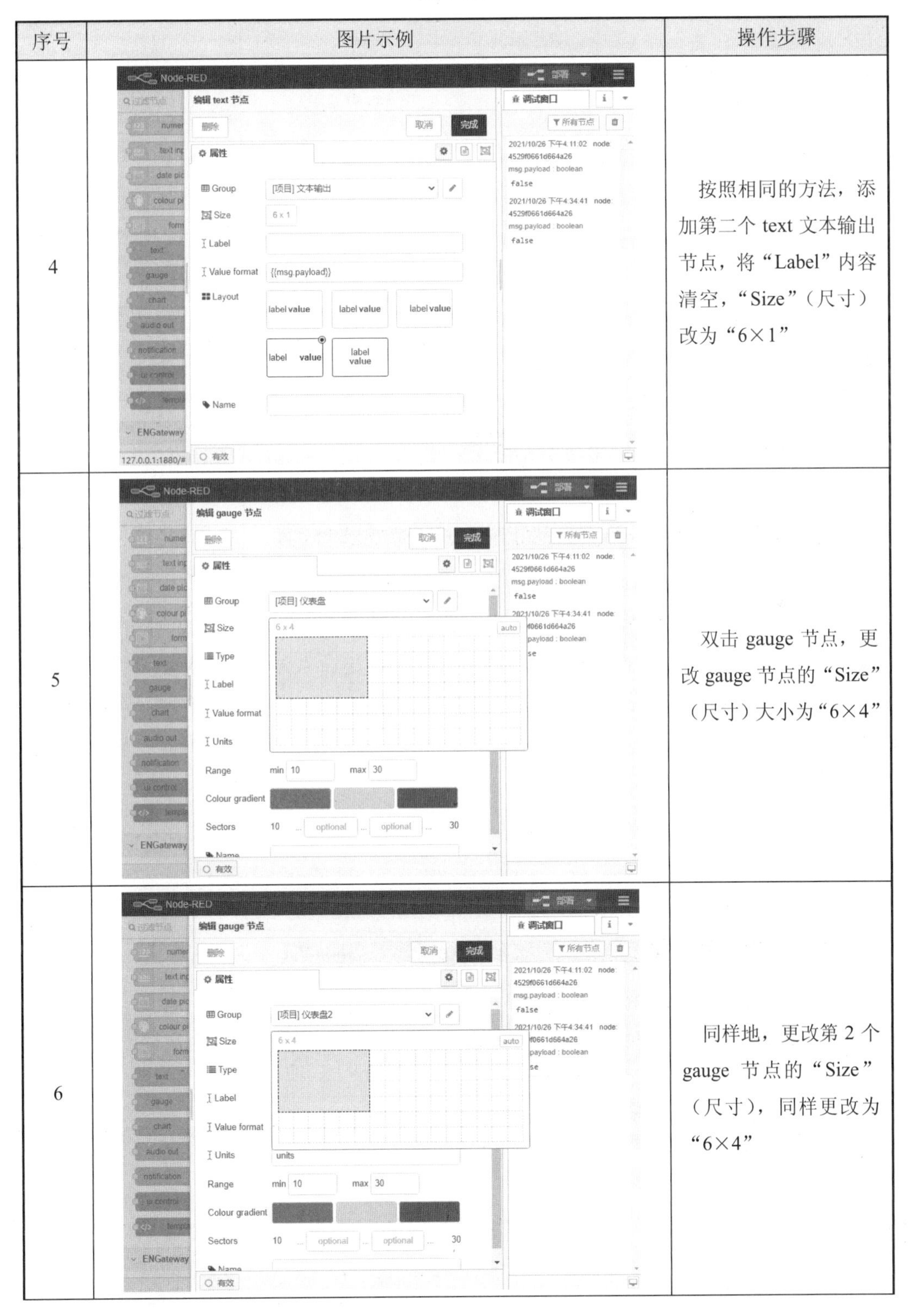

序号	图片示例	操作步骤
4		按照相同的方法，添加第二个 text 文本输出节点，将“Label”内容清空，“Size”（尺寸）改为“6×1”
5		双击 gauge 节点，更改 gauge 节点的“Size”（尺寸）大小为“6×4”
6		同样地，更改第 2 个 gauge 节点的“Size”（尺寸），同样更改为“6×4”

续表 5.11

序号	图片示例	操作步骤
7	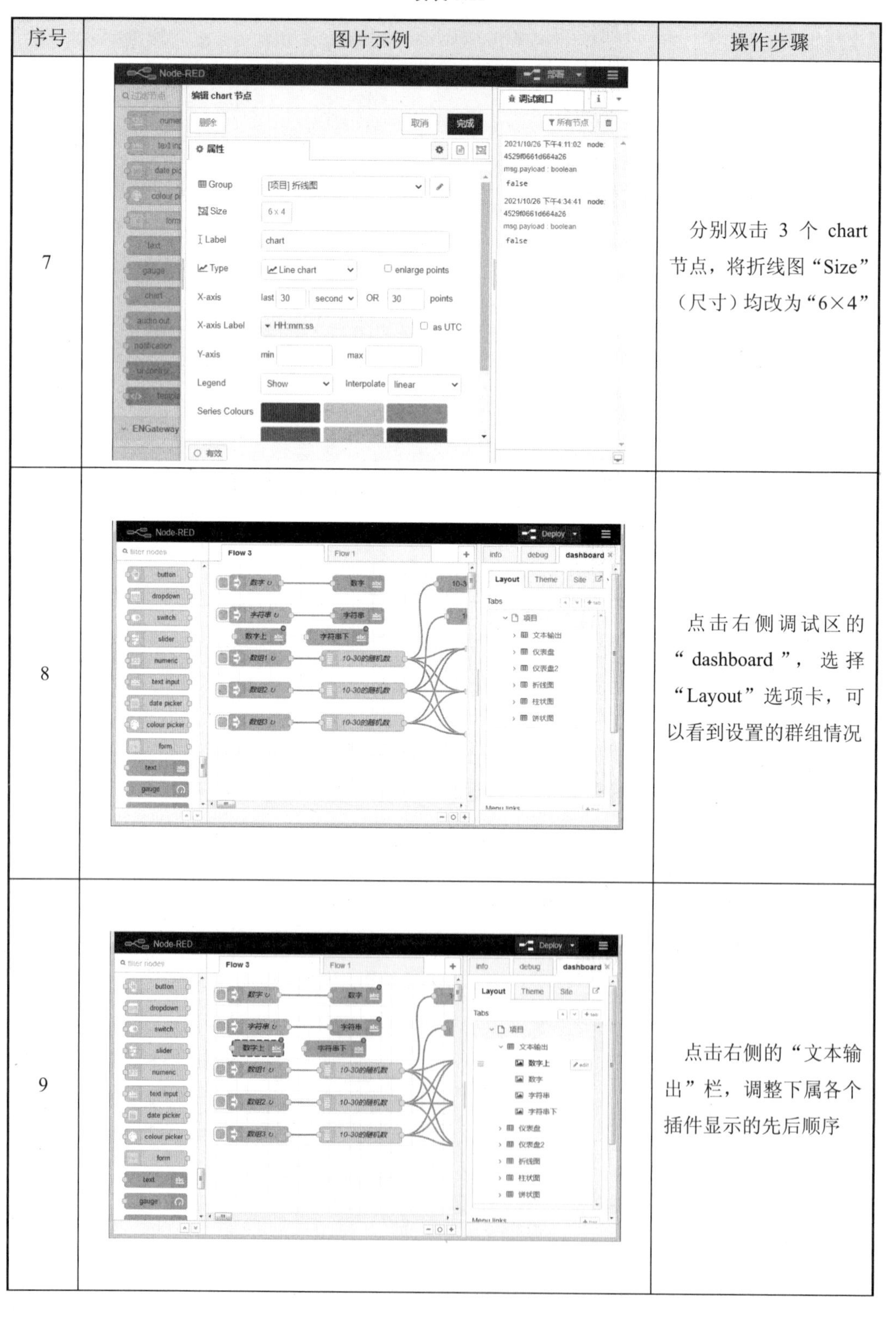	分别双击 3 个 chart 节点，将折线图“Size”（尺寸）均改为“6×4”
8		点击右侧调试区的“dashboard”，选择“Layout”选项卡，可以看到设置的群组情况
9		点击右侧的“文本输出”栏，调整下属各个插件显示的先后顺序

续表 5.11

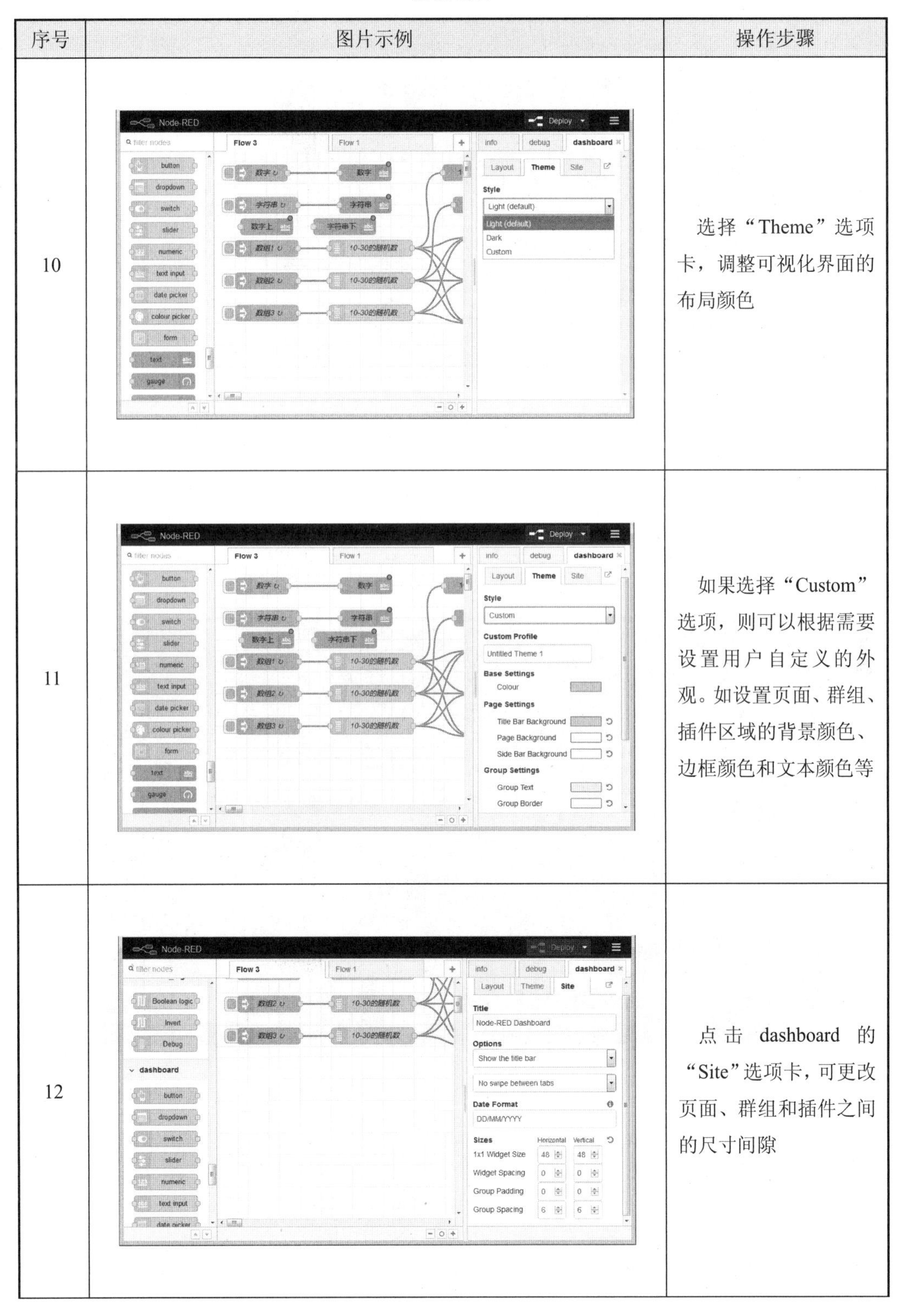

序号	图片示例	操作步骤
10		选择“Theme”选项卡，调整可视化界面的布局颜色
11		如果选择“Custom”选项，则可以根据需要设置用户自定义的外观。如设置页面、群组、插件区域的背景颜色、边框颜色和文本颜色等
12		点击 dashboard 的“Site”选项卡，可更改页面、群组和插件之间的尺寸间隙

续表 5.11

序号	图片示例	操作步骤
13	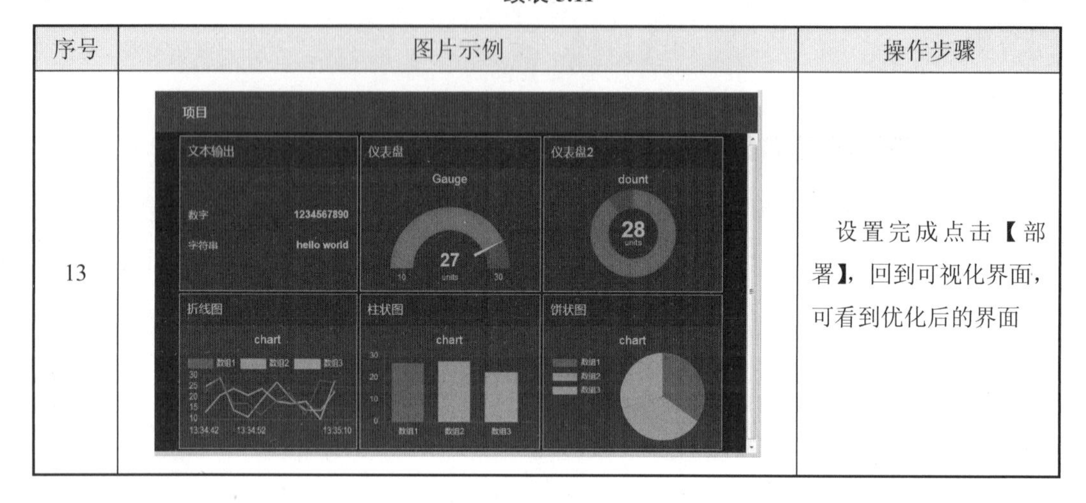	设置完成点击【部署】，回到可视化界面，可看到优化后的界面

5.4.6 项目总体运行

本项目总体运行效果如图 5.8 所示。每隔 5 秒文本输出会继续数据更新；每隔 3 秒，图形化显示控件会同步更新。

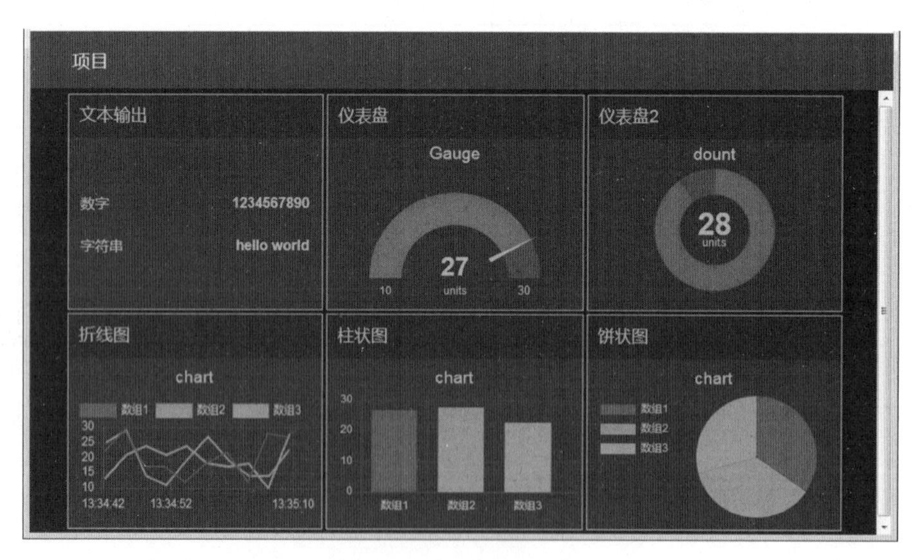

图 5.8　项目总体运行图

5.5 项目验证

5.5.1 效果验证

根据输入数据来展现可视化界面，效果验证流程如图 5.9 所示。

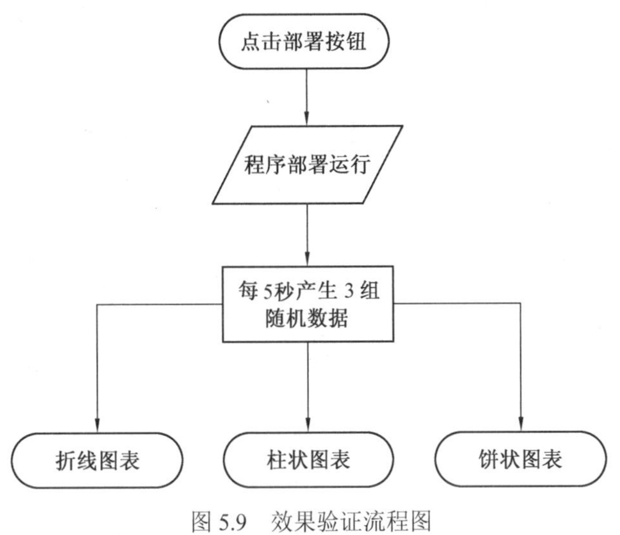

图 5.9　效果验证流程图

5.5.2　数据验证

通过添加 debug 节点，将调试栏的数据与可视化界面的数据进行对比，验证数据显示精度和形式是否满足要求。数据验证见表 5.12。

表 5.12　数据验证

序号	图片示例	操作步骤
1	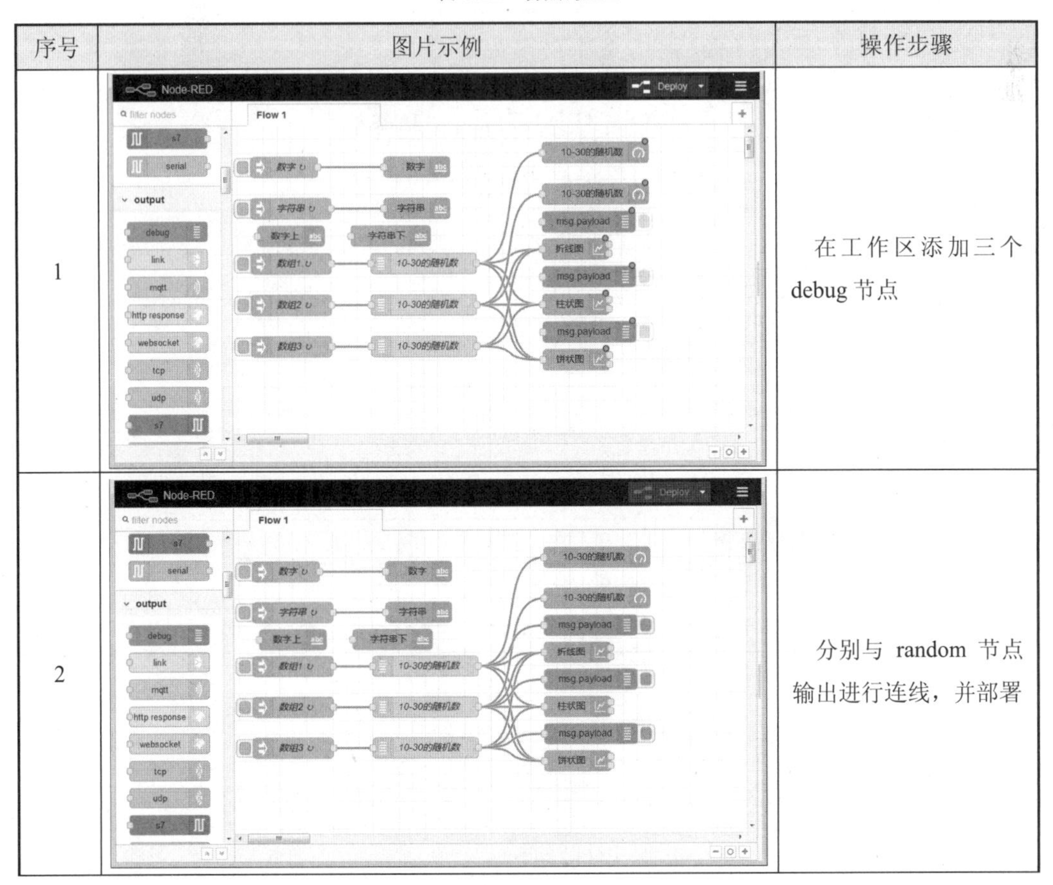	在工作区添加三个 debug 节点
2		分别与 random 节点输出进行连线，并部署

续表 5.12

序号	图片示例	操作步骤
3	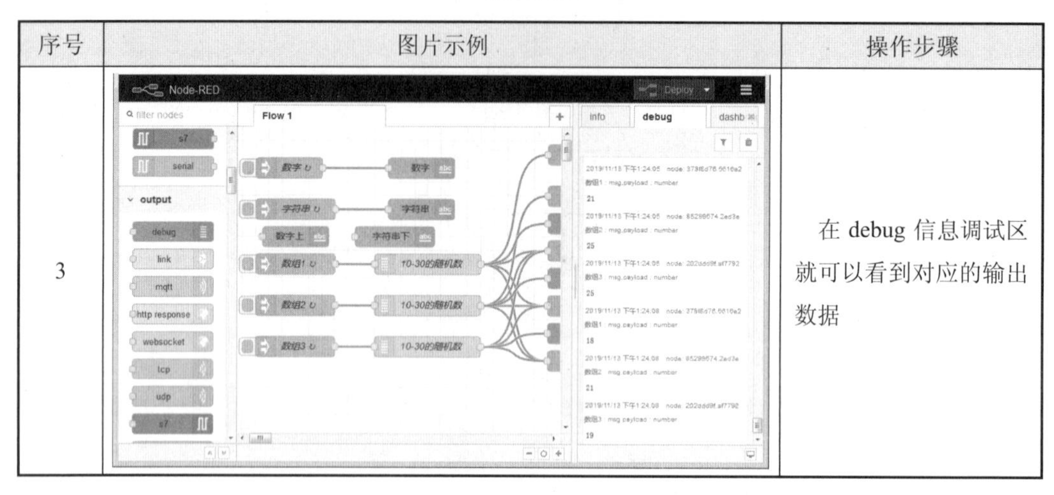	在 debug 信息调试区就可以看到对应的输出数据

5.6 项目总结

5.6.1 项目评价

项目评价见表 5.13。通过对整个项目的练习，评价对 Node-RED 中的可视化界面功能节点的掌握情况。

使用 Node-RED 进行可视化编程，关键是要选择合适的控件对数据进行最佳效果展示，并充分学会利用文本节点对整个图形界面的占位和调整。

表 5.13 项目评价表

项目指标		分值	自评	互评	完成情况说明
项目分析	1. 硬件架构分析	6			
	2. 项目流程分析	6			
项目要点	1. dashboard 节点安装	8			
	2. dashboard 节点布局	8			
	3. dashboard 节点应用	8			
项目步骤	1. 应用系统连接	9			
	2. 应用系统配置	9			
	3. 主体程序设计	9			
	4. 关联程序设计	9			
	5. 项目程序调试	9			
	6. 项目运行调试	9			
项目验证	1. 效果验证	5			
	2. 数据验证	5			
合计		100			

5.6.2　项目拓展

通过学习其他类型的节点，结合 dashboard 功能可以实现更多功能的编程项目和丰富的展示效果。例如利用 http、html 功能函数节点结合 dashboard 可视化节点从指定网站获取指定地区的天气状况，将天气状况显示在可视化界面上。可视化界面效果可参照图 5.10。

图 5.10　可视化界面

第 6 章　智能仪表数据采集项目

6.1　项目概况

※ 项目目的

6.1.1　项目背景

随着技术的不断发展和生产要求的提高，各类检测仪表也从传统的机械式仪表逐渐过渡到智能仪表。智能仪表不仅能解决传统仪表的固有问题，还能简化仪表电路，提高可靠性，从而更容易实现高精度、高性能、多功能的应用目的。智能仪表在完成数据采集后，可以进行预处理，通过强大的数据通信功能，很容易集成到工业网络总线系统中，为工厂数据化、智能化提供了强有力的支撑。智能仪表应用场景如图 6.1 所示。

图 6.1　智能仪表应用场景

6.1.2　项目需求

本项目主要是基于 EnGateWay 智能网关采集温湿度相关信息。EnGateWay 智能网关通过 Modbus RTU 协议采集温湿度传感器的内部数据，并通过 Modbus TCP 协议发送给触摸屏进行展现，如图 6.2 所示。充分训练两种 Modbus 协议的使用。

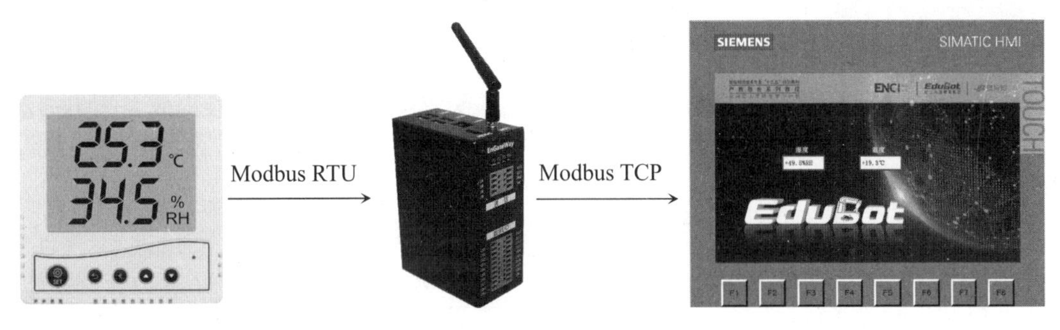

图 6.2　项目需求图

6.1.3　项目目的

（1）了解智能仪表的应用情况。

（2）熟悉智能仪表的配置过程。

（3）掌握智能网关的 Modbus 通讯协议应用方法。

（4）掌握编程界面可视化的优化调整。

6.2　项目分析

※ 项目分析

6.2.1　项目构架

本项目硬件主要包括 EnGateWay 智能网关模块、温湿度传感器模块和触摸屏。温湿度传感器对设备用电情况进行检测， EnGateWay 智能网关模块通过 Modbus RTU 协议与温湿度传感器进行通信，实现对环境温度和湿度显示的功能；并且 EnGateWay 智能网关模块通过 Modbus TCP 协议与西门子触摸屏进行通信，实现对环境温度和湿度数据传送至其他设备进行显示的功能。项目构架图如图 6.3 所示。

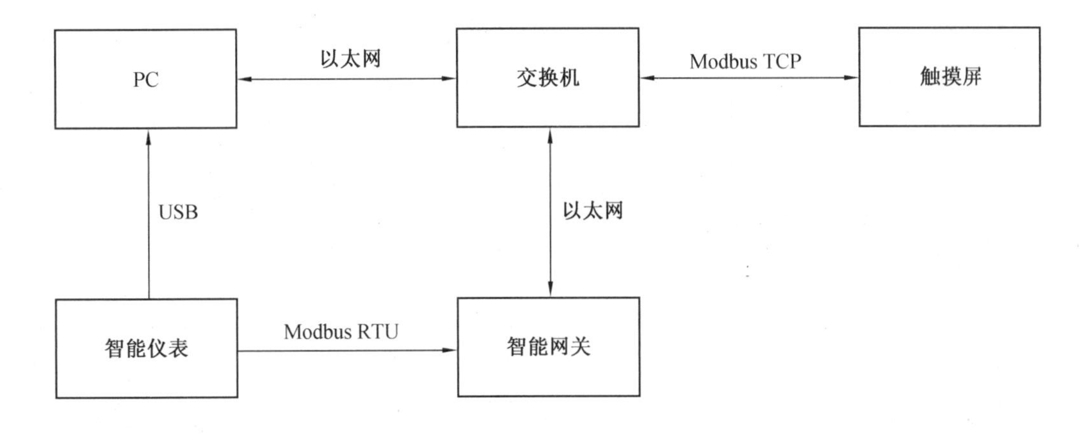

图 6.3　项目构架图

6.2.2 项目流程

本项目首先需要完成对智能电力仪表的相关配置，使其能够正确地对设备用电情况进行检测，再使用智能网关对智能电力仪表设备进行数据采集、显示。项目流程如图 6.4 所示。

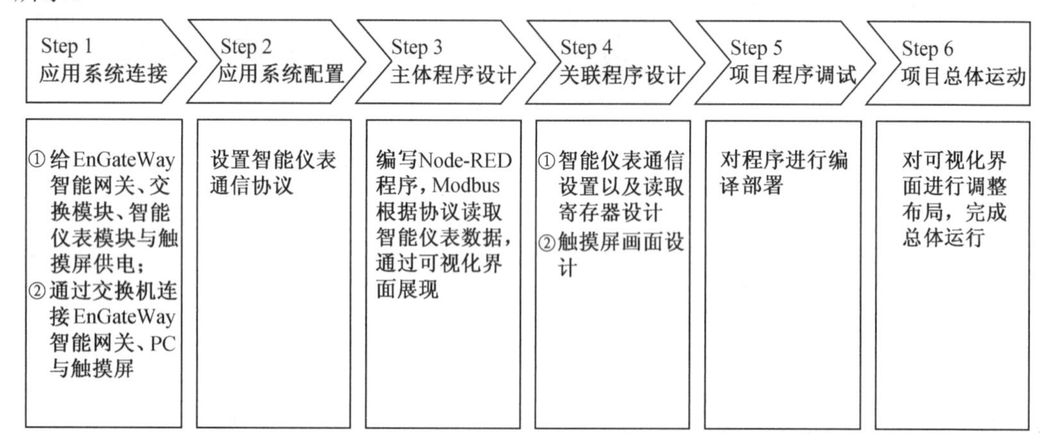

图 6.4 项目流程图

6.3 项目要点

6.3.1 Modbus 通信协议

Modbus 通信协议是由 Modicon 公司于 1979 年发明的，是全球最早用于工业现场的总线协议标准。Modbus 通信协议采用的是主从通信模式（即 Master/Slave 通信模式），在工业领域得到了广泛的应用。

※ 项目要点

Modbus 通信协议具有多个变种，其中最常用的是 Modbus RTU、Modbus ASCII 和 Modbus TCP 三种。其中，Modbus RTU 协议是支持 RS-485 总线的通信协议，其采用二进制表现形式以及紧凑数据结构，通信效率较高，在工业现场一般都是采用 Modbus RTU 协议。

1. Modbus RTU 协议

Modbus RTU 协议是一种主从通信协议。在一个通信网络中，只能有一个主机存在，其余的都为从机。通信发生在主机和被寻址的从机之间，从机之间不能相互通信。主从设备通信采用 Modbus RTU 通信协议数据帧格式，如图 6.5 所示。

地址域	功能码	数据域	差错校验
8 bits	8 bits	N*8 bits	16 bits

图 6.5 Modbus RTU 通信协议数据帧格式

地址域：表示用户指定的通信网络中终端设备的通信地址，取值为 0～255 之间，同一个通信网络中每个终端设备的地址必须是唯一的。

功能码：主要告知被寻址到的从机终端设备执行何种数据反馈，Modbus RTU 功能码见表 6.1。

表 6.1　Modbus RTU 功能码

功能码	功能
01 (0x01)	读线圈
02 (0x02)	读离散量输入
03 (0x03)	读保持寄存器
04 (0x04)	读输入寄存器
05 (0x05)	写单个线圈
06 (0x06)	写单个寄存器
15 (0x0F)	写多个线圈
16 (0x10)	写多个寄存器

数据域：数据域包含了从机执行特定功能所需要的数据或者响应主机查询时采集到的数据反馈。这些数据的内容可能是数值、参考地址或者设置值等。例如：功能域码告诉终端读取一个寄存器（0x03），数据域则需要指明从哪个寄存器开始及读取多少个数据。

差错校验：主要用于主从设备在接收完一帧数据后，检查传输过程中是否存在错误，用于数据校验，该域占 2 个字节长度。在数据传送过程中，由于电噪声或其他干扰的存在，可能出现数据丢失或错误的情况，差错校验能够让主机和从机及时发现错误的数据帧，提高了系统的安全性。差错校验一般使用 16 位循环冗余的方法（CRC16），读者可以自行查阅相关资料了解校验码的生成计算方法。

2. Modbus TCP 协议

Modbus TCP 协议是在 Modbus RTU 协议的基础上进一步发展而来的。它是将 Modbus 协议嵌入到底层 TCP/IP 协议中构成的，这样就在 TCP/IP 的以太网上实现了客户机—服务器架构的 Modbus 报文通信。

Modbus TCP 数据帧里已不再有 CRC 校验，而这部分校验的任务是由 TCP/IP 协议和以太网的链路层来完成的。通过 TCP/IP 协议在 502 端口上接收报文，Modbus TCP/IP 协议在这个基础上添加一个 MBAP（Modbus 应用协议），如图 6.6 所示。

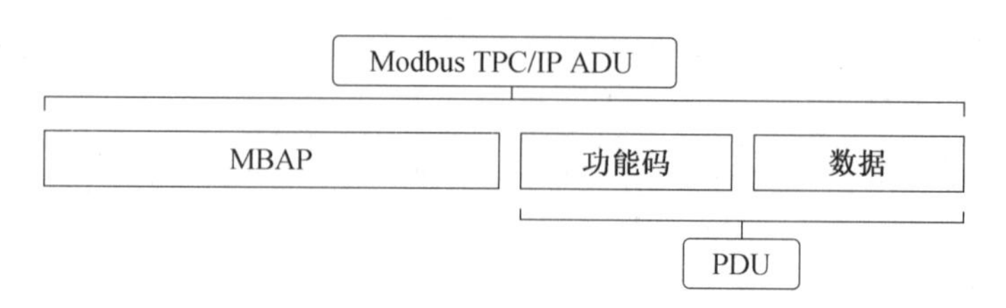

图 6.6　Modbus TCP 协议

ADU：应用数据单元。

PDU：协议数据单元。

其中 MBAP 报文头用来解释说明 Modbus 的参数和功能，Modbus TCP/IP 协议介绍见表 6.2。

表 6.2　Modbus TCP/IP 协议介绍

域	长度	描述	客户端	服务器端
传输标志	2 字节	标志某个 Modbus 询问/应答的传输	由客户端生成	应答时复制该值
协议标志	2 字节	0=Modbus 协议 1=UNI-TE 协议	由客户端生成	应答时复制该值
长度	2 字节	后续字节技术	由客户端生成	应答时由服务器端重新生成
单元标志	1 字节	定义连接于目的节点的其他设备	由客户端生成	应答时复制该值

Modbus TCP 协议的功能码与数据域与 Modbus RTU 相同。

6. 3. 2　Modbus RTU 通信节点

Node-RED 中的 Modbus RTU 通信节点采用串行通信方式与 Modbus 从机设备进行数据通信。

在使用该节点进行通信之前，需要配置端口、设置波特率、通信格式等参数，以使 EnGateWay 智能网关能够与外部串行设备进行通信，具体操作步骤见表 6.3。

表 6.3　Modbus RTU 通讯节点

序号	图片示例	操作步骤
1		打开 Node-RED 编程界面，拖放一个 modbus 节点“Modbus Read”

续表 6.3

序号	图片示例	操作步骤
2	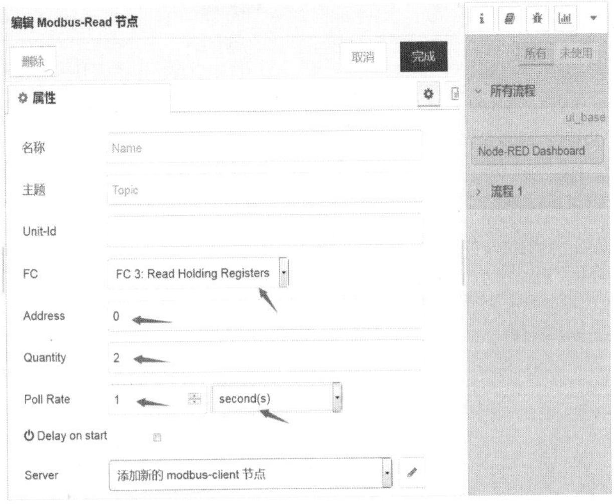	双击 Modbus Read 节点进入 Modbus Read 节点编辑页面，从“FC”下拉中选择通信数据类型，此处选择“RC3: Read Holding Register”保持寄存器；远端从站数据地址“0”，数量选择“2”，读取时间周期选择为 1 s
3	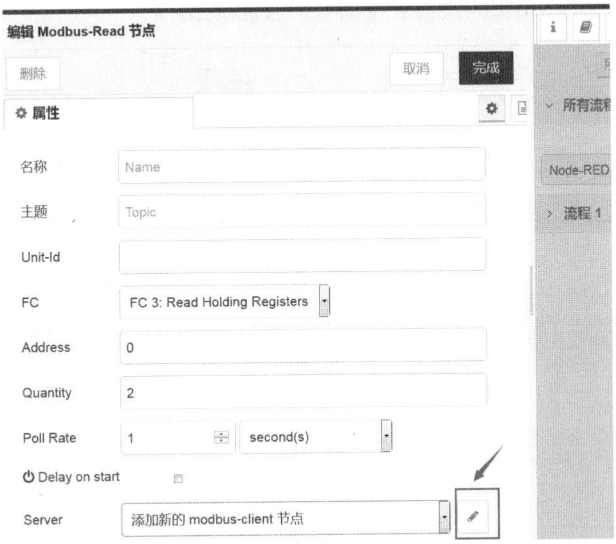	选择添加新的 modbus-client 节点

续表 6.3

序号	图片示例	操作步骤
4	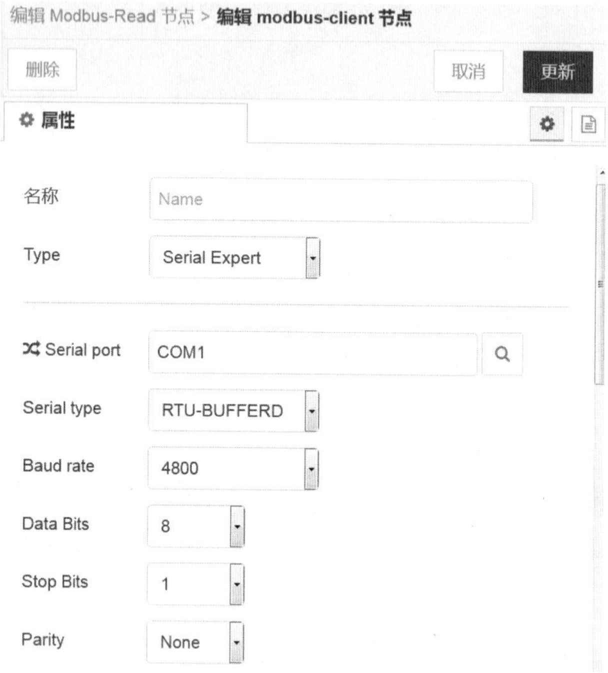 编辑 Modbus-Read 节点 > **编辑 modbus-client 节点** 删除 取消 更新 属性 名称 Name Type Serial Expert Serial port COM1 Serial type RTU-BUFFERD Baud rate 4800 Data Bits 8 Stop Bits 1 Parity None	添加“Slaves”从站号，从站号要与实际设备的地址相同。 从“Type”下拉中选择通信类型“Serial Expert”，端口号选择位“COM1”，类型为“RTU-BUFFERD”，设置“Baud Rate”（波特率）“Data Bits”（数据位数）“Stop Bits”（停止位）。设置完成后点击【更新】，返回节点编辑界面
5	 Node-RED **编辑 Modbus-Read 节点** 删除 取消 完成 属性 名称 温湿度 主题 Topic Unit-Id 2 FC FC 3: Read Holding Registers Address 0 Quantity 2 Poll Rate 1 second(s) Delay on start Server modbus-serial@COM1:4800	设置名称“温湿度”，远端从站的 ID 为 2，点击【完成】

续表 6.3

序号	图片示例	操作步骤
6	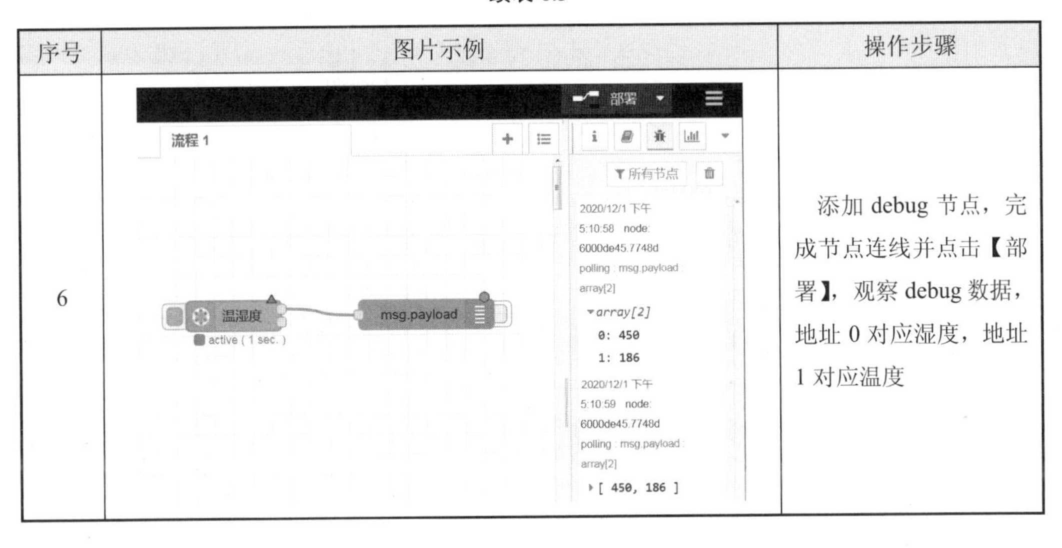	添加 debug 节点，完成节点连线并点击【部署】，观察 debug 数据，地址 0 对应湿度，地址 1 对应温度

6. 3. 3　Modbus TCP 通信节点

使用 Modbus TCP 通信节点，需要明确服务器和客户端的关系。当网关作为一个客户端设备使用时，使用 Modbus Read 节点即可；当网关作为一个服务器设备使用时，需要增加一个 Modbus Server 节点，因为 Modbus Read 节点只能读取服务器的数据，而不能直接读取外部客户端的数据，所以需要一个 Modbus Server 节点进行数据的读取。

1. 网关作为客户端

网关作为一个客户端设备使用时，需要配置端口、IP 地址等参数，以使智能网关能够与外部设备进行通信，具体操作步骤见表 6.4。

表 6.4　Modbus TCP 通讯节点

序号	图片示例	操作步骤
1	Node-RED　部署 过滤节点　流程 1 modbus Modbus Response　Modbus Read　Modbus Getter　Modbus Flex Getter　Modbus Write　Modbus Flex Write Modbus Read 所有　未使用 所有流程 ui_base Node-RED Dashboard 流程 1	打开 Node-RED 编程界面，拖放一个 modbus 节点“Modbus Read”

续表 6.4

序号	图片示例	操作步骤
2	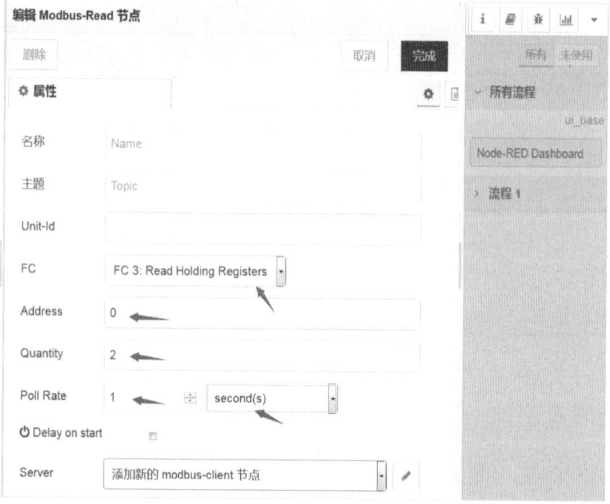	从“FC”下拉中选择通信数据类型，此处选择“RC3: Read Holding Registers”保持寄存器；远端从站数据地址选择“0”，数量选择“2”，读取时间周期选择为 1 s
3	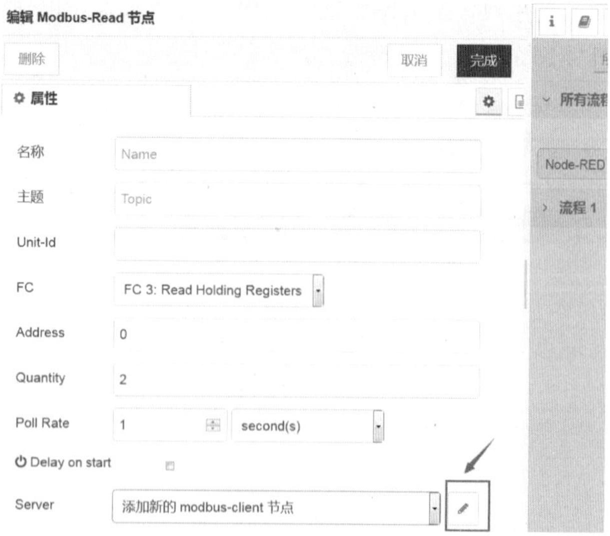	选择添加新的 modbus-client 节点

续表 6.4

序号	图片示例	操作步骤
4	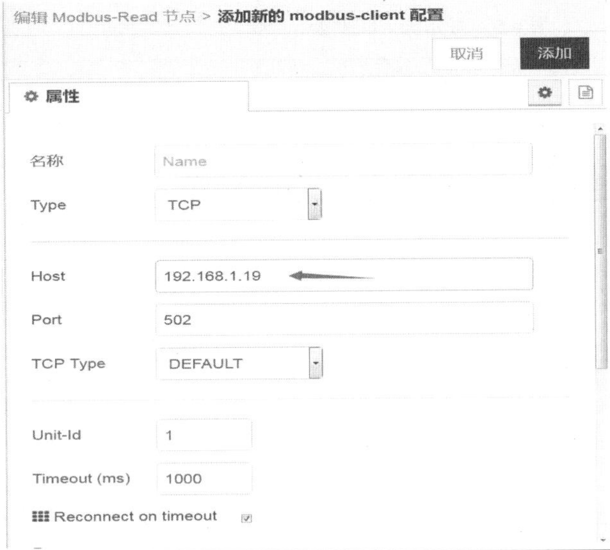	设置Modbus TCP设备的IP地址为“192.168.1.19”。设置完成后点击【添加】，返回节点编辑界面
5	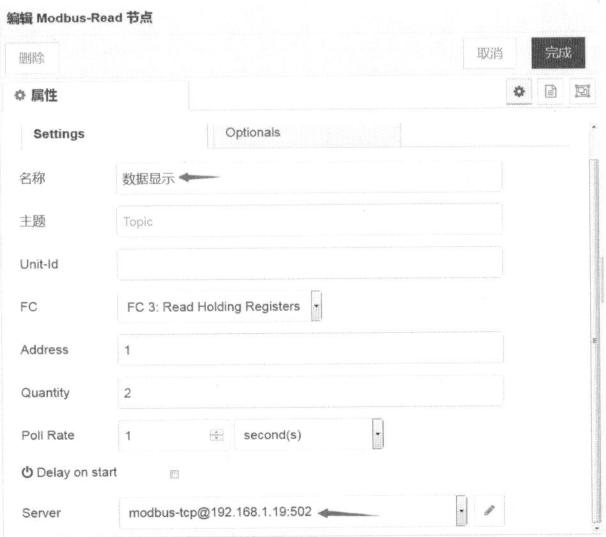	设置节点的名称，点击【完成】并部署
6	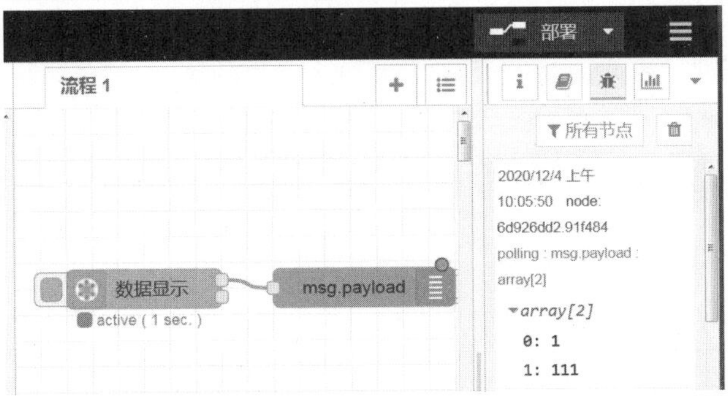	可以对设备的数据进行查看

2. 网关作为服务器

网关作为一个服务器设备使用时，需要配置端口，具体操作步骤见表 6.5。

表 6.5　Modbus TCP 通讯节点

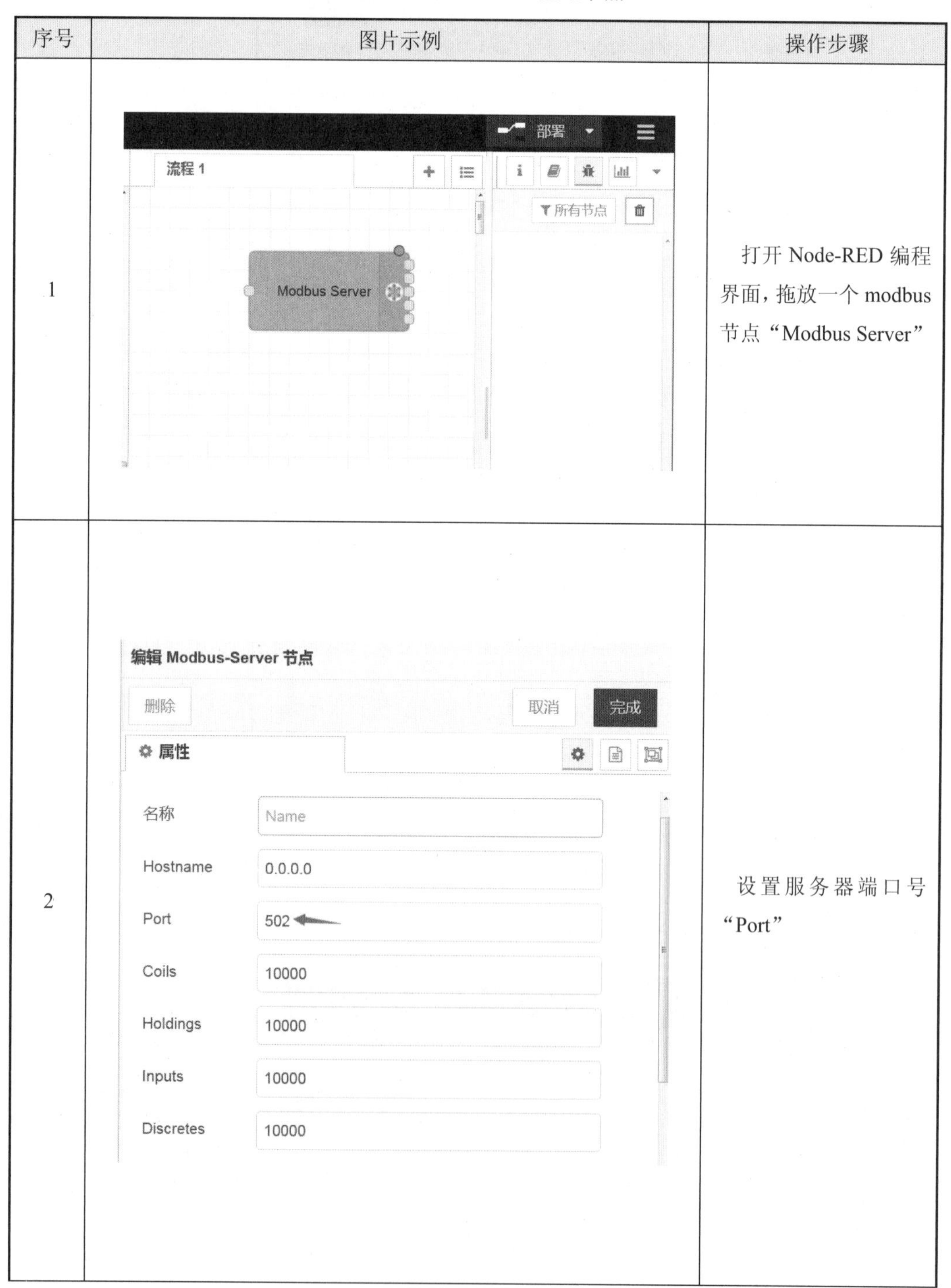

序号	图片示例	操作步骤
1		打开 Node-RED 编程界面，拖放一个 modbus 节点“Modbus Server”
2		设置服务器端口号“Port”

续表 6.5

序号	图片示例	操作步骤
3	流程 1　流程 1 Modbus Server 湿度和温度	拖放一个 modbus 节点“Modbus Read”
4	编辑 Modbus-Read 节点 > 编辑 modbus-client 节点 删除　取消　更新 属性 名称　读取温湿度记录仪数据 Type　Serial Serial port　COM1 Serial type　RTU-BUFFERD Baud rate　4800 Unit-Id　2 Timeout (ms)　1000	从“Type”下拉中选择通信类型“Serial”，端口号选择位“COM1”，类型为“RTU-BUFFERD”，设置“Baud Rate”（波特率）“Unit-Id”（站号）。设置完成后点击【更新】，返回节点编辑界面

续表 6.5

序号	图片示例	操作步骤
5		拖放一个 modbus 节点“Modbus Write”
6		从“FC”下拉中选择通信数据类型，此处选择“FC16: Preset Multiple Register”预设多个寄存器；远端从站数据地址选择“1”，数量选择“2”

续表 6.5

序号	图片示例	操作步骤
7	 编辑 Modbus-Write 节点 > 添加新的 modbus-client 配置 取消 添加 属性 名称 Name Type TCP Host localhost Port 502 TCP Type DEFAULT Unit-Id 5 Timeout (ms) 1000 Reconnect on timeout Reconnect timeout (ms) 2000	添加新节点配置，从“Type”下拉中选择通信类型“TCP”，“Host”选择为“localhost”，“Port”设置为“502”，设置“Unit-Id”，并点击【添加】
8	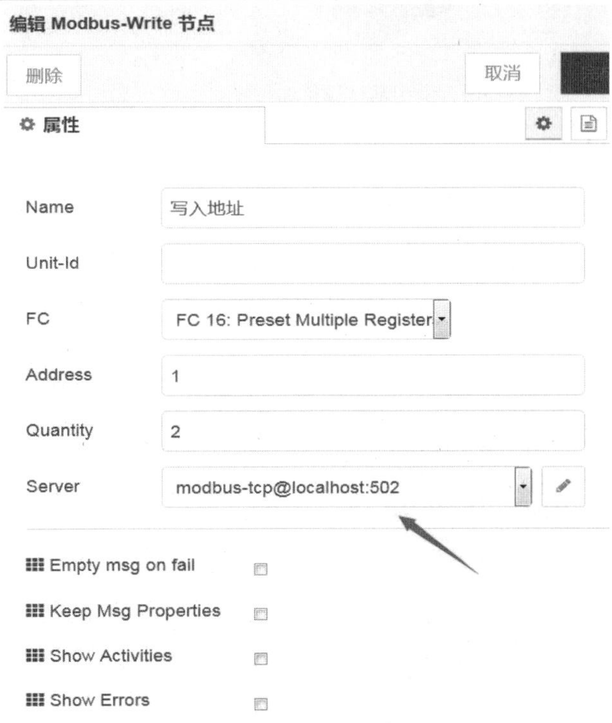 编辑 Modbus-Write 节点 删除 取消 属性 Name 写入地址 Unit-Id FC FC 16: Preset Multiple Register Address 1 Quantity 2 Server modbus-tcp@localhost:502 Empty msg on fail Keep Msg Properties Show Activities Show Errors	点击【更新】，一个服务器读取客户端的框架设置完成

6.4 项目步骤

※ 项目步骤

6.4.1 应用系统连接

应用系统主要组成包括 EnGateWay 智能网关、智能仪表、计算机（PC）、工业交换机，各设备间通过以太网或串口通信连接，应用系统连接图如图 6.7 所示。

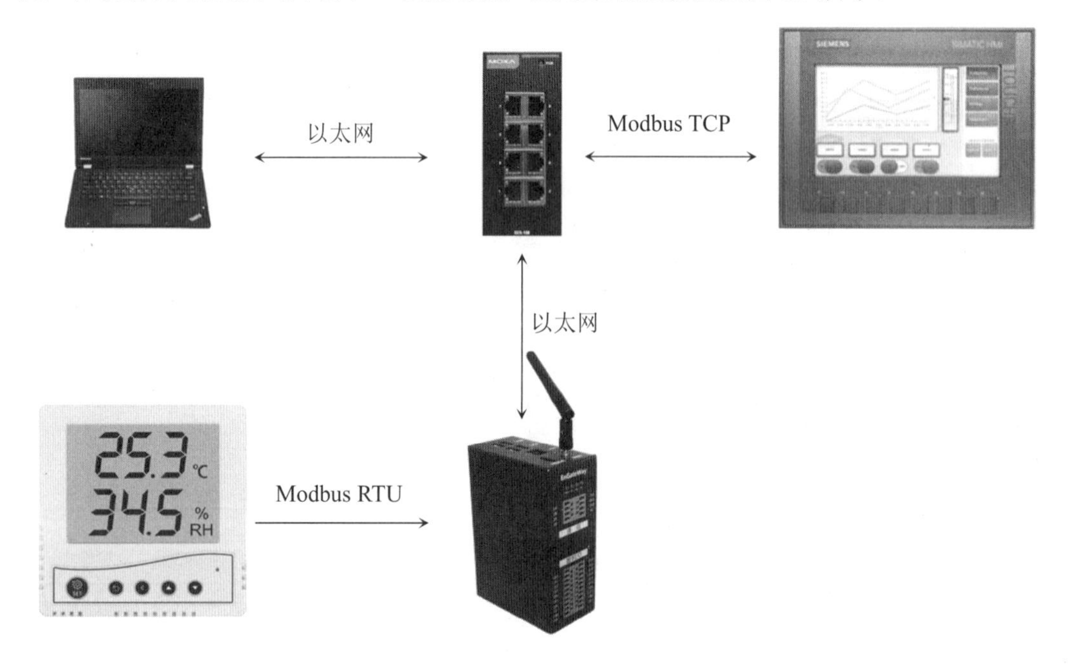

图 6.7 应用系统连接图

6.4.2 应用系统配置

在使用智能仪表前，需要对智能仪表进行通信初始配置，如通信协议选择、通信数据格式等。智能仪表的主要配置内容及过程见表 6.6。

表 6.6 智能仪表系统配置

序号	图片示例	操作步骤
1		长按温湿度记录仪上的【SET】按键，进入参数界面

续表 6.6

序号	图片示例	操作步骤
2		设置设备的地址 范围：1～255 默认值：1
3	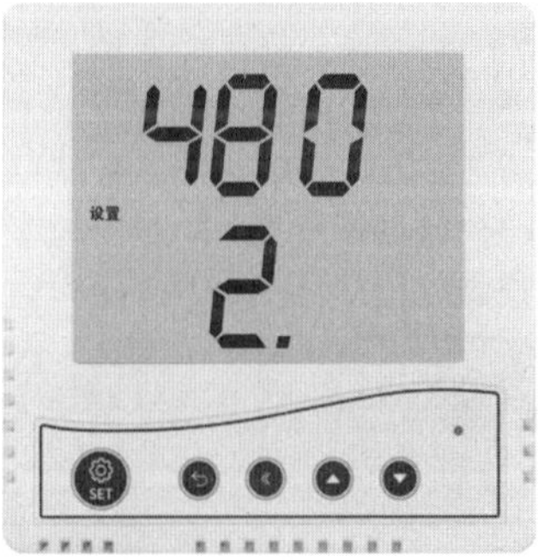	设置设备的波特率 范围:2400/4800/9600 默认值：4800
4	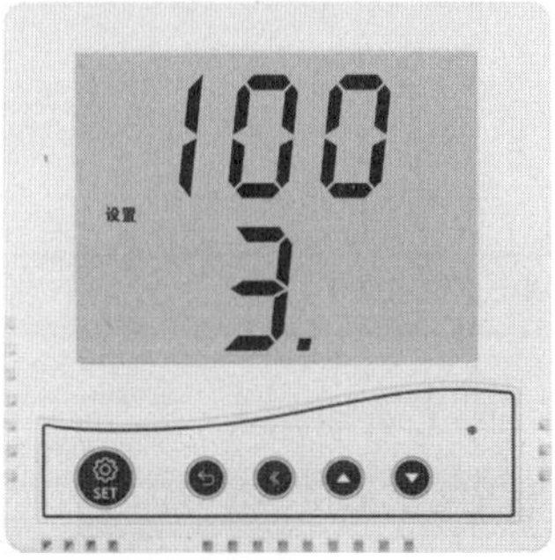	设置设备的温度上限值 范围：-100～999 默认值：100
5	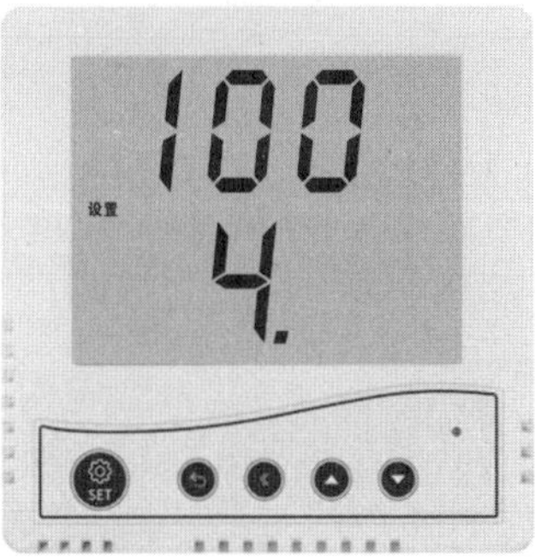	设置设备的湿度上限值 范围：0～100 默认值：100

续表 6.6

序号	图片示例	操作步骤
6		设置设备的温度下限值 范围：-100～999 默认值：0
7		设置设备的湿度下限值 范围：0～100 默认值：0

6.4.3 主体程序设计

智能网关的主体程序设计见表 6.7。

表 6.7 主体程序设计

序号	图片示例	操作步骤
1	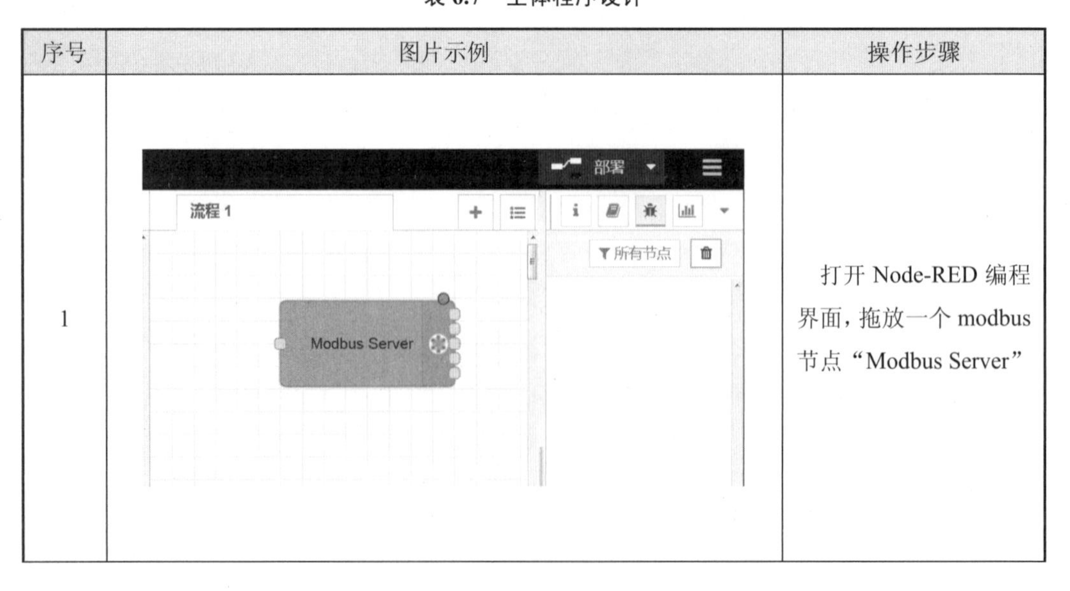	打开 Node-RED 编程界面，拖放一个 modbus 节点“Modbus Server”

续表 6.7

序号	图片示例	操作步骤
2		设置服务器端口号“Port”为“502”
3		拖放一个 modbus 节点“Modbus Read”

续表 6.7

序号	图片示例	操作步骤
4	编辑 Modbus-Read 节点 删除 取消 完成 属性 Settings Optionals 名称 温度和湿度 主题 Topic Unit-Id FC FC 3: Read Holding Registers Address 0 Quantity 2 Poll Rate 1 second(s) Delay on start Server 添加新的 modbus-client 节点	设置节点名称为“温度和湿度”，从“FC”下拉中选择通信数据类型，此处选择“RC3: Read Holding Registers”保持寄存器；远端从站数据地址选择“0”，数量选择“2”，读取时间周期选择为 1 s/次。双击添加新的 modbus-client 节点
5	编辑 Modbus-Read 节点 > 编辑 modbus-client 节点 删除 取消 更新 属性 名称 读取温湿度记录仪数据 Type Serial Serial port COM1 Serial type RTU-BUFFERD Baud rate 4800 Unit-Id 1 Timeout (ms) 1000 Reconnect on timeout	添加“Slaves”从站号，从站号要与实际设备的地址相同。 从“Type”下拉中选择通信类型“Serial”，端口号选择位“COM1”，类型为“RTU-BUFFERD”，设置“Baud Rate”（波特率）“Data Bits”（数据位数）“Stop Bits”（停止位）。设置完成后点击【更新】，返回节点编辑界面

续表 6.7

序号	图片示例	操作步骤
6	 编辑 Modbus-Read 节点 删除 取消 完成 属性 Settings Optionals 名称 温度和湿度 主题 Topic Unit-Id FC FC 3: Read Holding Registers Address 0 Quantity 2 Poll Rate 1 second(s) Delay on start Server modbus-serial@COM1:4800	点击右上角【完成】，Modbus-Read 节点创建完成
7	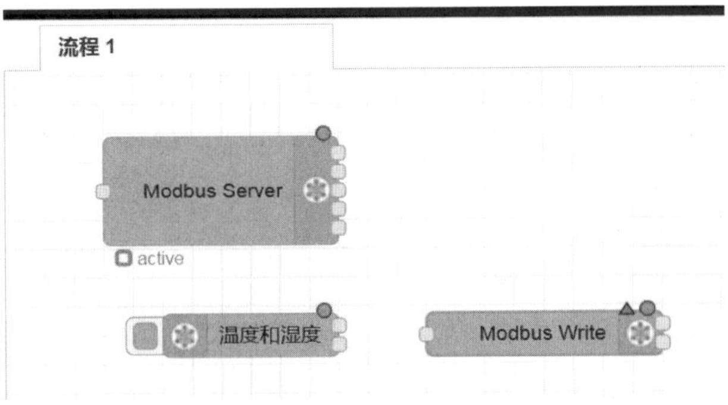 流程 1 Modbus Server active 温度和湿度 Modbus Write	拖放一个 modbus 节点“Modbus Write”
8	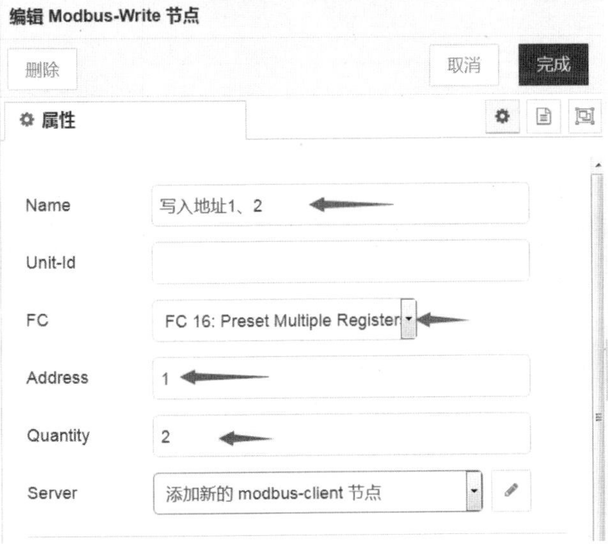 编辑 Modbus-Write 节点 删除 取消 完成 属性 Name 写入地址1、2 Unit-Id FC FC 16: Preset Multiple Register Address 1 Quantity 2 Server 添加新的 modbus-client 节点	更改节点名称为“写入地址 1、2”，从“FC”下拉中选择通信数据类型，此处选择“FC16: Preset Multiple Register”预设多个寄存器；远端从站数据地址选择“1”，数量选择“2”

续表 6.7

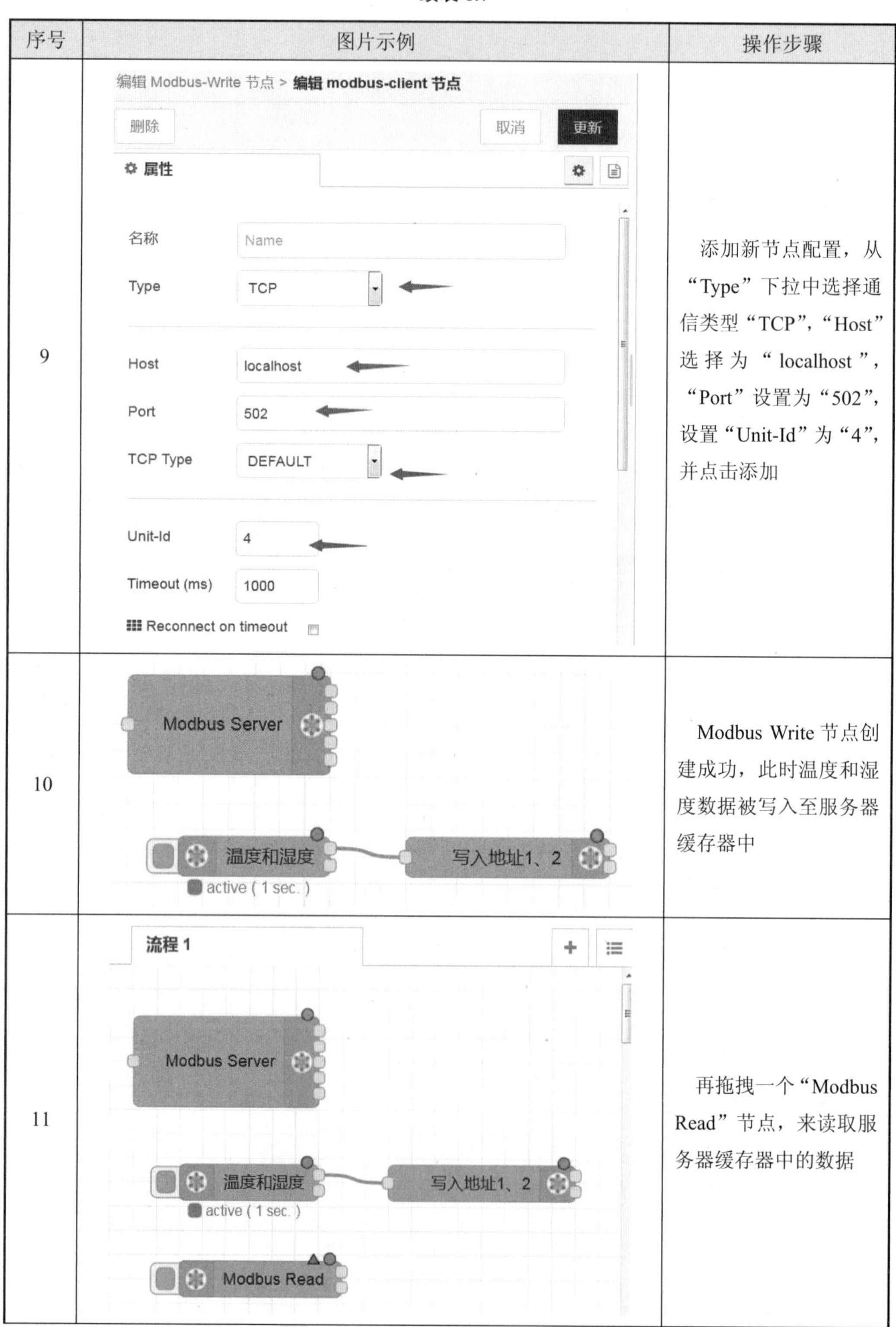

序号	图片示例	操作步骤
9		添加新节点配置，从“Type”下拉中选择通信类型“TCP”，“Host”选择为“localhost”，“Port”设置为“502”，设置“Unit-Id”为“4”，并点击添加
10		Modbus Write 节点创建成功，此时温度和湿度数据被写入至服务器缓存器中
11		再拖拽一个“Modbus Read”节点，来读取服务器缓存器中的数据

续表 6.7

序号	图片示例	操作步骤
12	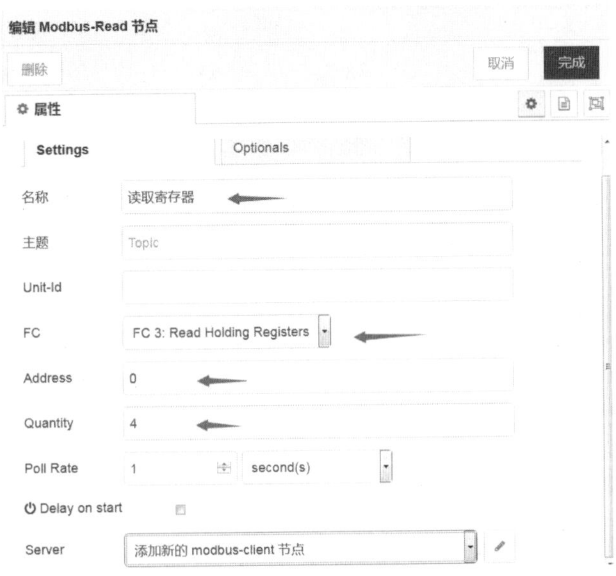 编辑 Modbus-Read 节点 删除　取消　完成 属性 Settings　Optionals 名称　读取寄存器 主题　Topic Unit-Id FC　FC 3: Read Holding Registers Address　0 Quantity　4 Poll Rate　1　second(s) Delay on start Server　添加新的 modbus-client 节点	点击“Modbus Read”节点，修改节点名称，从“FC”下拉中选择通信数据类型，此处选择“RC3: Read Holding Registers”保持寄存器；远端从站数据地址选择“0”，数量选择“2”，读取时间周期选择为 1 s/次。双击添加新的 modbus- client 节点
13	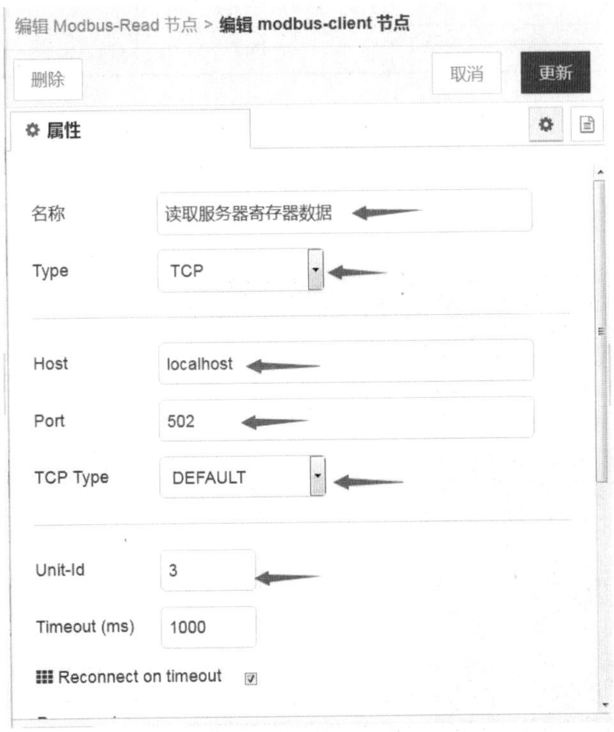 编辑 Modbus-Read 节点 > 编辑 modbus-client 节点 删除　取消　更新 属性 名称　读取服务器寄存器数据 Type　TCP Host　localhost Port　502 TCP Type　DEFAULT Unit-Id　3 Timeout (ms)　1000 Reconnect on timeout	添加新节点配置，从“Type”下拉中选择通信类型“TCP”，“Host”选择为“localhost”，“Port”设置为“502”，设置“Unit-Id”，并点击添加

续表 6.7

<table>
<tr><th>序号</th><th>图片示例</th><th>操作步骤</th></tr>
<tr><td>14</td><td>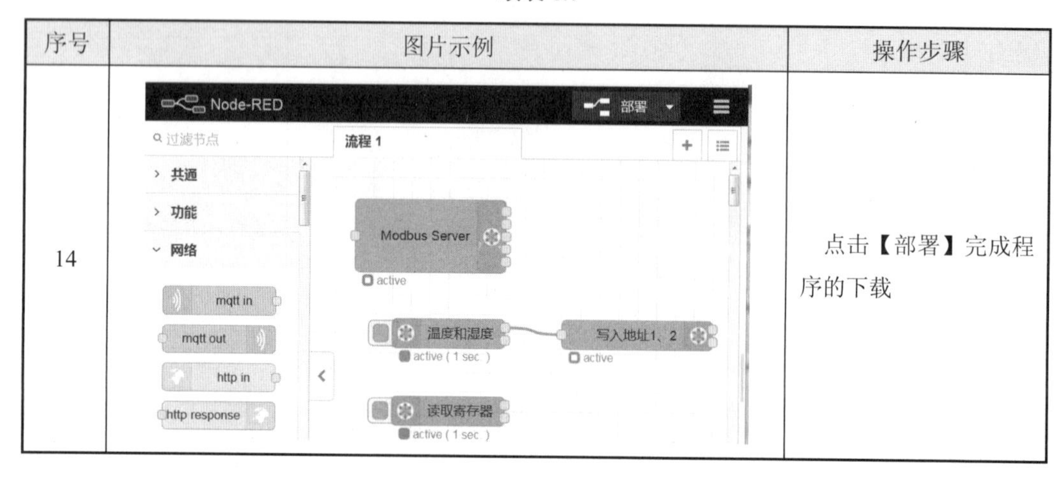
</td><td>点击【部署】完成程序的下载</td></tr>
</table>

6.4.4 关联程序设计

触摸屏作为一个客户端来进行智能网关数据的读取，触摸屏与智能网关的关联地址见表 6.8。

表 6.8 触摸屏与智能网关的关联地址

名称	连接地址	数据类型	对应网关地址
湿度	MW1	+/-INT	1
温度	MW2	+/-INT	2

关联程序 HMI 的创建步骤见表 6.9

表 6.9 关联程序 HMI 的创建步骤

<table>
<tr><th>序号</th><th>图片示例</th><th>操作步骤</th></tr>
<tr><td>1</td><td>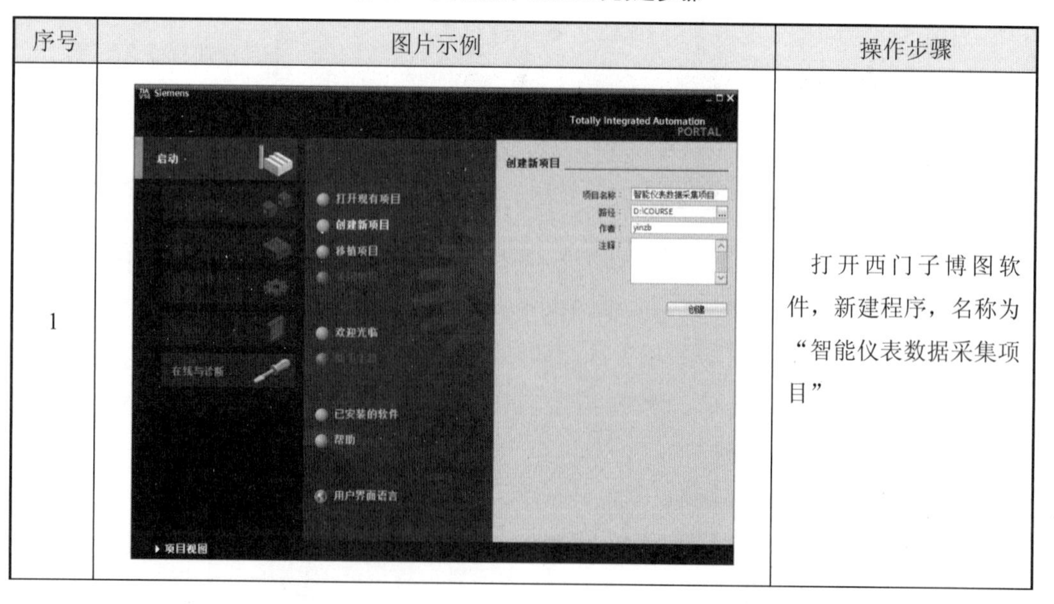
</td><td>打开西门子博图软件，新建程序，名称为“智能仪表数据采集项目”</td></tr>
</table>

续表 6.9

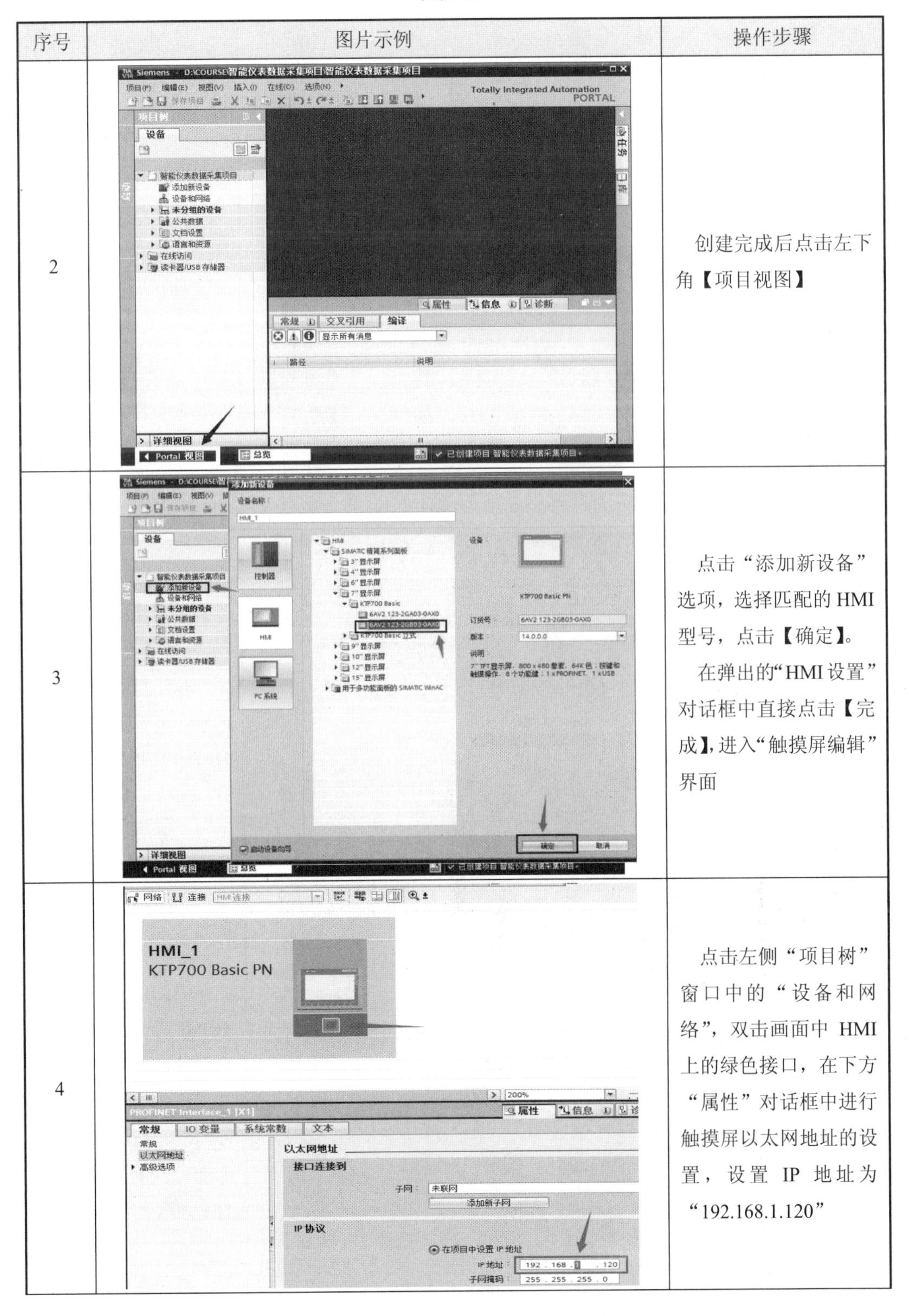

序号	图片示例	操作步骤
2		创建完成后点击左下角【项目视图】
3		点击“添加新设备”选项，选择匹配的 HMI 型号，点击【确定】。 在弹出的“HMI 设置”对话框中直接点击【完成】，进入“触摸屏编辑”界面
4		点击左侧“项目树”窗口中的“设备和网络”，双击画面中 HMI 上的绿色接口，在下方“属性”对话框中进行触摸屏以太网地址的设置，设置 IP 地址为“192.168.1.120”

续表 6.9

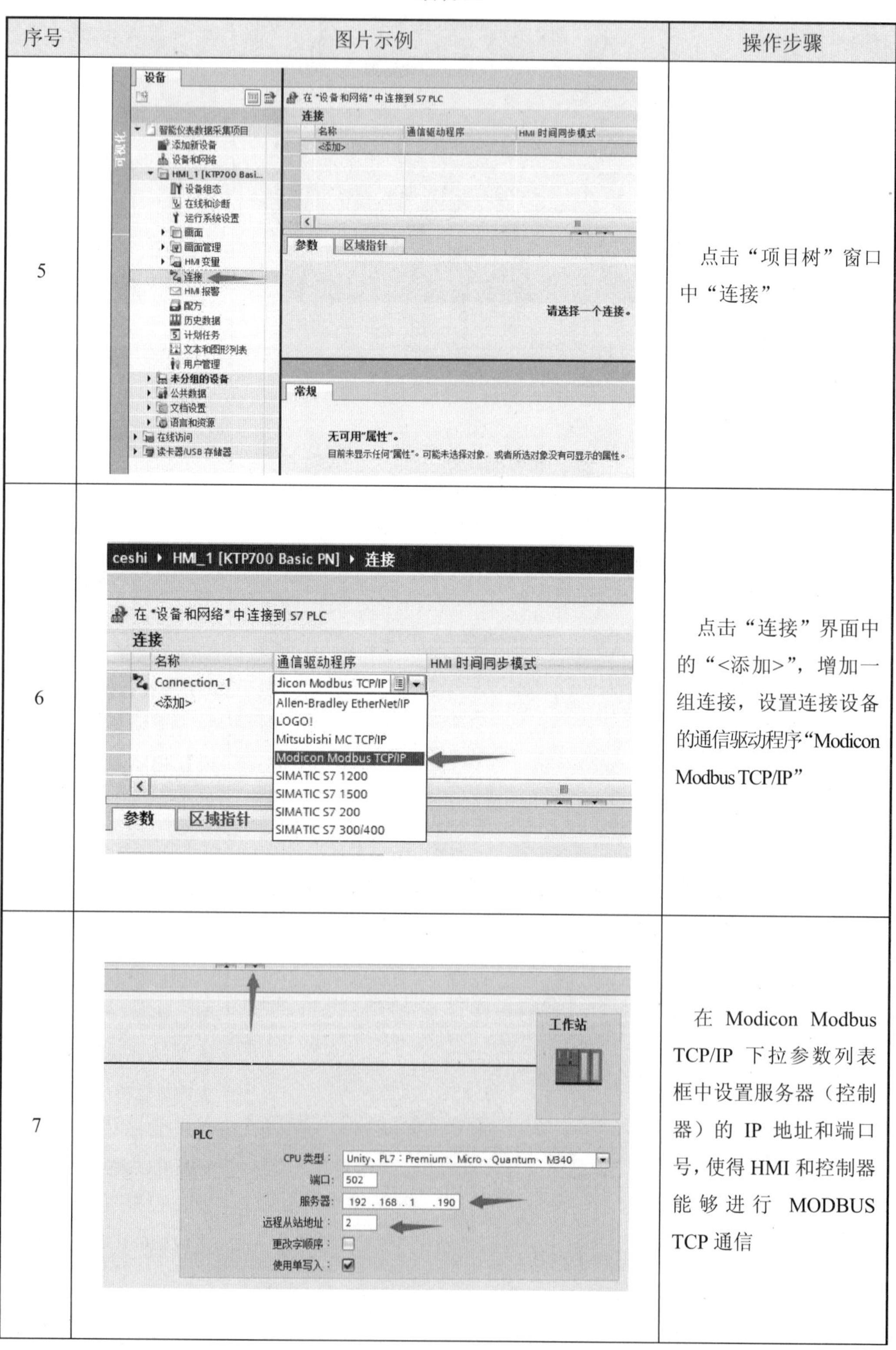

序号	图片示例	操作步骤
5		点击“项目树”窗口中“连接”
6		点击“连接”界面中的“<添加>”，增加一组连接，设置连接设备的通信驱动程序“Modicon Modbus TCP/IP”
7		在 Modicon Modbus TCP/IP 下拉参数列表框中设置服务器（控制器）的 IP 地址和端口号，使得 HMI 和控制器能够进行 MODBUS TCP 通信

续表 6.9

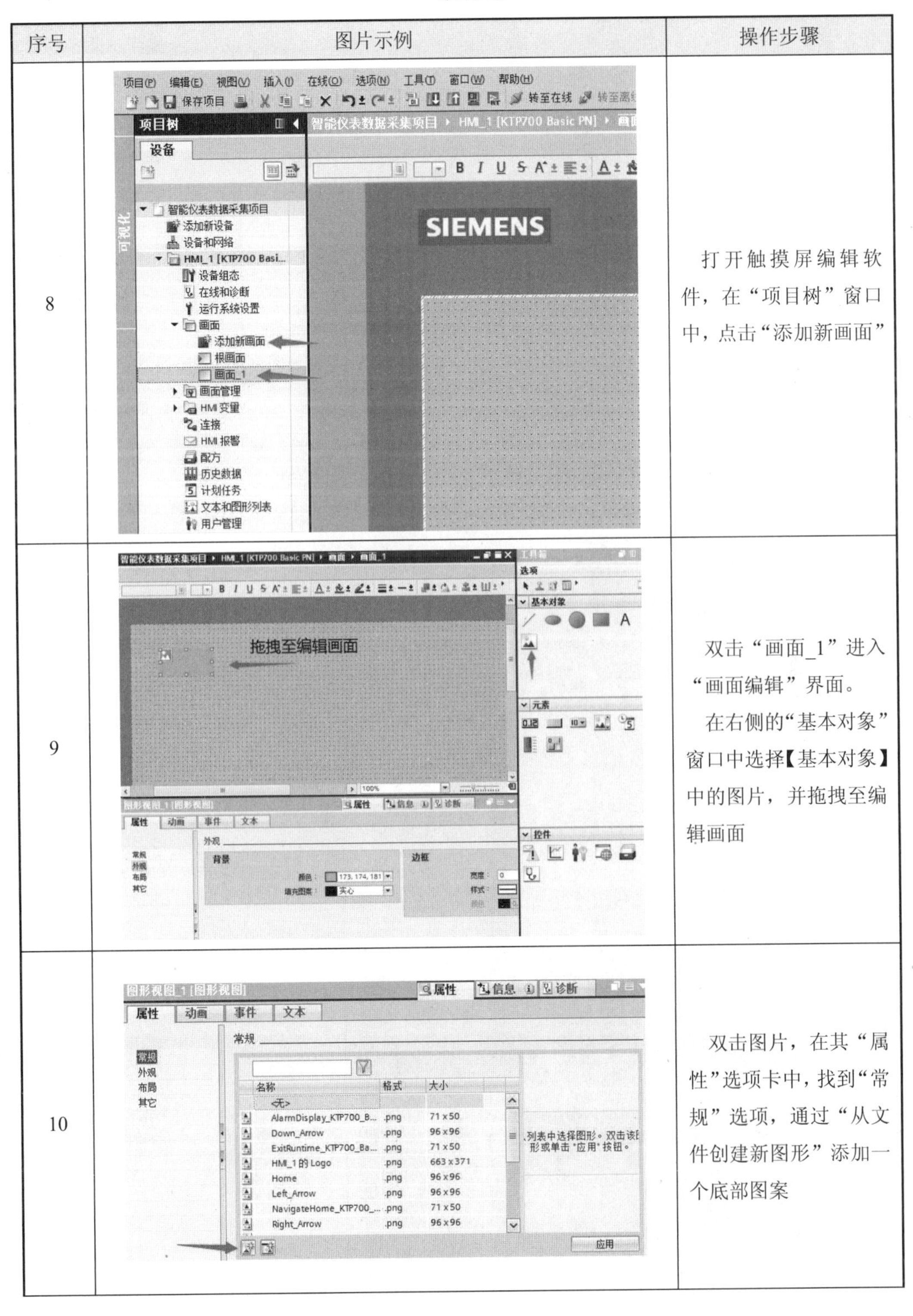

序号	图片示例	操作步骤
8		打开触摸屏编辑软件，在“项目树”窗口中，点击“添加新画面”
9		双击“画面_1”进入“画面编辑”界面。 在右侧的“基本对象”窗口中选择【基本对象】中的图片，并拖拽至编辑画面
10		双击图片，在其“属性”选项卡中，找到“常规”选项，通过“从文件创建新图形”添加一个底部图案

续表 6.9

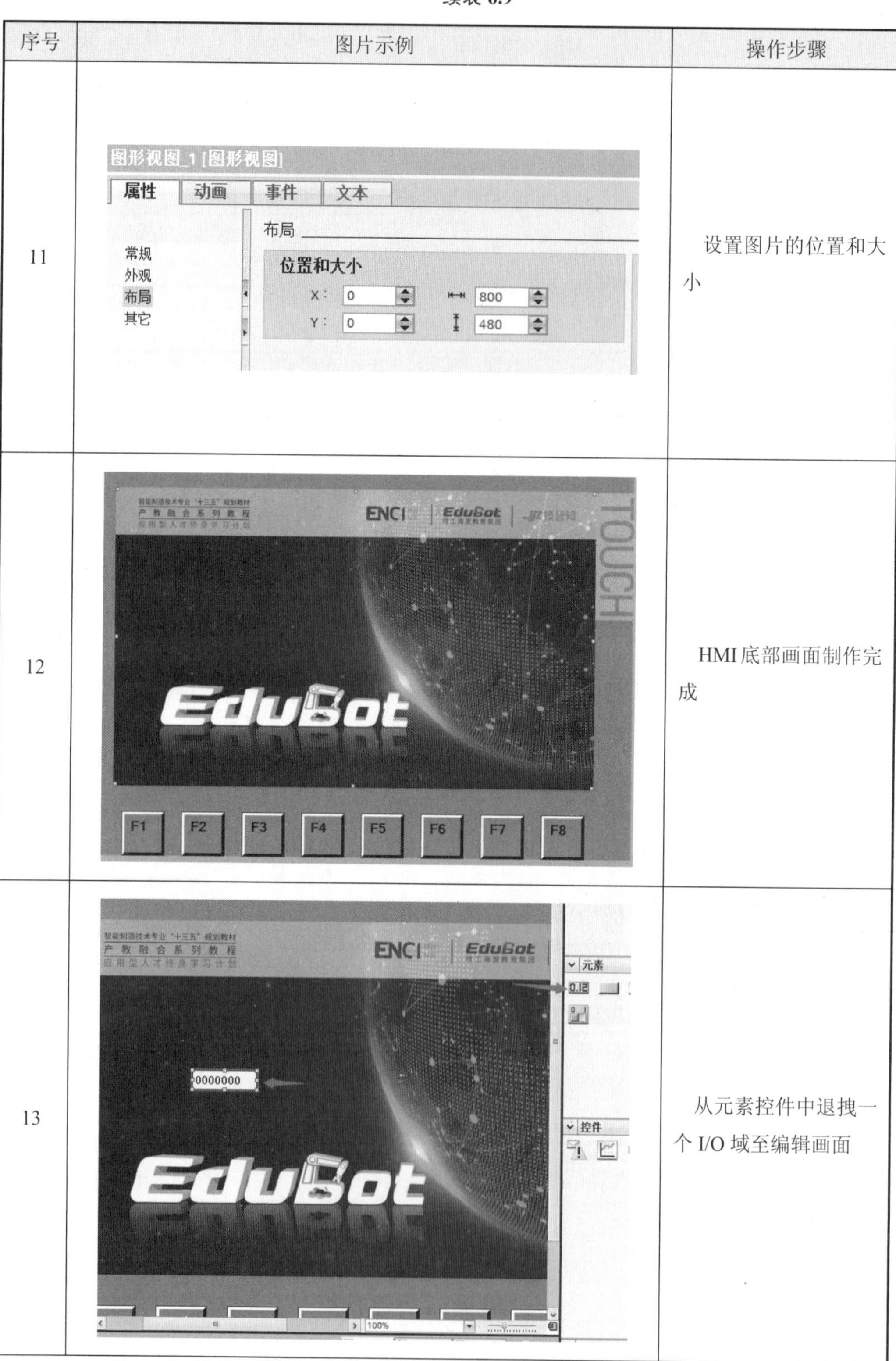

序号	图片示例	操作步骤
11		设置图片的位置和大小
12		HMI底部画面制作完成
13		从元素控件中退拽一个I/O域至编辑画面

续表 6.9

序号	图片示例	操作步骤
14	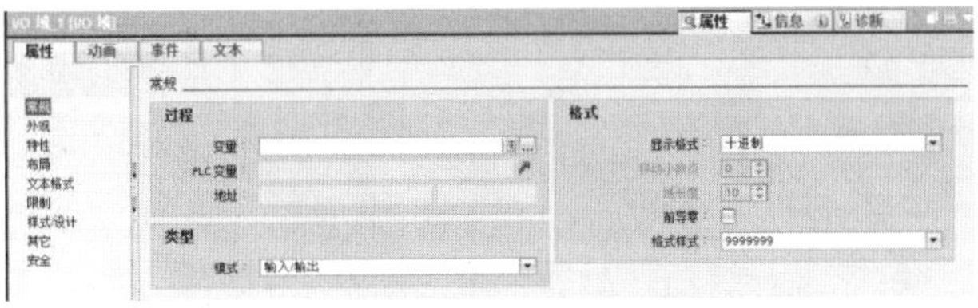	双击 I/O 域进入参数编辑
15	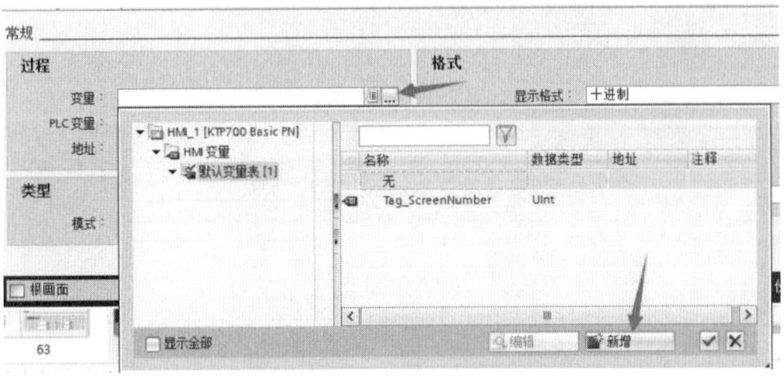	点击编辑后面的添加，在弹出的对话框中选择“新增”
16	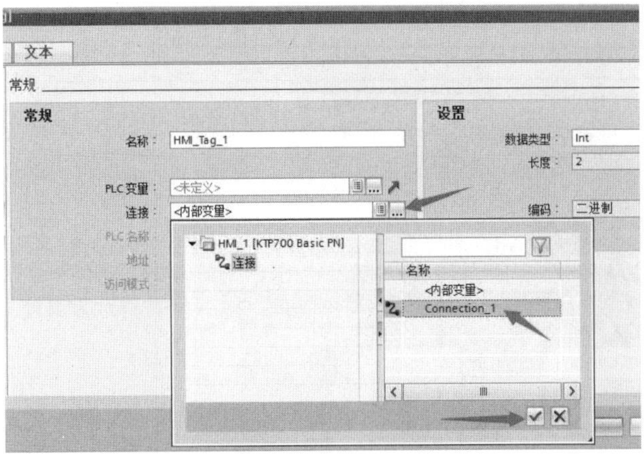	弹出新增变量。 选择连接变量为“Connection_1”

续表 6.9

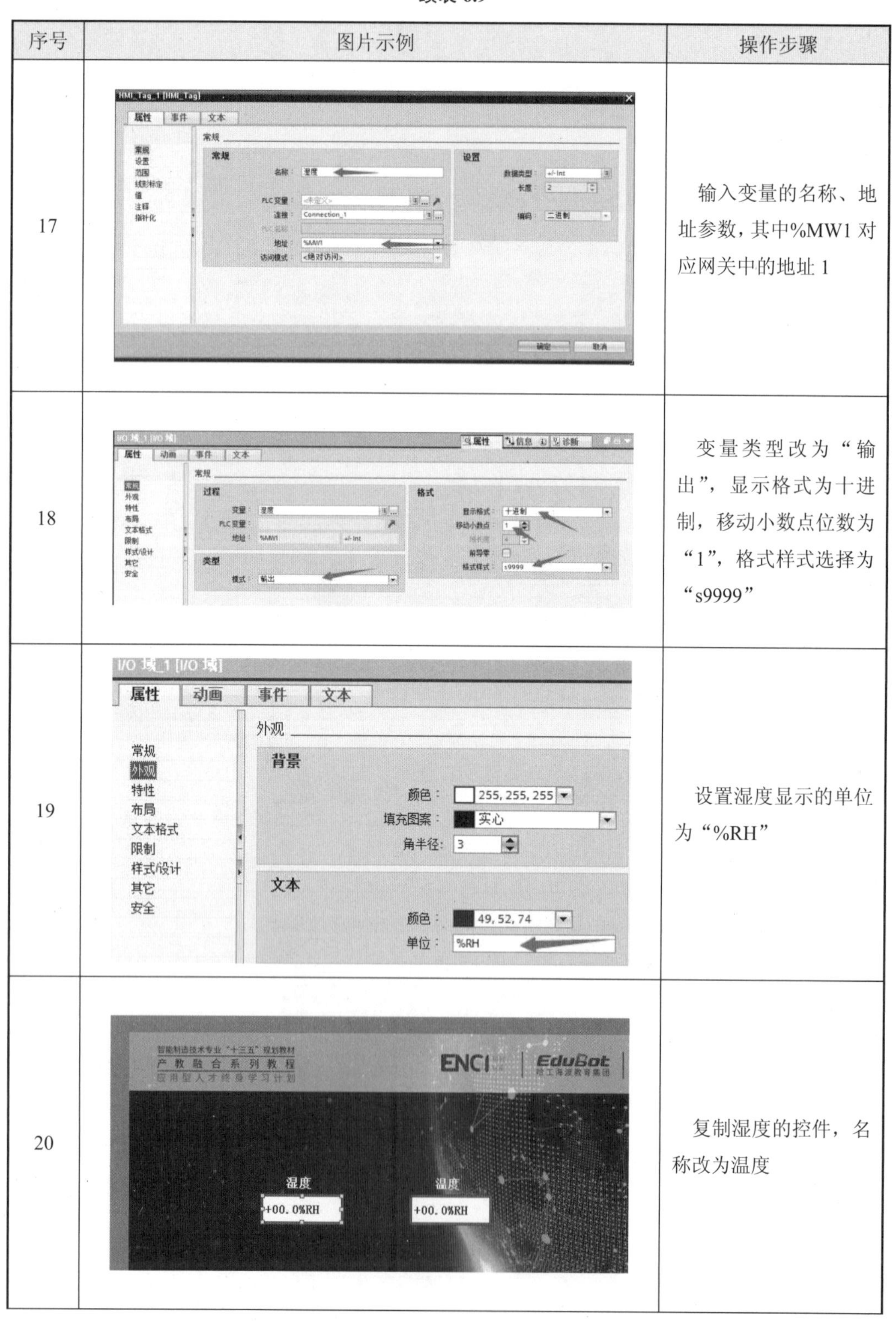

序号	图片示例	操作步骤
17		输入变量的名称、地址参数，其中%MW1 对应网关中的地址 1
18		变量类型改为“输出”，显示格式为十进制，移动小数点位数为“1”，格式样式选择为“s9999”
19		设置湿度显示的单位为“%RH”
20		复制湿度的控件，名称改为温度

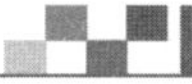

续表 6.9

序号	图片示例	操作步骤
21	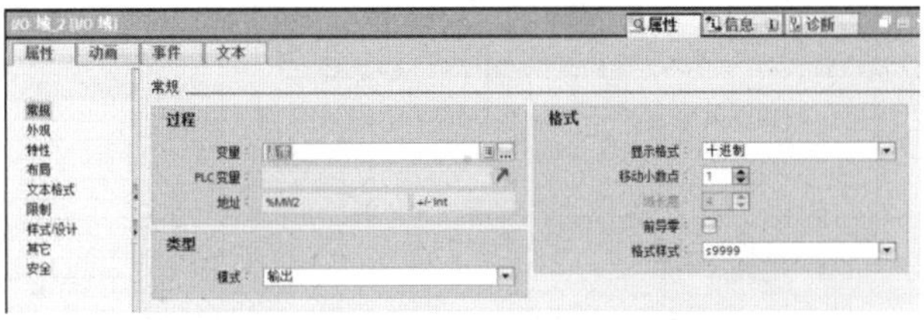	打开控件，变量连接至%MW2，名称命名为温度
22	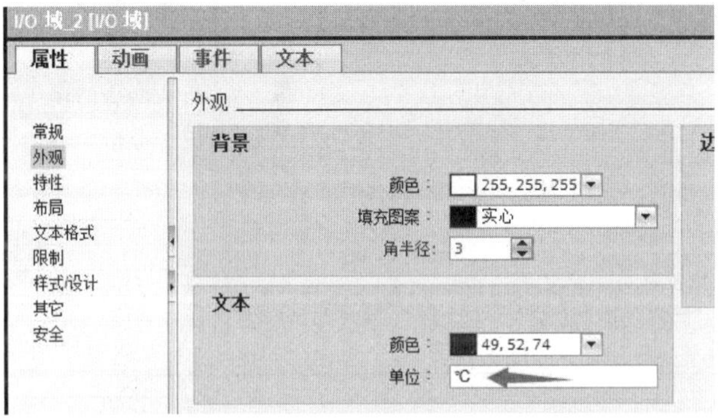	温度单位改为“℃”
23	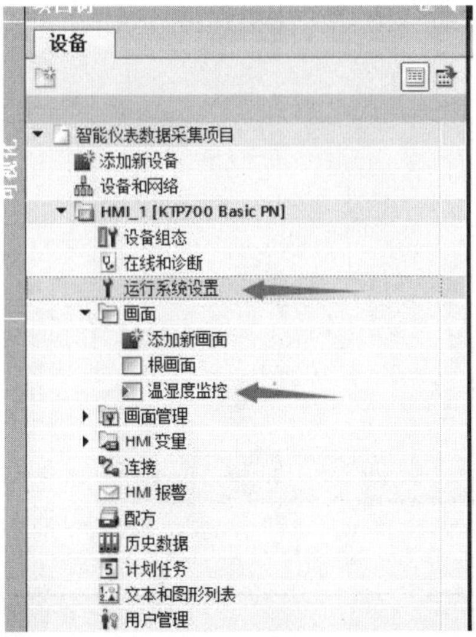	在项目树中，把画面_1 名称改为“温湿度监控”，选择 HMI 的“运行系统设置”
24	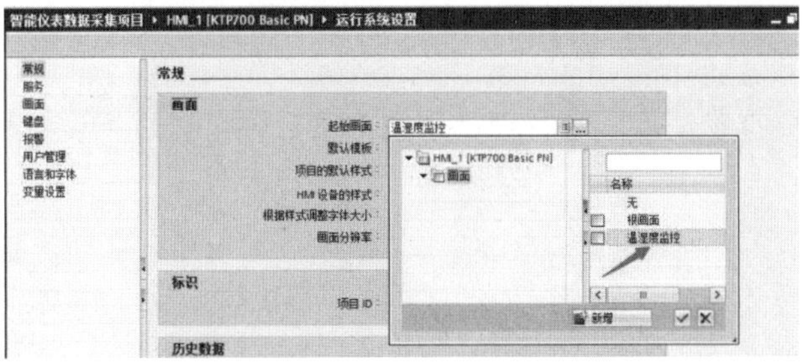	设置触摸屏起始画面为“温湿度监控”

续表 6.9

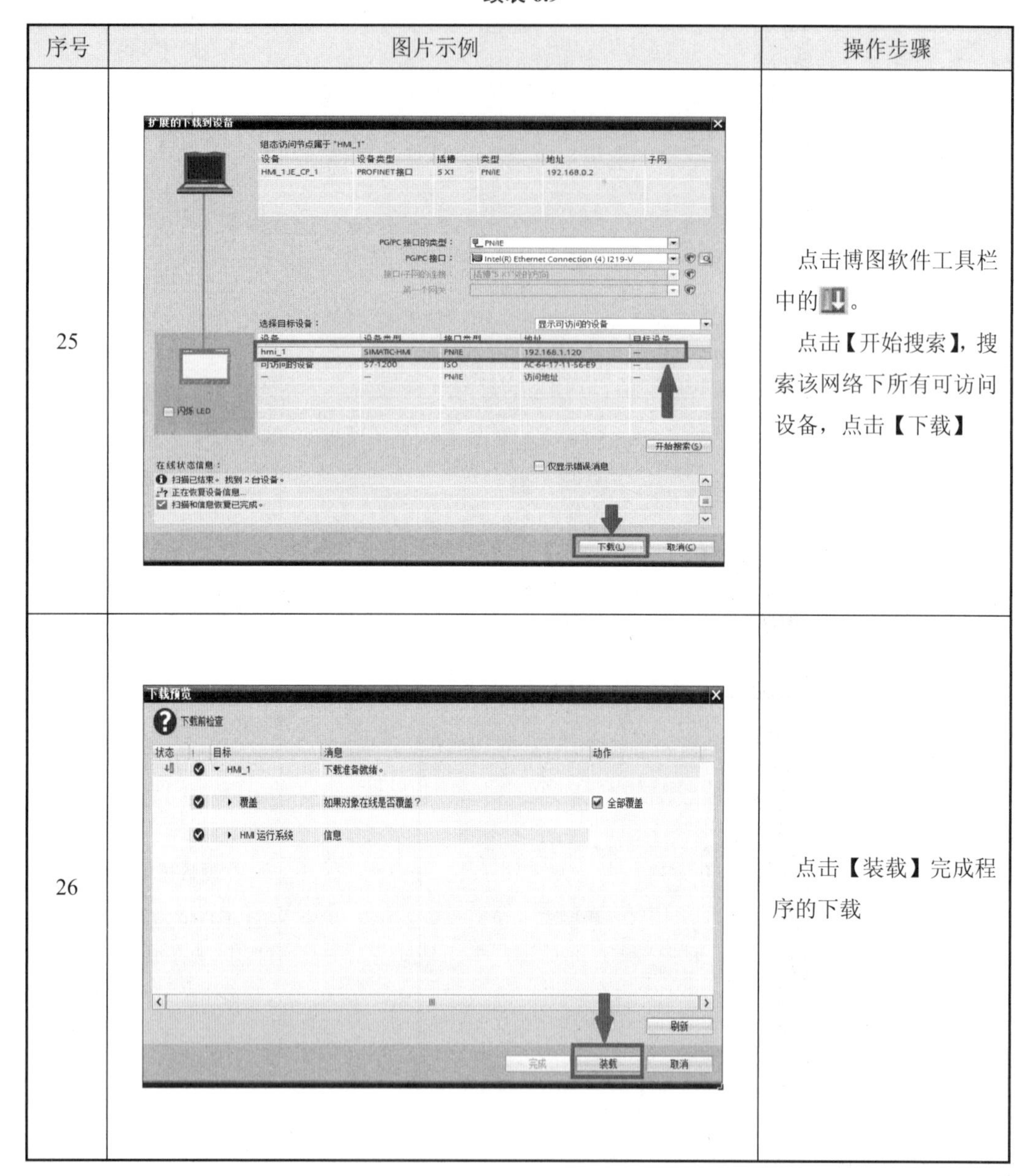

序号	图片示例	操作步骤
25		点击博图软件工具栏中的。 点击【开始搜索】，搜索该网络下所有可访问设备，点击【下载】
26		点击【装载】完成程序的下载

6.4.5 项目程序调试

所有程序和设置进行检查确认后，进行程序下载部署，便可以进行调整与调试，项目程序调试见表 6.10。

表 6.10　项目程序调试

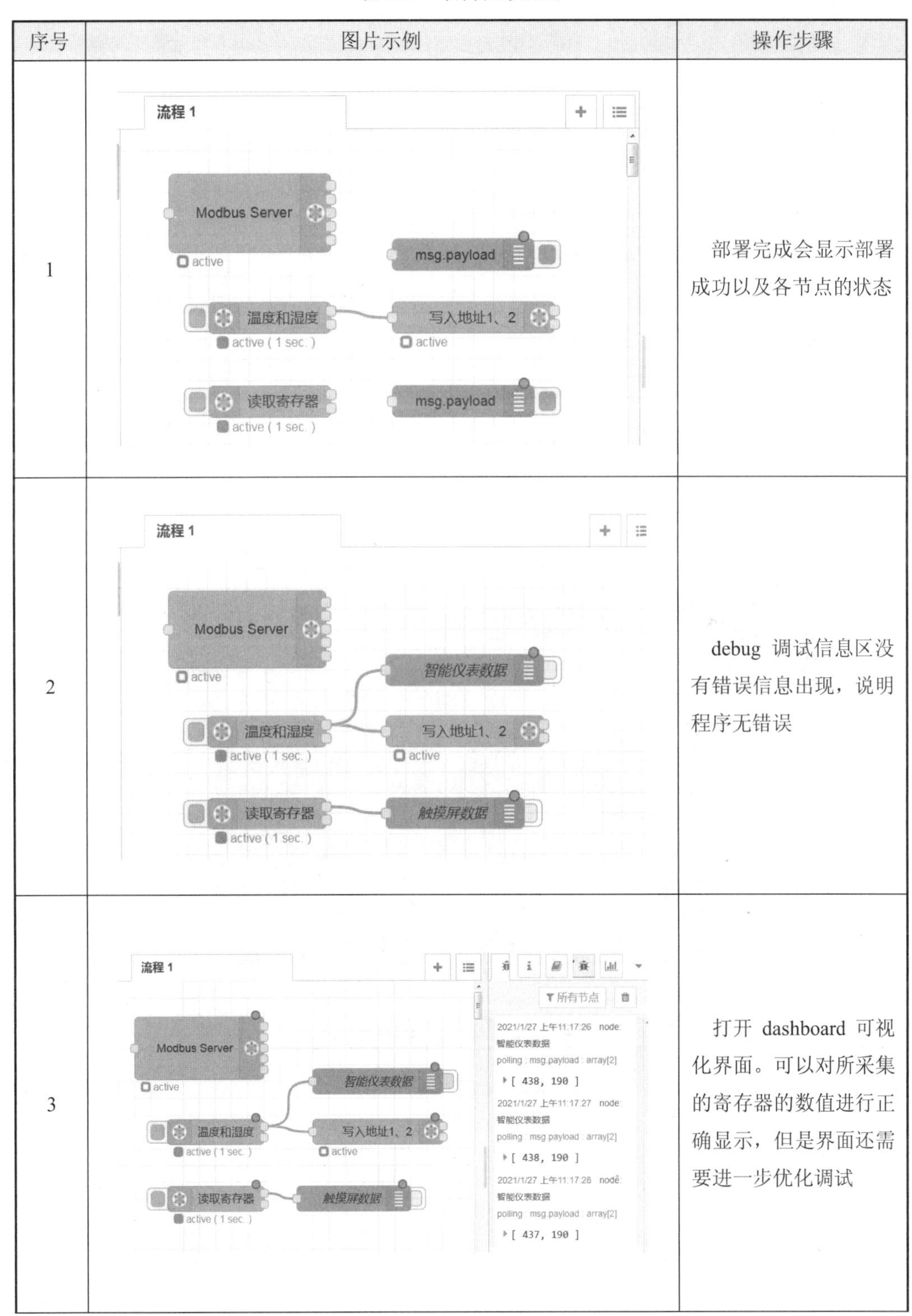

序号	图片示例	操作步骤
1		部署完成会显示部署成功以及各节点的状态
2		debug 调试信息区没有错误信息出现，说明程序无错误
3		打开 dashboard 可视化界面。可以对所采集的寄存器的数值进行正确显示，但是界面还需要进一步优化调试

续表 6.10

<table>
<tr><th>序号</th><th>图片示例</th><th>操作步骤</th></tr>
<tr><td>4</td><td>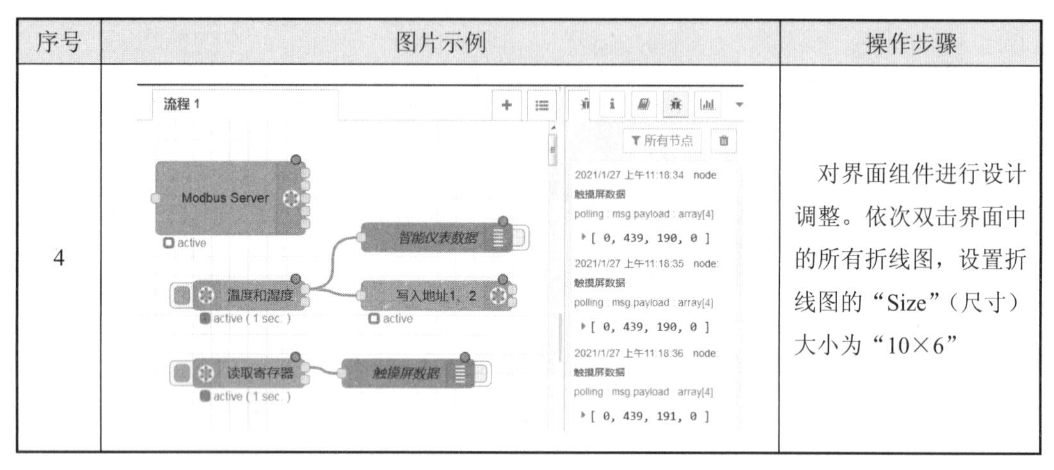
</td><td>对界面组件进行设计调整。依次双击界面中的所有折线图，设置折线图的“Size”（尺寸）大小为“10×6”</td></tr>
</table>

6.4.6 项目总体运行

项目总体运行状态如图 6.8 所示。在“智能仪表可视化界面”中，可以按照配置情况进行相应寄存器数值的文本显示和折线图历史数据显示，为智能仪表数据采集和可视化提供了可行的解决方案。

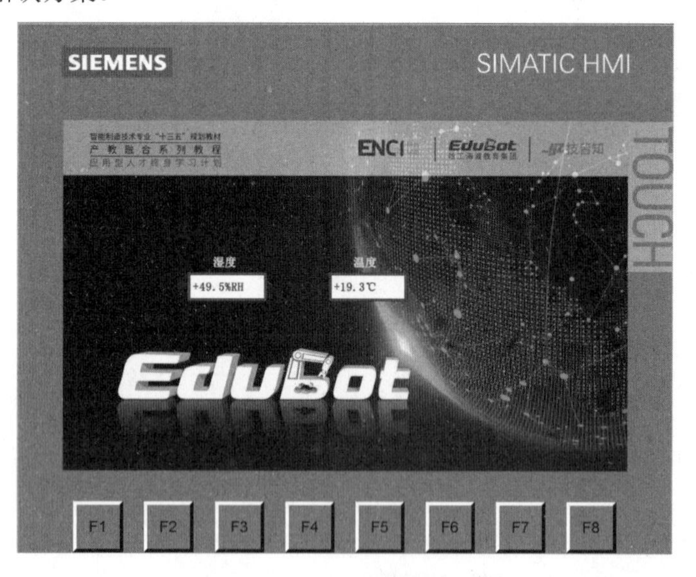

图 6.8 项目总体运行图

6.5 项目验证

6.5.1 效果验证

运行项目程序，检查智能仪表是否能正常读取设备用电信息，并在智能网关的可视化界面上能够对智能仪表各项数据进行显示。效果验证流程图如图 6.9 所示。

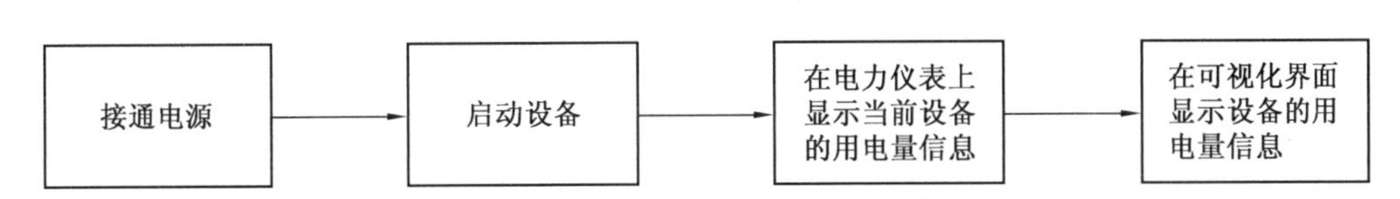

图 6.9　效果验证流程图

6.5.2　数据验证

数据验证主要对相关节点输出的变量数值与智能仪表的实际显示数值进行对比，以确保数据采集、数据处理的正确性。

6.6　项目总结

6.6.1　项目评价

项目评价见表 6.11。通过对整个项目的练习，评价对智能网关与智能仪表进行数据交互过程的知识技能的掌握情况。

表 6.11　项目评价表

项目指标		分值	自评	互评	完成情况说明
项目分析	1. 硬件架构分析	6			
	2. 项目流程分析	6			
项目要点	1. Modbus 通讯协议	8			
	2. Modbus RTU 通信节点	8			
	3. Modbus TCP 通信节点	8			
项目步骤	1. 应用系统连接	9			
	2. 应用系统配置	9			
	3. 主体程序设计	9			
	4. 关联程序设计	9			
	5. 项目程序调试	9			
	6. 项目运行调试	9			
项目验证	1. 效果验证	5			
	2. 数据验证	5			
合计		100			

6.6.2　项目拓展

智能电表集测量、通信于一体，具有电压、电流、功率、频率、功率因数等多项电参量测量功能，可以对电量参数进行实时测量与显示，同时具有 RS485 接口，支持 Modbus RTU 通讯协议。通过网关采集智能电表相关参数，并以表盘、折线图等多种方式进行图形化显示。

第 7 章　PLC 及伺服系统数据交互项目

7.1　项目概况

※ 项目目的

7.1.1　项目背景

PLC 目前被广泛应用于工业生产现场，已经成为当代工业自动化的重要支柱，是工业控制的核心器件之一。使用工业智能网关与 PLC 进行数据交互，可以将生产现场与 IT 系统进行安全连接，从而实现机器设备与产品数据、用户数据互联互通，促进数据化支撑下的企业生产全流程可视化，实现 IT 与 OT 的融合，提供智能制造基础能力。

智能网关与 PLC 进行数据交互，在各行各业中都具有广泛的应用价值。通过智能网关时刻记录 PLC 设备的能耗状态，对其能耗历史数据进行展示和分析，形成机器开工率的直观展示，为企业决策提供服务支持；根据设备运行数据，监视机器、零件的使用次数，根据历史寿命来预测性的提供运维建议；另外，还可以利用物联网平台跟踪库存，与供应链系统集成，实现零库存管理。图 7.1 所示为通过智能网关采集的工厂数据做成的 MES 制造执行系统。

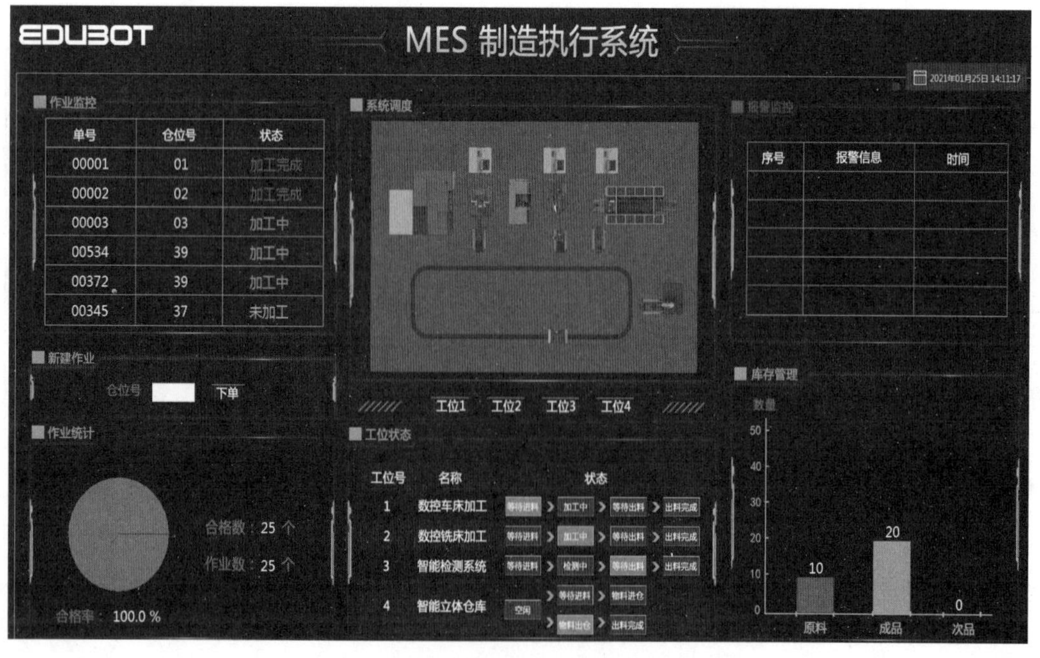

图 7.1　MES 制造执行系统

7.1.2　项目需求

本项目主要是智能网关通过读取 PLC 的数据进行设备的启停控制，当按下网关界面上的启动按钮，伺服开始运行，并且网关能实时监控到伺服的位置和速度信息，项目需求图如图 7.2 所示。

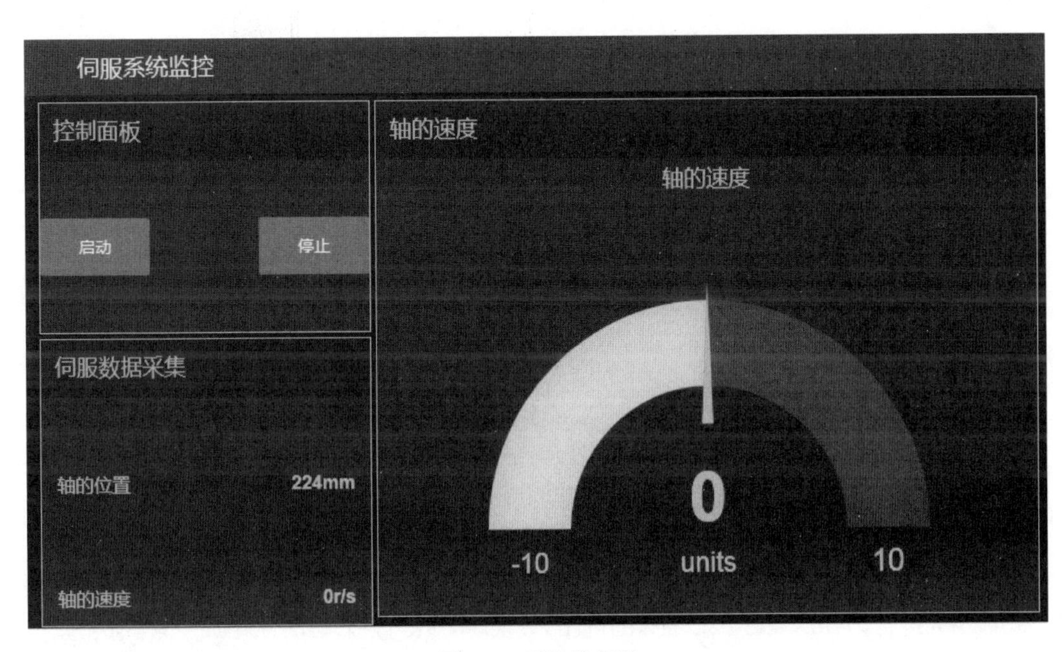

图 7.2　项目需求图

7.1.3　项目目的

（1）了解 PLC 的基本组成。
（2）掌握 PLC 的简单应用。
（3）熟悉 PLC 编程技术。
（4）掌握 Node-RED 编程设计，实现 PLC 数据采集与展示。

7.2　项目分析

7.2.1　项目构架

本项目使用计算机完成对各设备器件的编程和调试任务。项目以西门子 PLC 为总控制器，完成对外部信号的逻辑处理，并以触摸屏显示 PLC 内部变量的状态。EnGateWay 智能网关通过 S7 协议采集 PLC 数据，实现数据显示。项目构架图如图 7.3 所示。

※ 项目分析

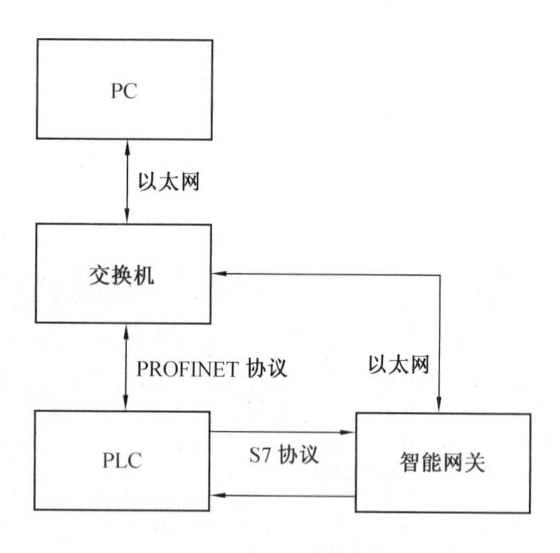

图 7.3　项目构架图

7.2.2　项目流程

本项目涉及除了工业智能网关之外的其他控制设备的使用，所以还需要完成对 PLC、触摸屏的关联程序设计和调试。最后使用智能网关对 PLC 进行数据采集和总体运行控制。项目流程如图 7.4 所示。

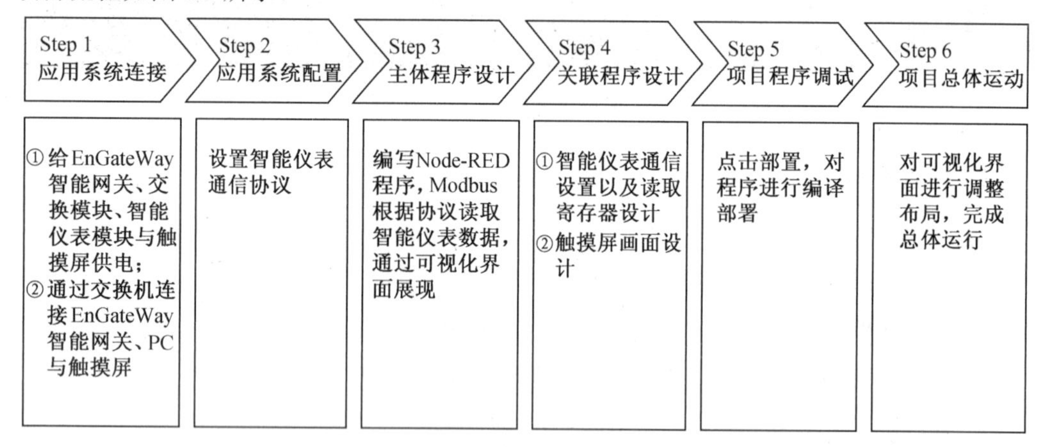

图 7.4　项目流程图

7.3　项目要点

※ 项目要点

7.3.1　PROFINET 协议

PROFINET 是一个开放式的工业以太网通信协议，该协议由 PROFIBUS＆PROFINET International（PI）维护和支持。PROFINET 应用 TCP/IP 及资讯科技的相关标准，是实时的工业以太网。自 2003 年起，PROFINET 是 IEC 61158 及 IEC 61784 标准中的一部分。

PROFINET 网络和外部设备的通信是借由 PROFINET I/O 来实现的。PROFINET I/O 定义与现场连接的外围设备的通信，它的基础是级联的实时概念。PROFINET I/O 定义了控制器（称为“I/O 控制器”）和设备（称为“I/O 设备”）之间的整个数据交换，以及参数设置和诊断。I/O 控制器是 PLC；I/O 设备是 I/O 模块、驱动器、传感器或执行器，图 7.5 所示为一个典型的 PLC 控制系统。

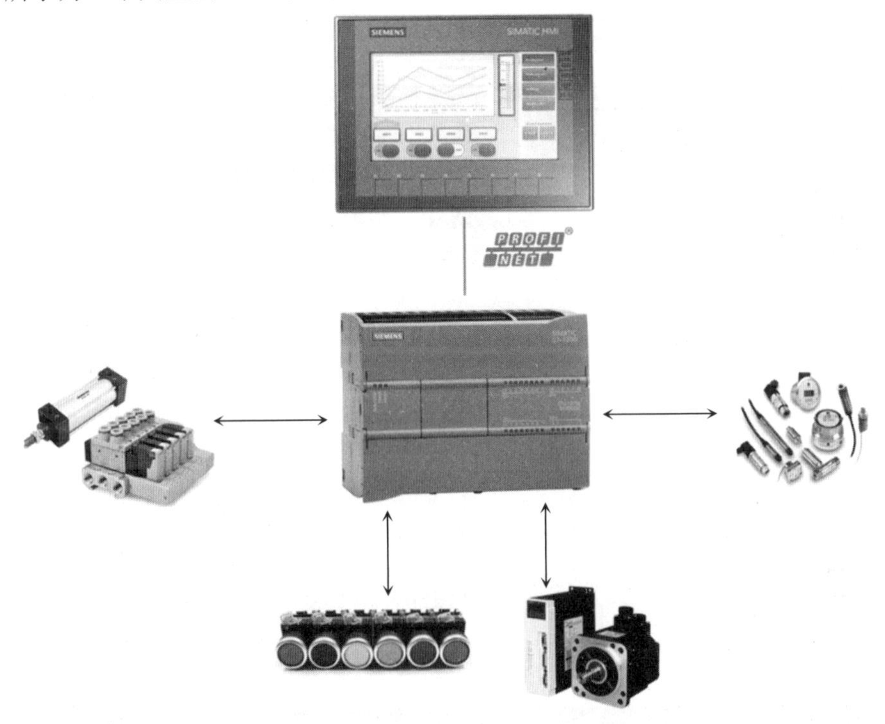

图 7.5　典型的 PLC 控制系统

本项目采用 SIMATIC 精简系列面板与 SIMATIC S7-1214C PLC 无缝兼容，通过 PROFINET 协议进行数据通信。PLC 与外围按钮或指示灯通过数字量 I/O 进行信号交互。

西门子 PLC 和触摸屏的编程采用的是 TIA 博途编程软件，它是西门子公司推出的新一代综合了 PLC 编程和触摸屏组态等功能与一体的软件，使用户能在一个软件环境下，就能对 PLC 和触摸屏系统完成全部的编程与调试工作。

7.3.2　伺服系统的设置

本平台使用西门子的 SINAMICS V90 PN 系列伺服系统。

SINAMICS V90 PN 版本是独立于当前的 SINAMCIS V90 脉冲串的控制器，它只支持 PROFIdrive 运动控制协议。SINAMICS V90 PN 伺服驱动支持两种模式：基本定位器（EPOS）模式和速度控制（S）模式。

本项目使用速度控制模式，速度设定值通过 PROFINET 发送至驱动器，电机的位置控制通过驱动器的速度控制以及 PLC 的位置控制共同完成。

1. 软件简介

SINAMICS V90 PN 使用 V-ASSISTANT 软件进行调试和诊断，软件界面如图 7.6 所示。V-ASSISTANT 软件可以对 SINAMICS V90 PN 伺服驱动的控制模式、PROFINET 设置和参数设置进行编辑。

（a）软件图标

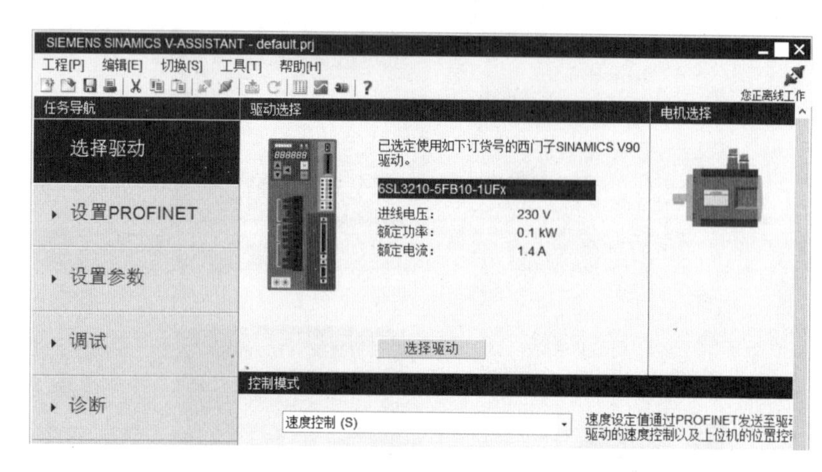

（b）软件界面

图 7.6　V-ASSISTANT 软件

V-ASSISTANT 软件中只需要设置 PROFINET 的 PN 站名和配置斜坡功能。设置界面如图 7.7 所示。

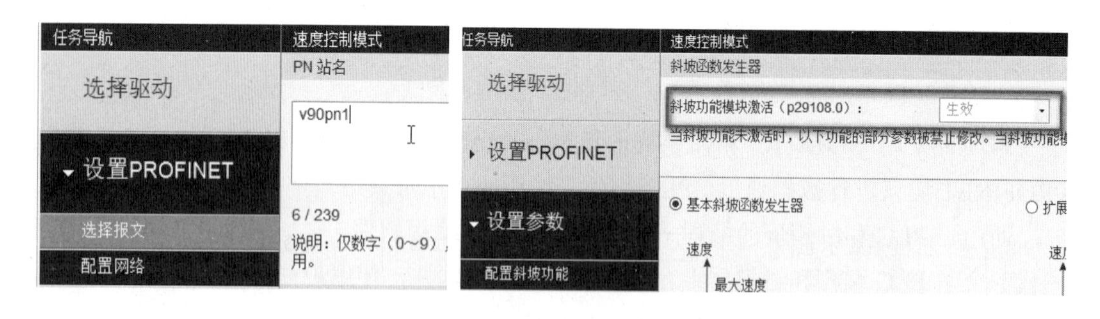

（a）PN 站名　　　（b）配置斜坡功能

图 7.7　设置界面

2. GSD 文件

本项目以 S7-1200 及 SINAMICS V90 PN 通过 PROFINET 通信连接，通过使用 V90 PN 的 GSD 文件，将 V90 PN 组态为 S7-1200 的 IO device。V90 PN 的 GSD 文件需要从官网下载，网址为 https://support.industry.siemens.com/cs/ww/en/view/109737269，网页界面如图 7.8 所示。

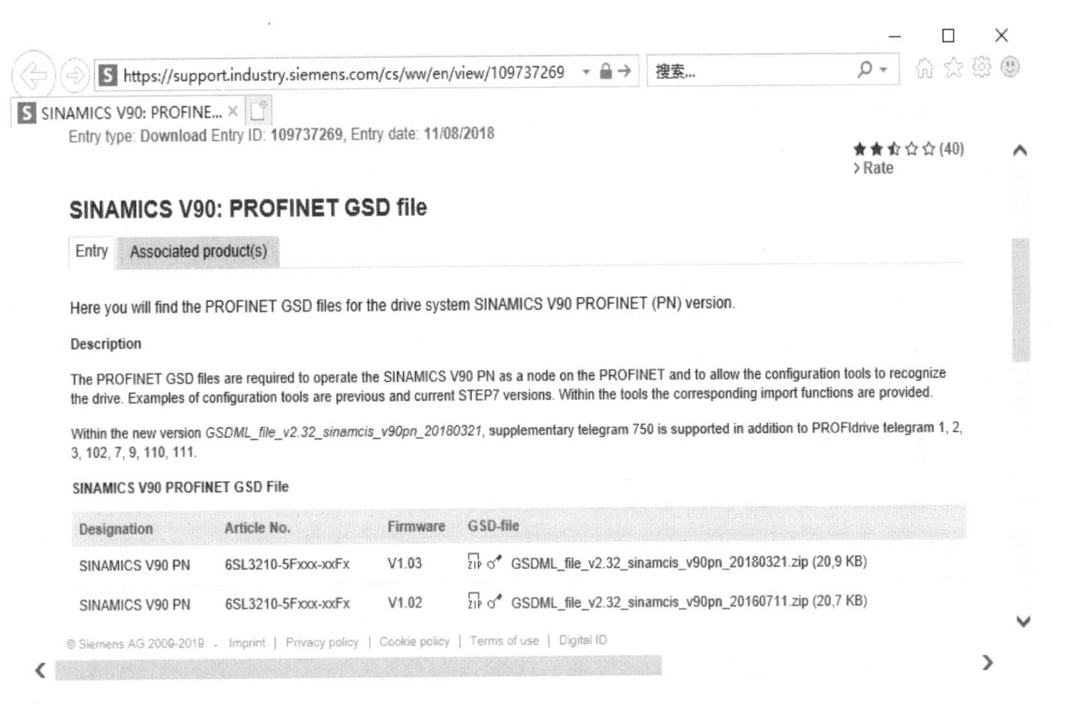

图 7.8　GSD 文件下载网址

3. 机械结构的设置

在设备设计前，需了解负载侧的机械结构和步进电机的步进角，确认系统移动精度，举例两种机械结构的设置特点，见表 7.1。

表 7.1　机械结构的设置

序号	描述	机械系统	
		滚珠丝杠	圆盘
1	机械系统示意图	负载轴　工件 滚珠丝杠的螺距：6 mm	负载轴 电机
2	识别机械系统	滚珠丝杠的节距：6 mm 减速比：1∶1（联轴器）	旋转角度：360° 减速比：3∶1
3	负载轴每转的位移量	6 mm	360°
4	电机每转负载的位移量	6 mm /1 = 6 mm	360° /3 = 120°

本项目使用圆盘机械结构，圆盘通过联轴器直接安装在电机轴上，减速比为 1∶1，电机每转负载的位移量为 360°。

7.3.3 PROFIdrive 驱动装置

1. PROFIdrive 介绍

PROFIdrive 是通过 PROFINET I/O 连接驱动器和编码器的标准化驱动技术配置文件。支持 PROFIdrive 配置文件的驱动器都可根据 PROFIdrive 标准进行连接。

控制器和驱动器/编码器之间通过各种 PROFIdrive 报文进行通信。每个报文均有一个标准化的结构。可根据具体应用，选择相应的报文。通过 PROFIdrive 报文，可传输控制字、状态字、设定值和实际值。

2. 报文介绍

SINAMICS V90 PN 支持标准报文以及西门子报文。详细说明见表 7.2。

表 7.2 报文的 PZD 数目

报文	最大 PZD 数目	
	接收字	发送字
标准报文 1	2	2
标准报文 2	4	4
标准报文 3	5	9
标准报文 5	9	9
标准报文 7	2	2
标准报文 9	10	5
西门子报文 102	6	10
西门子报文 105	10	10
西门子报文 110	12	7
西门子报文 111	12	12
西门子报文 750（辅助报文）	3	1

从驱动设备的角度看，接收到的过程数据是接收字，发送的过程数据是发送字。一个 PZD 等于一个字。

仅在 V90 PN 连接至 SIMATICS S7-1500 且编程软件版本为 V14 或更高版本时，标准报文 5 和西门子报文 105 可用，本项目不适用。

辅助报文仅可跟主报文一起使用，不能单独使用。

本项目伺服系统使用速度控制，并通过 PLC 工艺对象进行控制，必须使用标准报文 3。需要在 V90 PN 的组态设置和 V-ASSISTANT 软件的报文设置中选择标准报文 3，V-ASSISTANT 软件的设置界面如图 7.9 所示，编程软件组态的设置如图 7.10 所示。

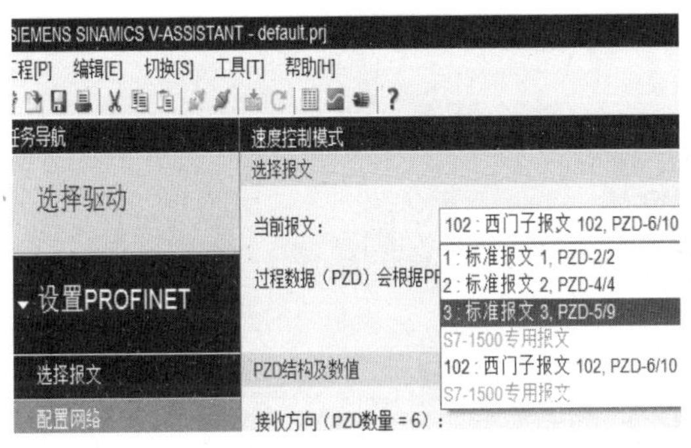

图 7.9　V-ASSISTANT 软件的设置

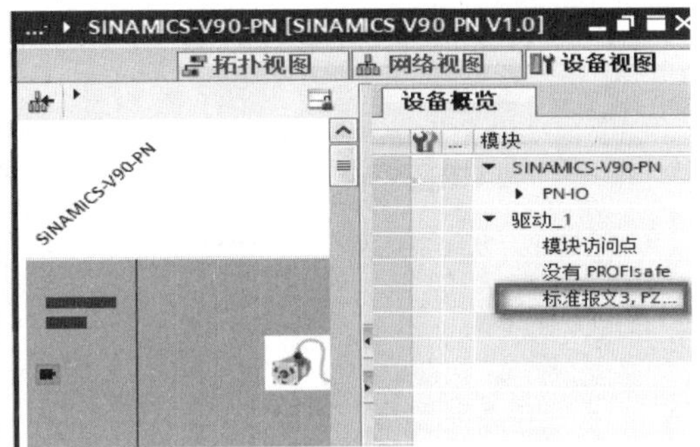

图 7.10　编程软件的组态设置

标准报文 3 的内容见表 7.3。其中 PZD 表示报文的一个字，总共 10 个字（PZD1～PZD10）。带有 STW 为控制字，带有 ZSW 为状态字，NSOLL 为速度设定字，NIST 为速度状态字，G1_XIST 为编码器的实际位置。

表 7.3　标准报文 3 的内容

报文	标准报文 3	
	接收方向	传输方向
PZD1	STW1	ZSW1
PZD2	NSOLL_B	NIST_B
PZD3		
PZD4	STW2	ZSW2
PZD5	G1_STW	G1_ZSW
PZD6		G1_XIST1
PZD7		
PZD8		G1_XIST2
PZD9		
PZD10		

3. 运动控制对象设置

运动控制对象的设置主要介绍驱动器和编码器的选择。

（1）驱动器选择。

运动控制对象的驱动器设置需要选择 V90 PN 中的驱动_1，驱动器选择如图 7.11 所示。

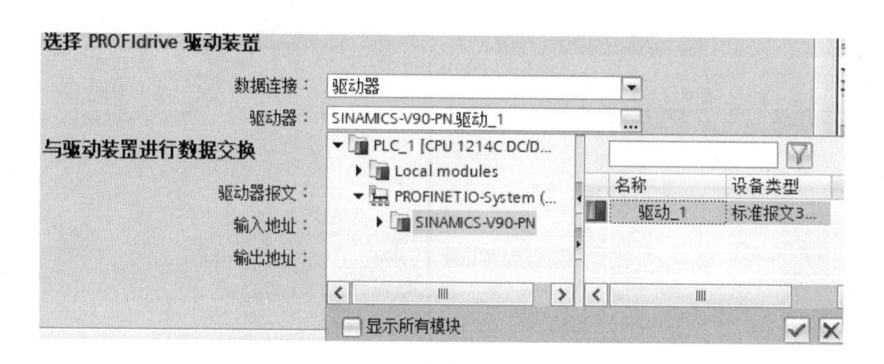

图 7.11　驱动器选择

（2）编码器的选择。

编码器连接需要选择 PROFINET 上的编码器，PROFIdrive 编码器选择驱动报文装置的编码器，即“编码器 1”，编码器的选择如图 7.12 所示。

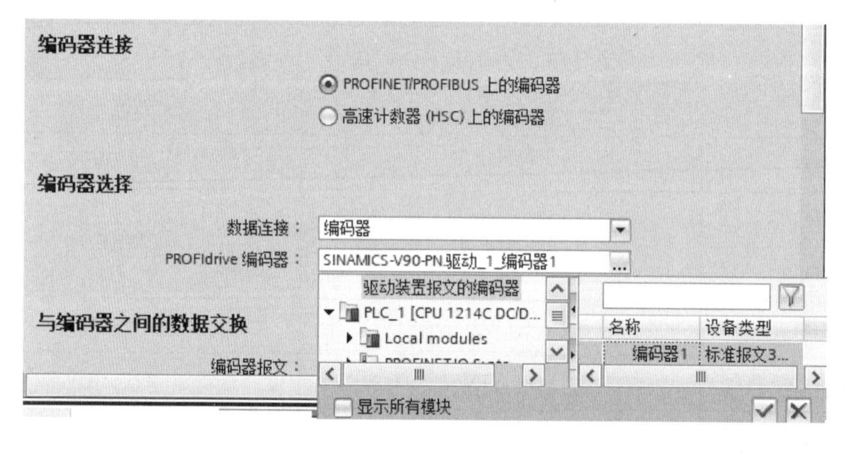

图 7.12　编码器的选择

7. 3. 4　S7 通信功能节点

S7 通信协议是西门子 S7 系列 PLC 内部集成的一种通信协议，它是一种运行在传输层之上的，经过特殊优化的通信协议，其信息传输可以基于 MPI 网络、PROFIBUS 网络或者以太网。

西门子 S7 系列 PLC 通常作为服务器（Server），客户端（Client）通过 S7 通信协议访问 PLC 内部的变量和数据等资源信息，实现对服务器的数据进行读取或写入等操作。

EnGateWay 智能网关通过安装 S7 通信功能节点就能够与西门子 S7 系列 PLC 进行通信，采集 PLC 内部的数据变量。

在 EnGateWay 智能网关上安装 S7 节点有两种方法，具体操作步骤见表 7.4。

表7.4　S7节点安装的操作步骤

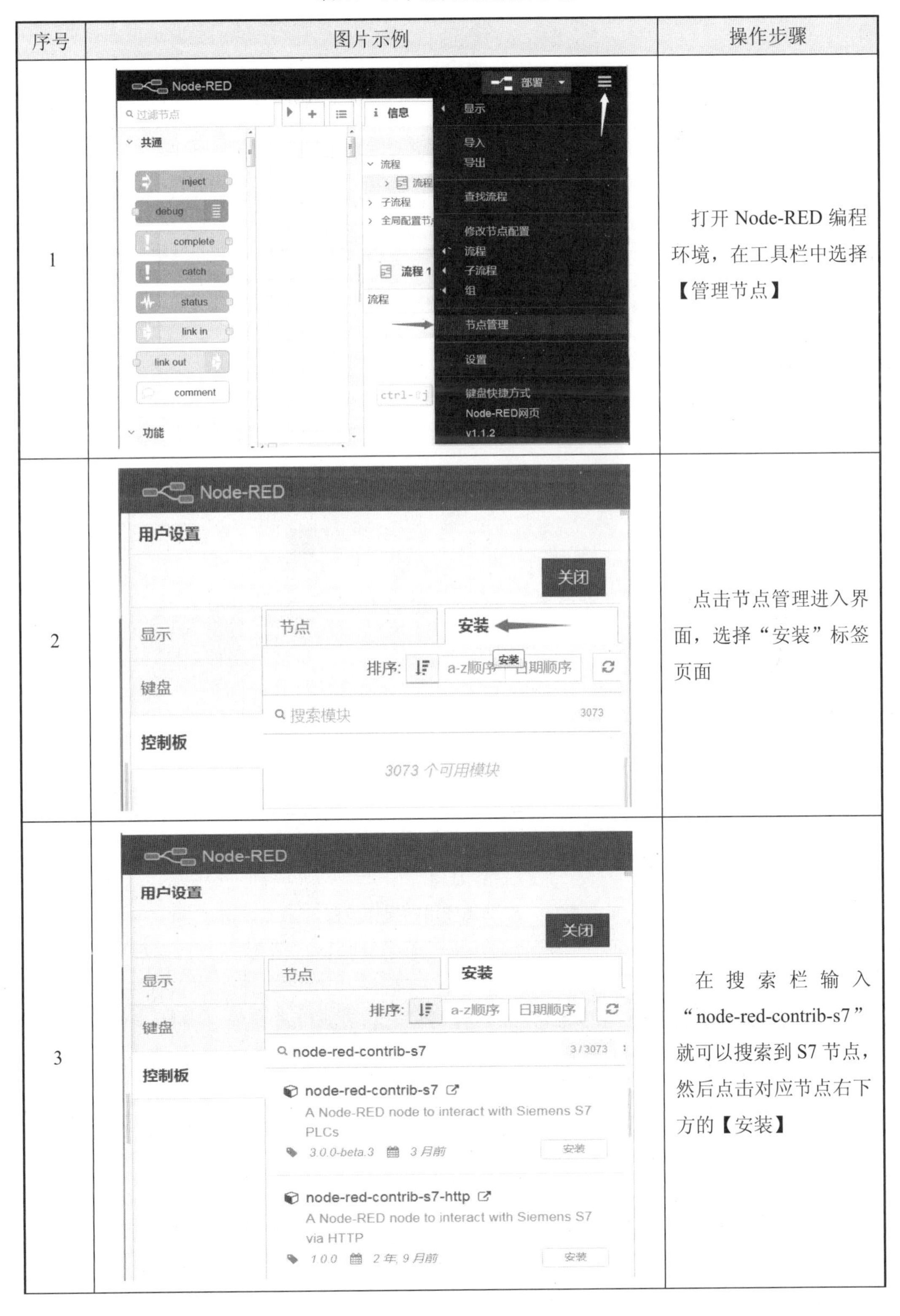

序号	图片示例	操作步骤
1		打开 Node-RED 编程环境，在工具栏中选择【管理节点】
2		点击节点管理进入界面，选择“安装”标签页面
3		在搜索栏输入“node-red-contrib-s7”就可以搜索到 S7 节点，然后点击对应节点右下方的【安装】

续表7.4

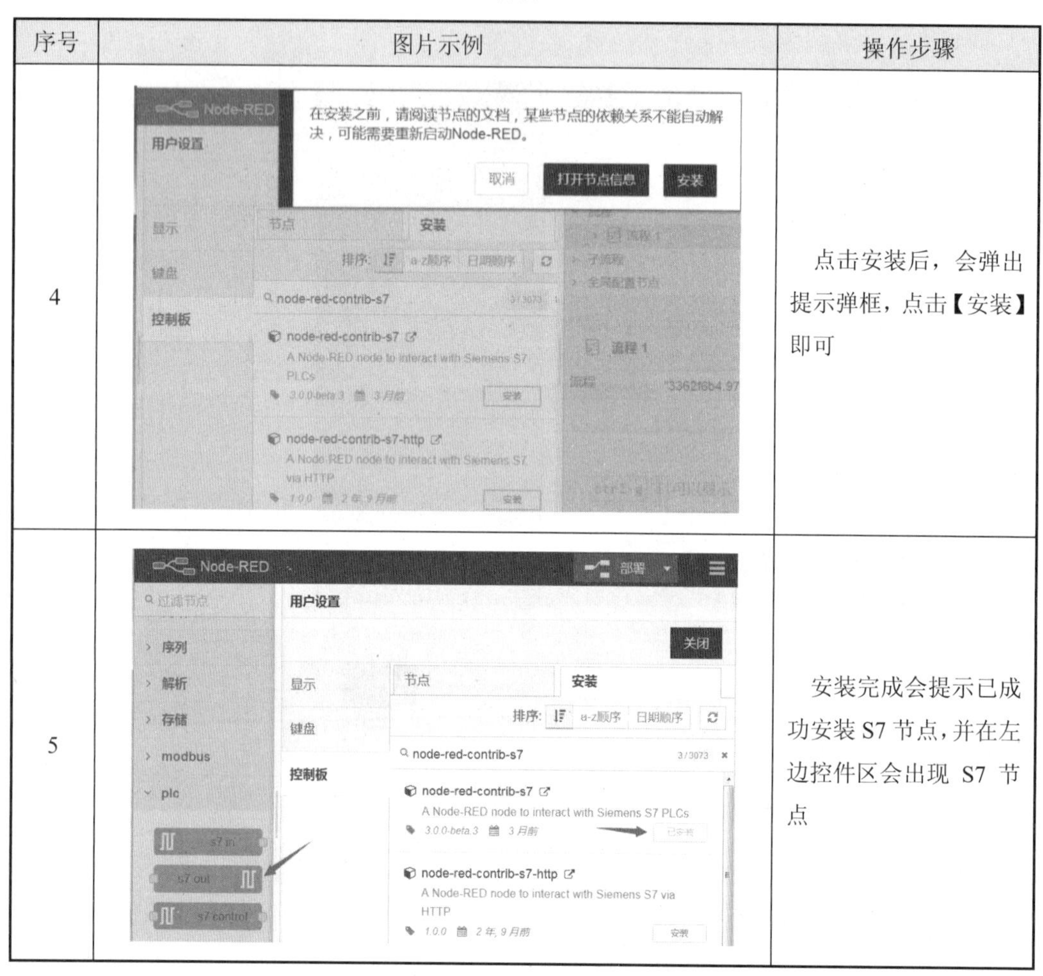

序号	图片示例	操作步骤
4		点击安装后，会弹出提示弹框，点击【安装】即可
5		安装完成会提示已成功安装 S7 节点，并在左边控件区会出现 S7 节点

下面介绍 S7 节点的使用方法，具体操作步骤见表 7.5。

表7.5　S7节点使用的操作步骤

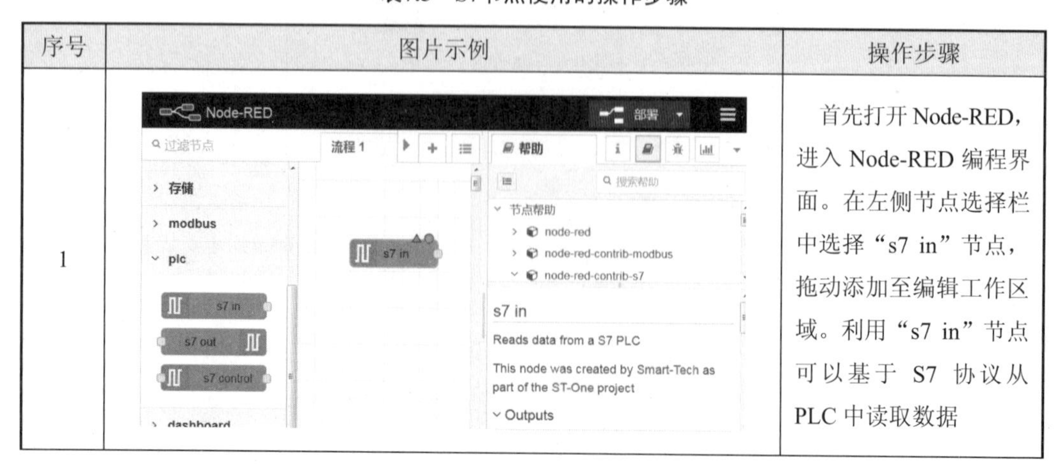

序号	图片示例	操作步骤
1		首先打开 Node-RED，进入 Node-RED 编程界面。在左侧节点选择栏中选择“s7 in”节点，拖动添加至编辑工作区域。利用“s7 in”节点可以基于 S7 协议从 PLC 中读取数据

续表7.5

序号	图片示例	操作步骤
2	编辑 s7 in 节点 删除 取消 完成 属性 PLC 添加新的 s7 endpoint 节点 Mode Single variable Variable Emit only when value changes (diff) Name Name	双击 S7 节点可以进入节点编辑状态
3	编辑 s7 in 节点 删除 取消 完成 属性 PLC 添加新的 s7 endpoint 节点 Mode Single variable Variable Emit only when value changes (diff) Name Name	点击后面的编辑按钮，进入编辑 S7 通信端点的设置界面

续表7.5

序号	图片示例	操作步骤
4	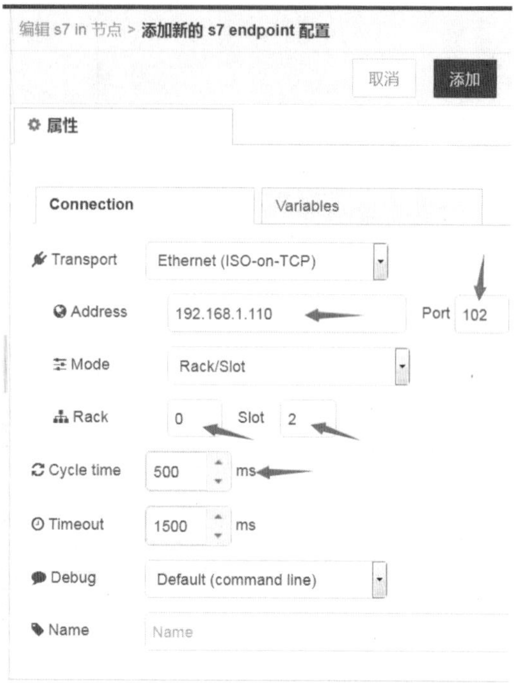 编辑 s7 in 节点 > 添加新的 s7 endpoint 配置 取消 添加 属性 Connection Variables Transport Ethernet (ISO-on-TCP) Address 192.168.1.110 Port 102 Mode Rack/Slot Rack 0 Slot 2 Cycle time 500 ms Timeout 1500 ms Debug Default (command line) Name Name	S7 通信端点的连接信息包括 PLC 的 IP 地址、端口号、机架号、槽号、读取周期等信息。其中，默认的端口号是 102。不同的 S7 系列 PLC，槽号也不同
5	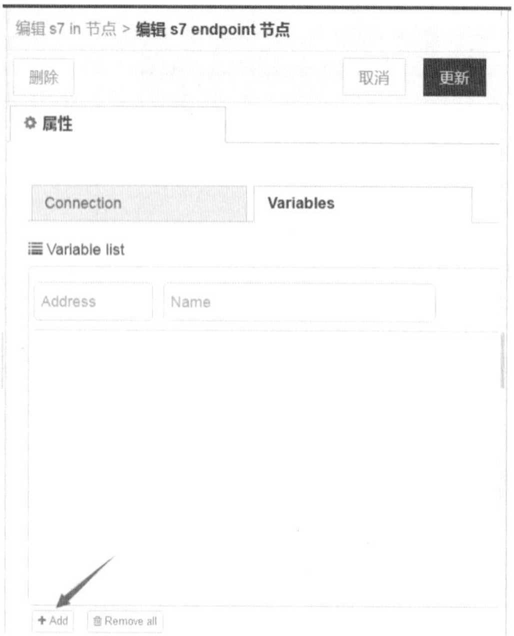 编辑 s7 in 节点 > 编辑 s7 endpoint 节点 删除 取消 更新 属性 Connection Variables Variable list Address Name + Add Remove all	使用【+Add】按钮来添加新的变量

续表7.5

序号	图片示例	操作步骤
6	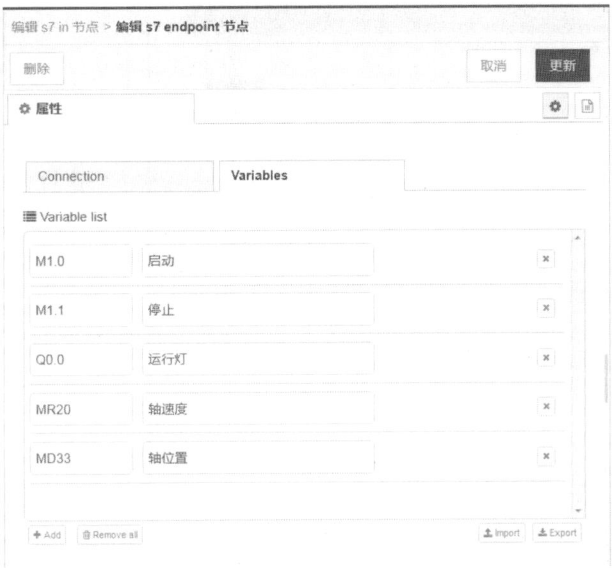	在变量列表中添加一些图示新的变量
7	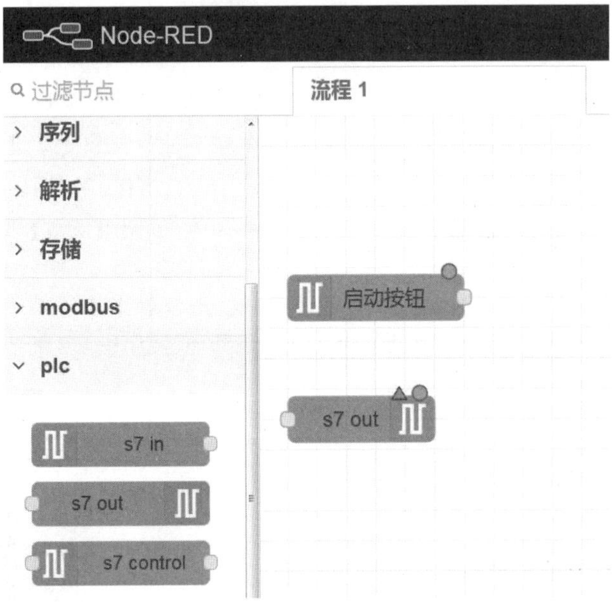	在左侧节点中选择“s7 out”节点，拖动添加至编辑区域。利用“s7 out”节点可以基于 S7 协议向 PLC 写入数据

续表7.5

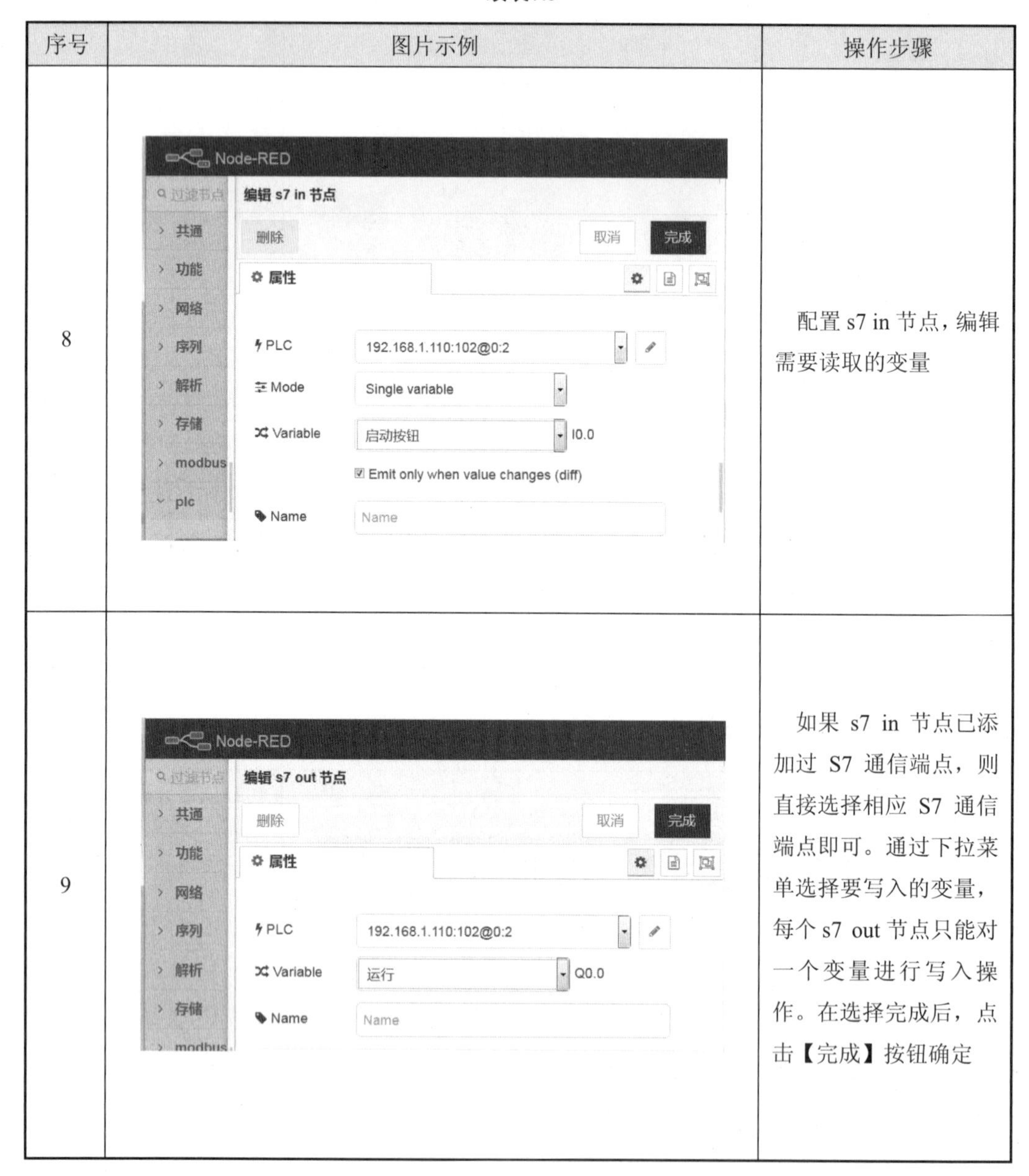

序号	图片示例	操作步骤
8		配置 s7 in 节点，编辑需要读取的变量
9		如果 s7 in 节点已添加过 S7 通信端点，则直接选择相应 S7 通信端点即可。通过下拉菜单选择要写入的变量，每个 s7 out 节点只能对一个变量进行写入操作。在选择完成后，点击【完成】按钮确定

7.4 项目步骤

7.4.1 应用系统连接

※ 项目步骤

应用系统主要组成包括 EnGateWay 智能网关、西门子 S7-1214 PLC、计算机（PC）、工业交换机，通过以太网线完成系统连接，应用系统连接示意图如图 7.13 所示。

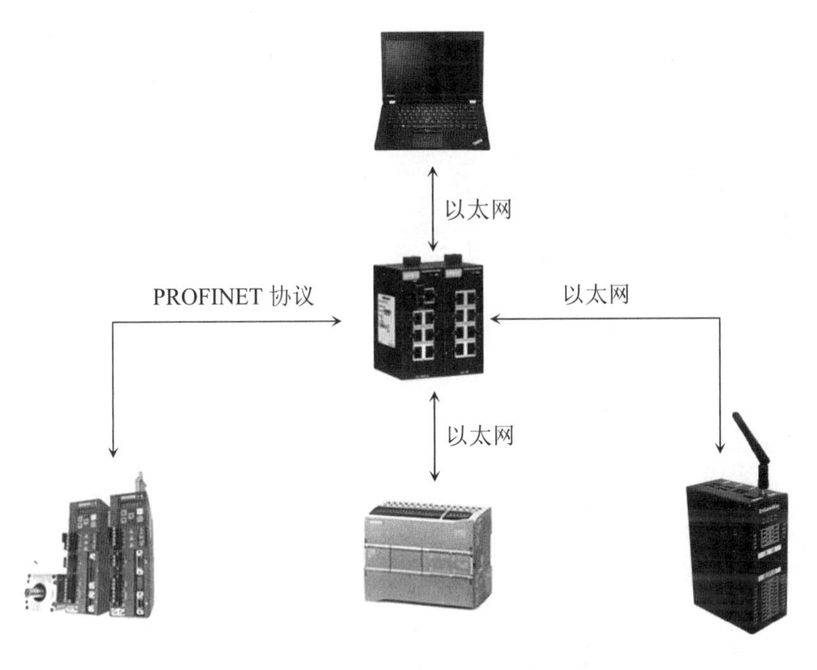

图 7.13　应用系统连接示意图

7.4.2　应用系统配置

本项目硬件系统的配置主要包含 PLC 项目配置和伺服系统的配置两个部分。

1. PLC 项目配置

PLC 项目配置具体操作步骤见表 7.6。

表7.6　PLC项目配置操作步骤

序号	图片示例	操作步骤
1	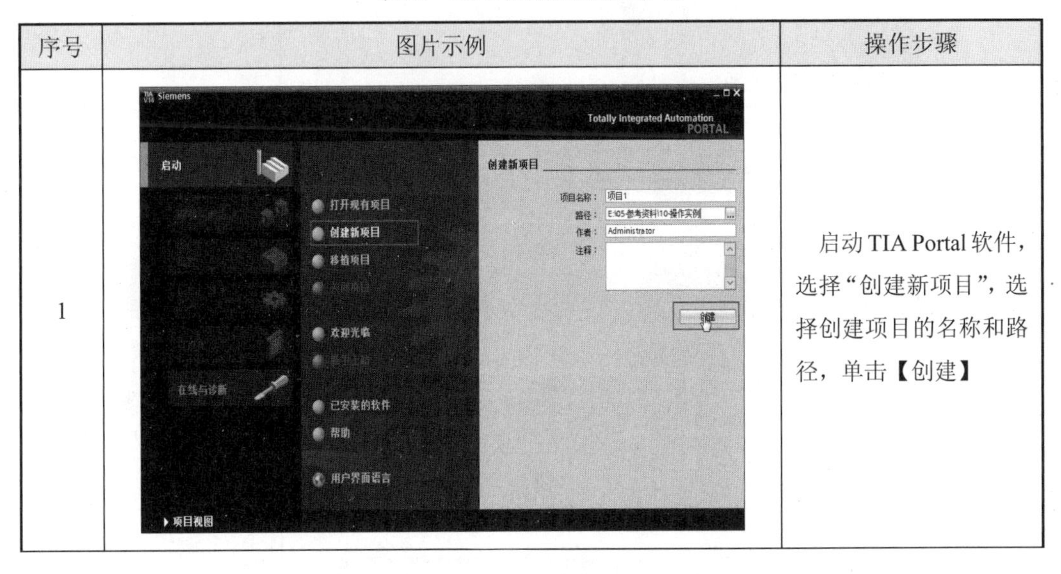	启动 TIA Portal 软件，选择“创建新项目”，选择创建项目的名称和路径，单击【创建】

续表7.6

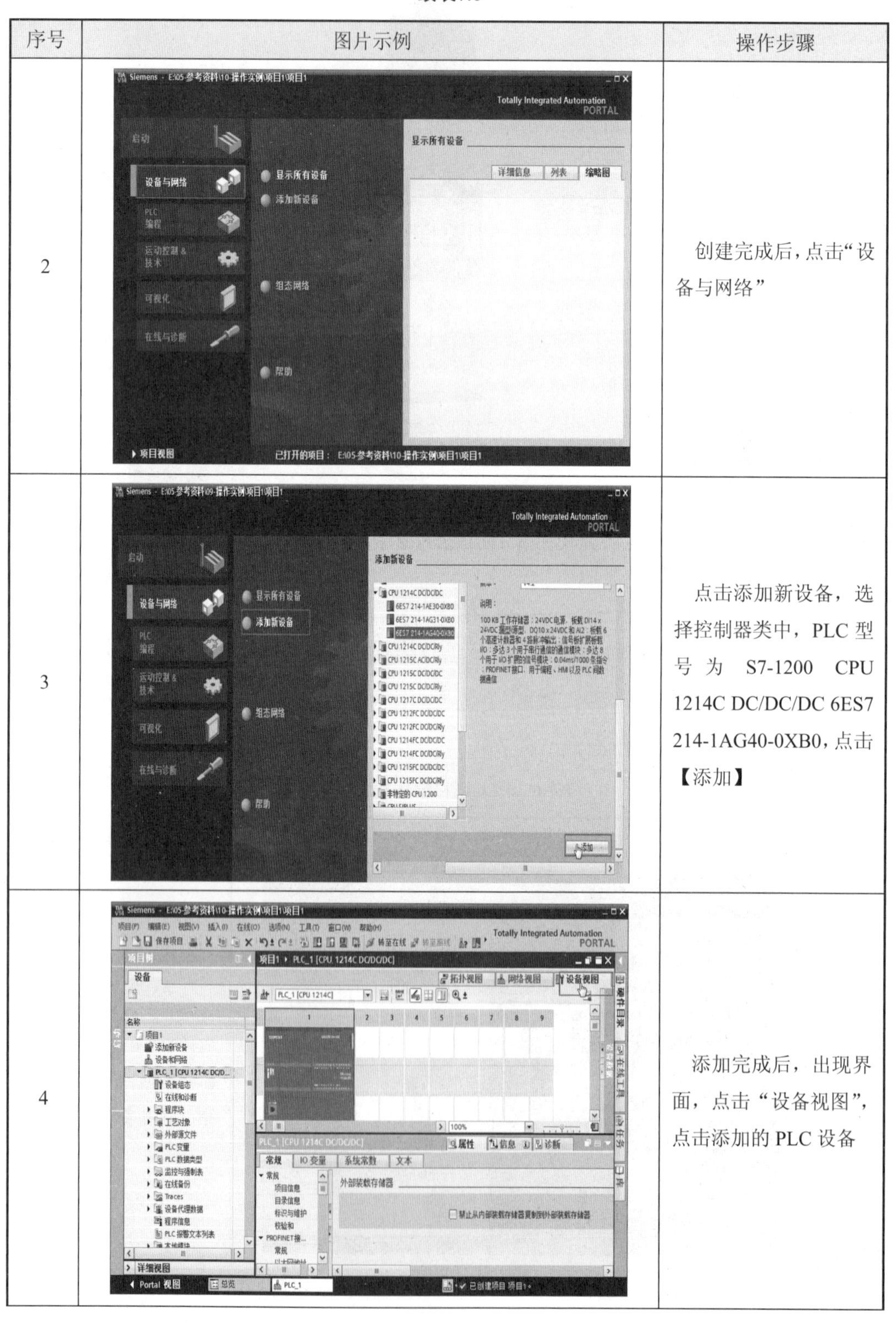

序号	图片示例	操作步骤
2		创建完成后，点击“设备与网络”
3		点击添加新设备，选择控制器类中，PLC 型号为 S7-1200 CPU 1214C DC/DC/DC 6ES7 214-1AG40-0XB0，点击【添加】
4		添加完成后，出现界面，点击“设备视图”，点击添加的 PLC 设备

续表7.6

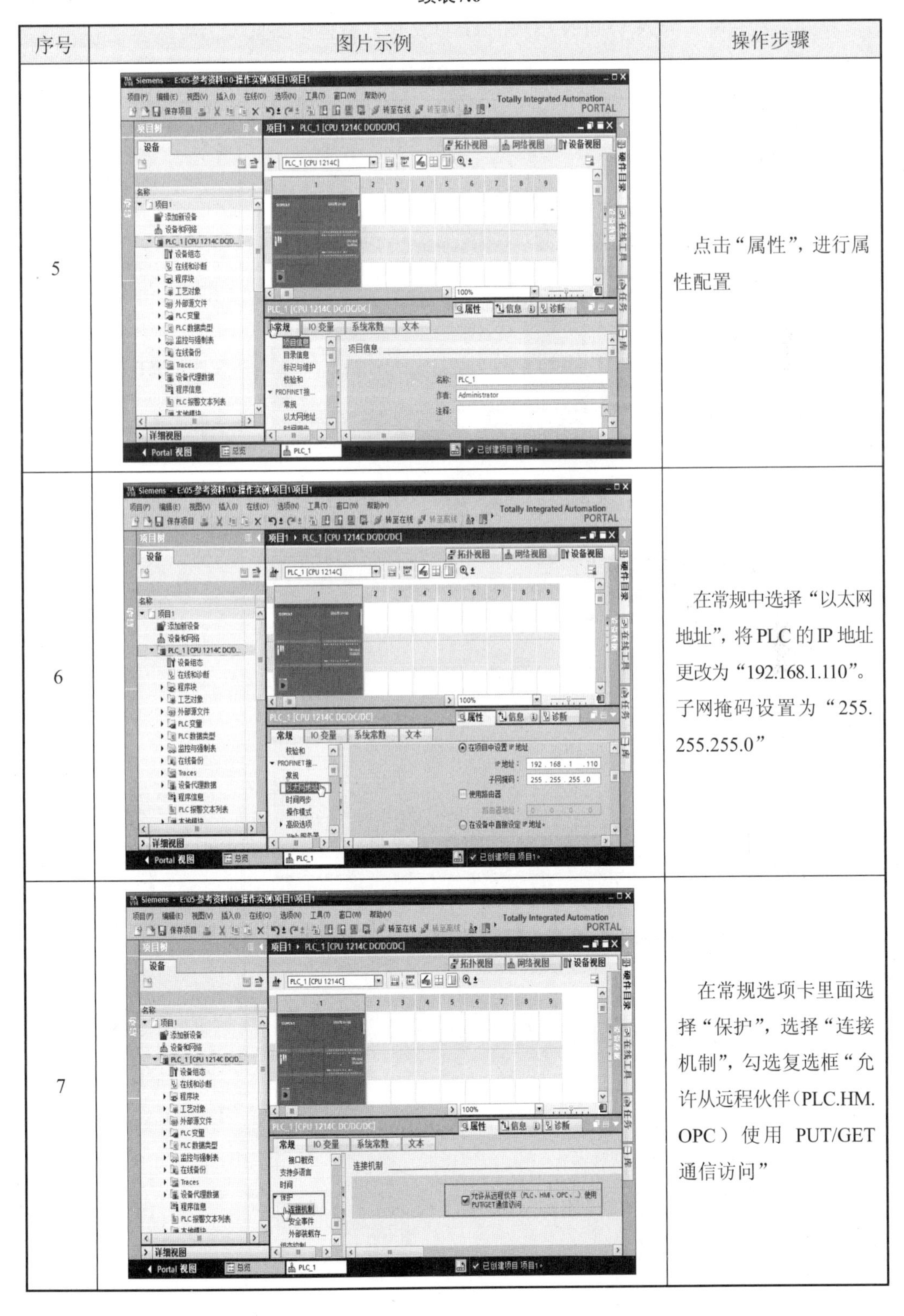

序号	图片示例	操作步骤
5		点击“属性”，进行属性配置
6		在常规中选择“以太网地址”，将 PLC 的 IP 地址更改为“192.168.1.110”。子网掩码设置为“255.255.255.0”
7		在常规选项卡里面选择“保护”，选择“连接机制”，勾选复选框“允许从远程伙伴（PLC.HM.OPC）使用 PUT/GET 通信访问”

（1）V90PN 模块的 GSD 文件导入。

打开编程软件，导入 V90PN 模块的 GSD 文件，具体步骤见表 7.7。

表7.7　GSD文件导入

序号	图片示例	操作步骤
1	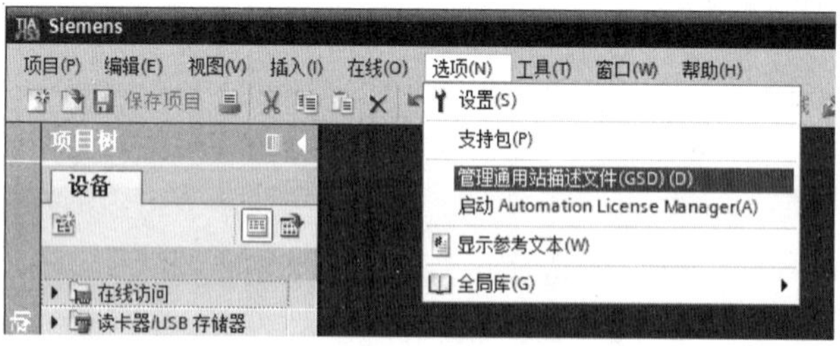	单击菜单栏“选项”中的“管理通用站描述文件（GSD）（D）”
2	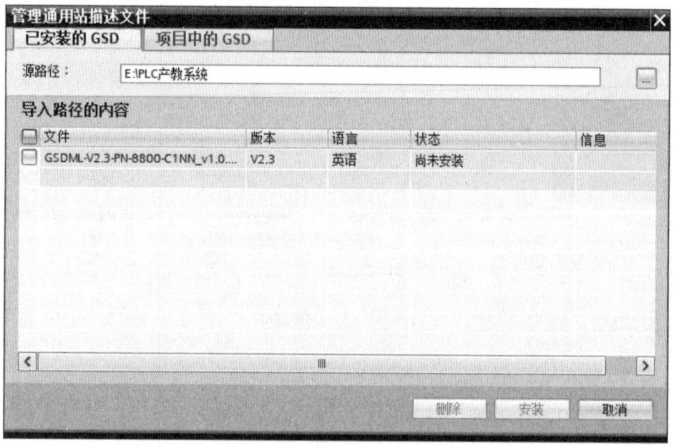	选择 GSD 文件路径
3	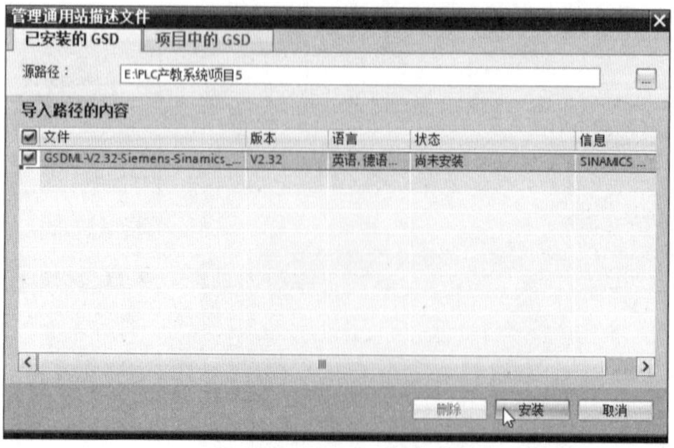	勾选 GSD 文件，单击【安装】

续表7.7

序号	图片示例	操作步骤
4	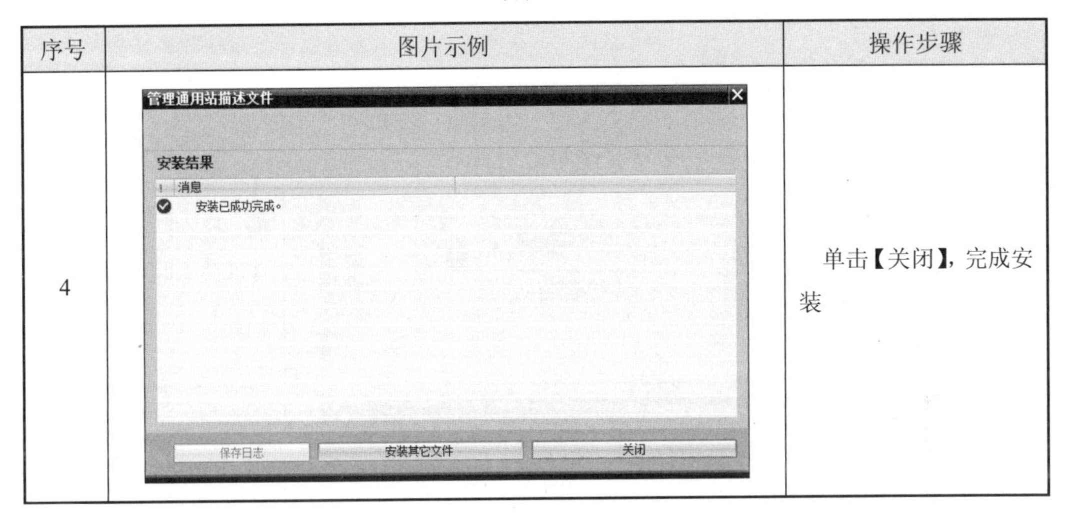	单击【关闭】，完成安装

（2）V90PN 模块的添加。

打开项目 PLC 及伺服系统数据交互项目，在设备和网络中添加 V90PN 模块，具体步骤见表 7.8。

表7.8 添加V90PN模块

序号	图片示例	操作步骤
1		双击项目栏中的【设备和网络】，进入设备和网络窗口。 单击【网络视图】
2		将“SINAMICS V90 PN V1.0”拖入网络视图中。 鼠标变为时，松开，完成添加

续表7.8

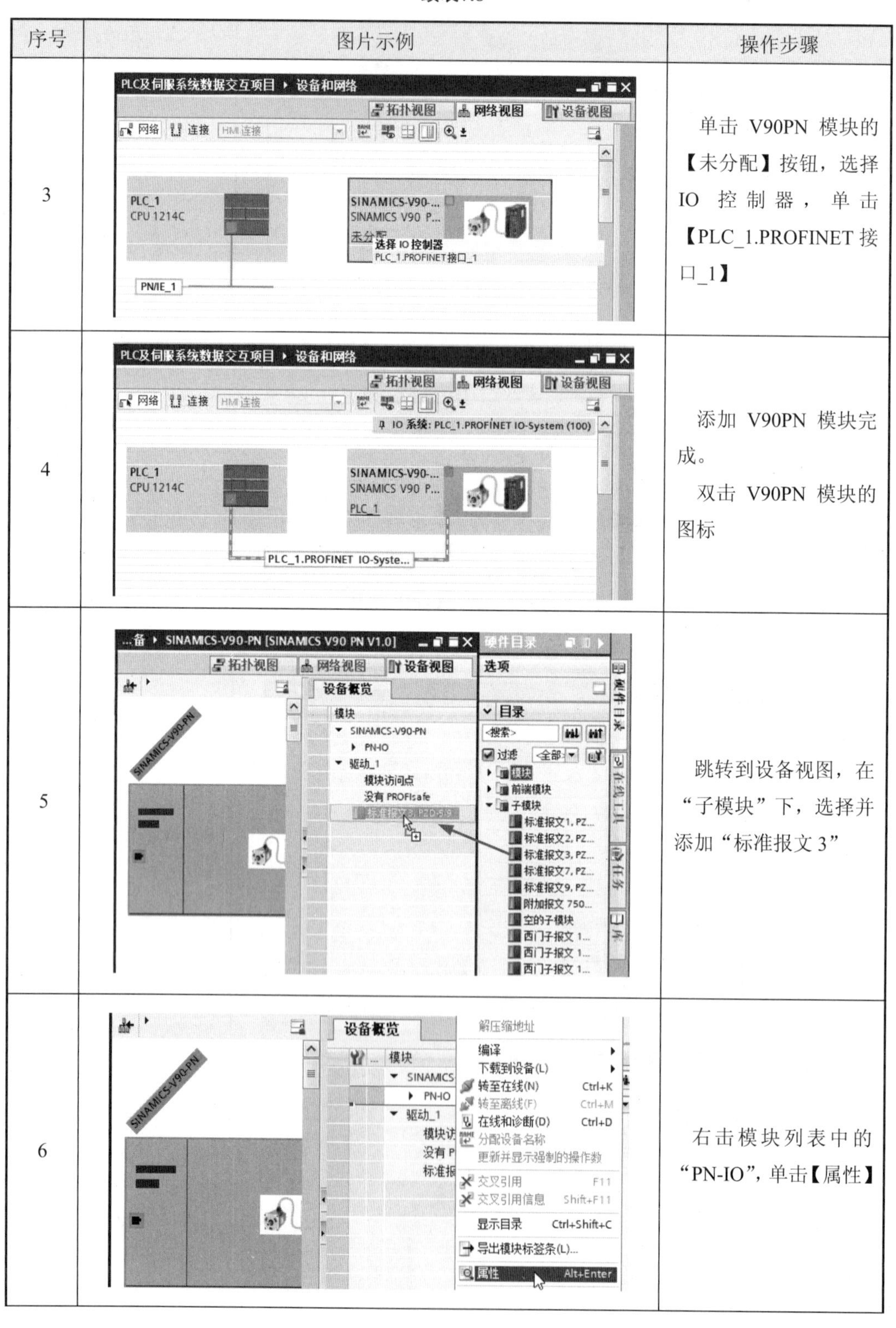

序号	图片示例	操作步骤
3		单击V90PN模块的【未分配】按钮，选择IO控制器，单击【PLC_1.PROFINET接口_1】
4		添加V90PN模块完成。 双击V90PN模块的图标
5		跳转到设备视图，在“子模块”下，选择并添加“标准报文3”
6		右击模块列表中的“PN-IO”，单击【属性】

续表7.8

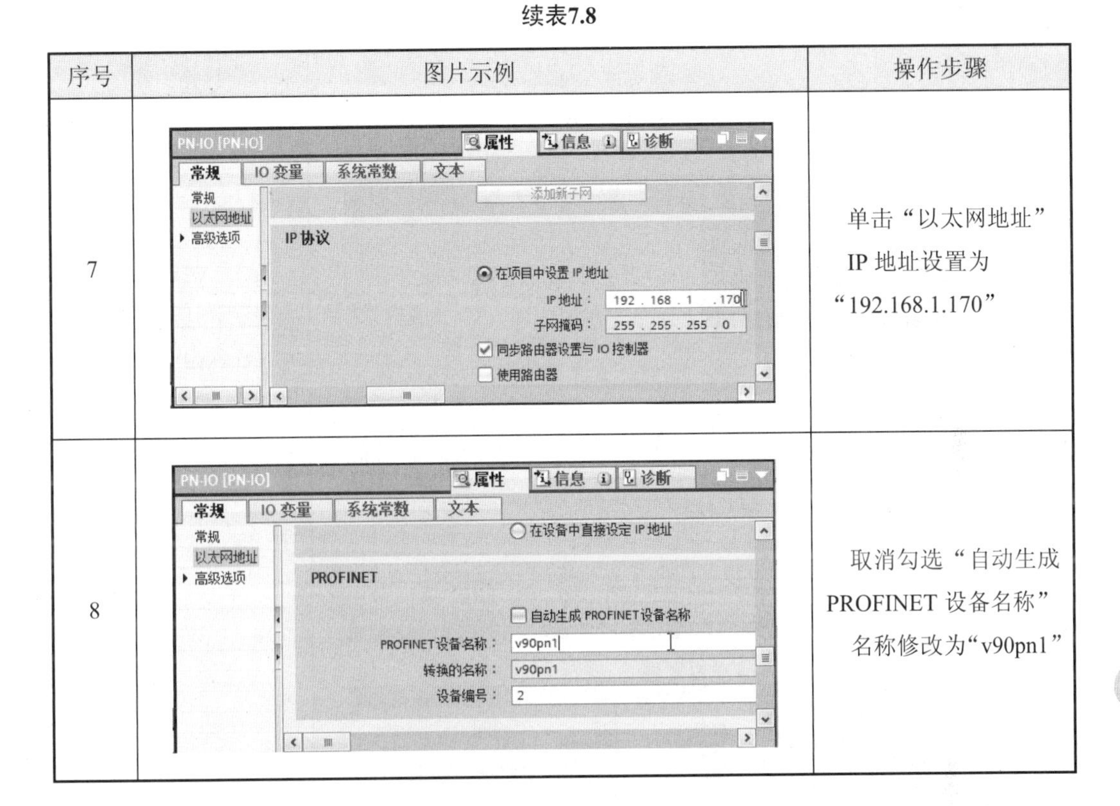

序号	图片示例	操作步骤
7		单击“以太网地址”IP 地址设置为“192.168.1.170”
8		取消勾选“自动生成 PROFINET 设备名称”名称修改为“v90pn1”

（3）V90PN 伺服驱动器设置。

V90PN 伺服驱动器设置步骤见表 7.9。

表7.9 伺服驱动器设置

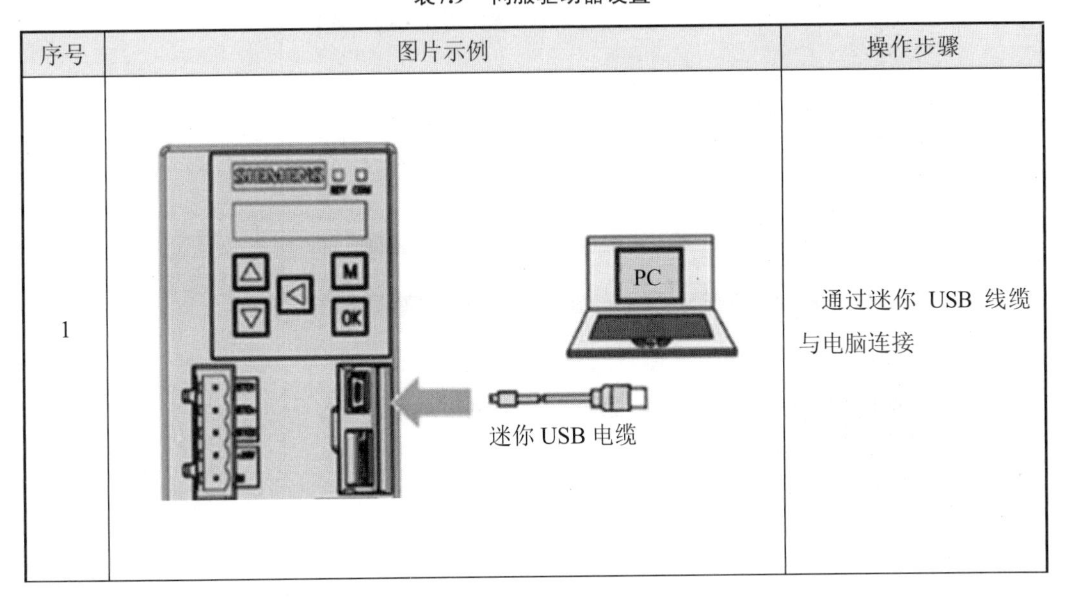

序号	图片示例	操作步骤
1		通过迷你 USB 线缆与电脑连接

续表7.9

序号	图片示例	操作步骤
2	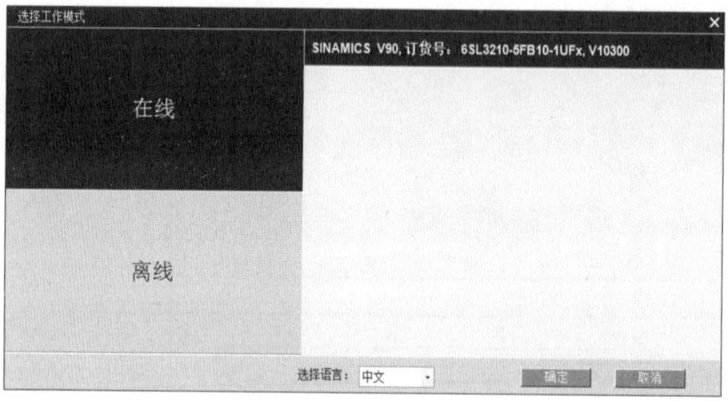	打开 V-ASSISTANT 软件，在线模式下，选中“SIAMICS V90”，单击【确定】
3	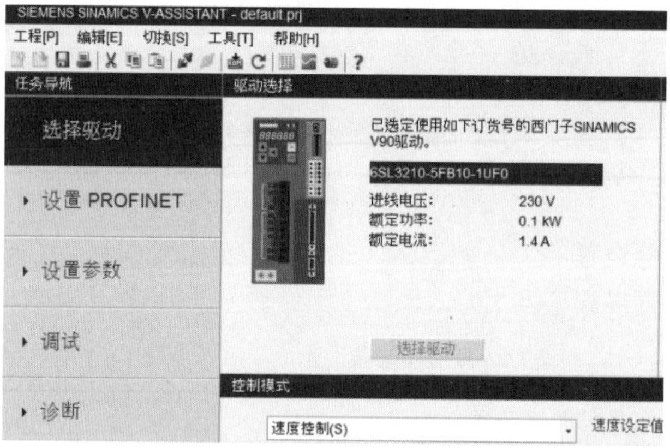	使用 V-ASSISTANT 调试软件，在线后检查 V90 的控制模式为“速度控制（S）”
4	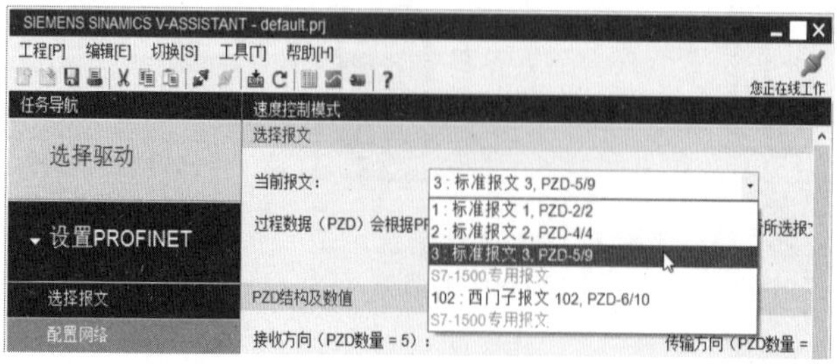	设置 V90 的控制报文为“标准报文 3”

续表7.9

序号	图片示例	操作步骤
5	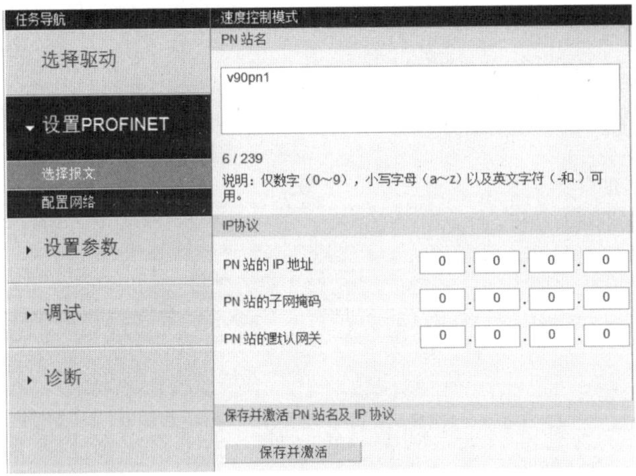	“设置 PROFINET-> 配置网络”，设置 V90 的设备名称“v90pn1”（与博途软件设置一致）。 单击【保存并激活】
6	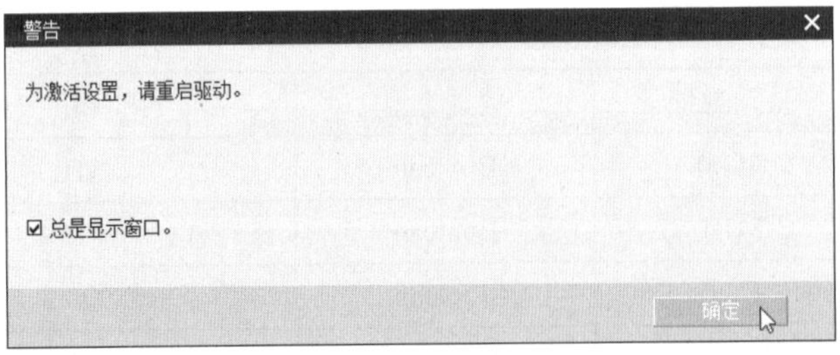	单击【确定】
7	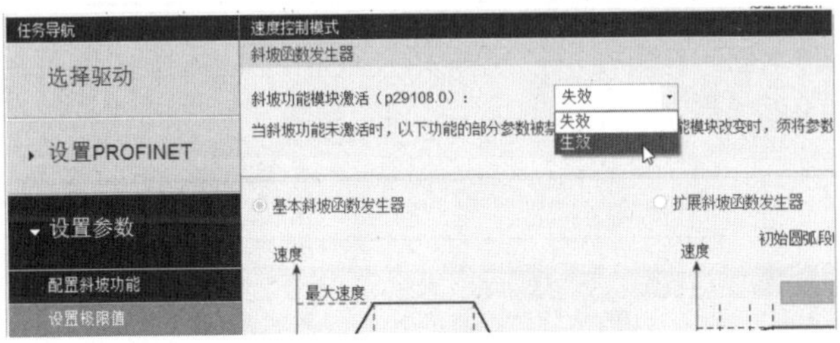	修改“斜波功能模块激活”参数的选择菜单，单击【生效】
8	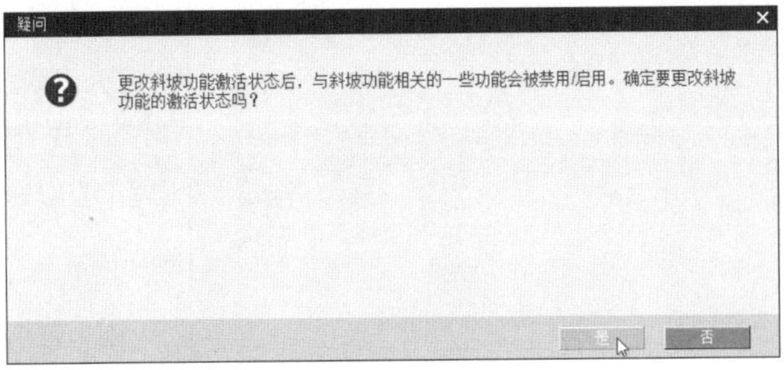	单击【是】

续表7.9

序号	图片示例	操作步骤
9	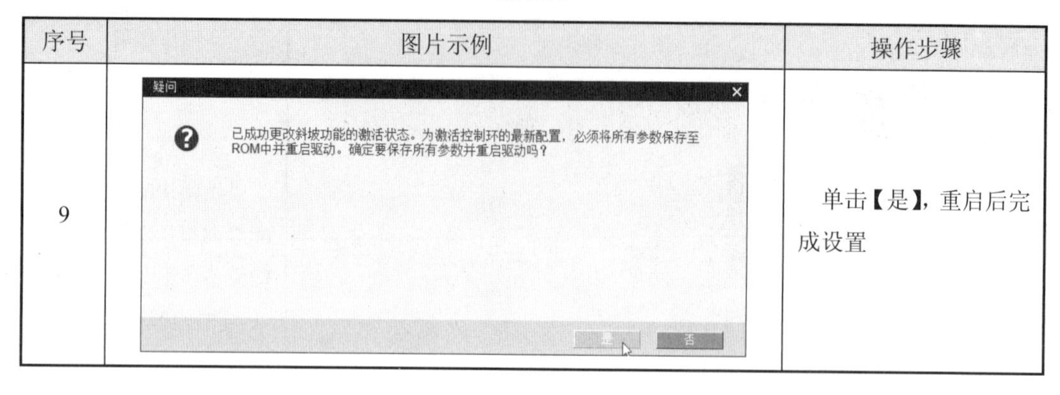	单击【是】，重启后完成设置

7.4.3 主体程序设计

完成相关配置后， PLC 与智能网关之间就具备了通信基础。根据 PLC 程序的地址规划网关需要关联的地址，PLC 与网关地址对应见表 7.10。

表7.10 PLC与网关地址

名称	连接地址	数据类型	对应 PLC 地址
启动	M1.0	Boolean	M1.0
停止	M1.1	Boolean	M1.1
运行灯	Q0.0	Boolean	Q0.0
轴速度	MR20	Floating	MW20
轴位置	MD33	Unsigned	MD33

下面将介绍如何在 Node-RED 中编程，以实现相互通信。具体操作步骤见表 7.11。

表7.11 Node-RED编程具体操作步骤

序号	图片示例	操作步骤
1	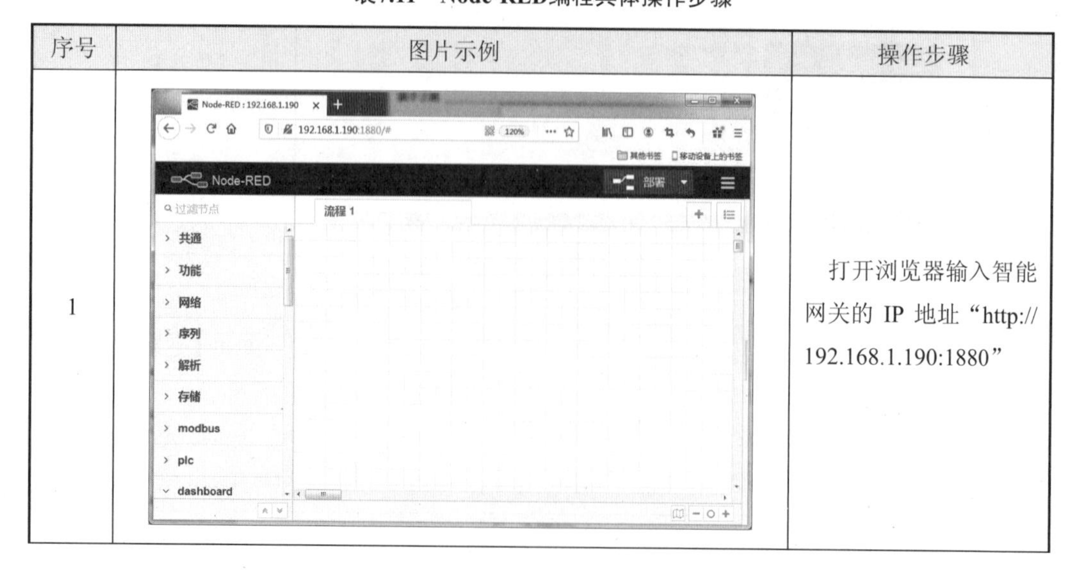	打开浏览器输入智能网关的 IP 地址“http://192.168.1.190:1880”

续表7.11

序号	图片示例	操作步骤
2	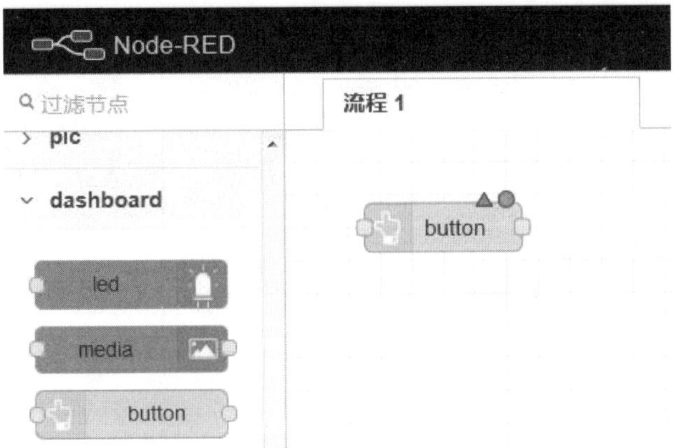	拖拽一个“button”节点到工作区域
3	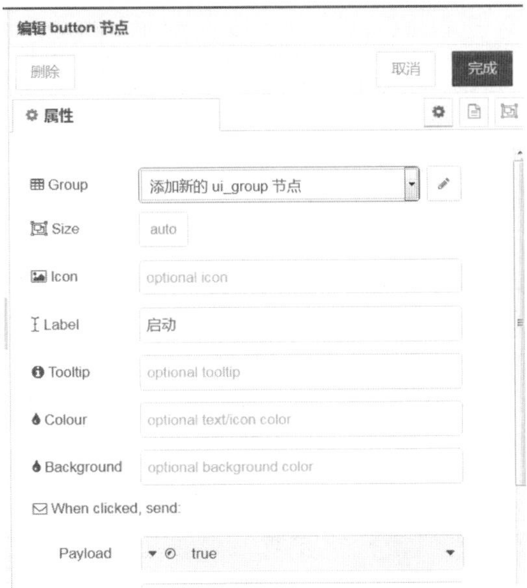	添加新的 group，点击界面后面的编辑按钮，进入 group 编辑界面
4		进入 group 编辑界面，点击“Add new ui_tab”栏的编辑按钮

续表7.11

序号	图片示例	操作步骤
5	编辑 button 节点 > 编辑 dashboard group 节点 > **编辑 dashboard tab 节点** 删除 取消 更新 属性 Name PLC与伺服系统数据 Icon dashboard State Enabled Nav. Menu Visible The **Icon** field can be either a Material Design icon (e.g. 'check', 'close') or a Font Awesome icon (e.g. 'fa-fire'), or a Weather icon (e.g. 'wi-wu-sunny'). You can use the full set of google material icons if you add 'mi-' to the icon name. e.g. 'mi-videogame_asset'.	更改 tab 标签的名称后，点击【Add】（添加）
6	**编辑 button 节点** 删除 取消 完成 属性 Group [PLC与伺服系统数据] 操作面板 Size auto Icon optional icon Label 启动 Tooltip optional tooltip Colour optional text/icon color Background optional background color When clicked, send: Payload true	添加完成回到 group 界面，按照图示更改名称，更改完毕后点击【Add】（添加）

续表7.11

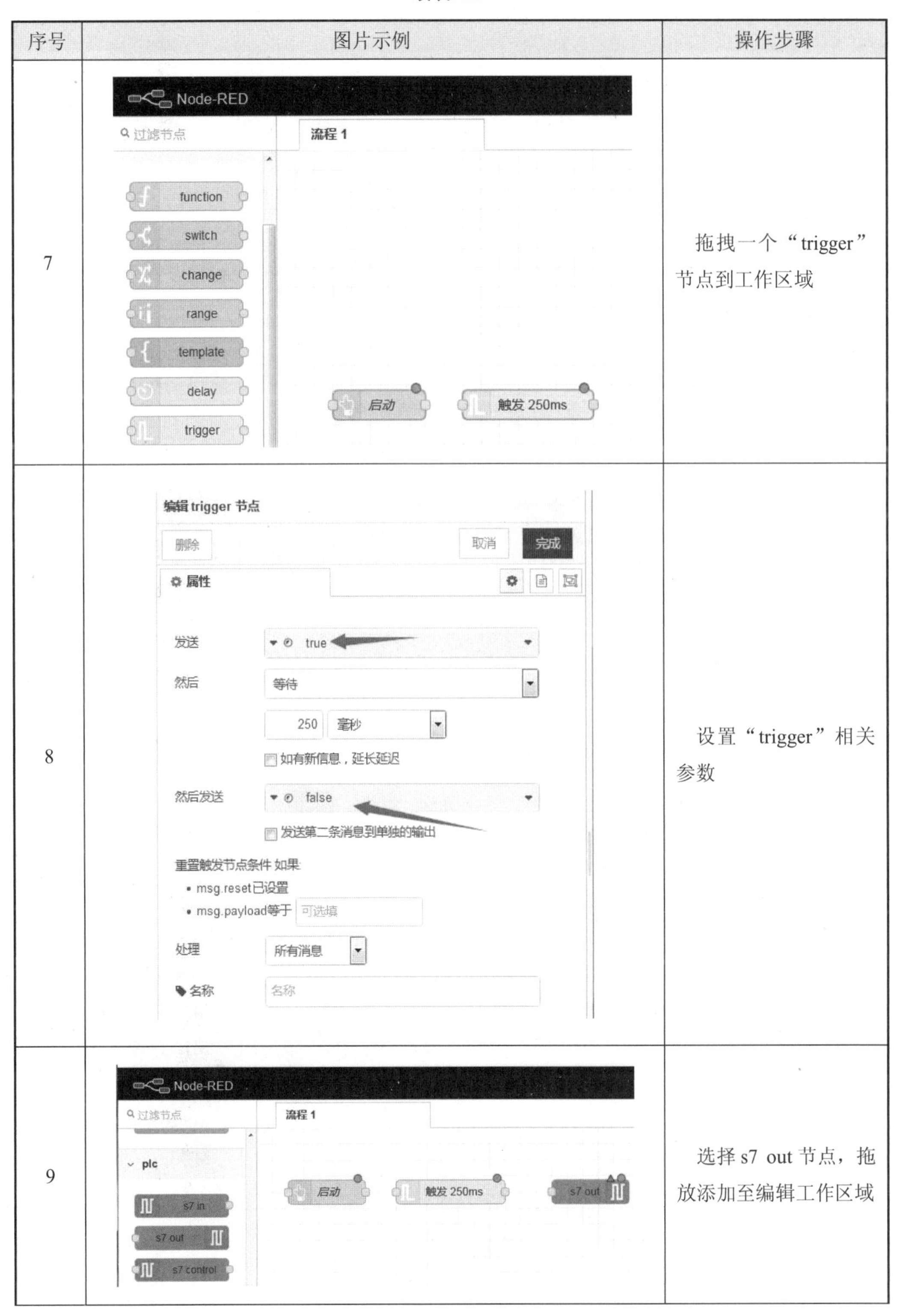

序号	图片示例	操作步骤
7		拖拽一个“trigger”节点到工作区域
8		设置“trigger”相关参数
9		选择 s7 out 节点，拖放添加至编辑工作区域

续表7.11

序号	图片示例	操作步骤
10	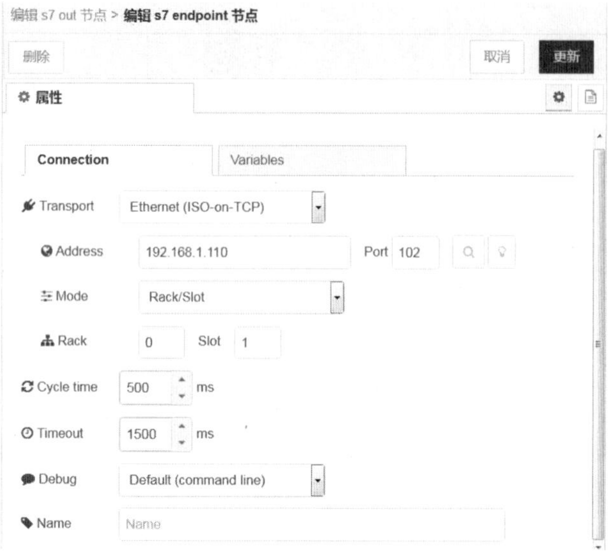	双击节点进入节点编辑界面（具体操作见S7节点应用），添加S7节点的IP地址为“192.168.1.110”。默认的端口号是“102”。“Rack”机架号为“0”“Slot”槽号为“1”
11		点击编辑变量栏“Variables”，点击【+add】新增变量数据。如图所示，新增完成后点击【Add】。 M1.0：触摸屏启动 M1.1：触摸屏停止 Q0.0：运行灯 MR20：轴速度 MD33：轴位置

续表7.11

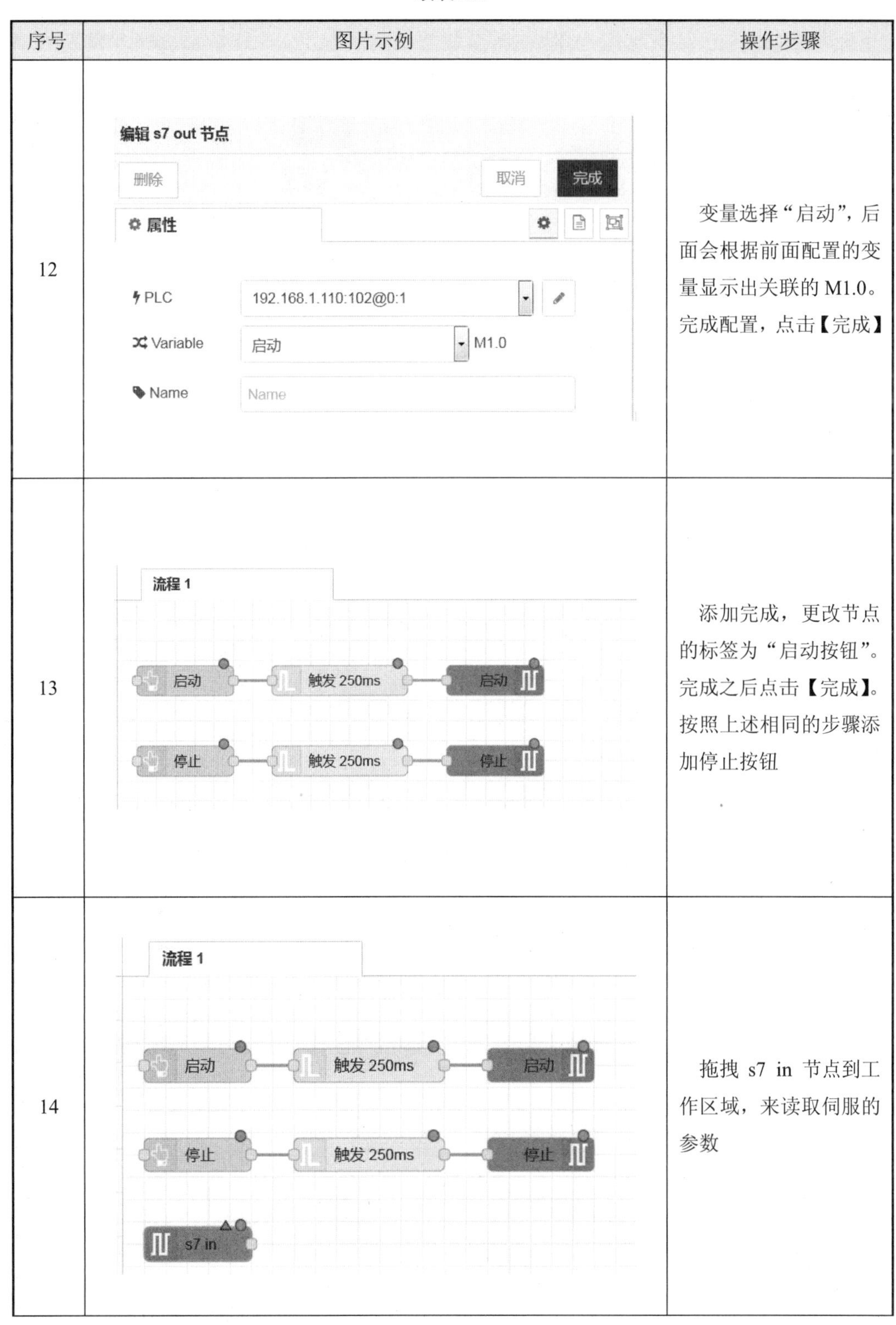

序号	图片示例	操作步骤
12	编辑 s7 out 节点 删除　取消　完成 属性 PLC　192.168.1.110:102@0:1 Variable　启动　M1.0 Name　Name	变量选择“启动”，后面会根据前面配置的变量显示出关联的 M1.0。完成配置，点击【完成】
13	流程 1 启动　触发 250ms　启动 停止　触发 250ms　停止	添加完成，更改节点的标签为“启动按钮”。完成之后点击【完成】。按照上述相同的步骤添加停止按钮
14	流程 1 启动　触发 250ms　启动 停止　触发 250ms　停止 s7 in	拖拽 s7 in 节点到工作区域，来读取伺服的参数

续表7.11

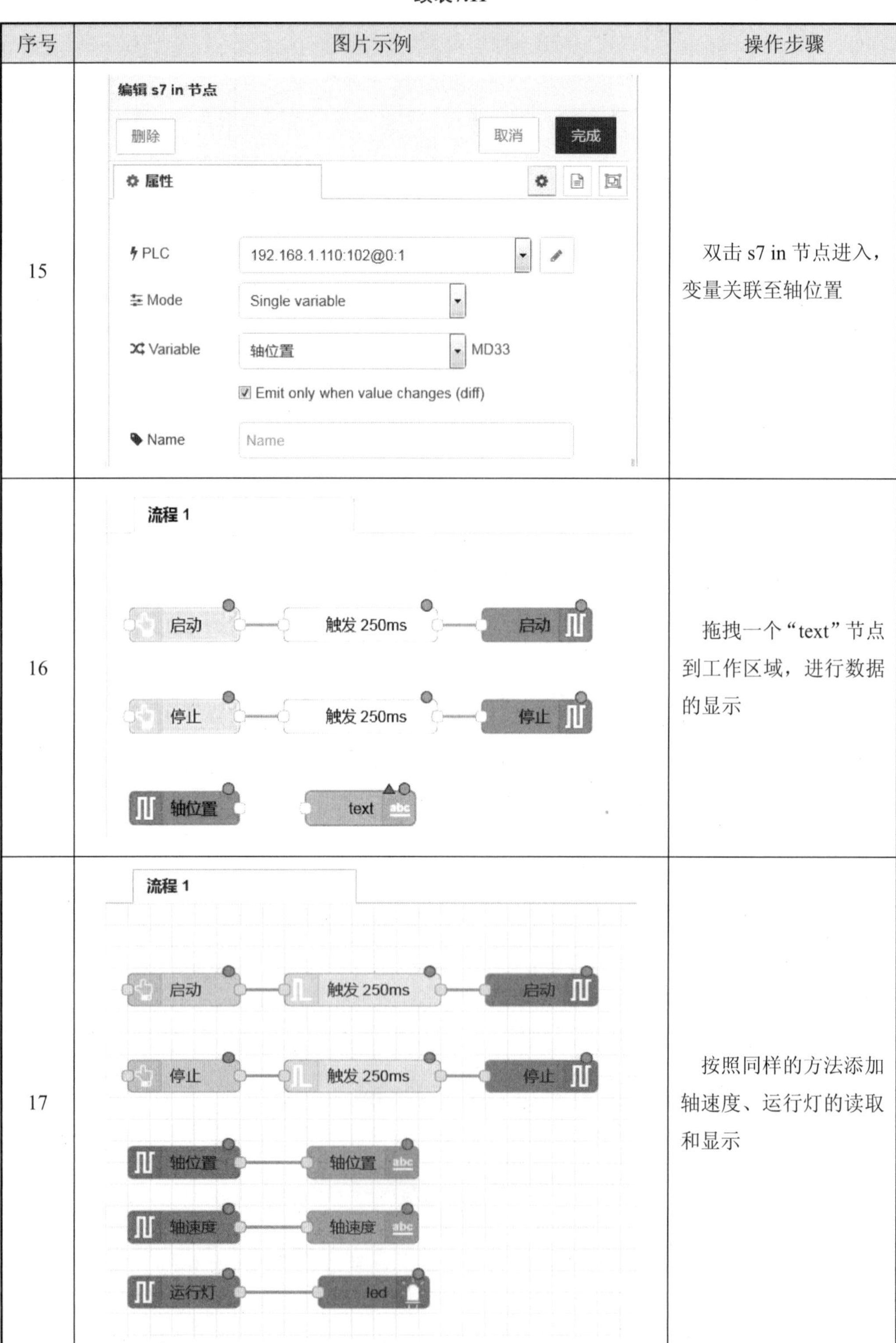

序号	图片示例	操作步骤
15		双击 s7 in 节点进入，变量关联至轴位置
16		拖拽一个“text”节点到工作区域，进行数据的显示
17		按照同样的方法添加轴速度、运行灯的读取和显示

7.4.4　关联程序设计

PLC 作为智能网关数据采集的对象，首先需要根据项目任务进行必要的 PLC 编程，由网关根据关联的变量地址进行程序的数据读写。

本项目中 PLC 主要根据外部按钮的启停信号控制相应的指示灯进行循环闪烁。PLC 相关的编程操作见表 7.12。

表7.12　PLC编程步骤

序号	图片示例	操作步骤
1	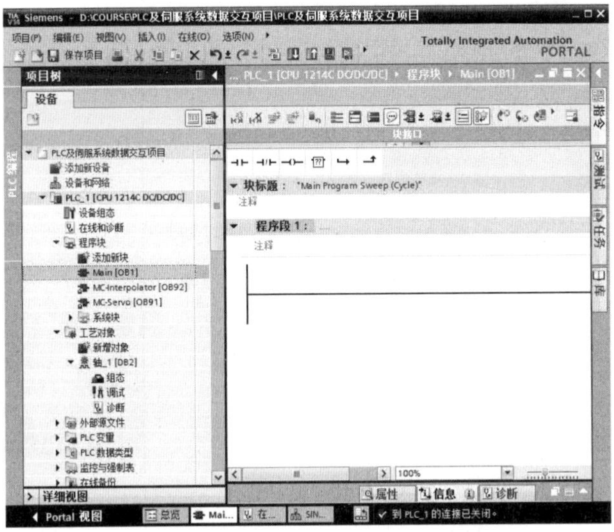	点击“程序块”，双击选择“Main[OB1]”程序块
2	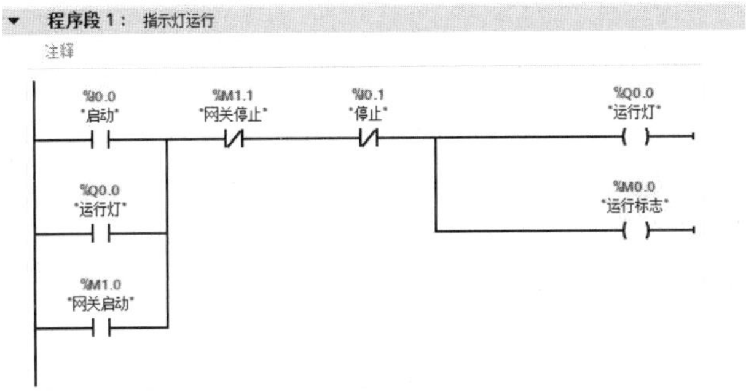	编写启动部分的程序

续表7.12

序号	图片示例	操作步骤
3	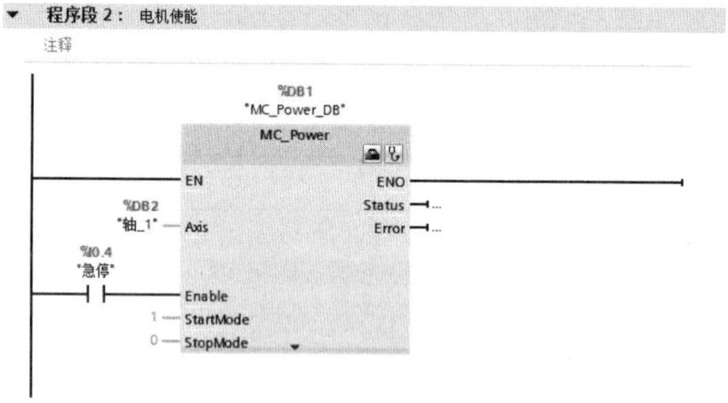 程序段 2： 电机使能 注释 %DB1 "MC_Power_DB" MC_Power EN ENO %DB2 "轴_1" — Axis Status Error %I0.4 "急停" Enable 1 — StartMode 0 — StopMode	编写电机使能程序
4	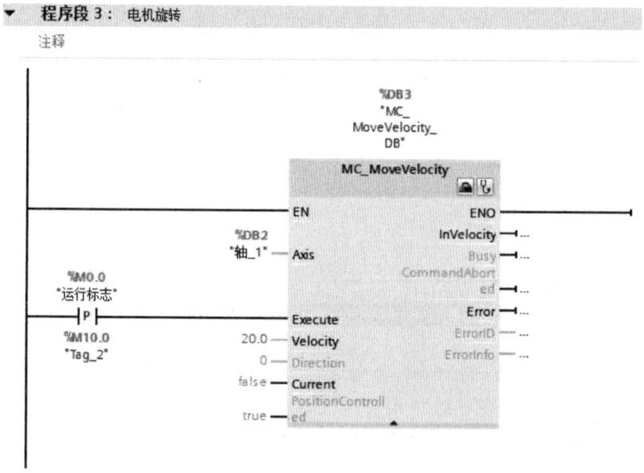 程序段 3： 电机旋转 注释 %DB3 "MC_ MoveVelocity_ DB" MC_MoveVelocity EN ENO %DB2 "轴_1" — Axis InVelocity Busy CommandAbort ed %M0.0 "运行标志" P %M10.0 "Tag_2" Execute Error 20.0 — Velocity ErrorID 0 — Direction ErrorInfo false — Current true — PositionControll ed	编写电机旋转程序
5	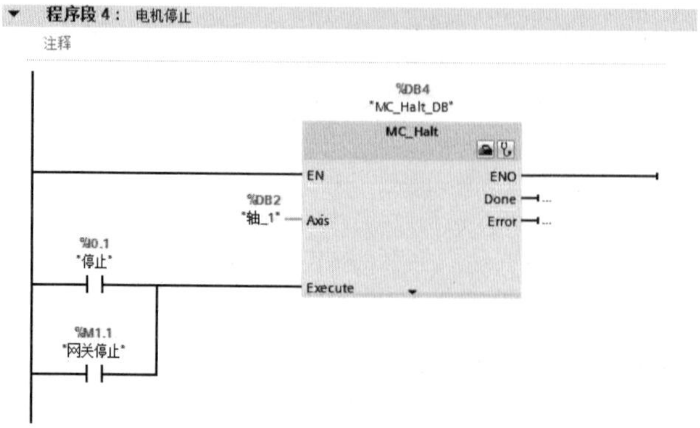 程序段 4： 电机停止 注释 %DB4 "MC_Halt_DB" MC_Halt EN ENO %DB2 "轴_1" — Axis Done Error %I0.1 "停止" Execute %M1.1 "网关停止"	编写电机停止程序

续表7.12

序号	图片示例	操作步骤
6	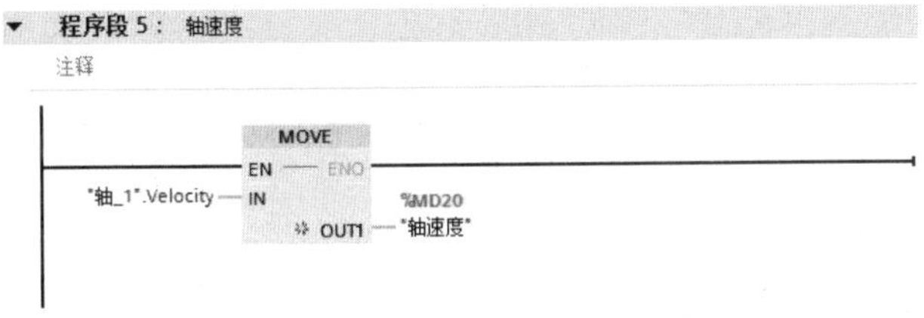	读取轴速度
7	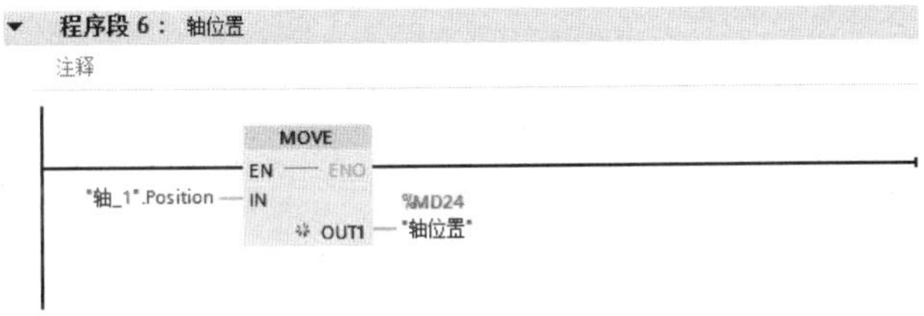	读取轴位置
9	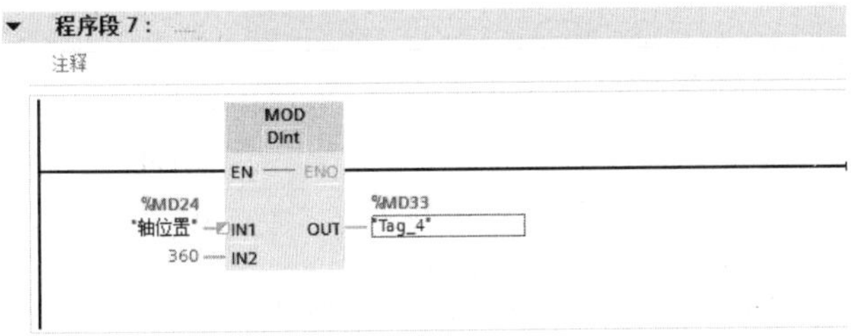	轴位置转换成在 0～+360° 范围内运行
10	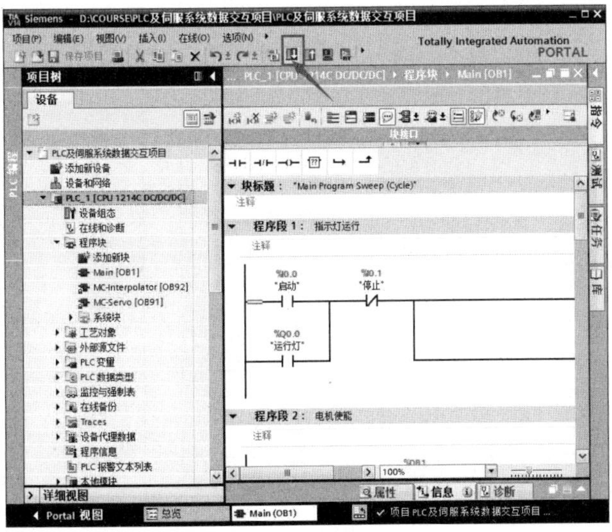	点击“程序块 Main 程序”，点击工具栏的“下载按钮”

续表7.12

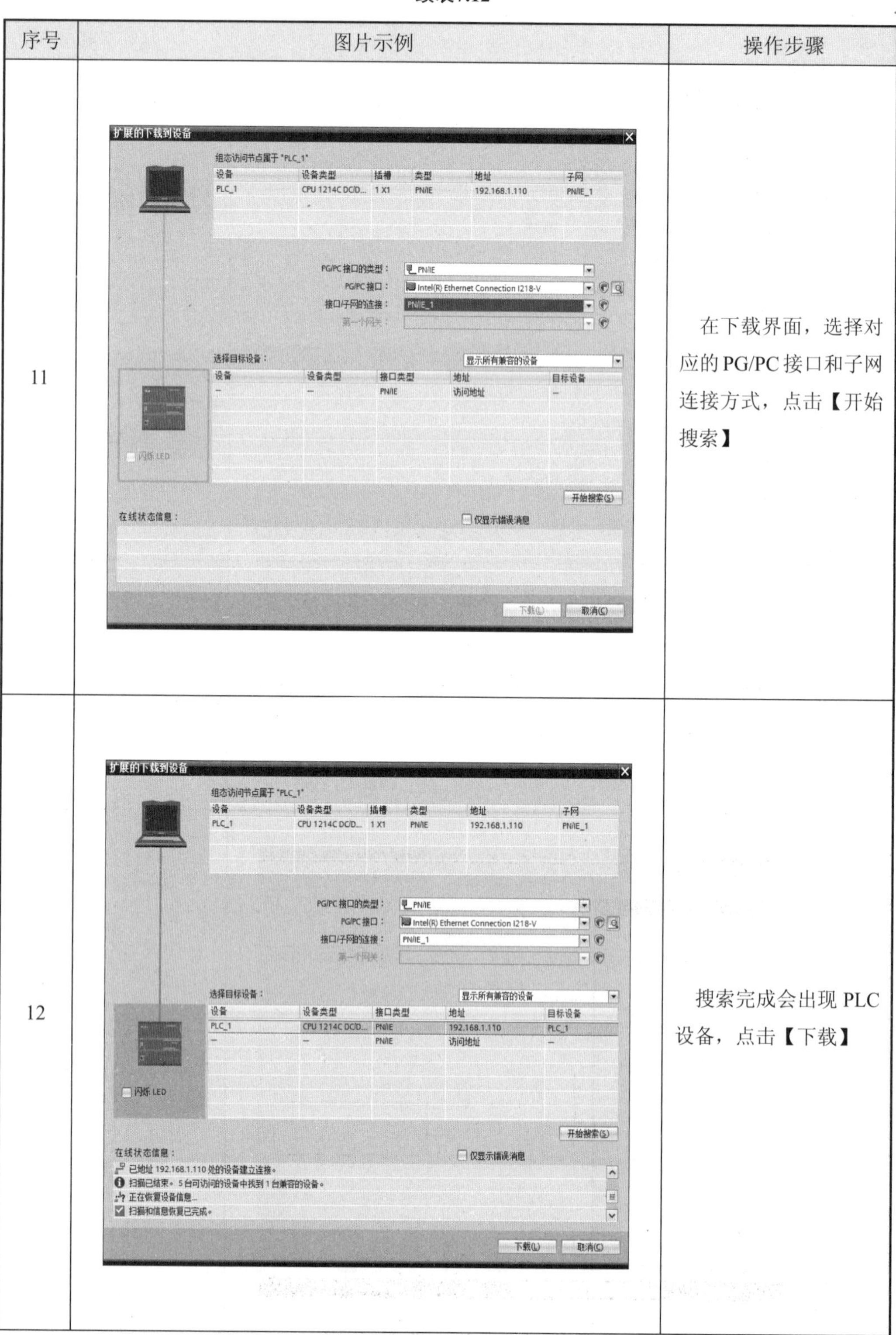

序号	图片示例	操作步骤
11		在下载界面，选择对应的PG/PC接口和子网连接方式，点击【开始搜索】
12		搜索完成会出现PLC设备，点击【下载】

续表7.12

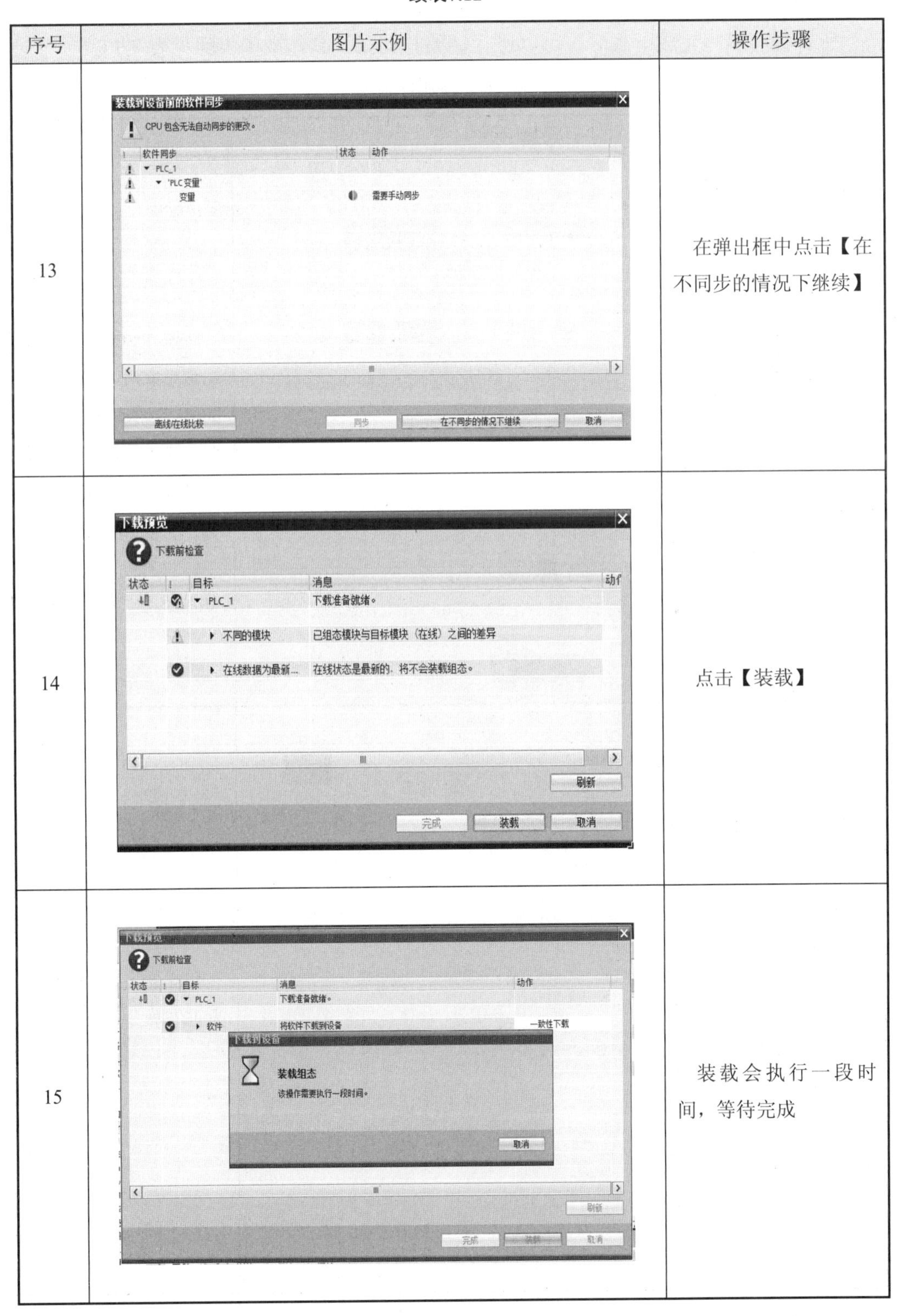

序号	图片示例	操作步骤
13		在弹出框中点击【在不同步的情况下继续】
14		点击【装载】
15		装载会执行一段时间，等待完成

7.4.5 项目程序调试

所有程序编写完成下载后，可以进行调整与调试，具体操作步骤见表 7.13。

表7.13 主程序调试

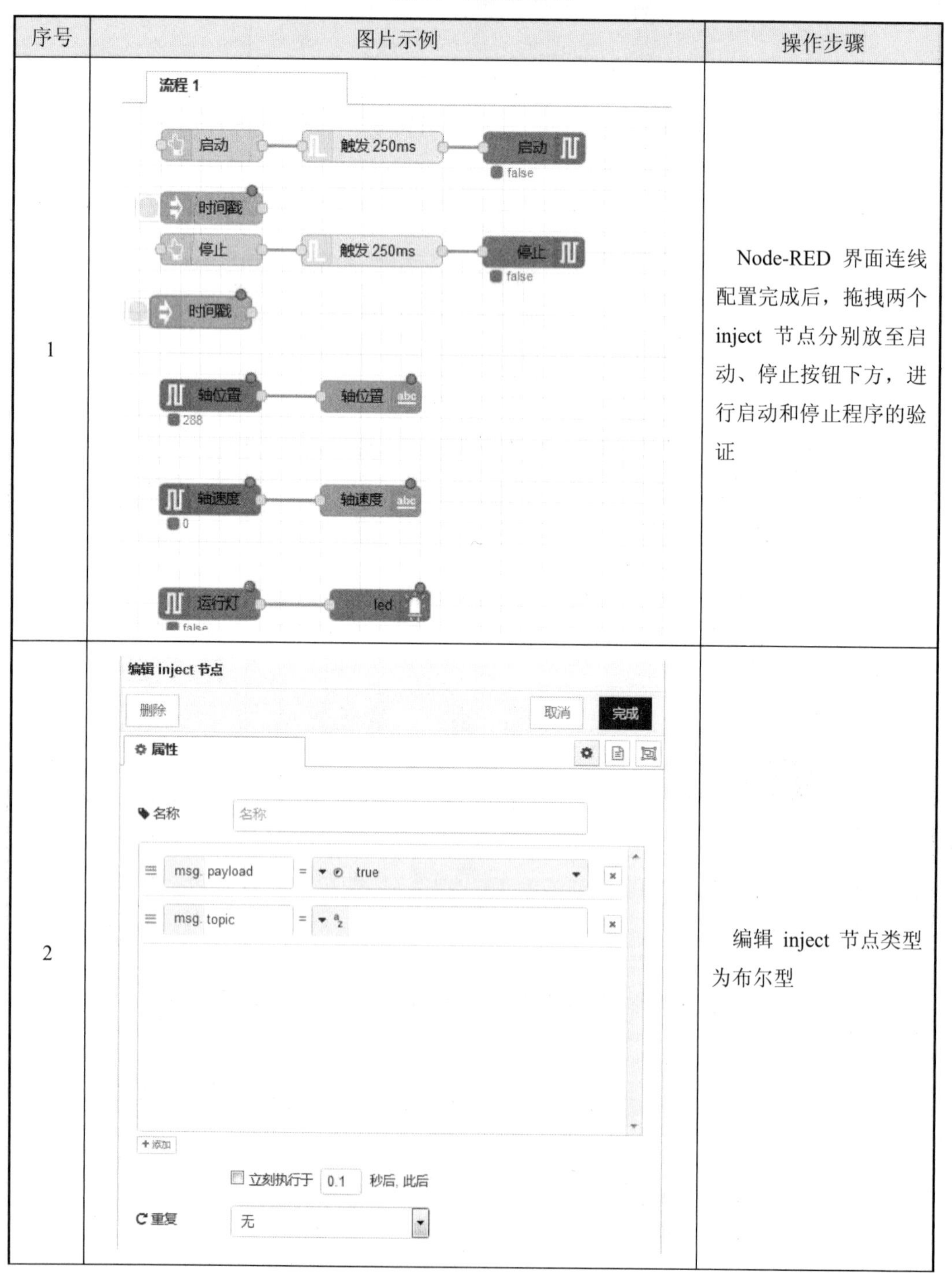

序号	图片示例	操作步骤
1		Node-RED 界面连线配置完成后，拖拽两个 inject 节点分别放至启动、停止按钮下方，进行启动和停止程序的验证
2		编辑 inject 节点类型为布尔型

续表7.13

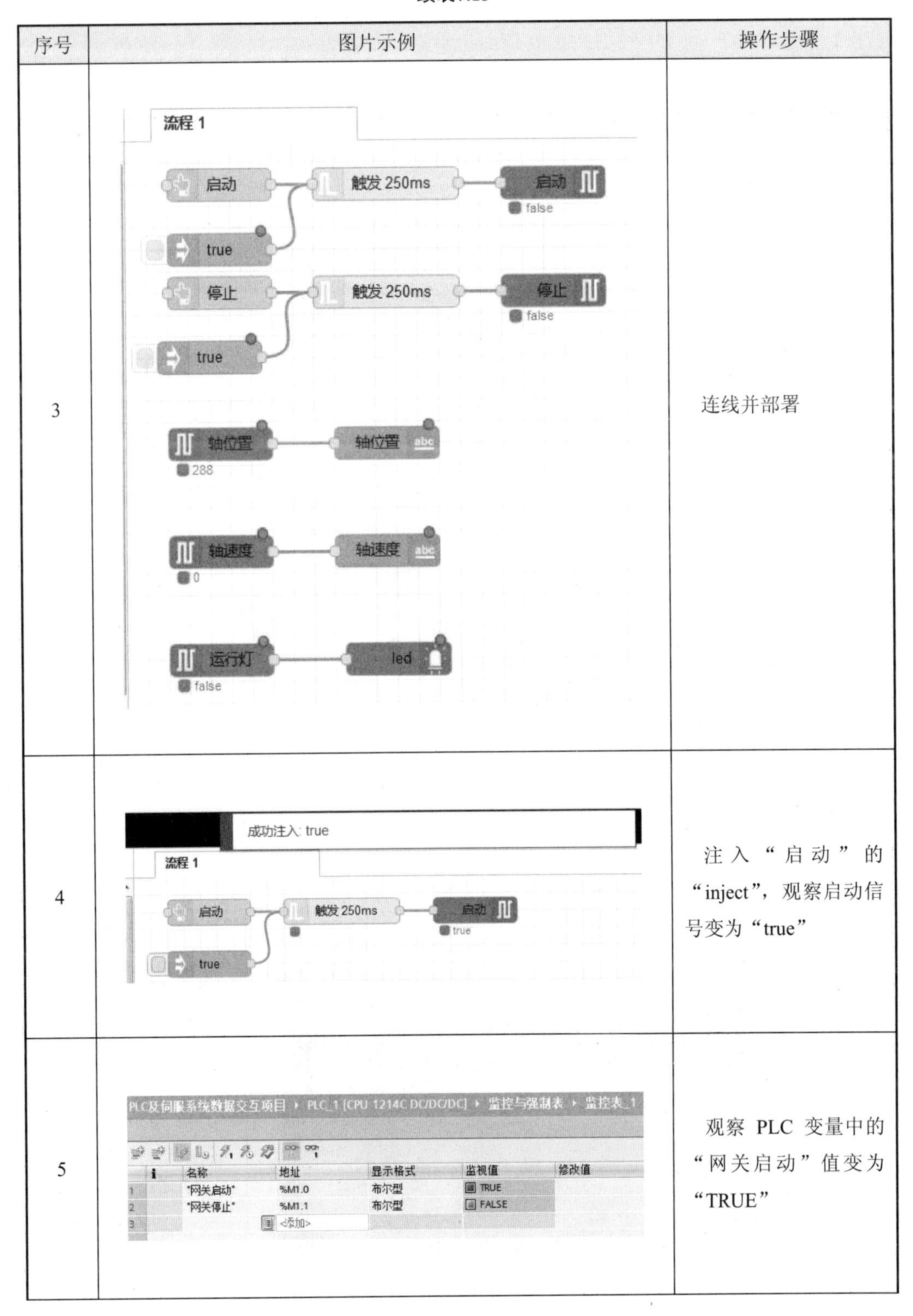

序号	图片示例	操作步骤
3		连线并部署
4		注入“启动”的“inject”，观察启动信号变为“true”
5		观察 PLC 变量中的“网关启动”值变为“TRUE”

续表7.13

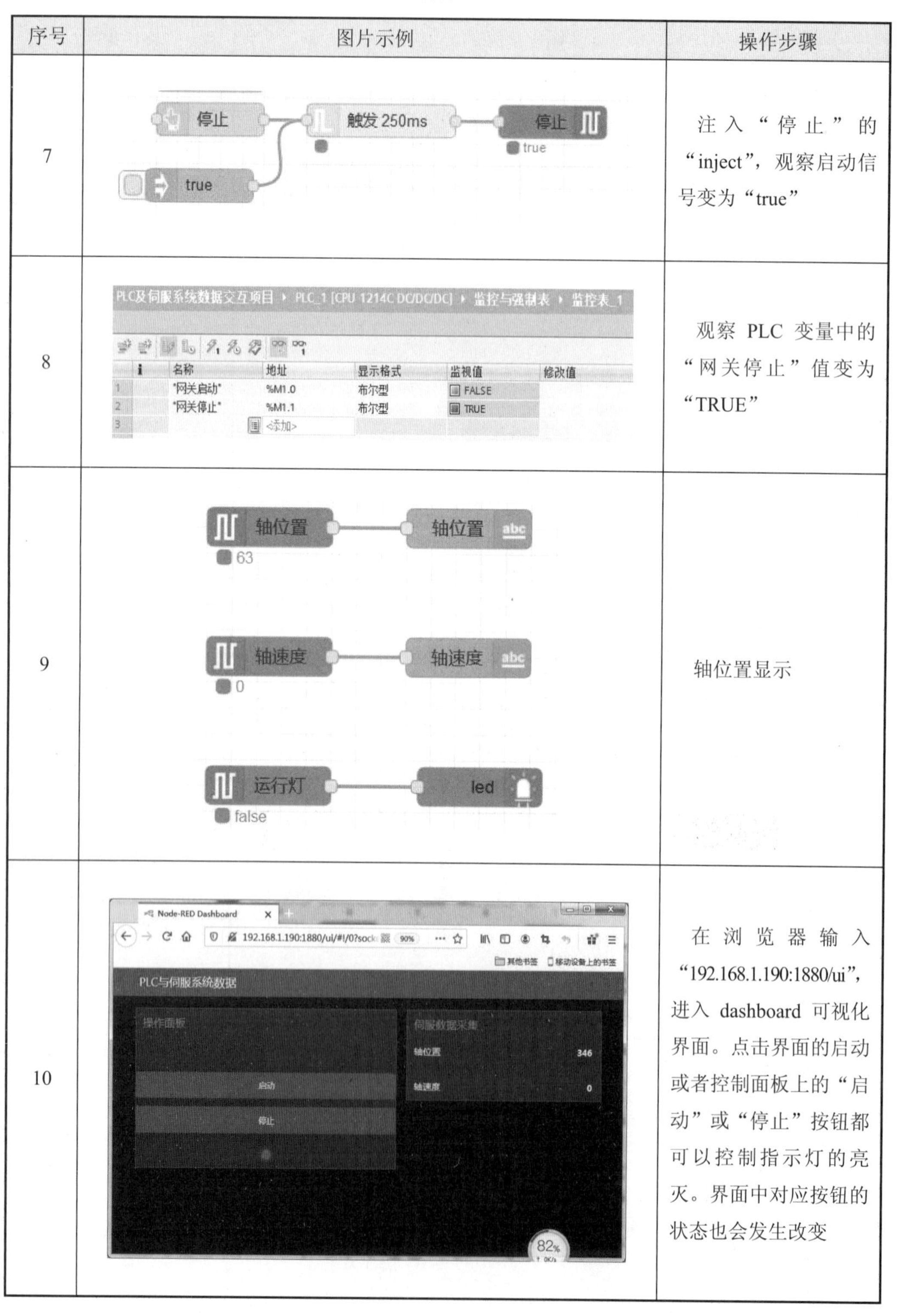

序号	图片示例	操作步骤
7		注入“停止”的“inject”，观察启动信号变为“true”
8		观察 PLC 变量中的“网关停止”值变为“TRUE”
9		轴位置显示
10		在浏览器输入“192.168.1.190:1880/ui”，进入 dashboard 可视化界面。点击界面的启动或者控制面板上的“启动”或“停止”按钮都可以控制指示灯的亮灭。界面中对应按钮的状态也会发生改变

7.4.6　项目总体运行

项目总体运行，见表 7.14。

表7.14　项目总体运行

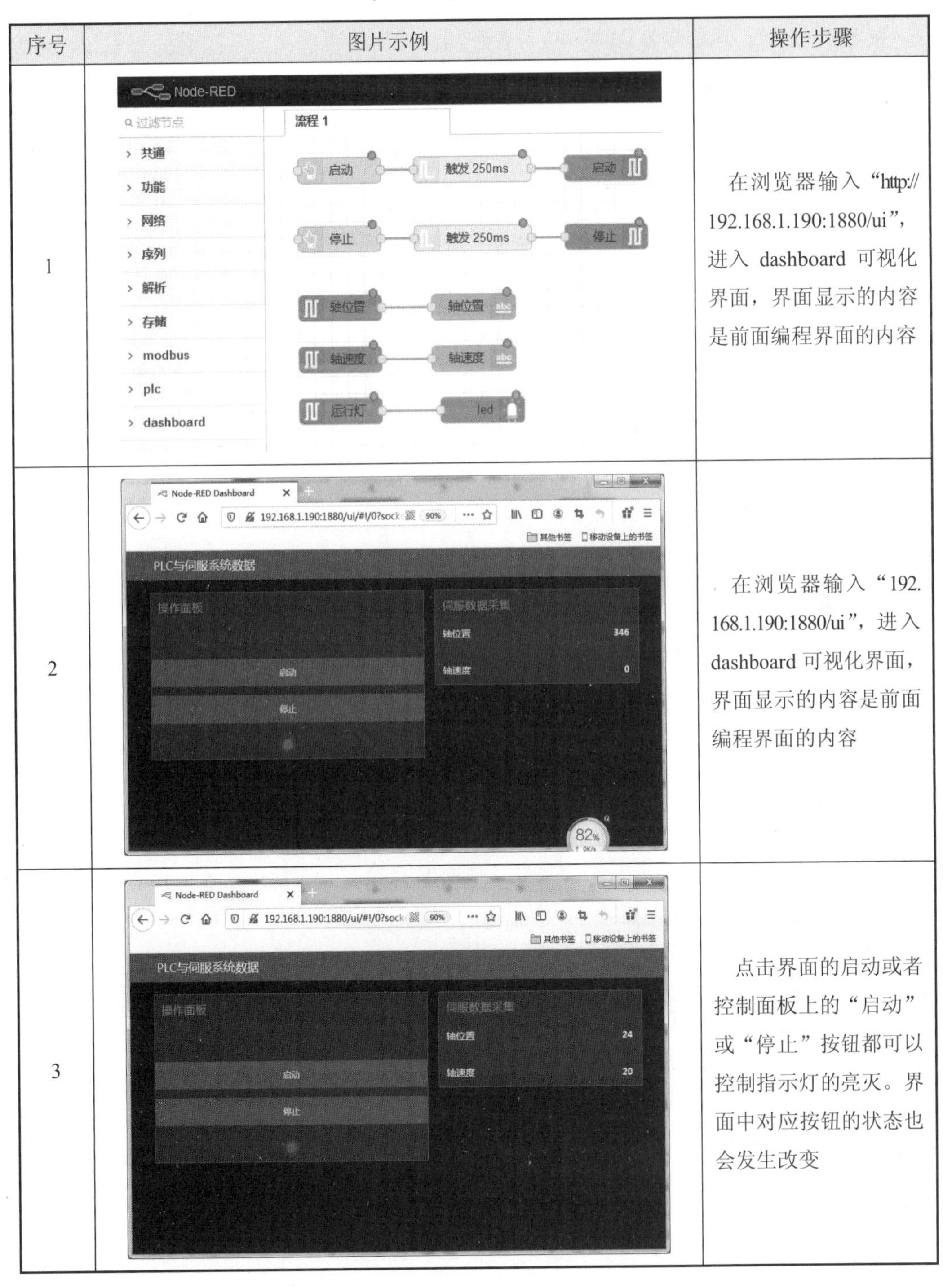

序号	图片示例	操作步骤
1		在浏览器输入“http://192.168.1.190:1880/ui”，进入 dashboard 可视化界面，界面显示的内容是前面编程界面的内容
2		在浏览器输入“192.168.1.190:1880/ui”，进入 dashboard 可视化界面，界面显示的内容是前面编程界面的内容
3		点击界面的启动或者控制面板上的“启动”或“停止”按钮都可以控制指示灯的亮灭。界面中对应按钮的状态也会发生改变

7.5 项目验证

7.5.1 效果验证

按照 7.4.6 节，运行项目程序，检查各个功能按钮是否能够正常控制伺服系统，并能够在智能网关的可视化界面上对伺服系统的状态进行显示。效果验证流程图如图 7.14 所示。

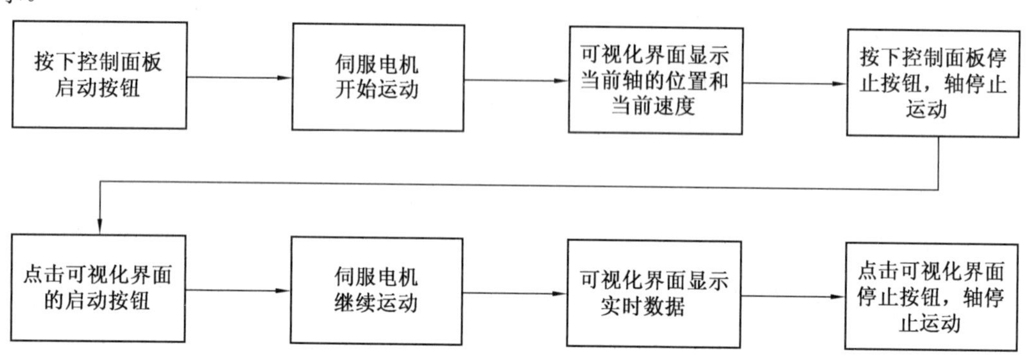

图 7.14　效果验证流程图

7.5.2 数据验证

数据验证主要对相关节点输出的变量情况进行查看，流程如图 7.15 所示。

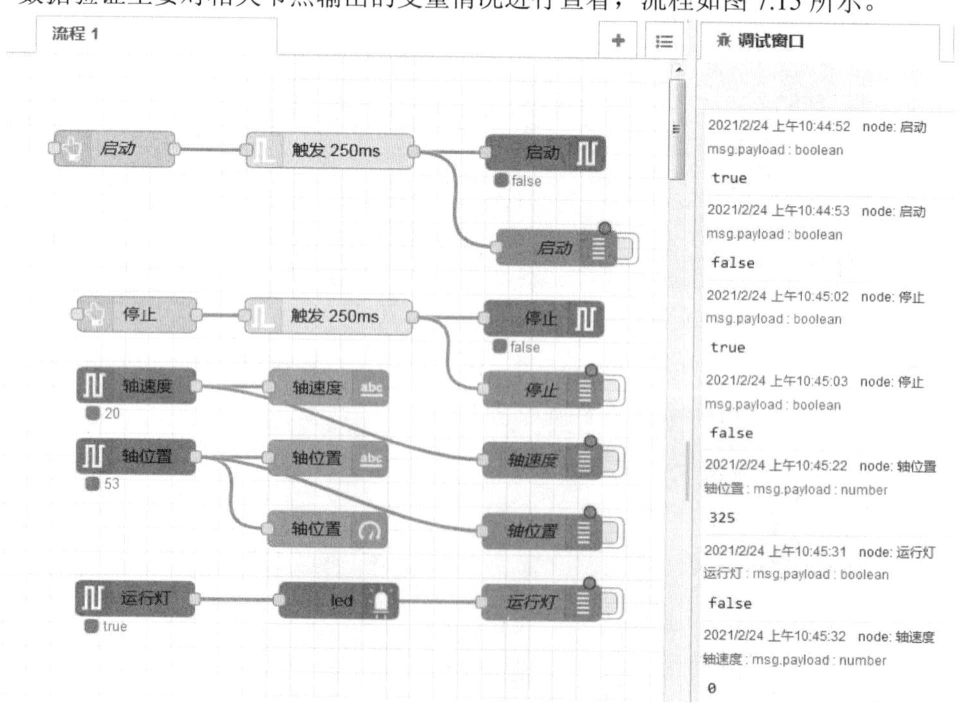

图 7.15　数据验证流程

7.6　项目总结

7.6.1　项目评价

项目评价见表 7.15。通过对整个项目的练习，评价对智能网关采集 PLC 数据的应用掌握情况。

表 7.15　项目评价表

项目指标		分值	自评	互评	完成情况说明
项目分析	1. 硬件架构分析	6			
	2. 项目流程分析	6			
项目要点	1. PROFINET 协议	8			
	2. 伺服系统	8			
	3. S7 通信功能节点	8			
项目步骤	1. 应用系统连接	9			
	2. 应用系统配置	9			
	3. 主体程序设计	9			
	4. 关联程序设计	9			
	5. 项目程序调试	9			
	6. 项目运行调试	9			
项目验证	1. 效果验证	5			
	2. 数据验证	5			
合计		100			

7.6.2　项目拓展

在工业控制中，某些物理量（例如压力、温度、湿度、流量、转速等）是连续变化的，它们首先需要被转化为 4～20 mA、0～10 V 等范围的模拟量信号，PLC 用模拟量输入模块将模拟量转换为数字量，存储到内部寄存器中供后续计算使用。

利用 PLC 采集和转换的模拟量数据，EnGateWay 智能网关与 PLC 进行数据交互。编写 PLC 程序将模拟量转化为数字量，确定数据的地址。基于 EnGateWay 智能网关，通过 S7 协议实现数据的读取，在可视化界面上监控各项数据变化情况。

第 8 章　物联网云平台设备通信项目

※ 项目目的

8.1　项目概况

8.1.1　项目背景

当前，以云计算、大数据、物联网等为代表的新一代信息技术蓬勃发展，正成为当今产业革命的新力量、经济转型的新引擎。

云计算将计算从用户终端集中到“云端”，是基于互联网的计算模式。云计算在资源分布上包括“云”和“云终端”。“云”是互联网或大型服务器集群的一种比喻，由分布的互联网基础设备（如网络设备、服务器、存储设备、安全设备等）构成，几乎所有的数据和应用软件都可以存储在“云”里；而“云终端”，例如 PC、手机、车载电子设备等，只需要拥有一个功能完备的浏览器，并安装一个简单的操作系统，通过网络接入“云”，就可以轻松使用“云”中的资源。从本质上讲，云计算是指用户终端通过远程连接，获取存储、计算、数据库等计算资源。

随着现代化生产模式的快速发展，在经营生产过程中，对信息化、智能化的需求越来越迫切。大多数企业所使用的传统式信息化系统部署方式，导致系统资源无法共享，系统负载不均衡，整体资源利用率和能耗效率低。企业原有的服务器、数据库等信息基础设施标准化程度低，通用性差，运维成本高、安全性低，同时也存在扩容成本难以控制等缺点。云计算的出现和快速普及主要得益于多核处理器、虚拟化、分布式存储、宽带互联网和自动化管理等技术的发展，逐步推广对云计算的应用程度，可通过企业上云提升企业的整体信息化应用水平，从而能够更有效地促进产业升级换代。

工业互联网智能网关通过全方位采集工业生产的各个环节的数据，依托云平台建立智能工厂管理系统的数据一体化管理平台，并进行智能逻辑判断、分析、挖掘、评估、预测、优化、协同等，从而为工业互联网设计提供完整的支撑整合服务。

8.1.2　项目需求

本项目主要是利用 EnGateWay 智能网关设备将采集到的伺服系统和温湿度记录仪的数据先进行数据处理，处理完成后上传到阿里云平台，从而使读者掌握本地数据处理到上云的完整过程。如图 8.1 所示为所要达到的效果，在云平台上监控设备的数据。

图 8.1　项目需求

8.1.3　项目目的

（1）掌握本地数据处理过程。

（2）了解云平台的基本知识。

（3）学习云平台的基本配置过程。

（4）掌握数据上云的操作过程。

8.2　项目分析

8.2.1　项目构架

本项目是基于工业互联网智能网关与云平台的数据交互项目。使用计算机通过工业交换机与 EnGateWay 智能网关模块进行连接，读取伺服系统和温湿度记录仪的数据上传至云平台。项目架构图如图 8.2 所示。

※ 项目分析

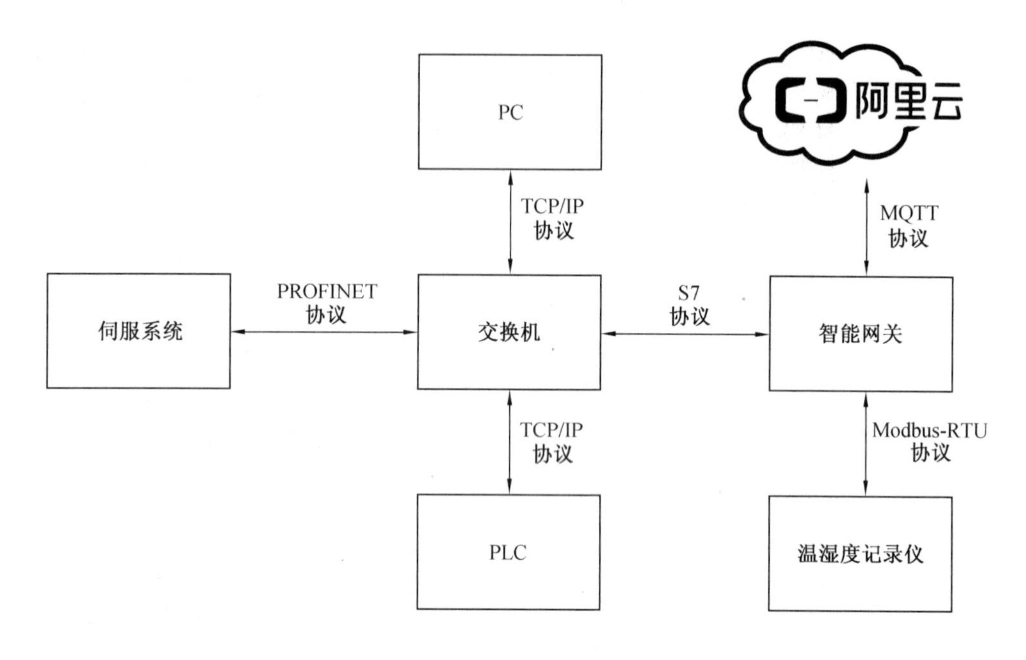

图 8.2 项目架构图

8.2.2 项目流程

首先，在 EnGateWay 智能网关设备将采集到的伺服系统和温湿度记录仪的数据先进行数据处理。

其次，在阿里云的物联网平台上创建产品、增加设备、配置云平台设备信息。

再次，在工业智能网关中配置 MQTT 节点，使用 MQTT 协议将数据上传到云平台。

最后，当用户按下开关按钮，伺服电机开始旋转，智能网关利用 S7 通信协议读取伺服系统对应的数据，利用 Modbus-RTU 通信协议读取温湿度记录仪的数据，通过 MQTT 节点将数据上传到云平台并展现出实时数据。具体项目流程如图 8.3 所示。

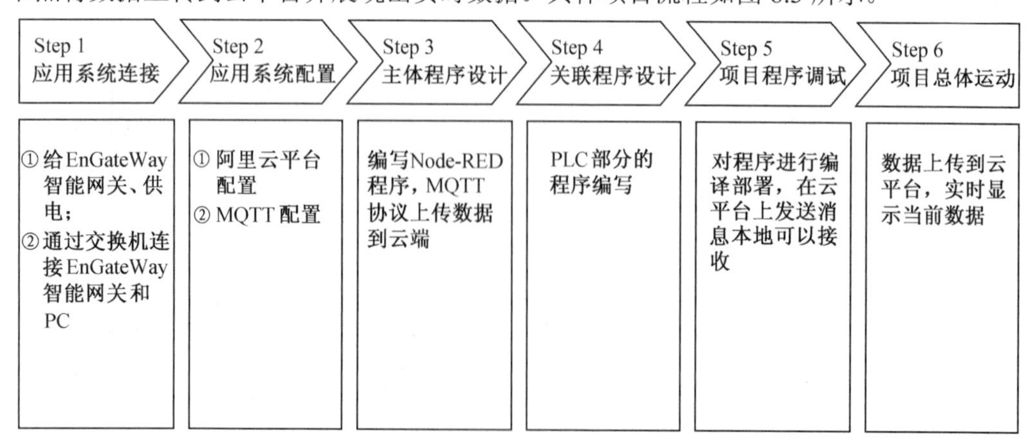

图 8.3 项目流程

8.3　项目要点

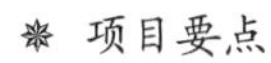
※ 项目要点

8.3.1　物联网云平台物模型

1. 物模型简介

（1）物模型介绍。

物模型指将物理空间中的实体数字化，并在云端构建该实体的数据模型，用于描述实体的功能。下面介绍物模型相关概念和使用方法。

物模型 TSL（Thing Specification Language）是一个 JSON 格式的文件。它是物理空间中的实体，如传感器、车载装置、楼宇、工厂等在云端的数字化表示，从属性、服务和事件三个维度，分别描述了该实体是什么、能做什么、可以对外提供哪些信息。定义了物模型的这三个维度，即完成了产品功能的定义。

物模型将产品功能类型分为三类：属性、服务和事件。物模型产品功能类型说明见表 8.1。

表 8.1　物模型产品功能类型说明

序号	功能类型	说　明
1	属性（Property）	一般用于描述设备运行时的状态，如环境监测设备所读取的当前环境温度等。属性支持 GET 和 SET 请求方式。应用系统可发起对属性的读取和设置请求
2	服务（Service）	设备可被外部调用的能力或方法，可设置输入参数和输出参数。相比于属性，服务可通过一条指令实现更复杂的业务逻辑，如执行某项特定的任务
3	事件（Event）	设备运行时的事件。事件一般包含需要被外部感知和处理的通知信息，可包含多个输出参数。如，某项任务完成的信息，或者设备发生故障或告警时的温度等，事件可以被订阅和推送

（2）物模型使用流程。

在物联网平台控制台添加物模型，进行设备端物模型开发。

开发完成后，设备端可以上报属性和事件，云端可以设置属性和调用服务，参见设备属性、事件、服务。云端还可以设置设备期望属性值，请参见设备期望属性值。

设备端上报的属性、事件和完成的服务调用数据，在通过强校验或弱校验后，将显示在物联网平台控制台对应设备的设备详情页物模型数据页签。您的服务器可以通过服务端订阅、云产品流转获得设备属性和事件数据，以及设备属性设置和服务调用指令响应结果。

2. 单个添加物模型

单个添加物模型，即单个添加属性、事件和服务。下面介绍如何在物联网平台控制台定义物模型。

（1）背景信息。

①如果产品已发布，不能编辑物模型。如需编辑物模型，需先撤销产品发布。

②可以编辑物模型历史版本，生成新的版本。

③同一物模型最多保存最近的 10 个版本，多余的历史版本将被覆盖。

④物模型编辑后，需发布才会正式生效。

（2）操作介绍。

在左侧导航栏选择“设备管理>产品”，在产品列表中，单击产品对应的“查看”操作按钮。在产品页面产品列表中，单击产品对应的“查看”操作按钮。在“产品详情”页，单击“功能定义”页签，再点击“编辑草稿”，选择“添加自定义功能”，可以为产品自定义属性、服务和事件。

➢ 自定义属性：在添加自定义功能对话框，选择功能类型为属性。设置参数完成后，单击确认。自定义属性对话框如图 8.4 所示。

图 8.4　自定义属性对话框

属性参数设置说明见表 8.2。

表 8.2 属性参数设置说明

参数	描述
功能名称	属性的名称，例如：用电量。同一产品下功能名称不能重复。 支持中文、英文字母、日文、数字、短划线（-）、下划线（_）、正斜线（/）和点号（.），且必须以中文、英文、日文或数字开头，不超过 30 个字符
标识符	属性唯一标识符，在产品中具有唯一性。即 Alink JSON 格式中的 identifier 的值，作为设备上报该属性数据的 Key，云端根据该标识符校验是否接收数据。支持英文、数字和下划线（_），不超过 50 个字符，例如：PowerConsumption
数据类型	int32：32 位整型。需定义取值范围、步长和单位符号。 float：单精度浮点型。需定义取值范围、步长和单位符号。 double：双精度浮点型。需定义取值范围、步长和单位符号。 enum：枚举型。定义枚举项的参数值和参数描述，例如：1 表示加热模式、2 表示制冷模式。 bool：布尔型。采用 0 或 1 来定义布尔值，例如：0 表示关、1 表示开。 text：字符串。需定义字符串的数据长度，最长支持 10 240 字节。 date：时间戳。格式为 String 类型的 UTC 时间戳，单位：毫秒。 struct：JSON 对象。定义一个 JSON 结构体，新增 JSON 参数项，例如：定义灯的颜色是由 Red、Green、Blue 三个参数组成的结构体。不支持结构体嵌套。 array：数组。需声明数组内的元素类型、数组元素个数。元素类型可选择 int32、float、double、text 或 struct，需确保同一个数组元素类型相同。元素个数，限制 1～512 个
取值范围	数据类型为 int32、float、double 时，需设置属性值的取值范围
步长	属性值变化的最小粒度。数据类型为 int32、float、double 时，需要根据您的业务需要设置步长。 例如：为温度计产品定义温度属性时，将数据类型设置为 int32，步长为 2，单位为℃，取值范围 0～100。即温度每变化两度，设备上报温度值，例如：0 ℃、2 ℃、4℃、6℃、8℃……
单位	单位可选择为无，或根据实际情况选择。
读写类型	读写：请求读写的方法支持 GET（获取）和 SET（设置）。 只读：请求只读的方法仅支持 GET（获取）
描述	输入文字，对该功能进行说明或备注。长度限制为 100 个字符

➢ 自定义服务：在添加自定义功能对话框，选择功能类型为服务。设置参数完成后，单击确认。自定义服务对话框如图 8.5 所示。

图 8.5　自定义服务对话框

服务参数设置说明见表 8.3。

表 8.3　服务参数设置说明

参数	描述
功能参数	服务名称。支持中文、英文字母、日文、数字、短划线（-）、下划线（_）、正斜线（/）和点号（.），且必须以中文、英文、日文或数字开头，不超过 30 个字符
标识符	服务唯一标识符，在产品下具有唯一性。即 Alink JSON 格式中该服务的 identifier 的值。支持英文、数字和下划线（_），不超过 50 个字符
调用方式	异步：服务为异步调用时，云端执行调用后直接返回结果，不会等待设备的回复消息。 同步：服务为同步调用时，云端会等待设备回复；若设备没有回复，则调用超时
输入参数	设置该服务的入参，可选。 单击新增参数，在弹窗对话框中添加服务入参
输出参数	设置该服务的出参，可选。 单击新增参数，在弹窗对话框中添加服务出参
描述	输入文字，对该服务功能进行说明或备注。长度限制为 100 个字符

➢ 自定义事件：在添加自定义功能对话框，选择功能类型为事件。设置参数完成后，单击确认。自定义事件对话框如图 8.6 所示。

图 8.6　自定义事件对话框

事件参数设置说明见表 8.4。

表 8.4　事件参数设置说明

参数	描述
功能名称	事件的名称。支持中文、英文字母、日文、数字、短划线（-）、下划线（_）、正斜线（/）和点号（.），且必须以中文、英文、日文或数字开头，不超过 30 个字符
标识符	事件唯一标识符，在产品下具有唯一性。即 Alink JSON 格式中该事件的 identifier 的值，作为设备上报该事件数据的 Key，例如：ErrorCode。支持英文、数字和下划线（_），不超过 50 个字符
事件类型	针对不同的事件类型进行业务逻辑处理和统计分析。 信息：指设备上报的一般性通知，例如：完成某项任务。 告警：设备运行过程中主动上报的突发或异常情况，告警类信息，优先级高。 故障：设备运行过程中主动上报的突发或异常情况，故障类信息，优先级高
输出参数	该事件的出参。单击增加参数，在弹窗对话框中添加一个服务出参。您可以使用某个属性作为出参，也可以自定义参数
描述	输入文字，对该事件功能进行说明或备注。长度限制为 100 个字符

功能添加完成后，单击页面左下方的“发布上线”按钮，弹出“发布物模型上线”对话框，可以单击“添加发布备注”，输入版本号和版本描述，单击“确定”，发布物模型。

8.3.2 MQTT 通信协议

MQTT 全称为 Message Queuing Telemetry Transport（消息队列遥测传输），是一种工作在 TCP/IP 协议上，为硬件性能较弱的终端设备以及网络状况不佳的情况下而设计的发布/订阅型消息协议。

MQTT 协议具有低开销、低带宽占用的特点，可以用极少的代码和带宽为连接远程设备提供实时可靠的消息服务。互联网的基础网络协议是 TCP/IP，MQTT 协议是基于 TCP/IP 协议栈而构建的，支持绝大多数的互联网云平台，因此能够与现有的互联网通信系统之间进行很好的兼容。基于上述特点，MQTT 协议在物联网通信应用中被广泛采用。

1. MQTT 协议实现方式

MQTT 协议实现方式，如图 8.7 所示。

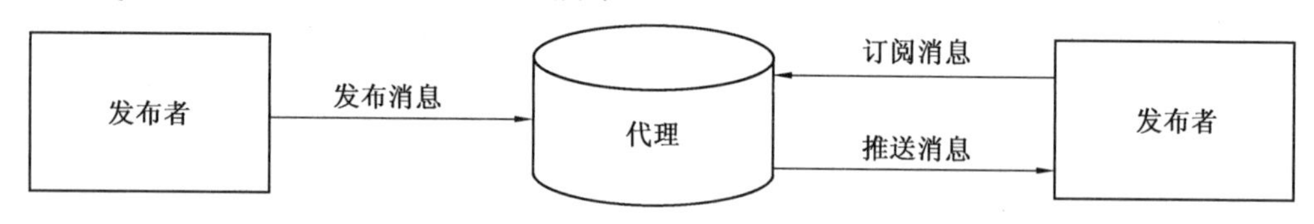

图 8.7　MQTT 协议实现方式

（1）三种身份。

实现 MQTT 协议需要客户端和服务器端共同来实现。客户端是以应用程序或设备的形式为载体，能够建立与服务器之间的网络连接。服务器可以接受来自客户的网络连接、接受客户发布的应用信息、处理来自客户端的订阅和退订请求、向订阅的客户转发应用程序消息。

在协议中约定了三种身份：发布者（Publish）、代理（Broker）（服务器）、订阅者（Subscribe）。其中，消息的发布者和订阅者都是客户端，消息代理是服务器。消息发布者也可以同时是其他消息的订阅者。

（2）消息特点。

MQTT 传输的消息分为：主题（Topic）和负载（Payload）两部分。Topic 可以理解为消息的类型，订阅者订阅某一消息后，就会收到该主题的负载（Payload）。Payload 可以理解为消息的内容，是指订阅者具体要使用的信息内容。

2. MQTT 协议中的会话、主题和订阅的概念

（1）会话（Session）。

每个客户端与服务器建立连接后就是一个会话，客户端和服务器之间有状态交互。会话存在于一个网络之间，也可能在客户端和服务器之间跨越多个连续的网络连接。

（2）主题（Topic）。

主题是连接到一个应用程序消息的标签，该标签与服务器的订阅相匹配。服务器会将消息发送给订阅所匹配标签的每个客户端。服务器可使用主题筛选器进行多个主题的匹配。

（3）订阅。

订阅会与一个会话关联。一个会话可以包含多个订阅，任何一个订阅都有一个不同的主题筛选器。

3. MQTT 协议中的方法

MQTT 协议中定义了一些方法（也被称为动作），用于表示对确定的资源（服务器上的文件或输出，如预存数据或动态生成数据等）进行何种操作。

- Connect：等待与服务器建立连接。
- Disconnect：等待 MQTT 客户端完成所做的工作，并与服务器断开 TCP/IP 会话。
- Subscribe：等待完成订阅。
- UnSubscribe：等待服务器取消客户端的一个或多个主题订阅。
- Publish：MQTT 客户端发送消息请求，发送完成后返回应用程序线程。

8.3.3　MQTT 通信节点

作为与云平台进行对接的智能网关，需要根据云端的物联网产品和设备配置情况，对实物设备的通信参数进行配置，以使客户端能够正确连接至云端代理。图 8.8 所示为 MQTT 通信节点。

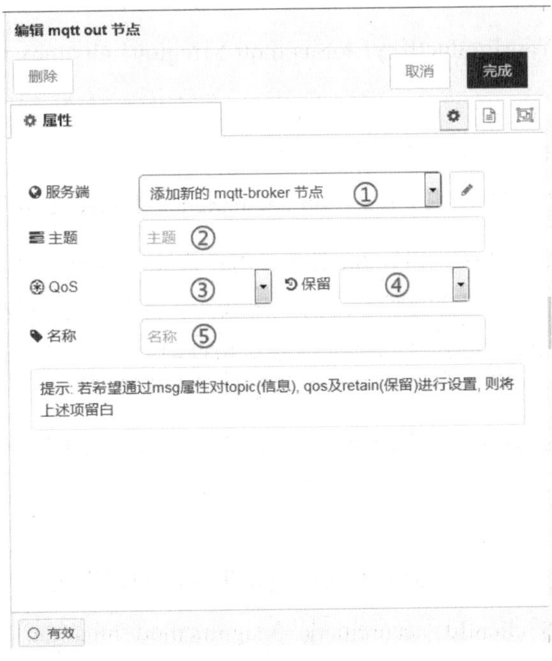

图 8.8　MQTT 节点

1. 服务端

在网关 MQTT 通信节点的配置过程中主要用到的信息包括：服务端、端口、客户端 ID、用户名、密码这几个部分，MQTT 节点属性如图 8.9 所示。

图 8.9　MQTT 节点属性

（1）服务端。

服务端代表云端服务器的地址。阿里云规定其格式为：

${YourProductKey}.iot-as-mqtt.${region}.aliyuncs.com

用户需要参照云平台的“设备详情”页面进行查询和替换（其中斜体部分是需要根据实际情况进行替换的）。本项目中替换结果：

“a1******a.iot-as-mqtt.cn-shanghai.aliyuncs.com”

其中，“a1******a”为产品秘钥 ProductKey，用户需要查询自己页面的 ProductKey 进行替换，“cn-shanghai”为阿里云的服务器物理区域，在账号创建的时候，会有相关区域的选择，区域所对应的 ID 可以在其网站进行搜索和查询。

（2）端口。

MQTT 端口可选择为无加密的 1883 端口，其他端口及使用配置，读者可自行查阅和学习。

（3）客户端 ID。

填写 mqttClientId，用于 MQTT 的底层协议报文。固定格式：

${clientId}|securemode=3,signmethod=hmacsha1|

其中，${clientId}为设备的 ID 信息（${clientId}为自定义的信息）。可取任意值，长度在 64 字符以内。用户可以自由定义。

securemode 为安全模式设置，可选择 TCP 直连模式（securemode=3）或 TLS 直连模式（securemode=2）。

signmethod 为算法类型，支持 hmacmd5 和 hmacsha1。

本项目示例中设置如下：

12345|securemode=3,signmethod=hmacsha1|

（4）用户名。

智能网关和云端连接，需要登录用户名和密码，以进行一对一匹配。

用户名由设备名 DeviceName、符号（&）和产品 ProductKey 组成。固定格式：

${YourDeviceName}&${YourPrductKey}

本项目示例中，根据所创建产品的信息详情，设置如下：

EnGateWay&a1******a

（5）密码。

密码的生成要根据 signmethod 的算法类型进行计算得出，为了用户使用方便，阿里云提供了密码生成小工具。用户在其网站搜索“Password 生成小工具”，解压缩下载包后，双击 sign 文件，即可使用。在界面中，填写相关信息后，点击【Generate】后即可生成密码，图 8.10 所示为密码生成工具。

填入设备信息：

productKey: a1vX3D6I2Oa
deviceName: EnGateWay
deviceSecret: 9359c8C　　　　　　11314122d9e9
timestamp:
clientId: 12345
method: hmacsha1

点击这里： Generate

签名结果：

password: AAEC127(　　　　　　\0F724F2B3716

图 8.10　密码生成工具

2. 主题

要发布的 MQTT 主题，可以在“产品详情”的“Topic 类列表”查找，如图 8.11 所示。此处使用的是系统默认提供的主题。在上一步中 mqtt 是用来接收数据的，所以选择“/sys/a1******a/${deviceName}/thing/event/property/post”。

图 8.11　Topic 类列表

3. QoS

QoS：0，最多一次；　1，最少一次；　2，只一次。默认值为 0。

4. 保留

将消息保留在代理上。默认值为 false。

5. 名称

节点名称。

8.4　项目步骤

8.4.1　应用系统配置

智能网关要将所采集的数据上传到云平台，首先就需要对云平台和 MQTT 进行配置。用户可免费注册一个阿里云账号，登录阿里云官方网站（https://www.aliyun.com/），如图 8.12 所示，按照网页提示步骤进行注册。

❋ 项目步骤

图 8.12　阿里云用户注册

注册完成并实名认证后，需要开通物联网平台功能。开通物联网平台功能的具体步骤见表 8.5。

表8.5　物联网平台功能开通

序号	图片示例	操作步骤
1	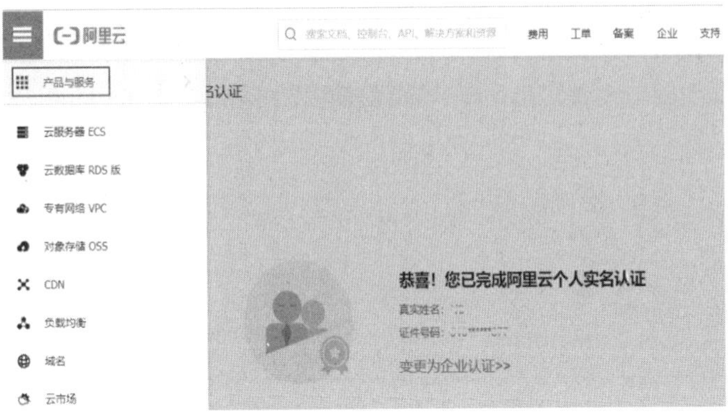	在完成实名认证后，选择页面左侧的“产品与服务”菜单
2	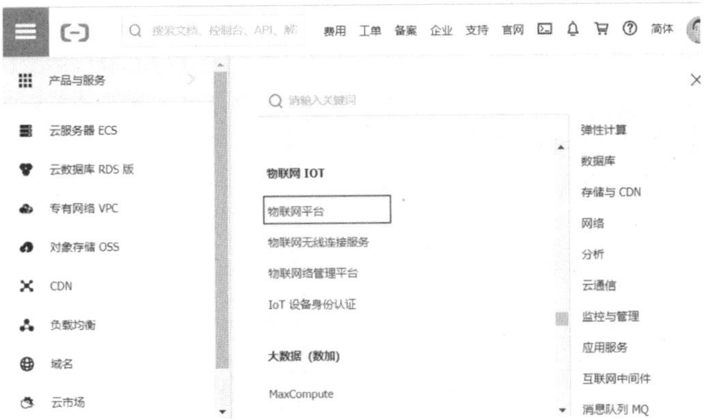	在弹出的阿里云的各种产品服务列表中搜索“物联网平台”或直接下拉查找，然后点击进入

续表8.5

序号	图片示例	操作步骤
3		根据提示要求开通物联网平台产品，选择【立即开通】
4		开通完成后，可通过【管理控制台】按钮进入物联网平台的管理平台
5		在物联网平台管理平台能够查看所有的物联网平台的功能。 后续的各项产品设备配置、结果查看等工作也主要在物联网平台页面内进行

使用物联网云平台的第一步是在云端创建产品和对应设备，具体按照如下操作步骤进行初始配置。

1. 云平台产品创建

云平台产品创建主要是在阿里云上创建一个产品对象，此处建立一个“智能网关桌面实训台”的产品，为产品定义“轴的速度”“轴的位置”两个与伺服系统相关的采集参数的功能和“温度”“湿度”两个与温湿度记录仪相关的采集参数的功能。阿里云平台产品创建步骤见表 8.6.

表8.6 阿里云平台产品创建步骤

序号	图片示例	操作步骤
1	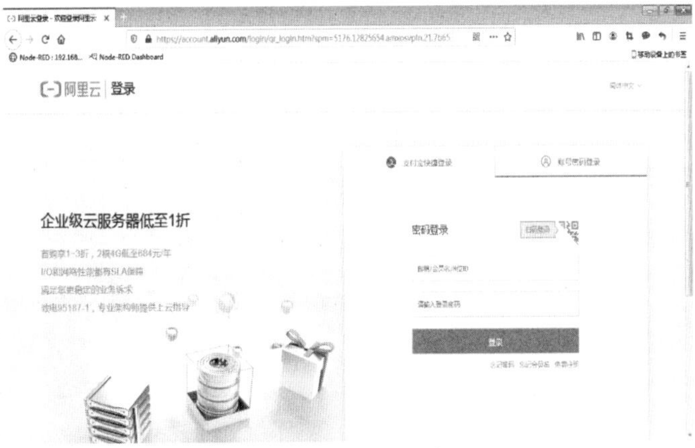	打开浏览器进入阿里云平台
2	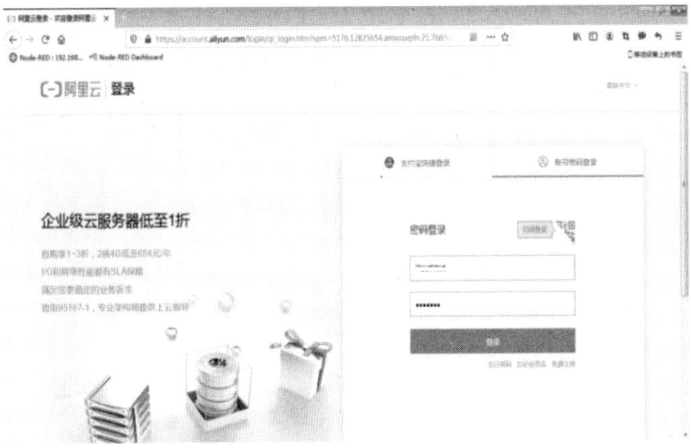	输入账号、密码，完成登陆

续表8.6

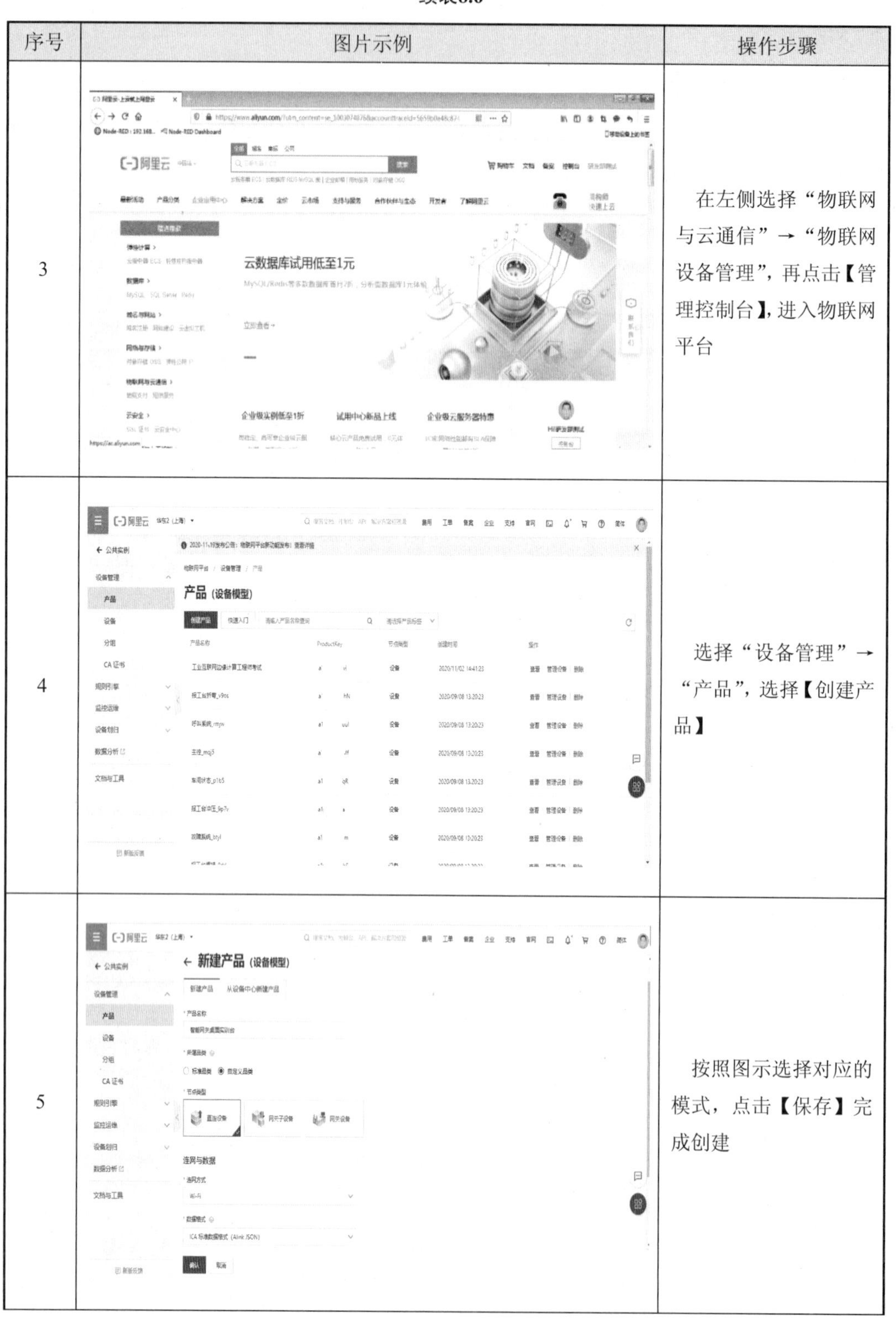

序号	图片示例	操作步骤
3		在左侧选择“物联网与云通信”→“物联网设备管理”，再点击【管理控制台】，进入物联网平台
4		选择“设备管理”→“产品”，选择【创建产品】
5		按照图示选择对应的模式，点击【保存】完成创建

续表8.6

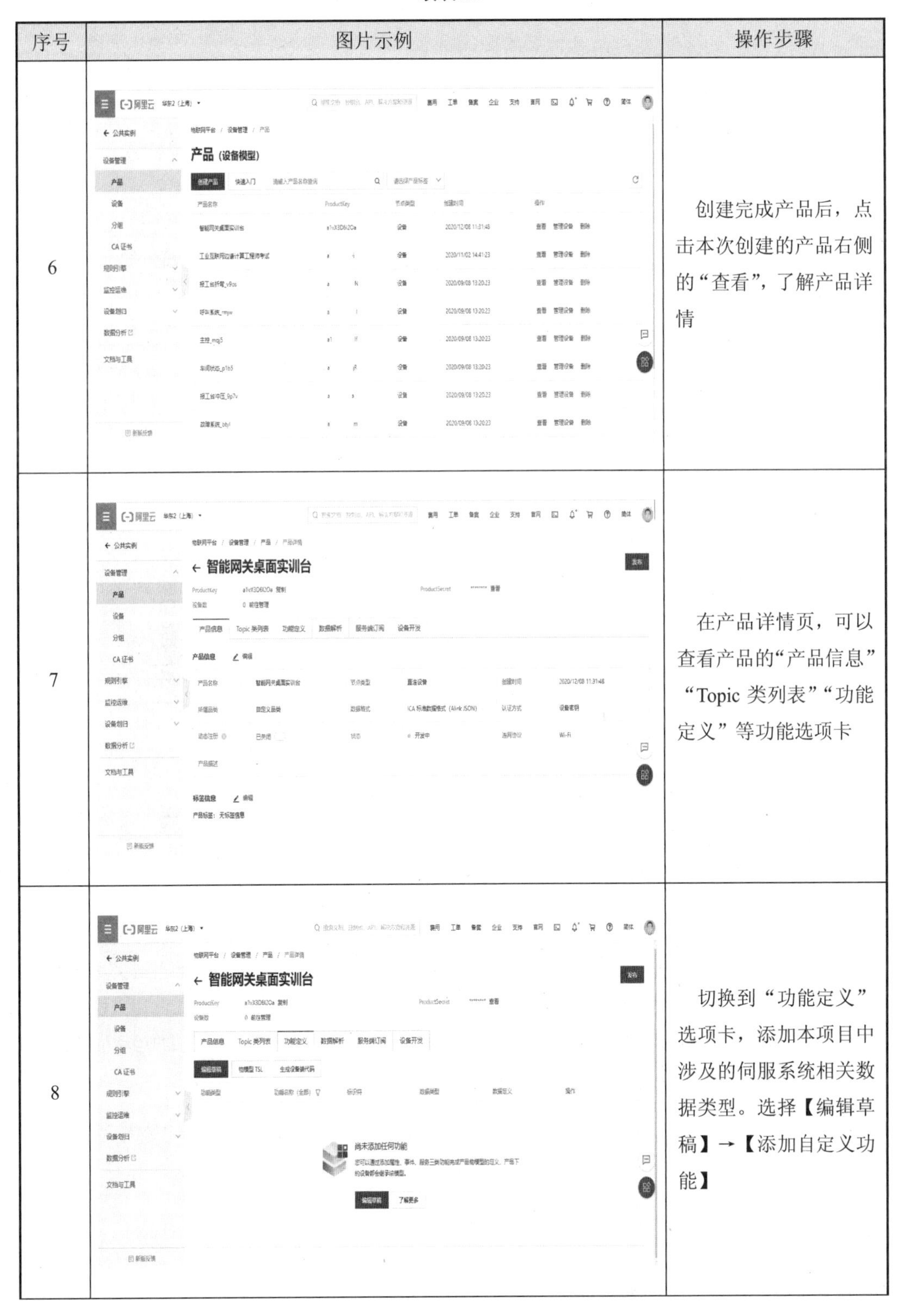

序号	图片示例	操作步骤
6		创建完成产品后，点击本次创建的产品右侧的“查看”，了解产品详情
7		在产品详情页，可以查看产品的“产品信息”“Topic 类列表”“功能定义”等功能选项卡
8		切换到“功能定义”选项卡，添加本项目中涉及的伺服系统相关数据类型。选择【编辑草稿】→【添加自定义功能】

续表8.6

序号	图片示例	操作步骤
9	 添加自定义功能 × * 功能类型 属性 服务 事件 * 功能名称 运行速度 * 标识符 E_Craft_Speed_Gum * 数据类型 double 取值范围 -100 ~ 100 步长 0.1 单位 请选择单位 * 读写类型 读写 只读 描述 请输入描述 0/100 确认 取消	在此处添加“轴的速度”功能名称。数据类型、取值范围根据需求选择对应的类型和范围，步长不能为 0。单位可以选择。读写类型选择读写，描述内容根据需求填写。填写完成后，点击【确认】
10	 添加自定义功能 × * 功能类型 属性 服务 事件 * 功能名称 轴位置 * 标识符 position * 数据类型 double 取值范围 -360 ~ 360 步长 0.1 单位 度 / ° * 读写类型 读写 只读 描述 请输入描述 0/100 确认 取消	按照同样的方法，创建新的自定义功能“轴的位置”，用来显示伺服电机轴的运动位置

续表8.6

序号	图片示例	操作步骤
11	 添加自定义功能 * 功能类型 属性 服务 事件 * 功能名称 当前温度 * 标识符 CurrentTemperature * 数据类型 double 取值范围 -20 ~ 50 步长 1 单位 ℃ * 读写类型 读写 只读 描述 请输入描述 0/100 确认 取消	按照同样的方法，创建新的自定义功能“温度”，用来显示温湿度记录仪记录的当前环境温度
12	 添加自定义功能 * 功能类型 属性 服务 事件 * 功能名称 湿度 * 标识符 Humidity * 数据类型 double 取值范围 0 ~ 100 步长 0.1 单位 相对湿度 / %RH * 读写类型 读写 只读 描述 请输入描述 0/100 确认 取消	按照同样的方法，创建新的自定义功能“湿度”，用来显示显示温湿度记录仪记录的当前环境湿度

续表8.6

序号	图片示例	操作步骤
13	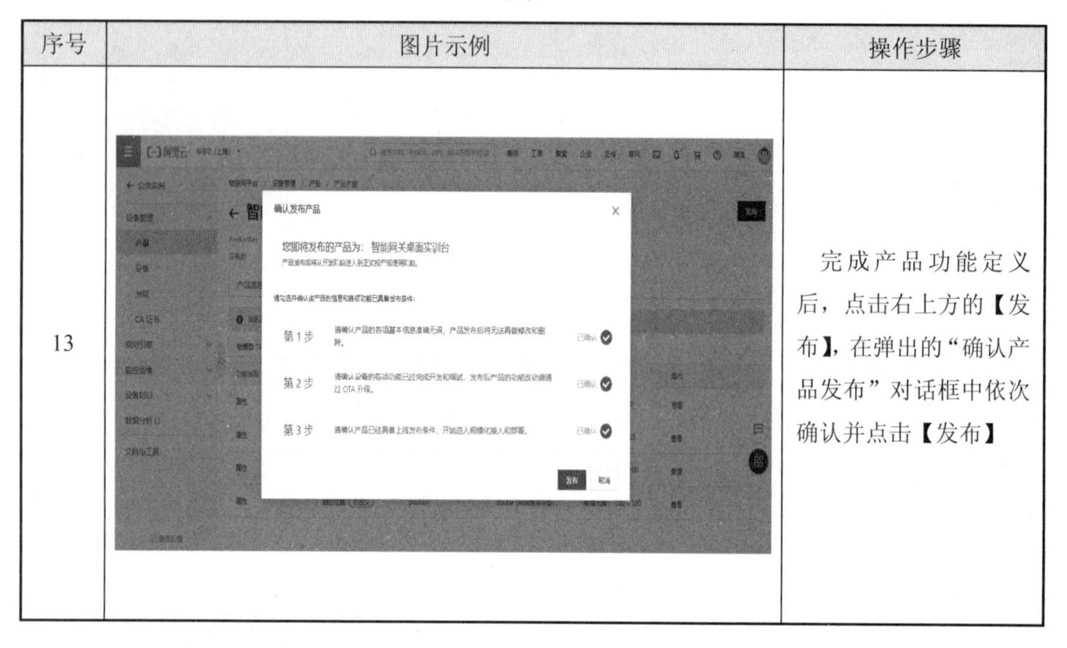	完成产品功能定义后，点击右上方的【发布】，在弹出的“确认产品发布”对话框中依次确认并点击【发布】

2. 云产品设备添加

云产品创建完成后，需要在产品下创建设备集。此处创建 EnGateWay 智能网关在云平台上关联的设备对象。具体操作步骤见表 8.7。

表8.7　云产品下设备添加

序号	图片示例	操作步骤
1		点击左侧“设备”，点击【添加设备】，选择上一步创建的产品，设置设备名称和备注后，点击【确认】

续表8.7

序号	图片示例	操作步骤
2	阿里云 华东2（上海） 费用 工单 备案 企业 支持 官网 简体 ← 公共实例 设备管理 产品 设备 分组 CA 证书 规则引擎 监控运维 设备划归 数据分析 文档与工具 物联网平台 / 设备管理 / 设备 / 设备详情 ← EnGateWay 未激活 产品 智能网关桌面实训台 查看　DeviceSecret ******** 查看 ProductKey a1vX3D6I2Oa 复制 设备信息 Topic 列表 物模型数据 设备影子 文件管理 日志服务 在线调试 分组 设备信息 产品名称 智能网关桌面实训台　ProductKey a1vX3D6I2Oa 复制　地域 华东2（上海） 节点类型 设备　DeviceName EnGateWay 复制　认证方式 设备密钥 备注名称 智能网关 编辑　IP地址 -　固件版本 - 创建时间 2020/12/08 13:50:06　激活时间 -　最后上线时间 - 当前状态 未激活　实时延迟 测试　设备本地日志上报 已关闭 设备扩展信息 SDK 语言 -　版本号 -　模组商 - 新版反馈	在设备列表中，点击【查看】可以查看已创建的设备信息

8.4.2　应用系统连接

应用系统主要组成包括 EnGateWay 智能网关、西门子 S7-1200 PLC、西门子伺服系统、计算机、工业级交换机，通过以太网线和信号线完成系统连接，应用系统连接图如图 8.13 所示。

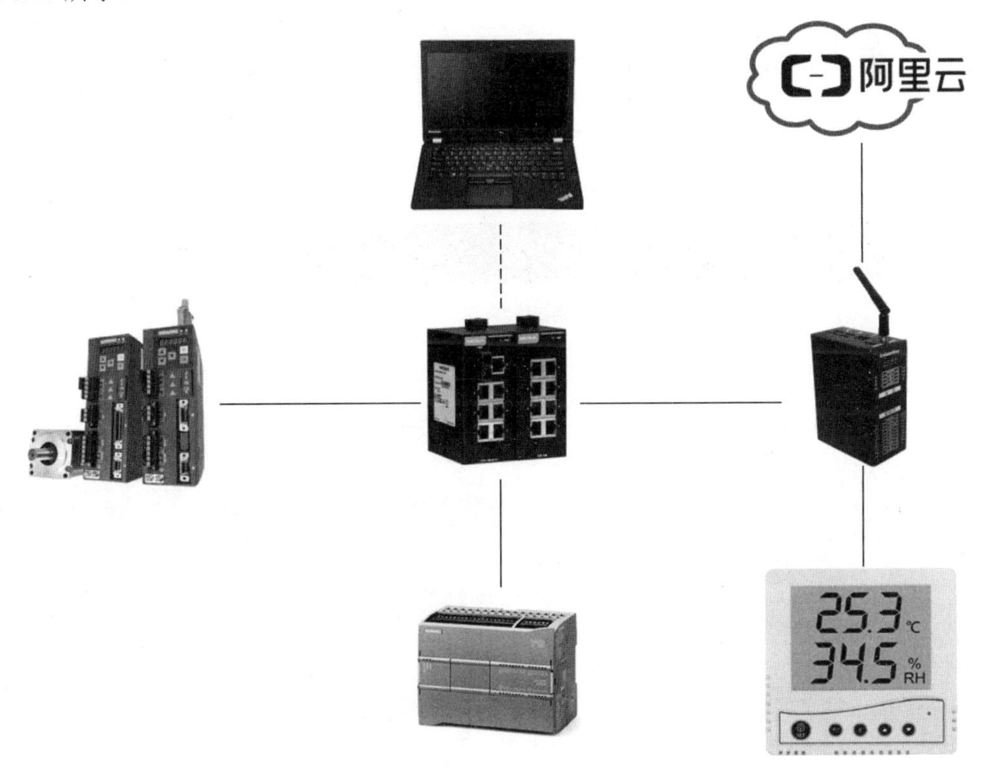

图 8.13　应用系统连接图

8.4.3 主体程序设计

主体程序主要是采集伺服和温湿度记录仪的相关数据，并把数据通过 MQTT 节点进行上传。

主体程序设计见表 8.8。

表8.8 主体程序设计

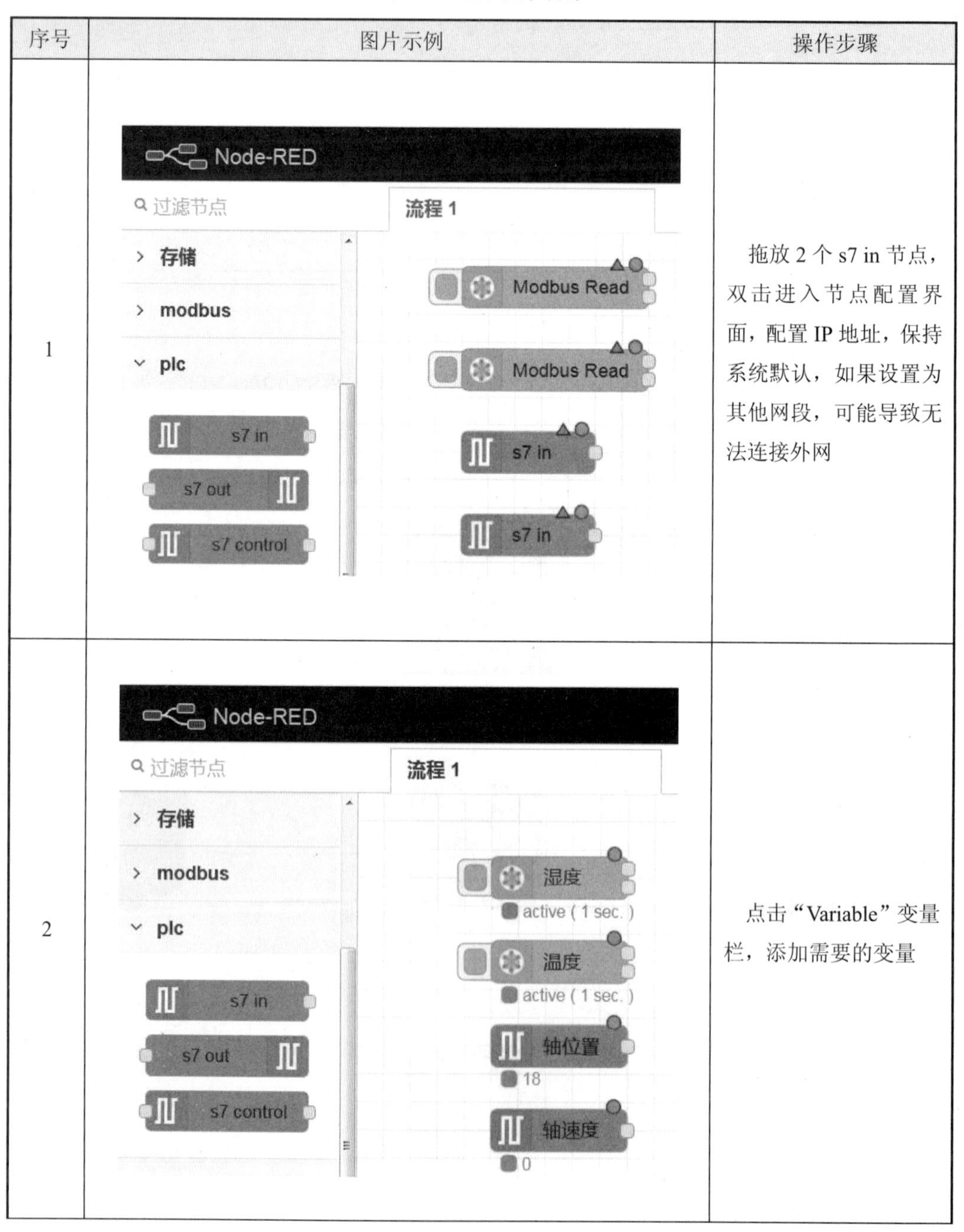

序号	图片示例	操作步骤
1		拖放 2 个 s7 in 节点，双击进入节点配置界面，配置 IP 地址，保持系统默认，如果设置为其他网段，可能导致无法连接外网
2		点击“Variable”变量栏，添加需要的变量

续表8.8

序号	图片示例	操作步骤
3	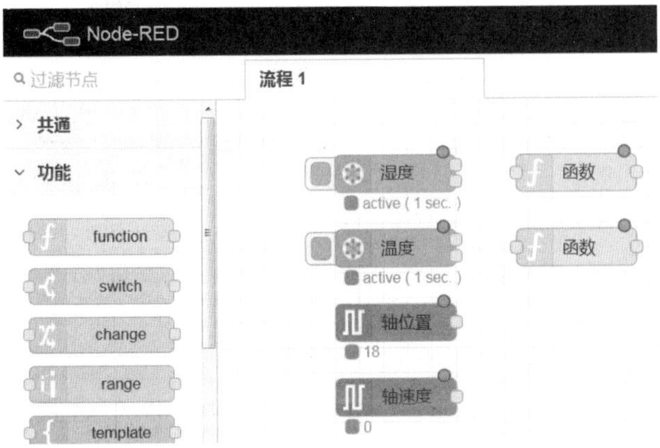 Node-RED 过滤节点　流程 1 共通 功能 function switch change range template 湿度　active (1 sec.) 温度　active (1 sec.) 轴位置　18 轴速度　0 函数 函数	拖放 2 个功能函数，其功能是将数据缩小 10 倍后输出
4	 编辑 function 节点 删除　取消　完成 属性 名称　转换 设置　函数　关闭 1　msg.payload=msg.payload[0]/10; 2　return msg; 输出　1	编写函数程序
5	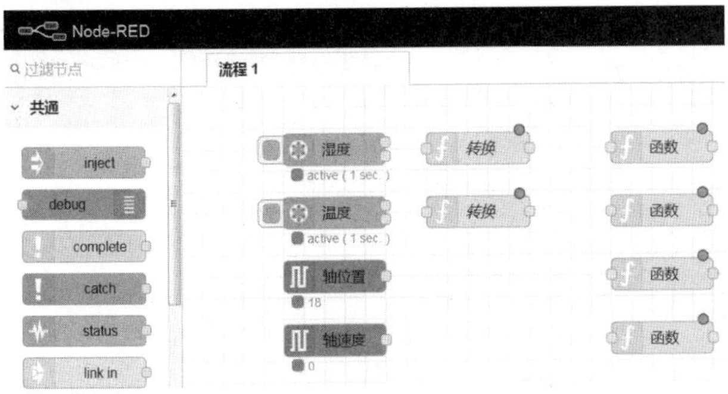 Node-RED 过滤节点　流程 1 共通 inject debug complete catch status link in 湿度　active (1 sec.) 温度　active (1 sec.) 轴位置　18 轴速度　0 转换 转换 函数 函数 函数 函数	拖放 4 个功能函数，其功能是将数据转化为 JSON 对象，并补充阿里云物联网云平台通信所需的其他信息，以正确地通过 mqtt 节点上传数据到阿里云

续表8.8

<table>
<tr><th>序号</th><th>图片示例</th><th>操作步骤</th></tr>
<tr><td>6</td><td> 编辑 function 节点
删除 取消 完成
属性
名称 湿度上传
设置 函数 关闭
<pre>1 var payload={};
2 var para={};
3 para.Humidity=Number(msg.payload);
4 payload.id="1";
5 payload.version="1.0";
6 payload.params=para;
7 payload.method="thing.event.property.post";
8 msg.payload=payload;
9 return msg;</pre>输出 1
有效</td><td>编写湿度上传程序，ALink 协议格式：
{
"id": 1,
"version": "1.0",
"params": {},
"method": "thing.event.property.post"
}</td></tr>
<tr><td>7</td><td> 编辑 function 节点
删除 取消 完成
属性
名称 温度上传
设置 函数 关闭
<pre>1 var payload={};
2 var para={};
3 para.CurrentTemperature=Number(msg.payload);
4 payload.id="1";
5 payload.version="1.0";
6 payload.params=para;
7 payload.method="thing.event.property.post";
8 msg.payload=payload;
9 return msg;</pre>输出 1
有效</td><td>编写温度上传程序</td></tr>
</table>

续表8.8

序号	图片示例	操作步骤
8	编辑 function 节点 删除　取消　完成 属性 名称　轴位置上传 设置　函数　关闭 1 var payload={}; 2 var para={}; 3 para.position=Number(msg.payload); 4 payload.id="1"; 5 payload.version="1.0"; 6 payload.params=para; 7 payload.method="thing.event.property.post"; 8 msg.payload=payload; 9 return msg; 输出　1 有效	编写轴位置上传程序
9	编辑 function 节点 删除　取消　完成 属性 名称　运行速度上传 设置　函数　关闭 1 var payload={}; 2 var para={}; 3 para.E_Craft_Speed_Gum=Number(msg.payload); 4 payload.id="1"; 5 payload.version="1.0"; 6 payload.params=para; 7 payload.method="thing.event.property.post"; 8 msg.payload=payload; 9 return msg; 输出　1 有效	编写运行速度上传程序

续表8.8

序号	图片示例	操作步骤
10		拖放一个 mqtt 节点，双击进入节点配置界面
11		点击“添加新的 mqtt-broker 节点”
12		填入上文所生成的服务器地址：a1*******h.iot-as-mqtt.cn-shanghai.aliyuncs.com。 端口保持默认不变，为 1883

续表8.8

序号	图片示例	操作步骤
13	 编辑 mqtt out 节点 > 编辑 mqtt-broker 节点 删除　取消　更新 属性 名称　名称 连接　安全　消息 服务端　a1zXEVwQPnh.iot-as-mqtt.cn-shang　端口　1883 使用安全连接 (SSL/TLS) 客户端ID　12345|securemode=3,signmethod=hmacsha1| Keepalive计时(秒)　60　使用新的会话 使用旧式MQTT 3.1支持	客户端 ID 设置为：12345|securemode=3,signmethod=hmacsha1|
14	 编辑 mqtt out 节点 > 编辑 mqtt-broker 节点 删除　取消　更新 属性 名称　名称 连接　安全　消息 用户名　EnGateWay&a1zXEVwQPnh 密码　••••••••	切换到“安全”选项卡，填写用户名与密码。用户名设置为“EnGateWay&a1******h”。密码处填写工具密码生成小工具所产生的密码。配置完成，点击【添加】
15	 编辑 mqtt out 节点 删除　取消　完成 属性 服务端　12345|securemode=3,signmethod=hmacs 主题　/sys/a1zXEVwQPnh/EnGateWay/thing/event/prope QoS　0　保留　是 名称　湿度 提示: 若希望通过msg属性对topic(信息), qos及retain(保留)进行设置, 则将上述项留白 有效	填写主题：“/sys/a1****h/EnGateWay/thing/event/property/post”，QoS 选择为 0，表示最多发送一次

续表8.8

序号	图片示例	操作步骤
16	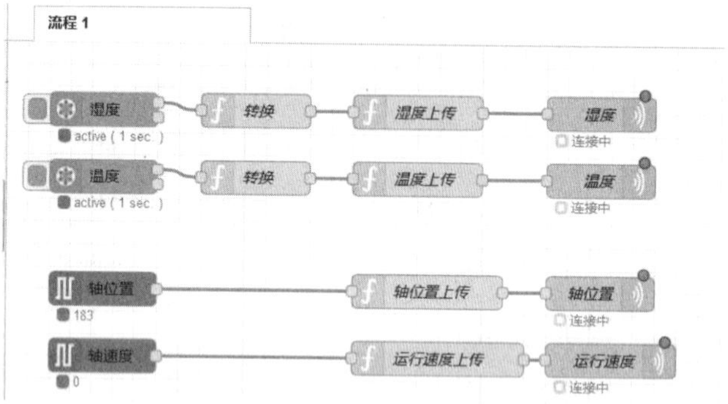 流程 1 湿度 active (1 sec.) 转换 湿度上传 湿度 连接中 温度 active (1 sec.) 转换 温度上传 温度 连接中 轴位置 183 轴位置上传 轴位置 连接中 轴速度 0 运行速度上传 运行速度 连接中	同上添加其他几个通信节点，并连线

8.4.4 关联程序设计

关联程序包括对伺服系统的正确配置和 PLC 控制程序编写。PLC 根据外部按钮的启停信号，控制伺服电机进行正反转循环运动。具体操作过程及程序，可参照第 7 章进行设计和调试。

8.4.5 项目程序调试

首先完成本地硬件调试，确保按下启动按钮后，PLC 能够控制伺服系统进行正常运转，通过智能网关能够采集伺服系统的数据；确保智能网关能够采集温湿度记录仪的数据。

云端与本地联调，主要检查本地数据发送格式是否正确。项目程序调试见表 8.9。

表8.9 项目程序调试

序号	图片示例	操作步骤
1	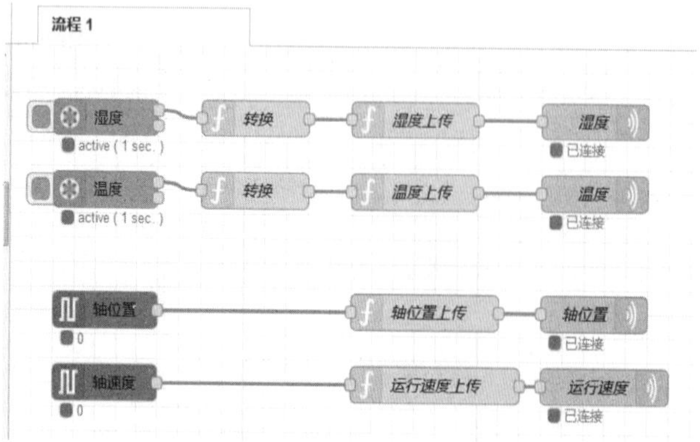 流程 1 湿度 active (1 sec.) 转换 湿度上传 湿度 已连接 温度 active (1 sec.) 转换 温度上传 温度 已连接 轴位置 0 轴位置上传 轴位置 已连接 轴速度 0 运行速度上传 运行速度 已连接	完成连线，点击【部署】。如果正确配置，那么此时 mqtt 节点应该为绿色，且提示“已连接”

续表8.9

序号	图片示例	操作步骤
2		通过将调试窗口的数据和云平台的数据进行对照，可以检验是否运行正确

8. 4. 6　项目总体运行

用户通过按钮对伺服系统进行启停控制，智能网关通过 PLC 采集伺服的运行数据和通过温湿度记录仪采集温湿度数据，通过 MQTT 节点将数据传输至云端。在云端能够对伺服系统运行数据和温湿度数据进行更新显示，如图 8.14 所示。

图 8.14　云端数据显示

8.5 项目验证

8.5.1 效果验证

智能网关是否能够采集温湿度记录仪数据，在云平台界面上能够对温湿度数据进行显示。按下启动按钮，运行项目程序，检查各个功能按钮是否能够正常控制伺服系统，并在云平台界面上能够对伺服系统的状态进行显示。效果验证流程图如图 8.15 所示。

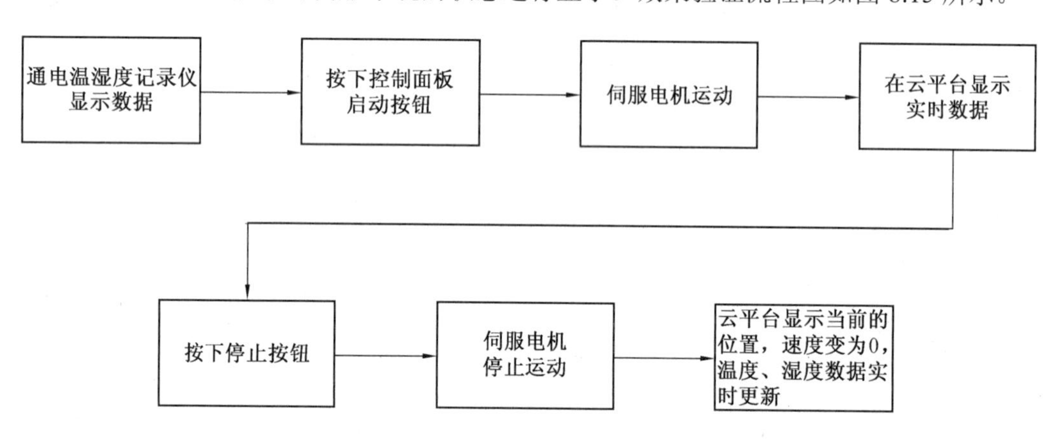

图 8.15　效果验证流程图

8.5.2 数据验证

数据验证主要对相关节点输出的变量情况进行查看，通过云端与本地数据的对照，进行数据上云的准确性、时效性验证。数据验证的具体步骤见表 8.10。

表8.10　数据验证

序号	图片示例	操作步骤
1		完成连线，点击【部署】。如果正确配置，那么此时 mqtt 节点应该为绿色，且提示“已连接”。

续表8.10

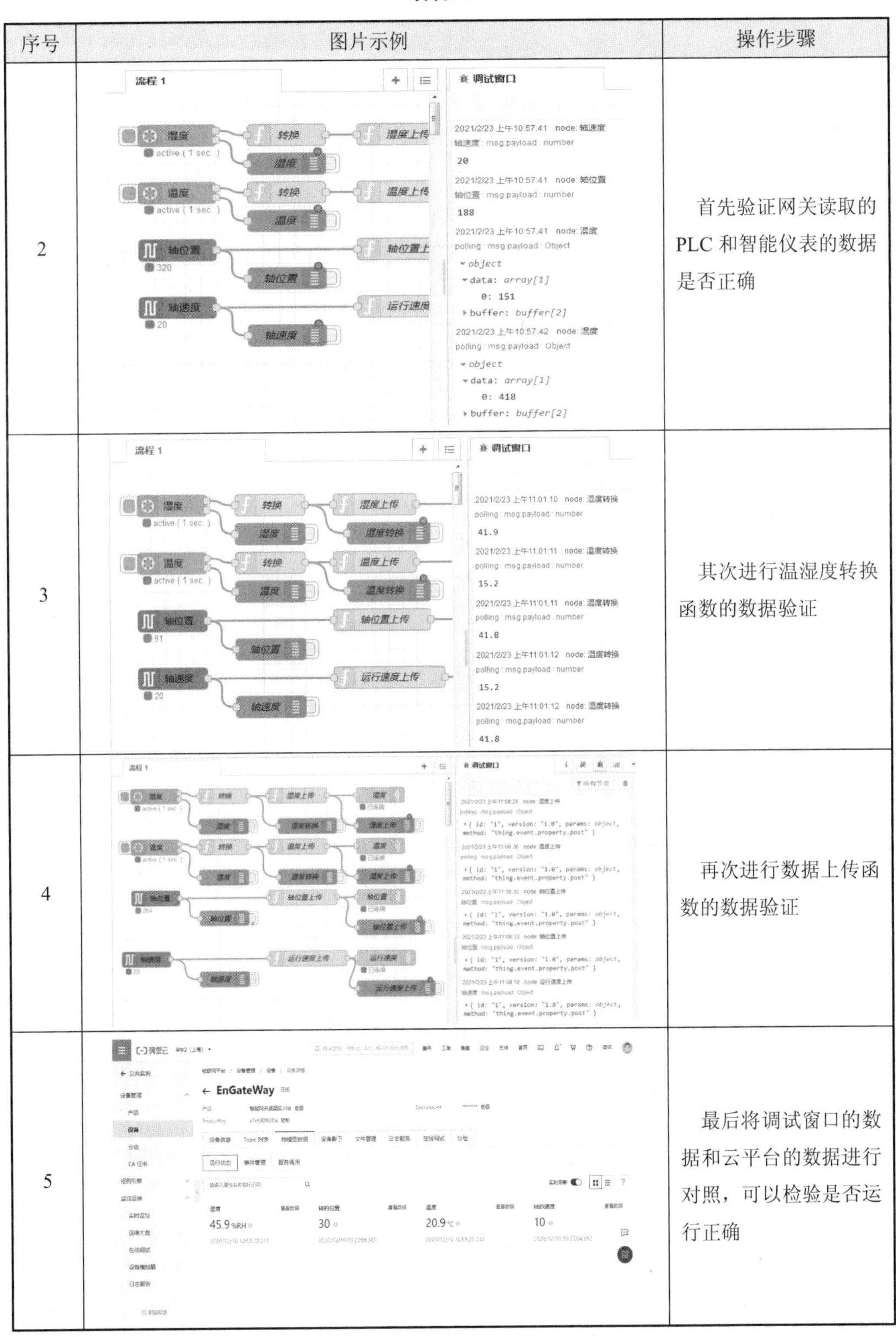

序号	图片示例	操作步骤
2		首先验证网关读取的PLC和智能仪表的数据是否正确
3		其次进行温湿度转换函数的数据验证
4		再次进行数据上传函数的数据验证
5		最后将调试窗口的数据和云平台的数据进行对照，可以检验是否运行正确

8.6 项目总结

8.6.1 项目评价

项目评价见表 8.11。通过对整个项目的练习，评价对智能网关数据上云过程的知识技能的掌握情况。

表 8.11 项目评价表

项目指标		分值	自评	互评	完成情况说明
项目分析	1. 硬件架构分析	6			
	2. 项目流程分析	6			
项目要点	1. 物联网云平台物模型	8			
	2. MQTT 通讯协议	8			
	3. MQTT 通讯节点	8			
项目步骤	1. 应用系统连接	9			
	2. 应用系统配置	9			
	3. 主体程序设计	9			
	4. 关联程序设计	9			
	5. 项目程序调试	9			
	6. 项目运行调试	9			
项目验证	1. 效果验证	5			
	2. 数据验证	5			
合计		100			

8.6.2 项目拓展

本项目只是将数据上传到云平台，实现了数据实时变化的云端存储。数据上传到云平台后可以对数据进行处理操作，对数据进行可视化编程，实现可视化界面的展现。

第 9 章　物联网云平台远程监控项目

9.1　项目概况

※ 项目目的

9.1.1　项目背景

监控组态软件是集计算机技术、控制技术、网络技术为一体的高新技术产品，具有控制功能强、操作方便和可靠性高等特点，可以方便地对工业现场进行数据采集和监视控制。监控技术经历了单机监控系统、集中式监控系统和网络范围的远程监控三个发展阶段。远程监控是指本地计算机通过网络系统对远端现场智能设备进行监测和控制。从架构模式上区分，监控组态软件大致可分为 C/S（客户端/服务器）模式和 B/S（浏览器/服务器）模式两大类。目前，国内的监控组态软件以传统的 C/S 模式为主，而借助日益普及的 Internet 网络或者 LAN 网络进行远程监控，是工业控制的一大发展。基于 Web 的实时控制技术是控制技术与计算机网络技术相结合的一种新型远程监控技术，已成为当前监控组态软件的发展趋势。

通过工业互联网智能网关全方位将各个环节的工业生产的数据发送到云平台，利用云平台可视化功能，将工业生产中产生的数据展示出来，实现智能工厂管理系统的数据一体化，方便进行智能逻辑判断、分析、挖掘、评估、预测、优化、协同等。如图 9.1 所示为一款工业机器人技能考核实训监控云平台。

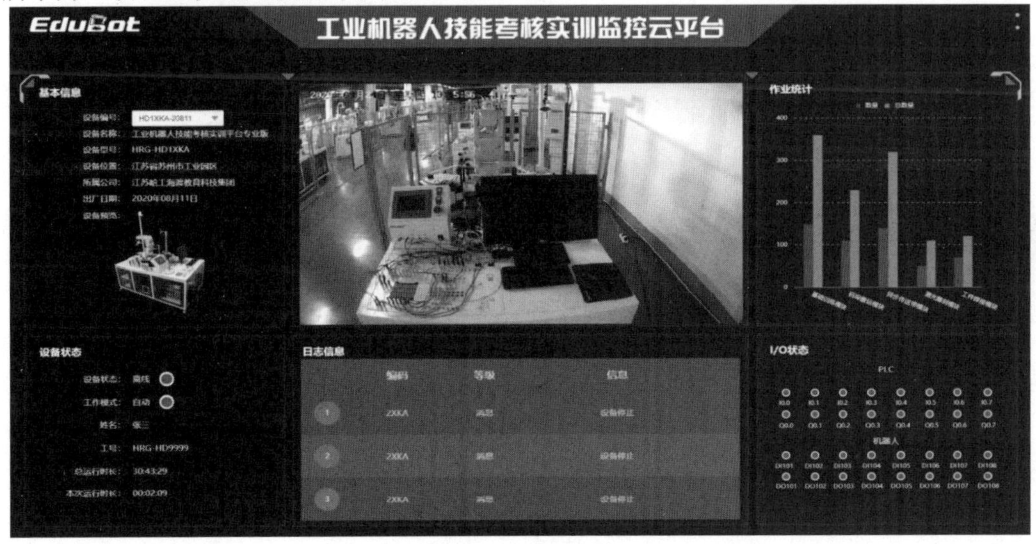

图 9.1　监控云平台

9.1.2 项目需求

实现将智能网关或智能设备把生产过程数据经过采集处理上云后，开始进行后续深入处理，将数据可视化，实现数据远程监控的需求。

本项目主要是利用 EnGateWay 智能网关设备将采集到的设备数据进行本地处理后上传到云平台，在云平台内对数据进行可视化处理，从而使读者掌握从本地数据采集到云平台数据可视化的完整过程。图 9.2 所示为所要制造的云平台界面。

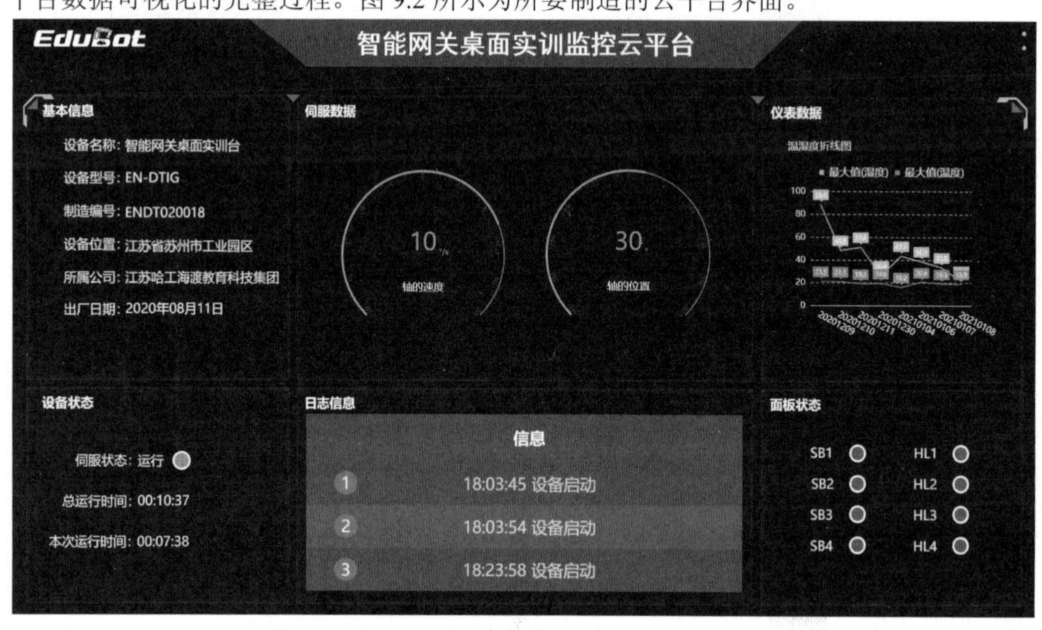

图 9.2 云平台界面

9.1.3 项目目的

（1）了解可视化开发界面开发流程。

（2）学习可视化常用组件使用方法。

（3）学习可视化数据源配置过程。

（4）学习本地数据整理。

9.2 项目分析

※ 项目分析

9.2.1 项目构架

本项目是基于工业互联网智能网关与云平台的数据交互处理项目。使用计算机通过工业交换机与 EnGateWay 智能网关模块进行连接，EnGateWay 智能网关将采集到的数据进行本地处理后上传至云平台，在云平台上将数据进行可视化处理。项目架构图如图 9.3 所示。

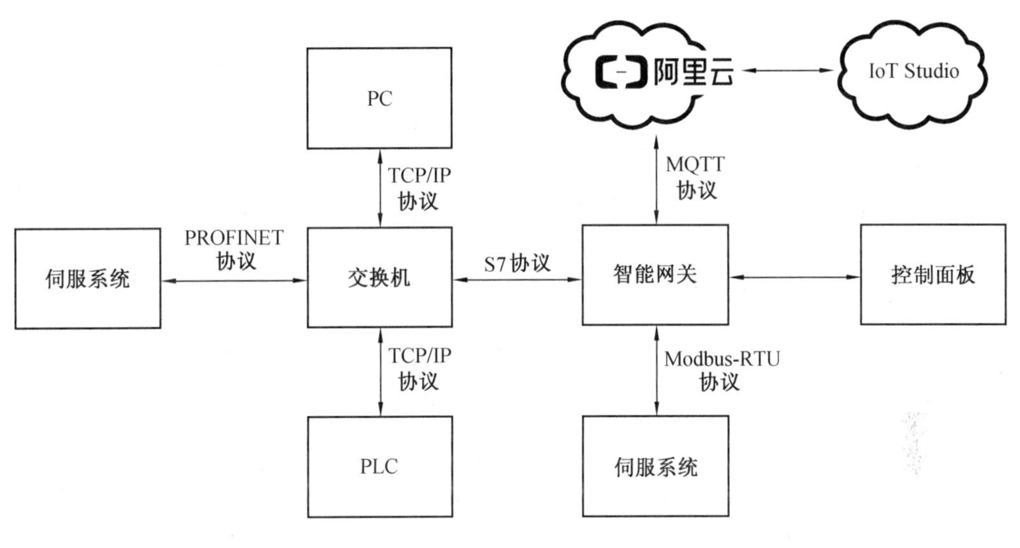

图9.3　项目架构图

9.2.2　项目流程

本项目首先需要完成智能网关对本地数据采集，然后在工业互联网中配置通信节点，将数据本地处理后上传到阿里云平台，最后在阿里云平台上搭建可视化界面，将数据可视化展示出来。具体项目流程如图9.4所示。

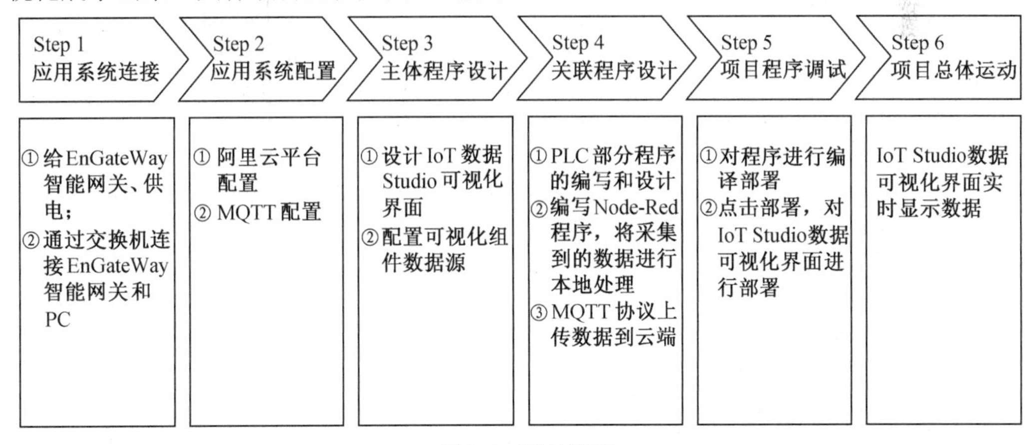

图9.4　项目流程

9.3　项目要点

※ 项目要点

9.3.1　Web可视化组件介绍

1. 组件介绍

Web可视化组件承载Web可视化界面编辑器的核心功能，提供构成Web应用的基本要素。组件列表中包含了以下组件：常用组件、基础组件与工业组件，如图9.5所示。

图 9.5　Web 可视化组件

Web 可视化组件的介绍见表 9.1。

表9.1　组件介绍

序号	类型	描述
1	常用组件	集成常用的组件，方便用户快速调用开发
2	基础组件	包含基础、控制、图表和表单四类组件
3	工业组件	包含仪表、滑动条、管道、设备和开关按钮五类组件

2. 添加组件

在 Web 应用编辑器中，单击最左侧的组件图标【 】，在画布左侧组件列表上方，输入组件名称，找到该组件，然后将组件拖拽到中间画布，也可在组件下拉列表中选择组件类型，展开组件列表，找到目标组件，在右侧配置栏，完成组件配置，Web 应用编辑器界面如图 9.6 所示。

图 9.6　Web 应用编辑器界面

3. 组件通用操作

（1）操作单个组件。

选中组件，单击鼠标右键，可进行剪切、复制、锁定等操作。操作单个组件如图 9.7 所示。

（2）成组或解散组。

成组：选中需要成组的多个组件，单击鼠标右键，选择成组。

解散组：选中组件组，单击鼠标右键，选择解散组。成组或解散组如图 9.8 所示。

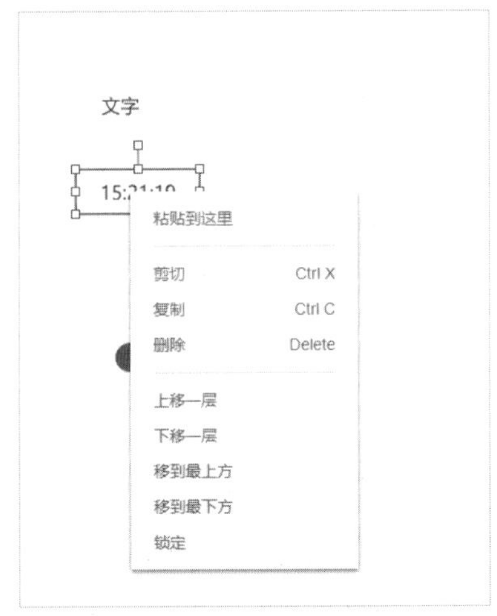

图 9.7　操作单个组件

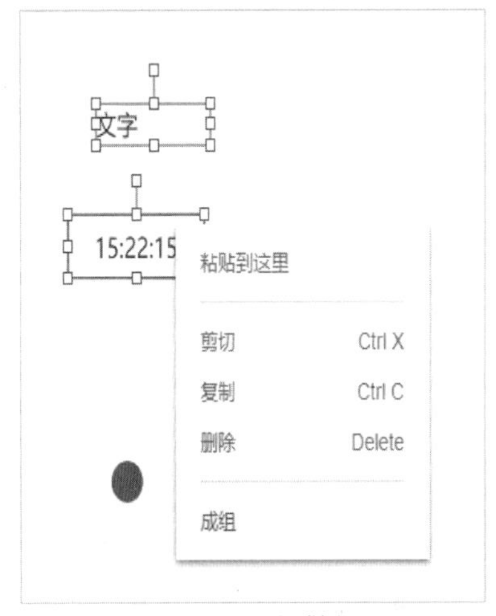

图 9.8　成组或解散组

9.3.2　Web 可视化数据源配置

在 Web 可视化编辑页面的画布中，选中待配置的组件，例如文字组件，单击右侧样式中文字内容提交框右侧的配置数据源按钮，选中设备数据源进行配置。数据源配置栏如图 9.9 所示。

图 9.9　数据源配置栏

数据源配置栏参数说明见表 9.2。

表9.2　数据源配置栏参数说明

序号	参数	说明
1	选择数据源	选择设备
2	产品	单击选择产品，在弹出对话框中会展示当前应用所属项目中已导入的产品。如果没有相应产品，请单击左下角的“产品管理”，前往项目详情的产品页创建或导入产品
3	设备	选择该组件的数据源设备。 指定设备：如果已有真实设备连接到物联网平台，则选择真实设备。如果真实设备未连接到物联网平台，没有上报数据，则需使用虚拟设备功能，推送模拟数据，进行数据格式验证。详细内容请参见调试虚拟设备。 动态设备：可选变量、组件值和 URL 参数三种类型的动态设备。 变量：选择在当前应用中，已创建的变量作为动态设备来源。创建变量，请参见变量管理。 组件值：选择当前应用中，已配置的表单组件作为动态设备来源。 URL 参数：以最终发布页面上的某个参数作为该服务的动态设备。常用于嵌入页面时，由宿主页提供动态参数，如将传入的产品型号作为服务的动态设备。 空设备：若选择为空，可在设备模拟数据框中，输入模拟数据，进行数据格式验证
4	数据项	作为组件数据源的数据项。可选： 设备属性：选择使用设备上报的某个属性值作为组件数据源。 设备事件：选择使用设备上报的某个事件数据作为组件数据源。 部分组件不支持设备事件数据项，可根据实际使用的组件选择数据项
5	属性	选择设备属性。鼠标移动到右侧的提示按钮，可查看该组件支持的数据类型
6	事件	选择具体的设备事件
7	设备模拟数据	输入用于验证数据格式的模拟数据。当设备选择为空时出现的参数。 推送模拟数据后，该组件会根据推送的数据展示相应的结果
8	格式参考	单击“格式参考”，查看组件支持的数据格式
9	验证数据格式	单击“验证数据格式”按钮，验证当前数据格式是否满足组件的格式要求。满足要求，则提示“验证成功”；不满足，则会提示详细的错误信息

9.3.3　file 节点和 file in 节点

在 Node-RED 中，file 节点是将 msg.payload 写入文件本地存储的节点，一般添加到末尾，同时该节点还具备替换现有内容和删除现有文件的功能。

file 节点在写入完成后，会将输入的信息通过输出端口进行输出。

file in 节点是将 file 节点存储的内容以字符串或二进制缓冲区的形式读取。

用户可以使用 file 节点和 file in 节点进行数据的存储和读取。本例通过 file 节点和 file in 节点的使用对文字进行存储读取处理。存储控件用法说明具体内容见表 9.3。

表9.3　存储控件用法说明

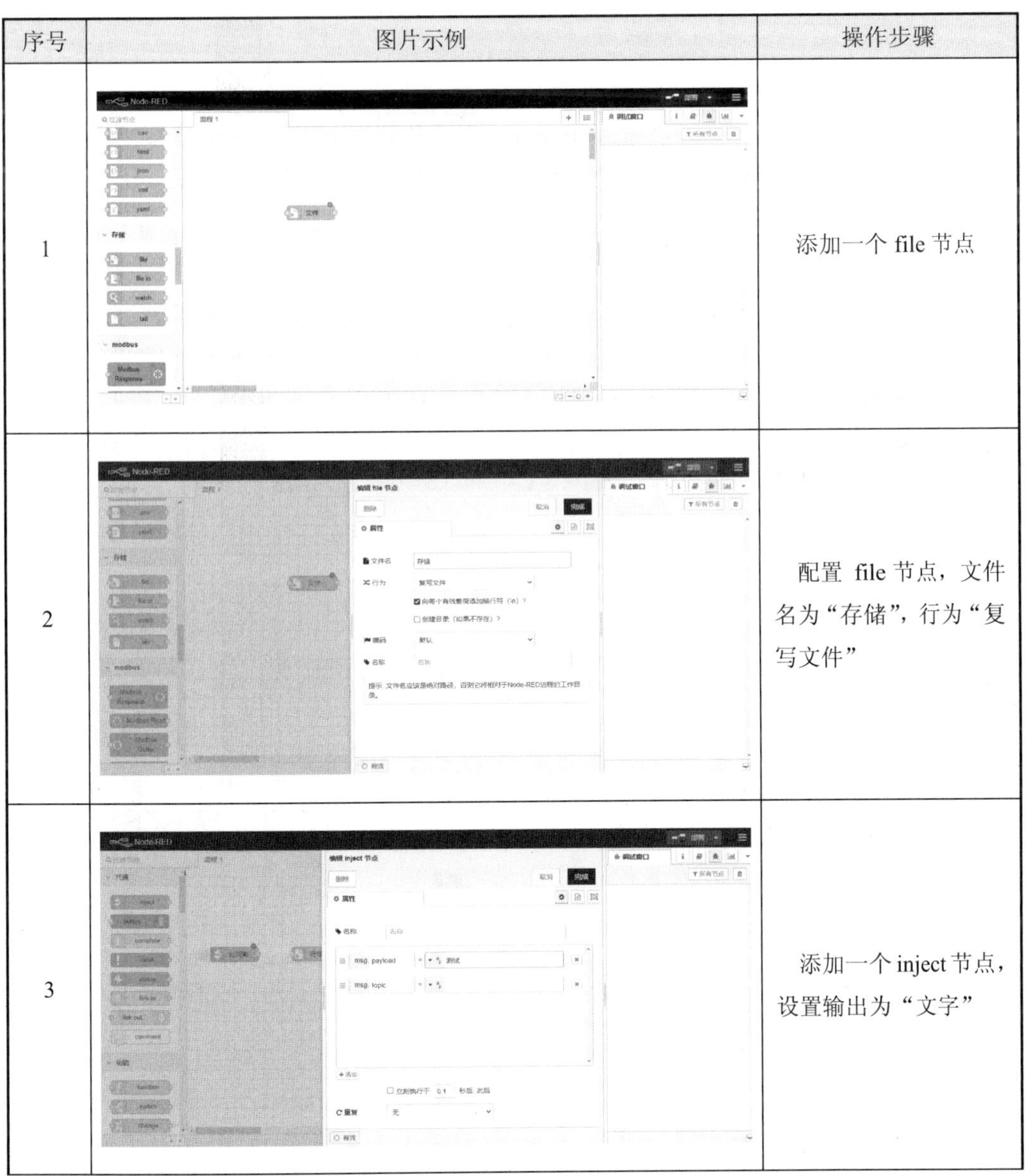

序号	图片示例	操作步骤
1		添加一个 file 节点
2		配置 file 节点，文件名为“存储”，行为“复写文件”
3		添加一个 inject 节点，设置输出为“文字”

续表9.3

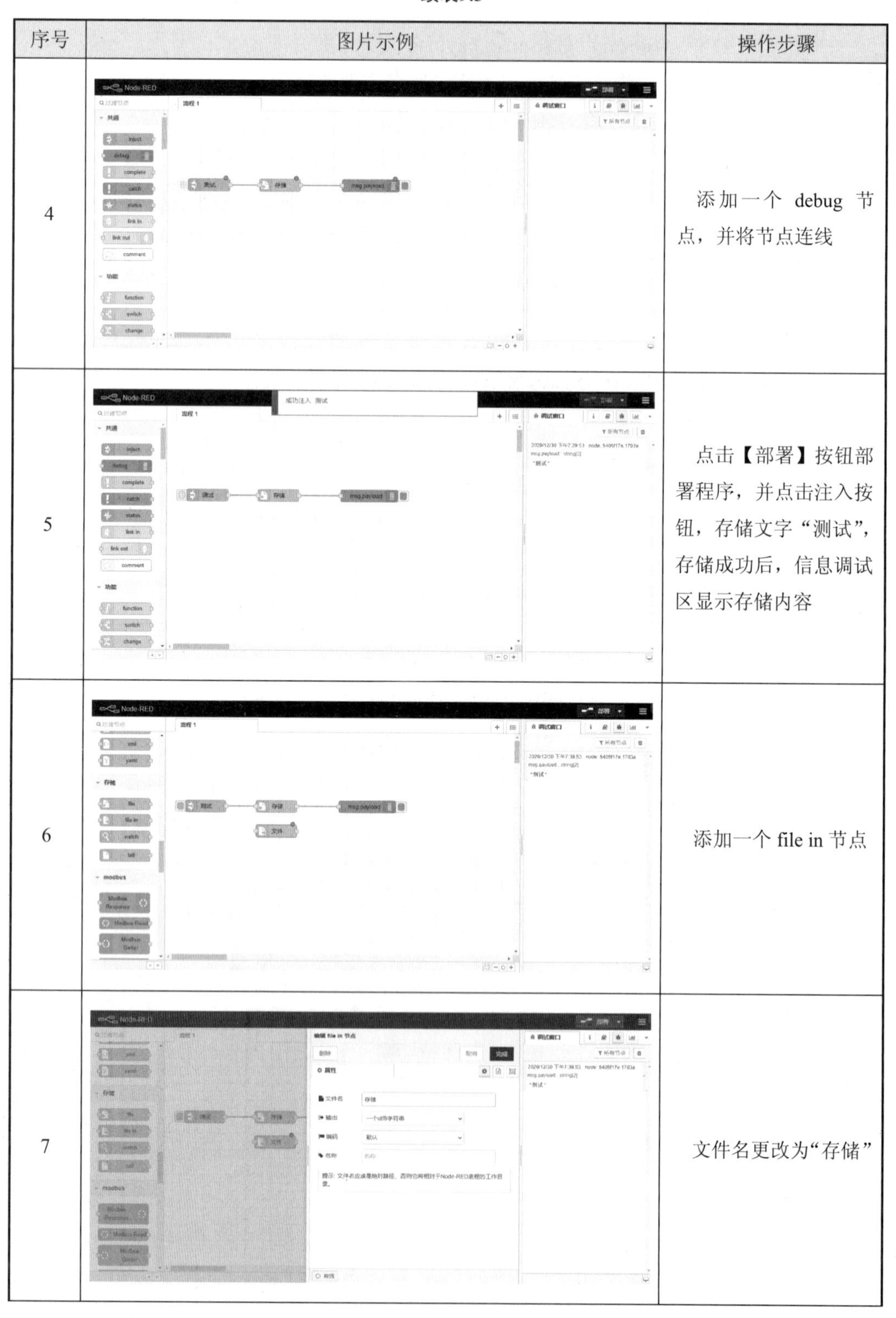

序号	图片示例	操作步骤
4		添加一个 debug 节点，并将节点连线
5		点击【部署】按钮部署程序，并点击注入按钮，存储文字“测试”，存储成功后，信息调试区显示存储内容
6		添加一个 file in 节点
7		文件名更改为“存储”

续表9.3

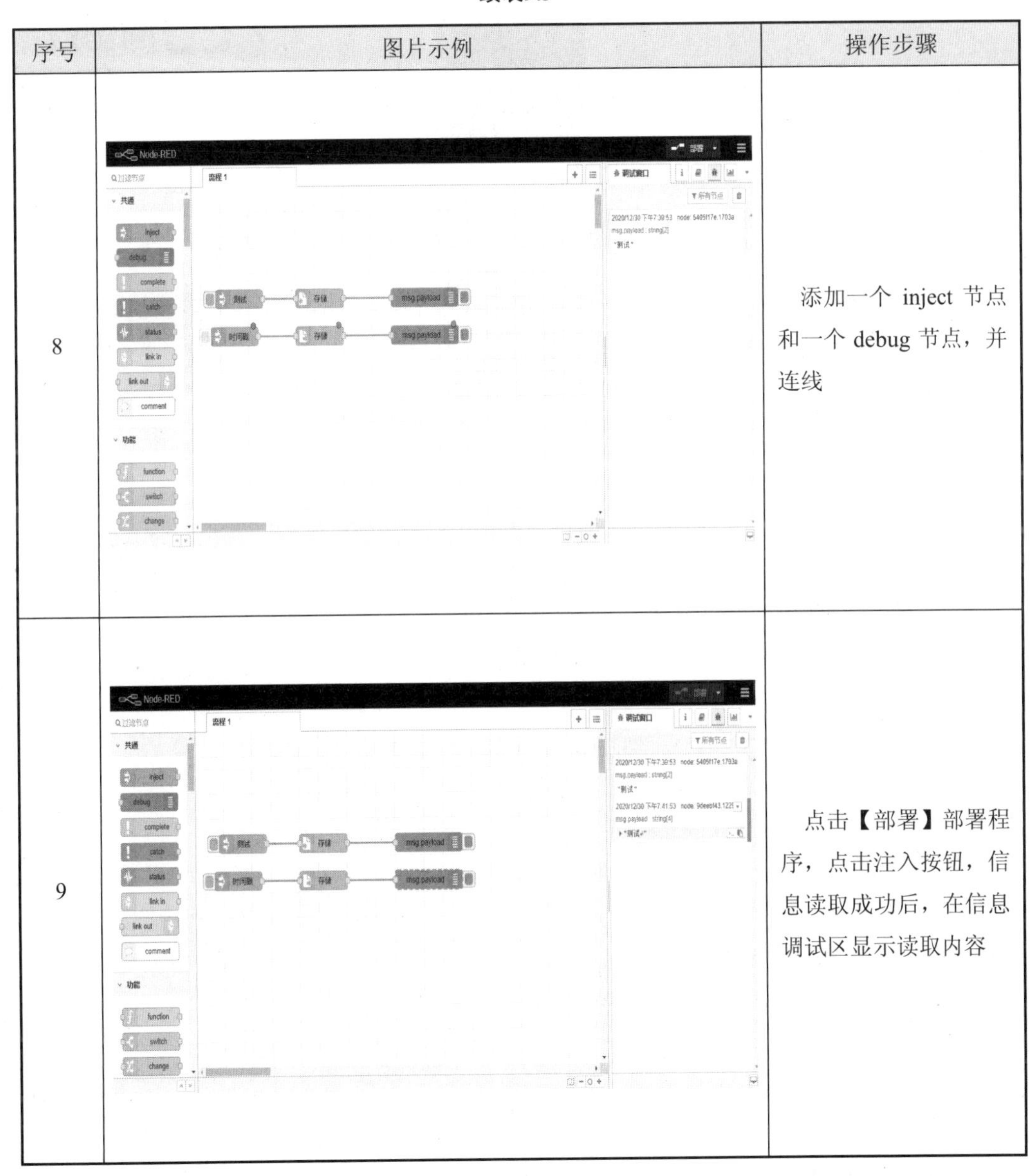

序号	图片示例	操作步骤
8		添加一个 inject 节点和一个 debug 节点，并连线
9		点击【部署】部署程序，点击注入按钮，信息读取成功后，在信息调试区显示读取内容

9.4　项目步骤

❋ 项目步骤

9.4.1　应用系统连接

应用系统主要组成包括 EnGateWay 智能网关、西门子 S7-1200 PLC、西门子伺服系统、计算机、工业级交换机，通过以太网线完成系统连接，应用系统连接图如图 9.10 所示。

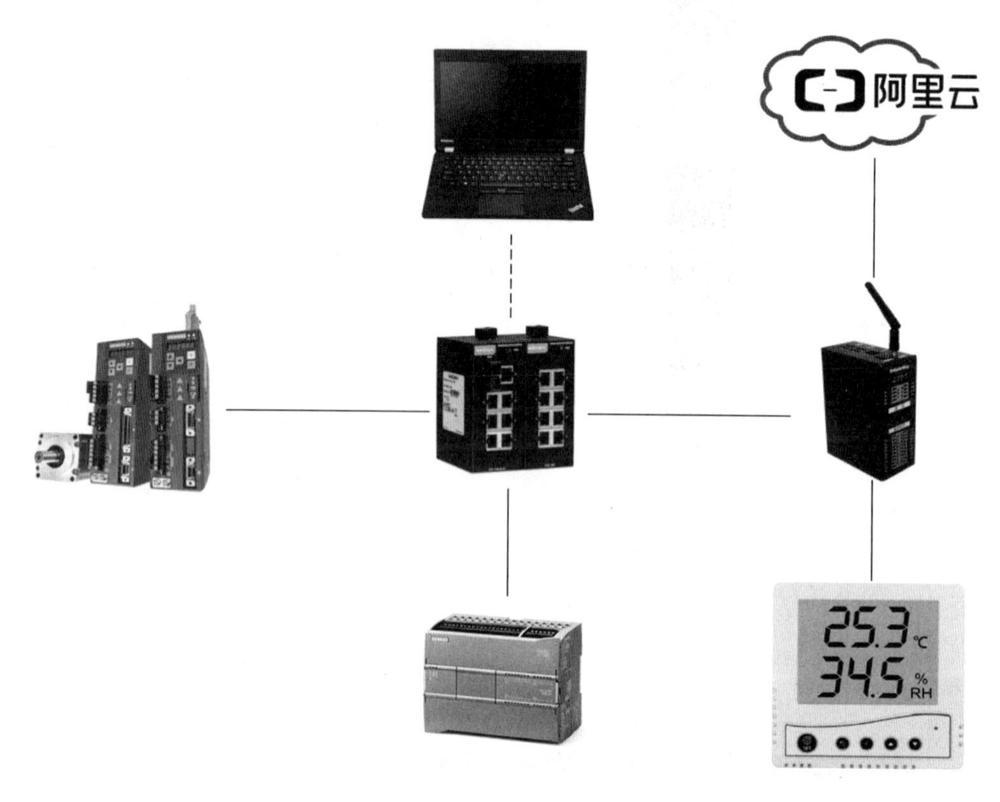

图 9.10 应用系统连接图

9.4.2 应用系统配置

设备内部系统配置详细步骤请参照第 4 章、第 5 章、第 6 章、第 7 章和第 8 章应用系统配置进行配置。设备配置完毕后，智能网关需要将采集的数据上传到物联网云平台，云平台物模型内容见表 9.4。

表9.4 物模型内容

序号	功能类型	功能名称	标识符	数据类型	数据定义
1	属性	制造编号	Devicenumber	text（字符串）	数据长度：256
2	属性	设备型号	DeviceType	text（字符串）	数据长度：256
3	属性	设备名称	DeviceName	text（字符串）	数据长度：256
4	属性	设备位置	DeviceLocation	text（字符串）	数据长度：256
5	属性	所属公司	DeviceFactory	text（字符串）	数据长度：256
6	属性	出厂日期	date	text（字符串）	数据长度：256
7	属性	伺服状态	servo	bool（布尔型）	布尔值
8	属性	伺服信息	servotext	text（字符串）	数据长度：256

续表9.4

序号	功能类型	功能名称	标识符	数据类型	数据定义
9	属性	总运行时长	totaltime	text（字符串）	数据长度：256
10	属性	本次运行时长	thistime	text（字符串）	数据长度：256
11	属性	轴的速度	velocity	double（双精度浮点型）	范围：0～100
12	属性	轴的位置	position	double（双精度浮点型）	范围：0～100
13	属性	日志	log	array（数组）	—
14	属性	温度	temperature	double（双精度浮点型）	范围：0～100
15	属性	湿度	humidity	double（双精度浮点型）	范围：0～100
16	属性	SB1	SB1	bool（布尔型）	布尔值
17	属性	SB2	SB2	bool（布尔型）	布尔值
18	属性	SB3	SB3	bool（布尔型）	布尔值
19	属性	SB4	SB4	bool（布尔型）	布尔值
20	属性	HL1	HL1	bool（布尔型）	布尔值
21	属性	HL2	HL2	bool（布尔型）	布尔值
22	属性	HL3	HL3	bool（布尔型）	布尔值
23	属性	HL4	HL4	bool（布尔型）	布尔值
24	属性	当前时间	CurrentTime	text（字符串）	数据长度：256

9.4.3　主体程序设计

主体程序主要是搭建可视化界面，并把上传的数据展示出来。主体程序设计见表 9.5。

表9.5　主体程序设计步骤

序号	图片示例	操作步骤
1	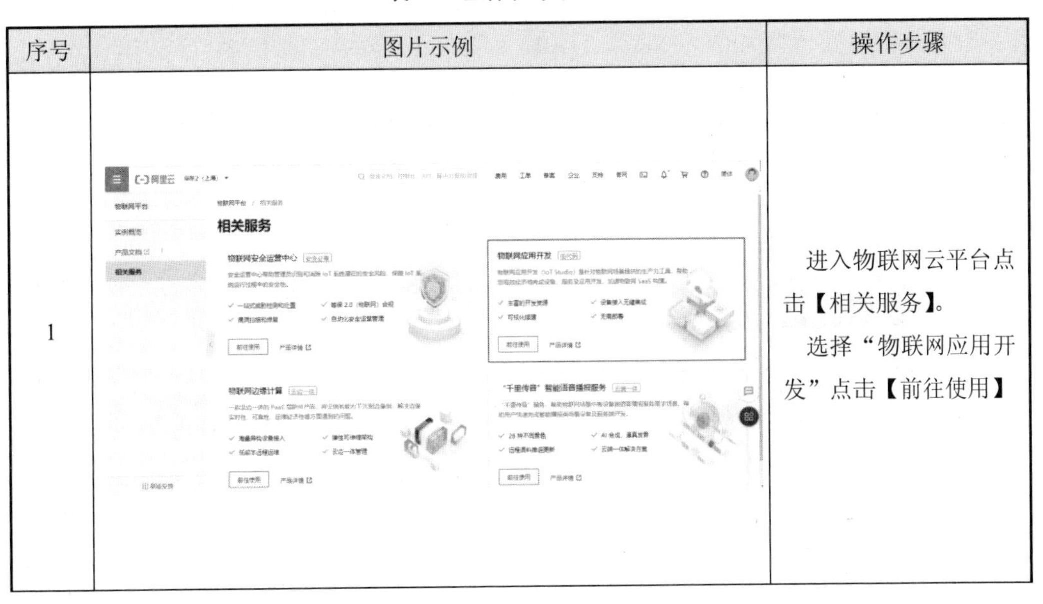	进入物联网云平台点击【相关服务】。 选择“物联网应用开发”点击【前往使用】

续表9.5

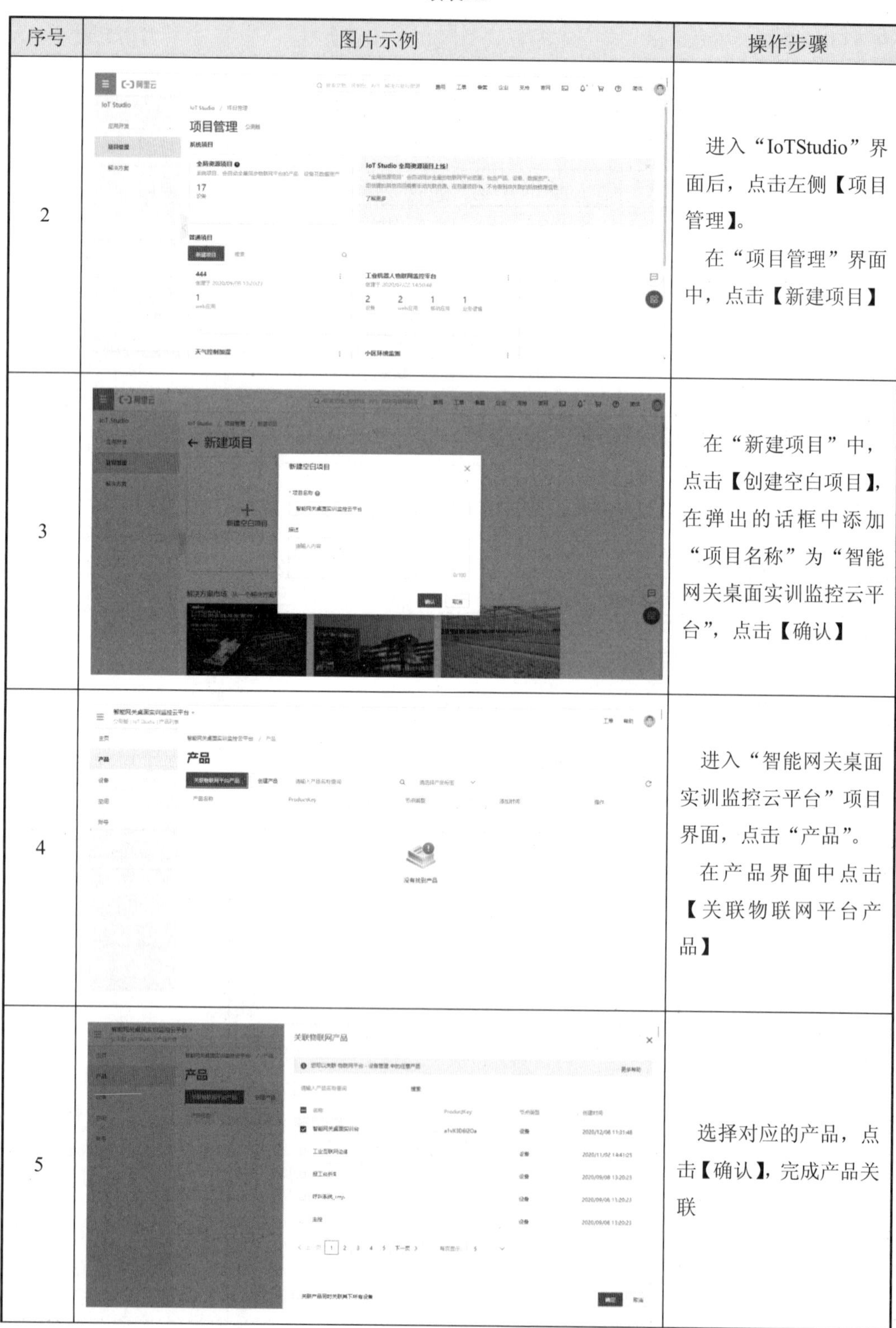

序号	图片示例	操作步骤
2		进入“IoTStudio”界面后，点击左侧【项目管理】。 在“项目管理”界面中，点击【新建项目】
3		在“新建项目”中，点击【创建空白项目】，在弹出的话框中添加“项目名称”为“智能网关桌面实训监控云平台”，点击【确认】
4		进入“智能网关桌面实训监控云平台”项目界面，点击“产品”。 在产品界面中点击【关联物联网平台产品】
5		选择对应的产品，点击【确认】，完成产品关联

续表9.5

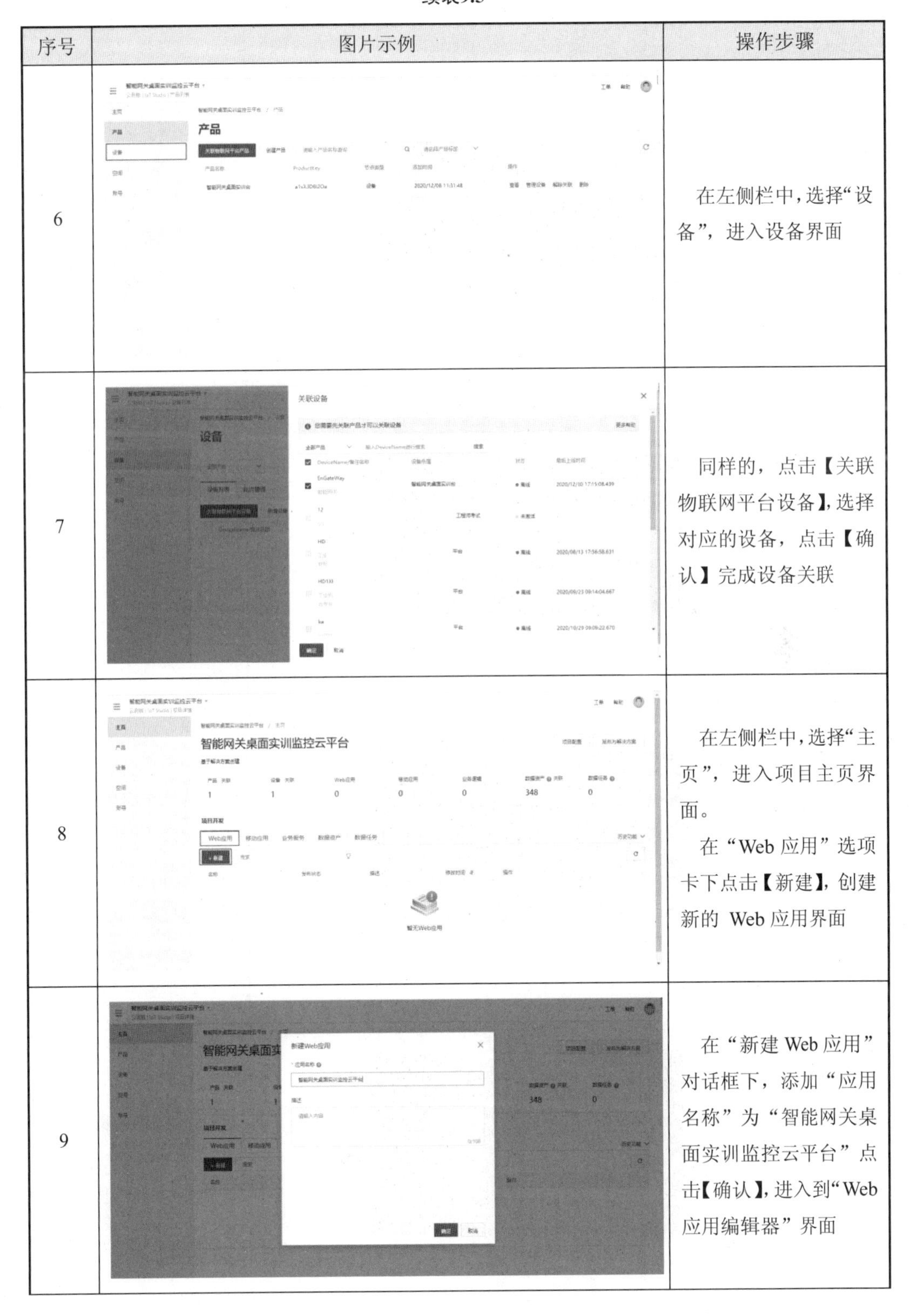

序号	图片示例	操作步骤
6		在左侧栏中，选择“设备”，进入设备界面
7		同样的，点击【关联物联网平台设备】，选择对应的设备，点击【确认】完成设备关联
8		在左侧栏中，选择“主页”，进入项目主页界面。 在“Web 应用”选项卡下点击【新建】，创建新的 Web 应用界面
9		在“新建 Web 应用”对话框下，添加“应用名称”为“智能网关桌面实训监控云平台”点击【确认】，进入到“Web 应用编辑器”界面

续表9.5

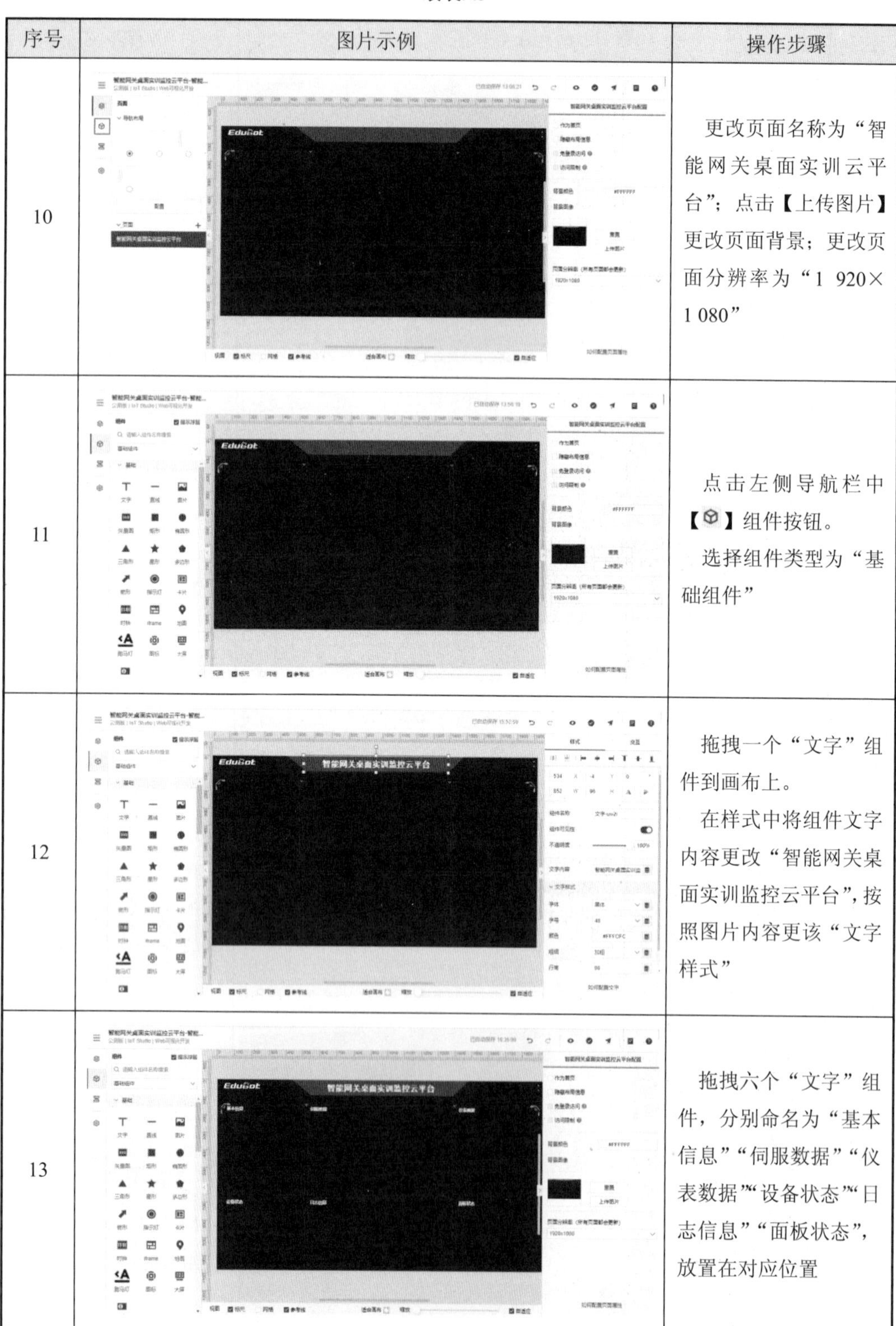

序号	图片示例	操作步骤
10		更改页面名称为“智能网关桌面实训云平台”；点击【上传图片】更改页面背景；更改页面分辨率为“1 920×1 080”
11		点击左侧导航栏中【⊛】组件按钮。 选择组件类型为“基础组件”
12		拖拽一个“文字”组件到画布上。 在样式中将组件文字内容更改“智能网关桌面实训监控云平台”，按照图片内容更该“文字样式”
13		拖拽六个“文字”组件，分别命名为“基本信息”“伺服数据”“仪表数据”“设备状态”“日志信息”“面板状态”，放置在对应位置

续表9.5

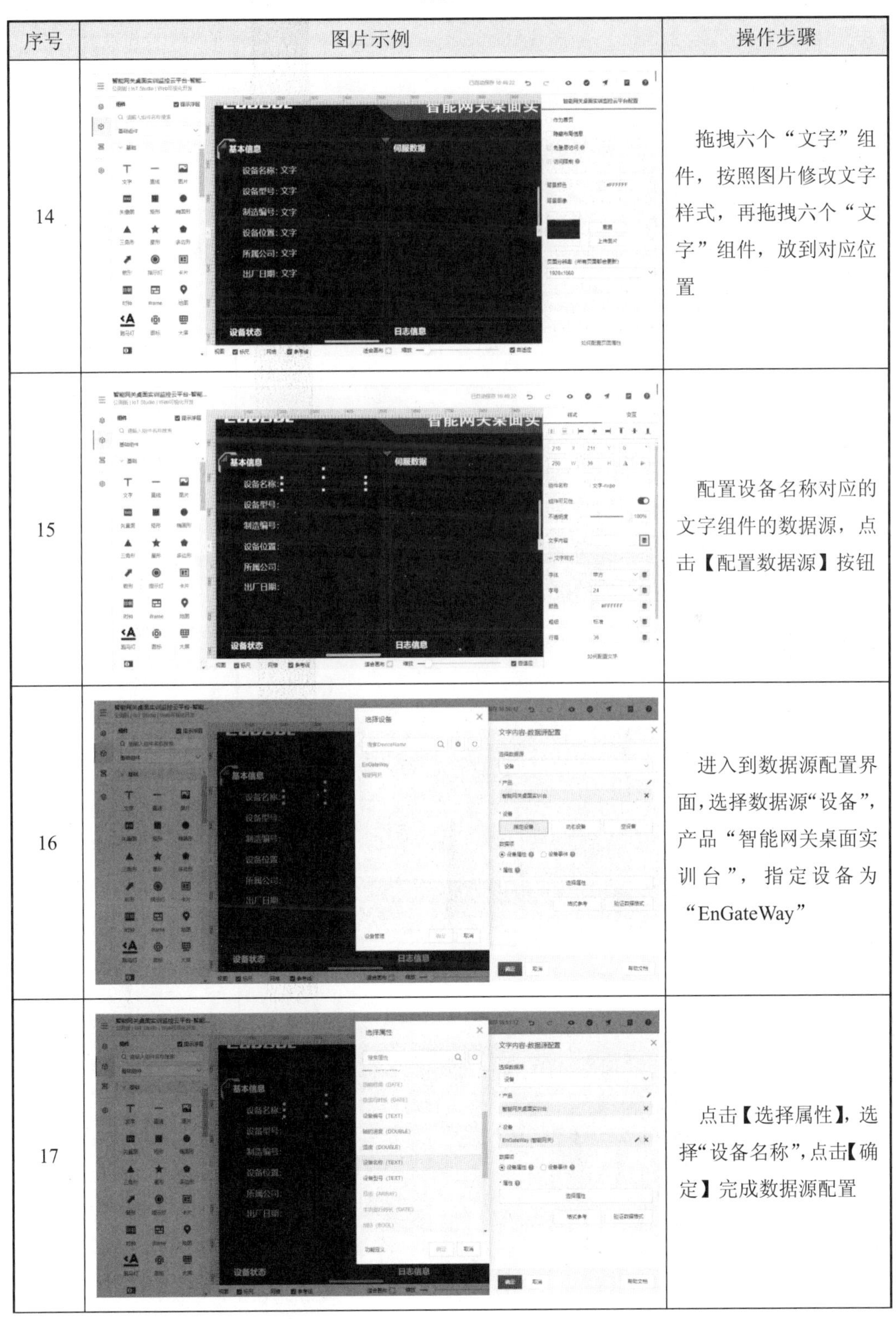

序号	图片示例	操作步骤
14		拖拽六个“文字”组件，按照图片修改文字样式，再拖拽六个“文字”组件，放到对应位置
15		配置设备名称对应的文字组件的数据源，点击【配置数据源】按钮
16		进入到数据源配置界面，选择数据源“设备”，产品“智能网关桌面实训台”，指定设备为“EnGateWay”
17		点击【选择属性】，选择“设备名称”，点击【确定】完成数据源配置

续表9.5

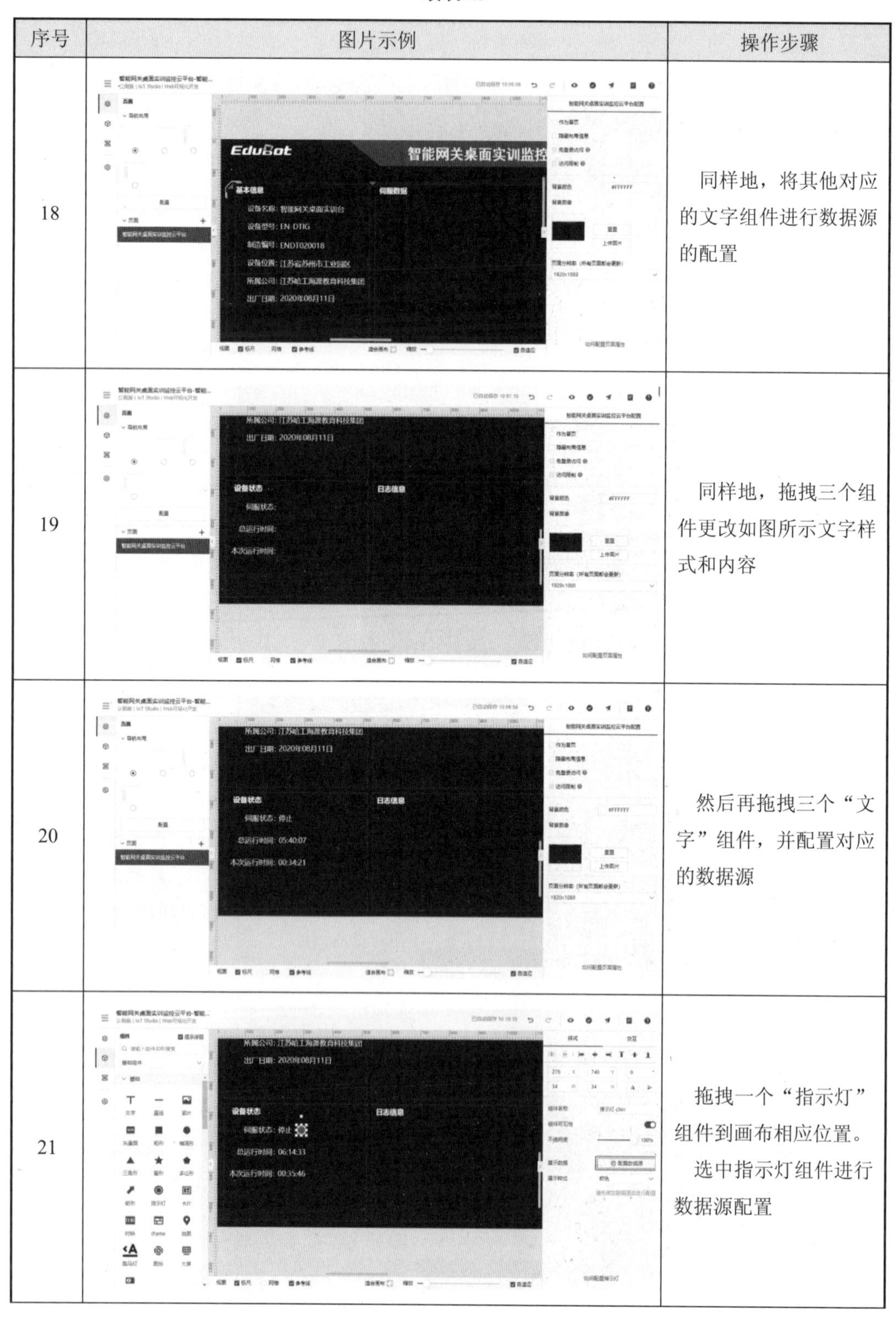

序号	图片示例	操作步骤
18		同样地，将其他对应的文字组件进行数据源的配置
19		同样地，拖拽三个组件更改如图所示文字样式和内容
20		然后再拖拽三个“文字”组件，并配置对应的数据源
21		拖拽一个“指示灯”组件到画布相应位置。 选中指示灯组件进行数据源配置

续表9.5

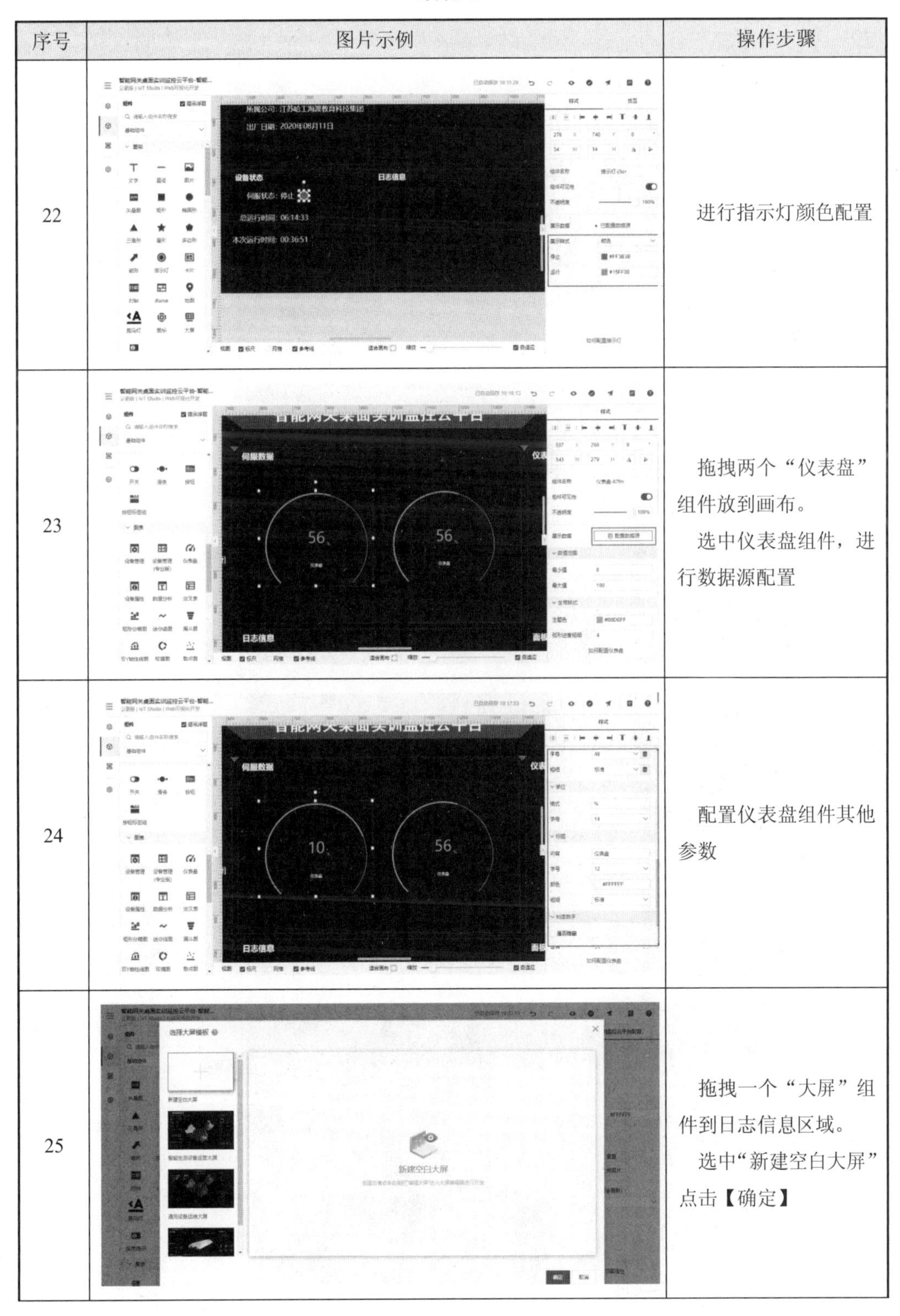

序号	图片示例	操作步骤
22		进行指示灯颜色配置
23		拖拽两个“仪表盘”组件放到画布。 选中仪表盘组件，进行数据源配置
24		配置仪表盘组件其他参数
25		拖拽一个“大屏”组件到日志信息区域。 选中“新建空白大屏”点击【确定】

续表9.5

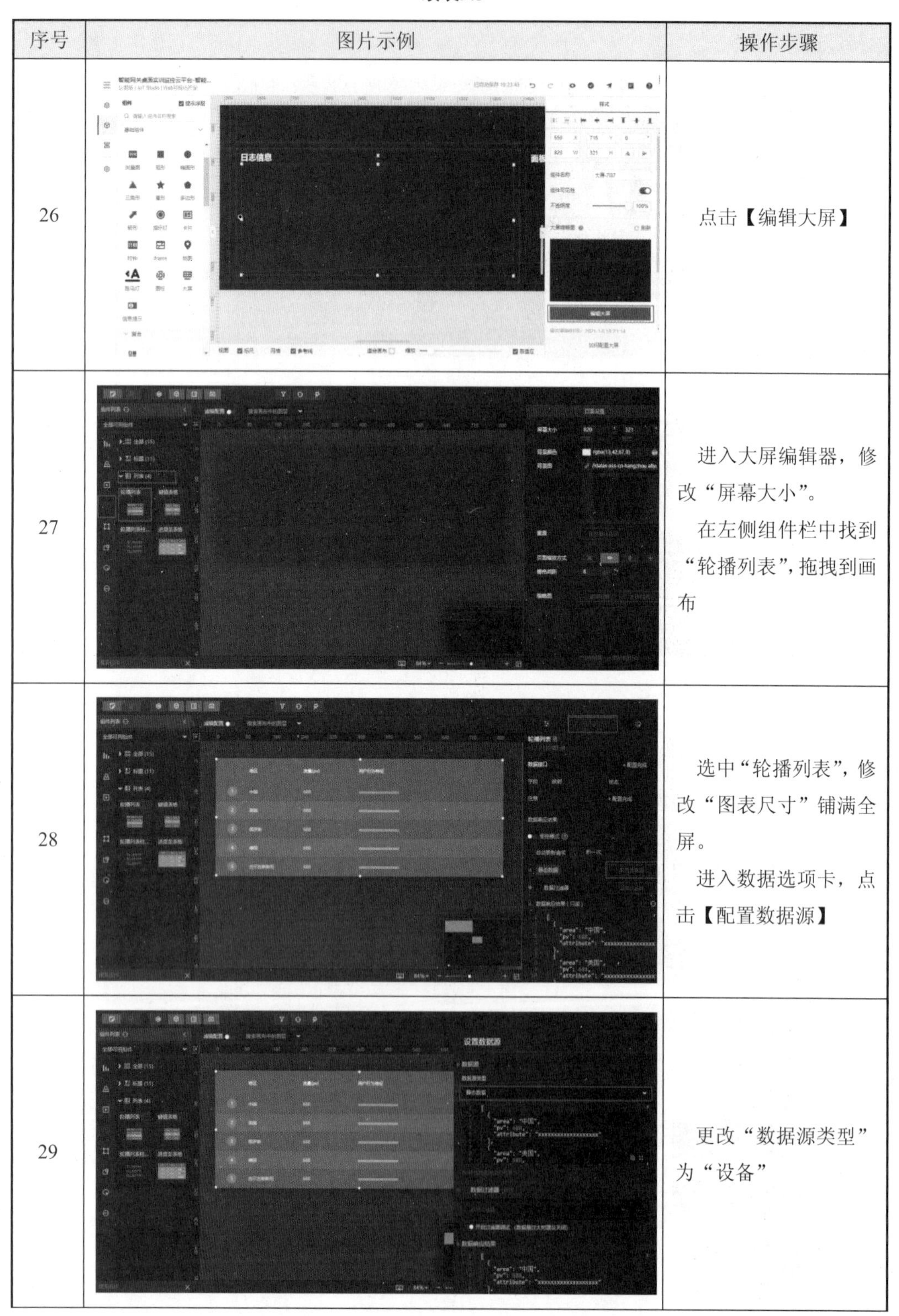

序号	图片示例	操作步骤
26		点击【编辑大屏】
27		进入大屏编辑器，修改“屏幕大小”。 在左侧组件栏中找到“轮播列表”，拖拽到画布
28		选中“轮播列表”，修改“图表尺寸”铺满全屏。 进入数据选项卡，点击【配置数据源】
29		更改“数据源类型”为“设备”

续表9.5

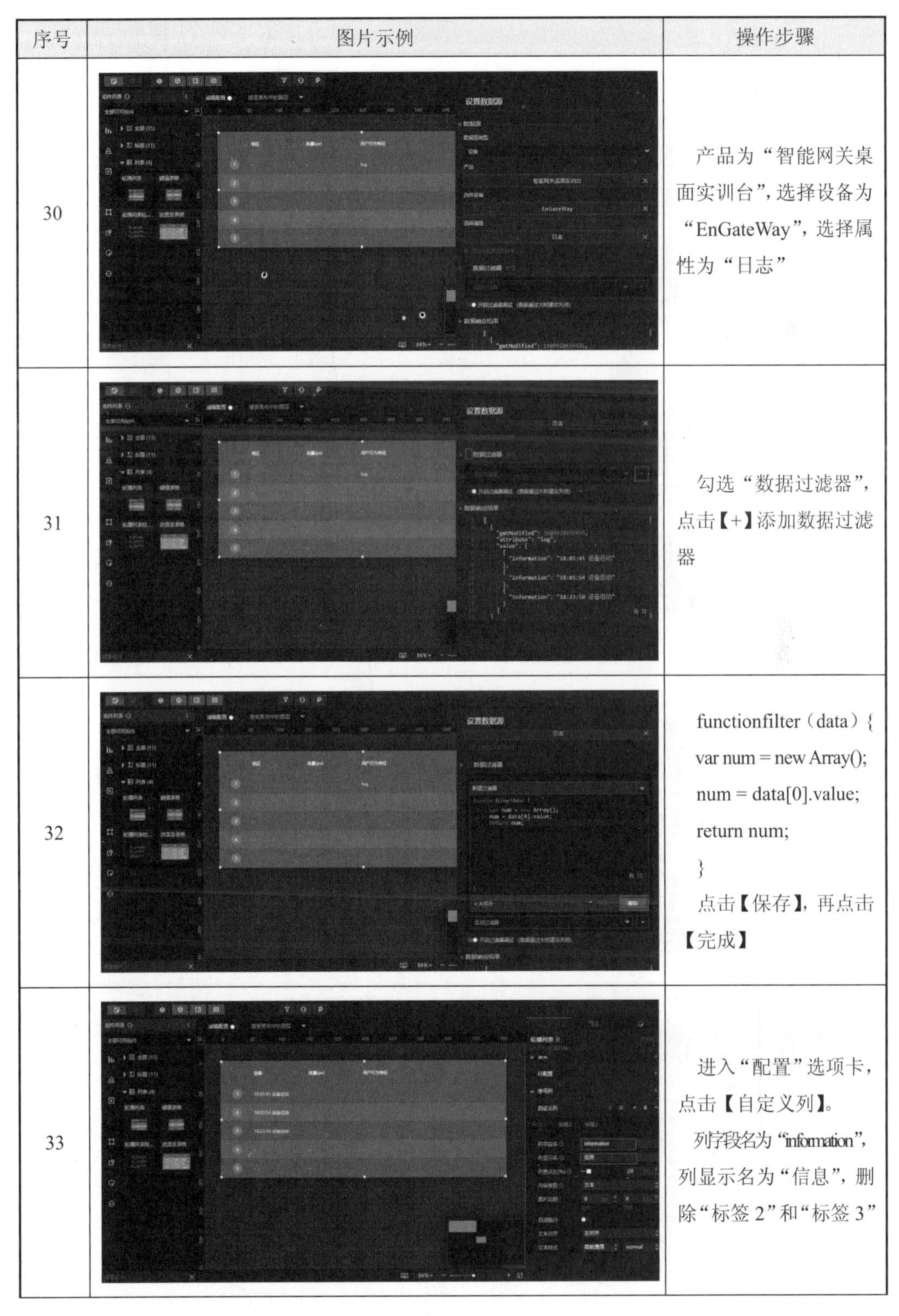

序号	图片示例	操作步骤
30		产品为“智能网关桌面实训台”，选择设备为“EnGateWay”，选择属性为“日志”
31		勾选“数据过滤器”，点击【+】添加数据过滤器

32		functionfilter（data）{
		var num = new Array();
		num = data[0].value;
		return num;
		}
		点击【保存】，再点击【完成】

33		进入“配置”选项卡，点击【自定义列】。 列字段名为“information”，列显示名为“信息”，删除“标签 2”和“标签 3”

续表9.5

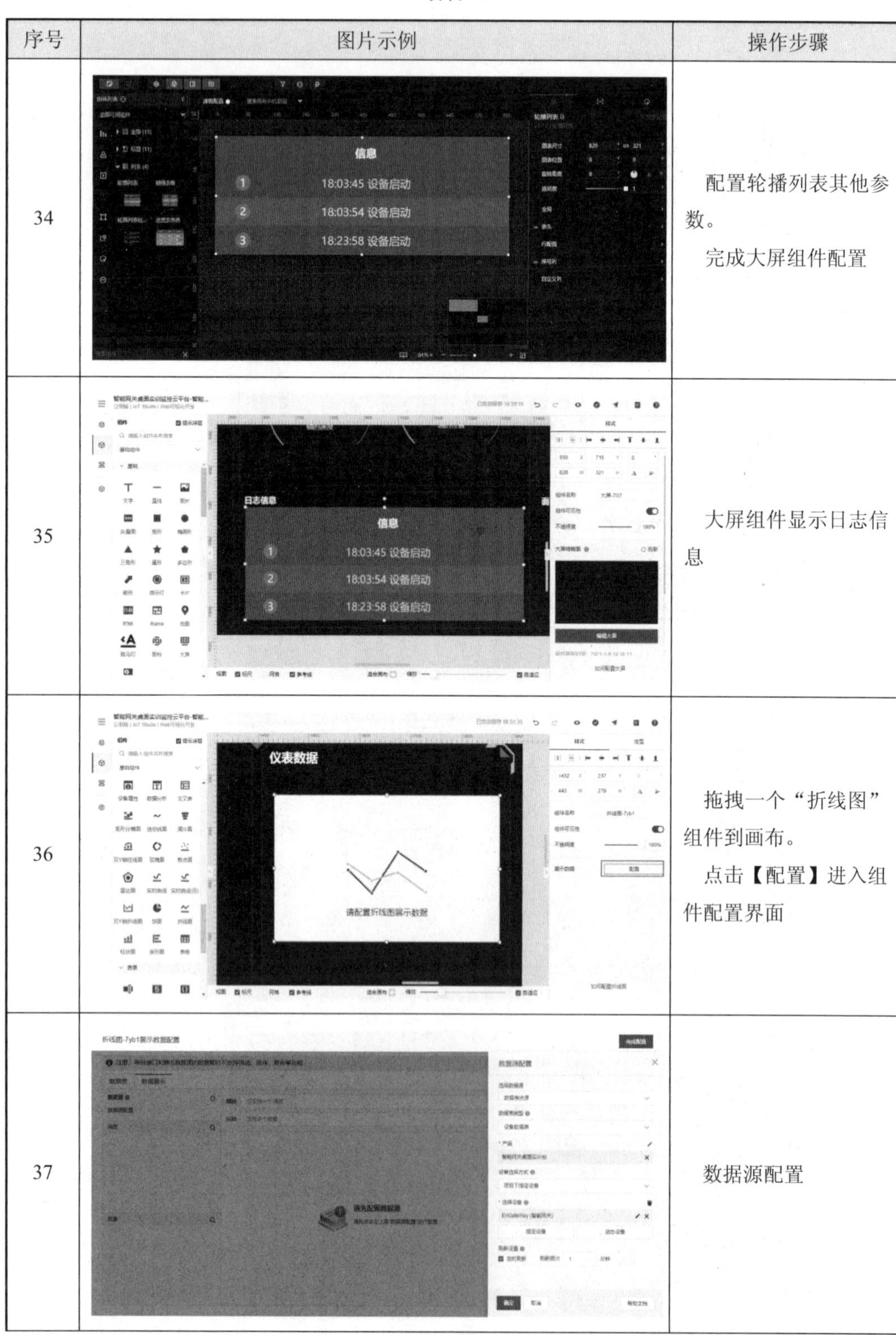

序号	图片示例	操作步骤
34		配置轮播列表其他参数。 完成大屏组件配置
35		大屏组件显示日志信息
36		拖拽一个“折线图”组件到画布。 点击【配置】进入组件配置界面
37		数据源配置

续表9.5

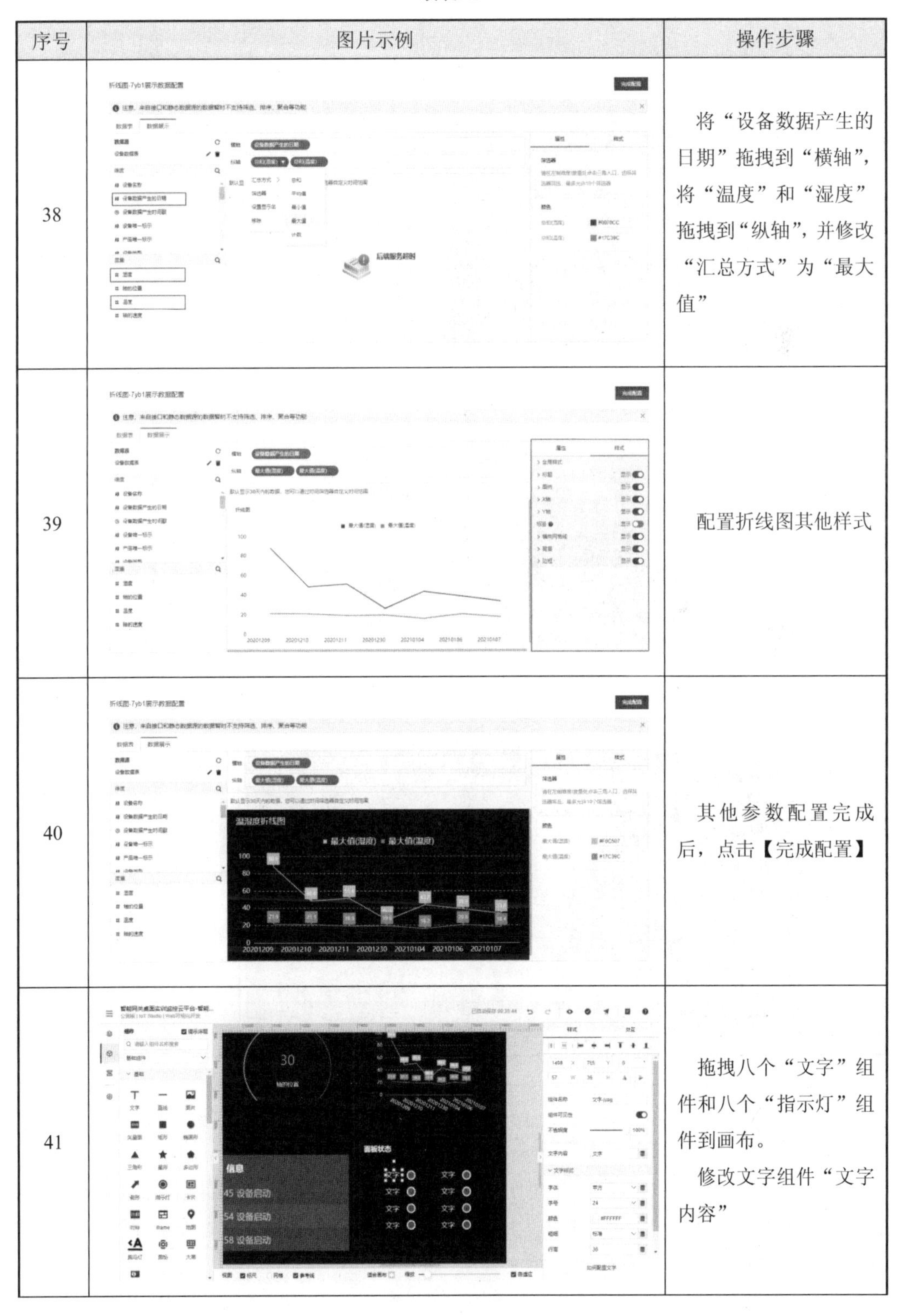

序号	图片示例	操作步骤
38		将“设备数据产生的日期”拖拽到“横轴”，将“温度”和“湿度”拖拽到“纵轴”，并修改“汇总方式”为“最大值”
39		配置折线图其他样式
40		其他参数配置完成后，点击【完成配置】
41		拖拽八个“文字”组件和八个“指示灯”组件到画布。 修改文字组件“文字内容”

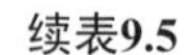

续表9.5

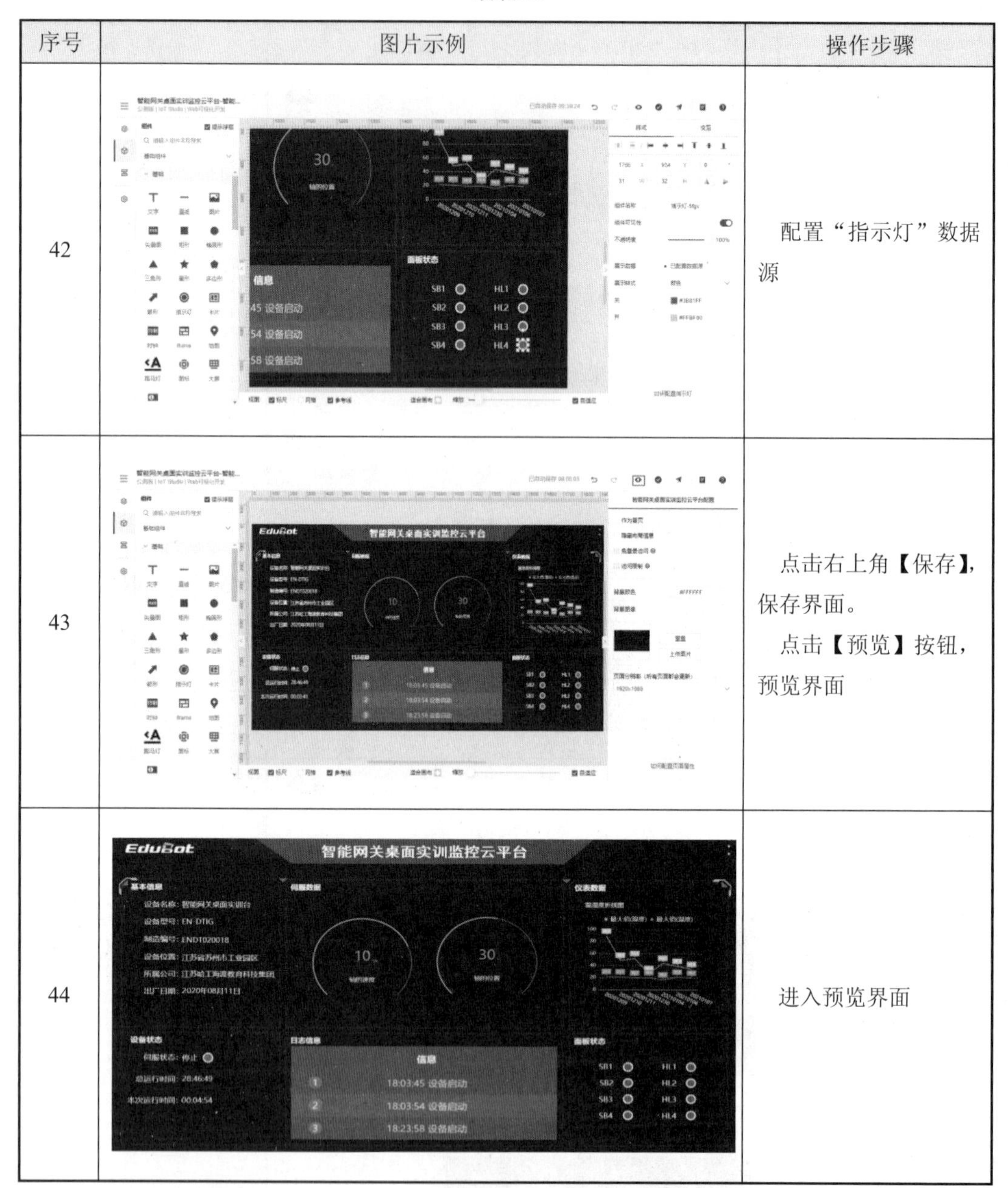

序号	图片示例	操作步骤
42		配置“指示灯”数据源
43		点击右上角【保存】，保存界面。 点击【预览】按钮，预览界面
44		进入预览界面

9.4.4 关联程序设计

关联程序包括对伺服系统的正确配置、PLC 控制程序编写、温湿度记录仪数据采集、MQTT 节点配置和数据本地处理等。具体配置过程及程序可参照第 6 章、第 7 章和第 8 章进行设计和调试。关联程序设计见表 9.6。

表9.6　关联程序设计

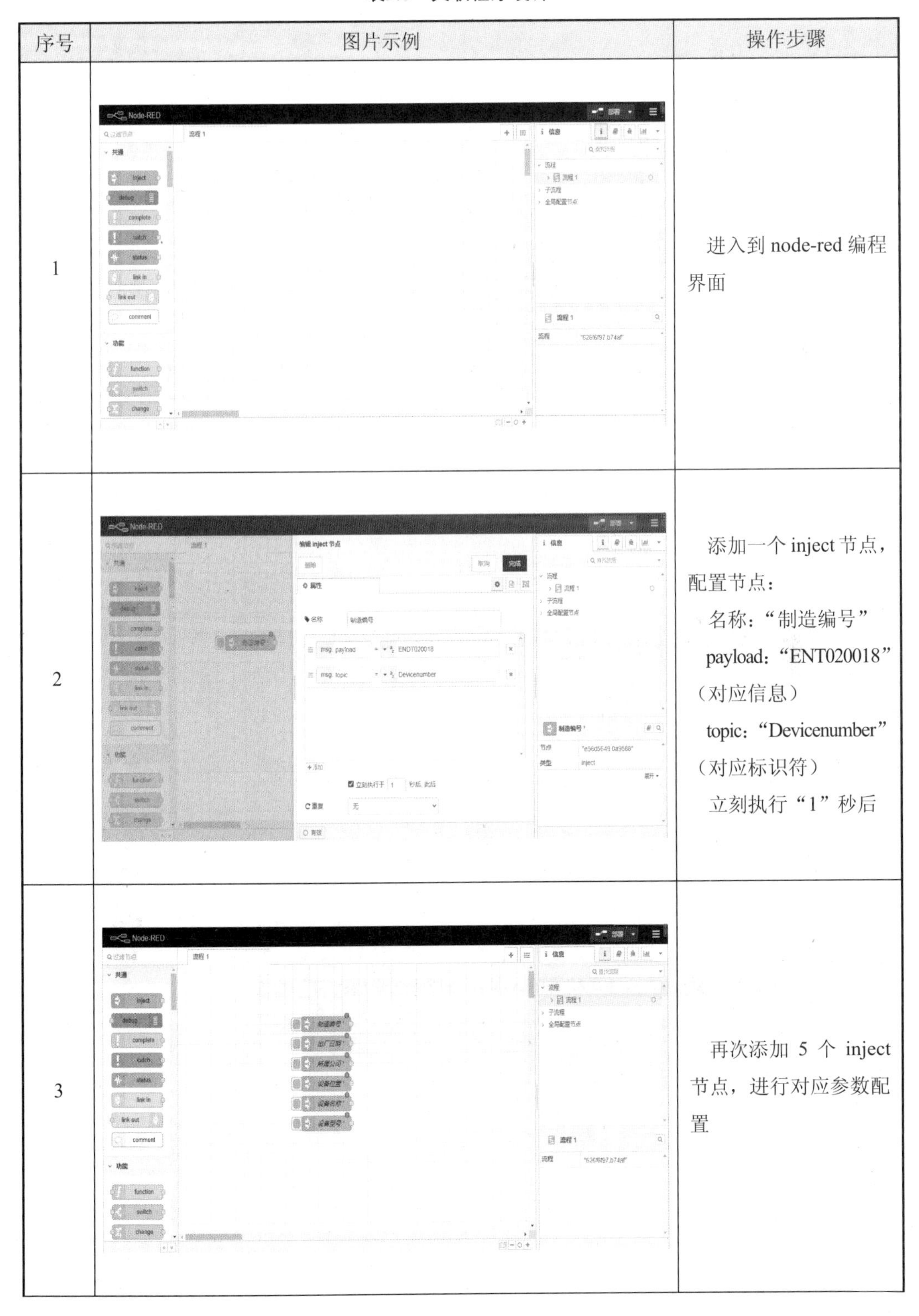

序号	图片示例	操作步骤
1		进入到 node-red 编程界面
2		添加一个 inject 节点，配置节点： 名称：“制造编号” payload：“ENT020018”（对应信息） topic：“Devicenumber”（对应标识符） 立刻执行“1”秒后
3		再次添加 5 个 inject 节点，进行对应参数配置

续表9.6

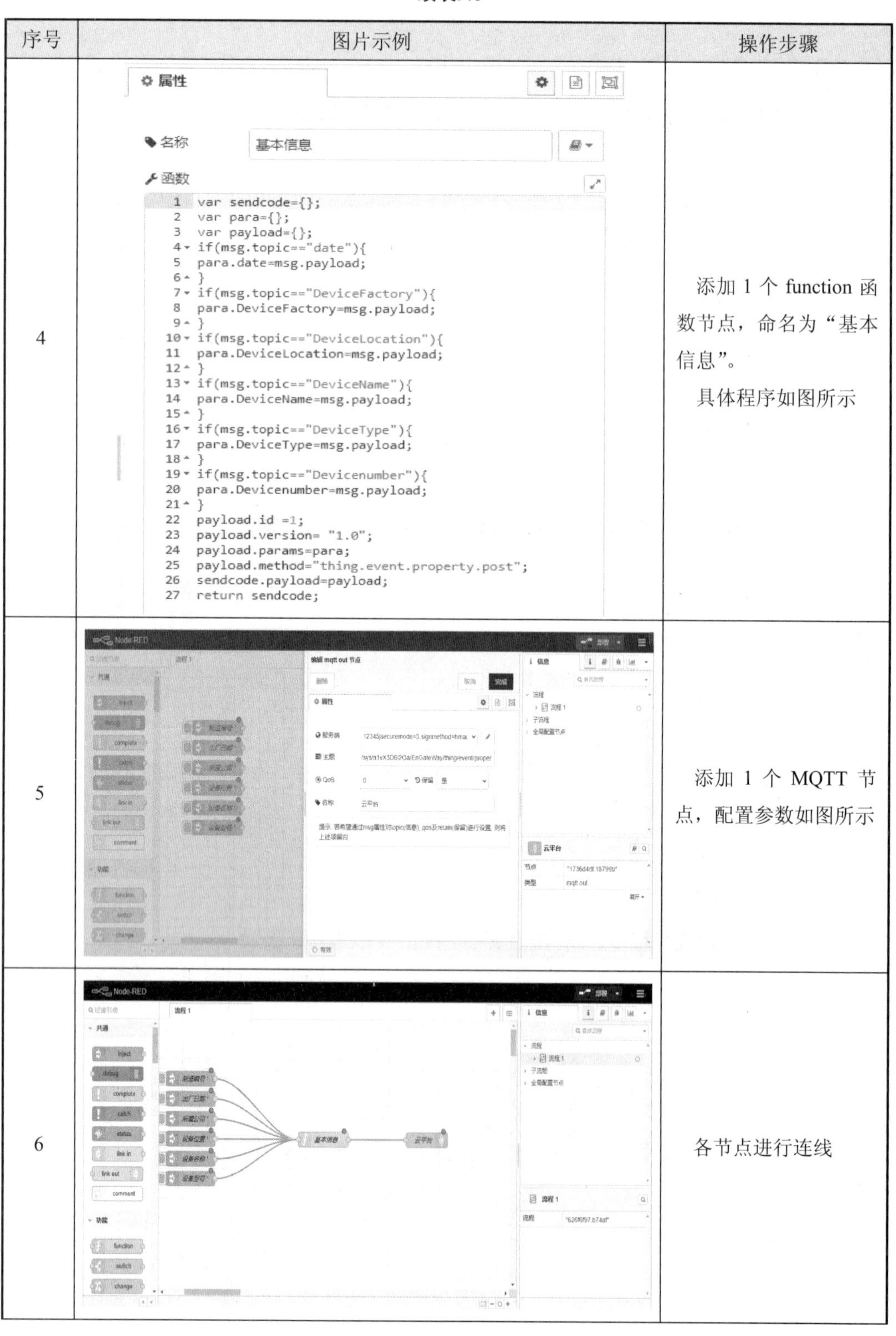

序号	图片示例	操作步骤
4		添加 1 个 function 函数节点，命名为“基本信息”。 具体程序如图所示
5		添加 1 个 MQTT 节点，配置参数如图所示
6		各节点进行连线

属性
名称
基本信息
函数
1 var sendcode={};
2 var para={};
3 var payload={};
4 if(msg.topic=="date"){
5 para.date=msg.payload;
6 }
7 if(msg.topic=="DeviceFactory"){
8 para.DeviceFactory=msg.payload;
9 }
10 if(msg.topic=="DeviceLocation"){
11 para.DeviceLocation=msg.payload;
12 }
13 if(msg.topic=="DeviceName"){
14 para.DeviceName=msg.payload;
15 }
16 if(msg.topic=="DeviceType"){
17 para.DeviceType=msg.payload;
18 }
19 if(msg.topic=="Devicenumber"){
20 para.Devicenumber=msg.payload;
21 }
22 payload.id =1;
23 payload.version= "1.0";
24 payload.params=para;
25 payload.method="thing.event.property.post";
26 sendcode.payload=payload;
27 return sendcode;
Node-RED
编辑 mqtt out 节点
属性
名称
云平台
Node-RED
流程 1
基本信息
云平台

续表9.6

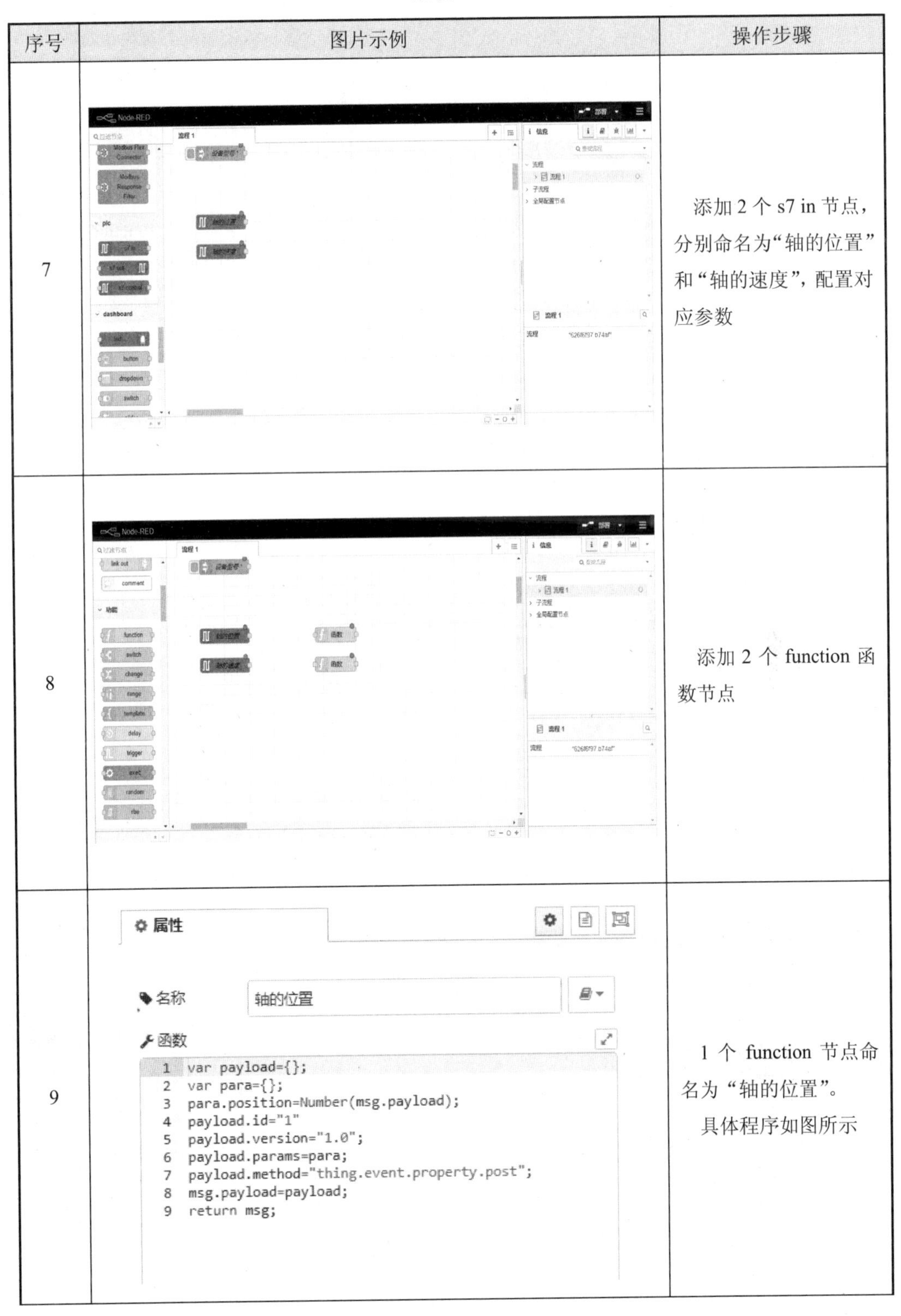

序号	图片示例	操作步骤
7		添加 2 个 s7 in 节点，分别命名为“轴的位置”和“轴的速度”，配置对应参数
8		添加 2 个 function 函数节点
9	属性 名称　轴的位置 函数 1 var payload={}; 2 var para={}; 3 para.position=Number(msg.payload); 4 payload.id="1" 5 payload.version="1.0"; 6 payload.params=para; 7 payload.method="thing.event.property.post"; 8 msg.payload=payload; 9 return msg;	1 个 function 节点命名为“轴的位置”。 具体程序如图所示

续表9.6

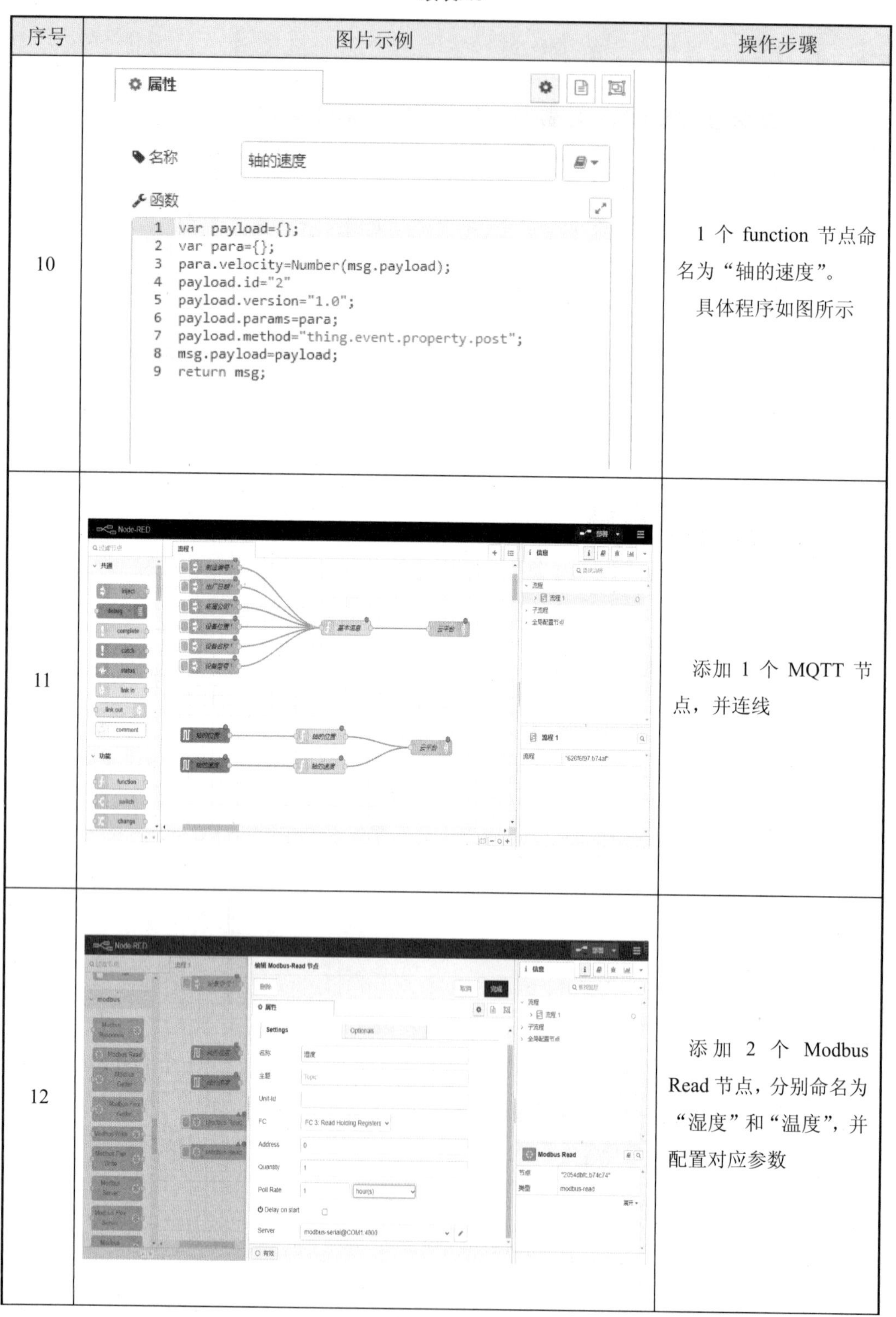

序号	图片示例	操作步骤
10		1 个 function 节点命名为“轴的速度”。 具体程序如图所示
11		添加 1 个 MQTT 节点，并连线
12		添加 2 个 Modbus Read 节点，分别命名为“湿度”和“温度”，并配置对应参数

续表9.6

序号	图片示例	操作步骤
13	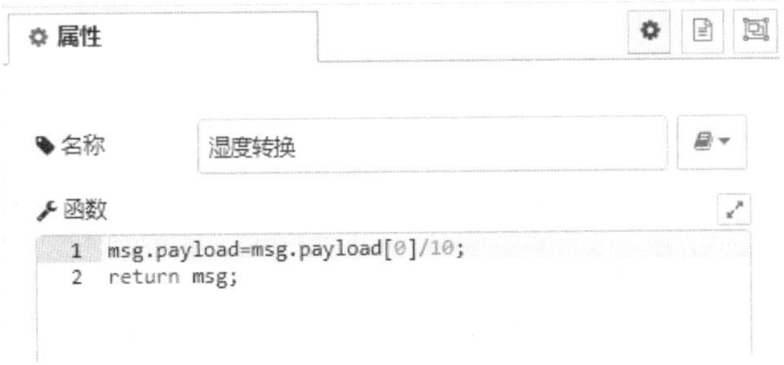 ⚙ 属性 名称　湿度转换 函数 1 msg.payload=msg.payload[0]/10; 2 return msg;	添加 1 个 function 节点命名为“湿度转换”。具体程序如图所示
14	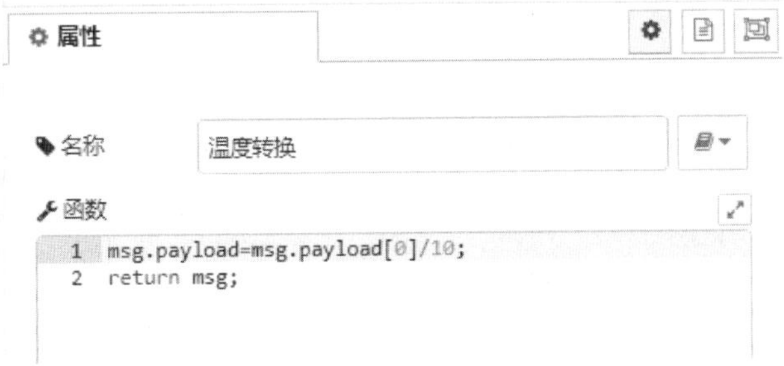 ⚙ 属性 名称　温度转换 函数 1 msg.payload=msg.payload[0]/10; 2 return msg;	添加 1 个 function 节点命名为“温度转换”。具体程序如图所示
15	 ⚙ 属性 名称　湿度 函数 1 var payload={}; 2 var para={}; 3 para.humidity=Number(msg.payload); 4 payload.id="3" 5 payload.version="1.0"; 6 payload.params=para; 7 payload.method="thing.event.property.post"; 8 msg.payload=payload; 9 return msg;	添加 1 个 function 节点命名为“湿度”。具体程序如图所示

续表9.6

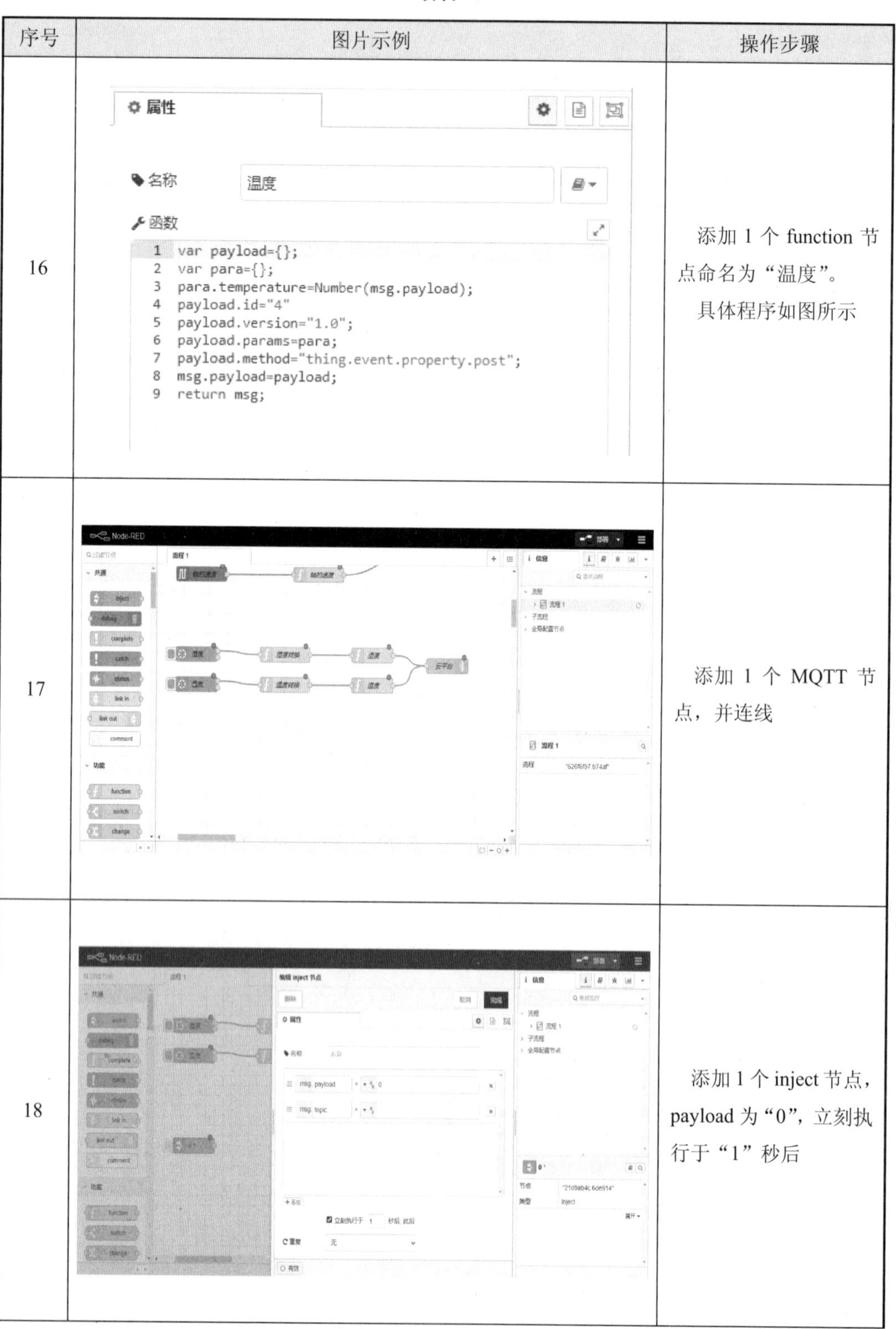
属性
名称
温度
函数
var payload={};
var para={};
para.temperature=Number(msg.payload);
payload.id="4"
payload.version="1.0";
payload.params=para;
payload.method="thing.event.property.post";
msg.payload=payload;
return msg;

序号	图片示例	操作步骤
16		添加 1 个 function 节点命名为“温度”。 具体程序如图所示
17		添加 1 个 MQTT 节点，并连线
18		添加 1 个 inject 节点，payload 为“0”，立刻执行于“1”秒后

续表9.6

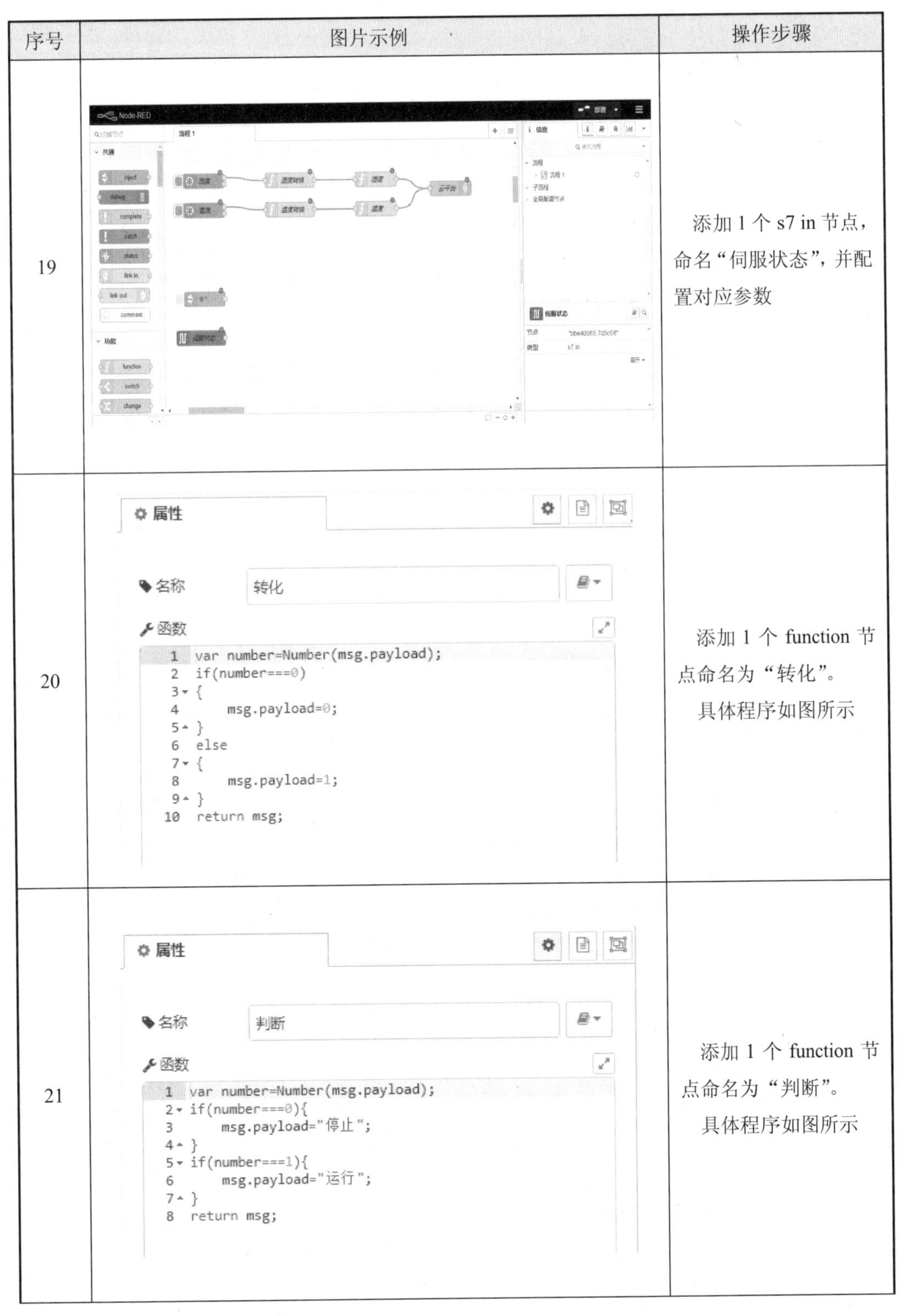

序号	图片示例	操作步骤
19	Node-RED 流程界面截图	添加 1 个 s7 in 节点，命名“伺服状态”，并配置对应参数

20	属性
	名称　转化
	函数
	1 var number=Number(msg.payload);
	2 if(number===0)
	3 {
	4 　　msg.payload=0;
	5 }
	6 else
	7 {
	8 　　msg.payload=1;
	9 }
	10 return msg;
		添加 1 个 function 节点命名为“转化”。
		具体程序如图所示

21	属性
	名称　判断
	函数
	1 var number=Number(msg.payload);
	2 if(number===0){
	3 　　msg.payload="停止";
	4 }
	5 if(number===1){
	6 　　msg.payload="运行";
	7 }
	8 return msg;
		添加 1 个 function 节点命名为“判断”。
		具体程序如图所示

续表9.6

序号	图片示例	操作步骤
22	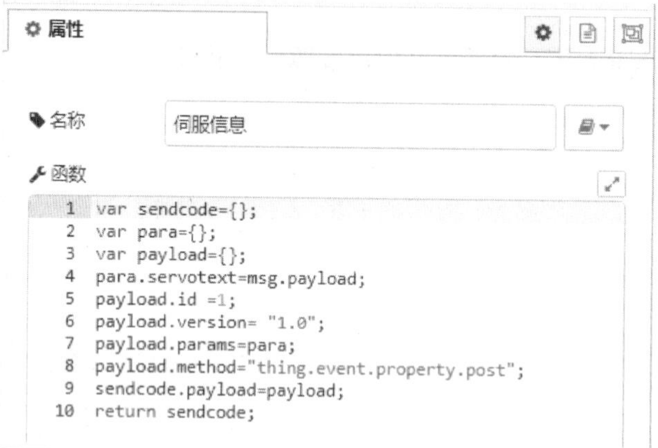 属性 名称 伺服信息 函数 1 var sendcode={}; 2 var para={}; 3 var payload={}; 4 para.servotext=msg.payload; 5 payload.id =1; 6 payload.version= "1.0"; 7 payload.params=para; 8 payload.method="thing.event.property.post"; 9 sendcode.payload=payload; 10 return sendcode;	添加 1 个 function 节点命名为“伺服信息”。具体程序如图所示
23	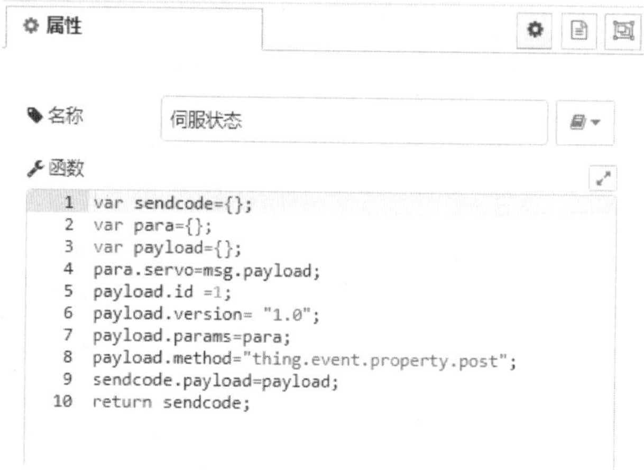 属性 名称 伺服状态 函数 1 var sendcode={}; 2 var para={}; 3 var payload={}; 4 para.servo=msg.payload; 5 payload.id =1; 6 payload.version= "1.0"; 7 payload.params=para; 8 payload.method="thing.event.property.post"; 9 sendcode.payload=payload; 10 return sendcode;	添加 1 个 function 节点命名为“伺服状态”。具体程序如图所示
24	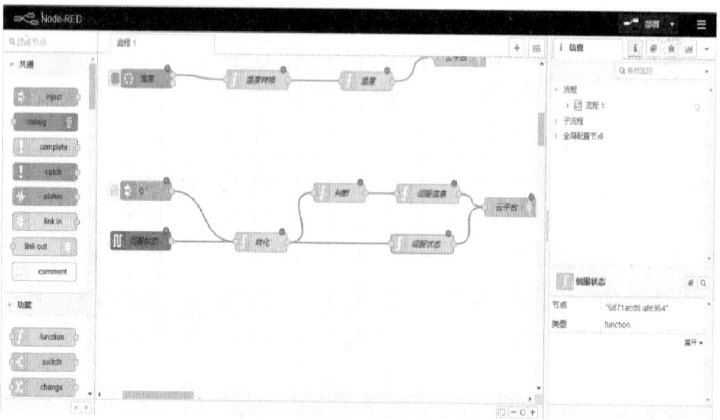	添加 1 个 MQTT 节点，并连线

续表9.6

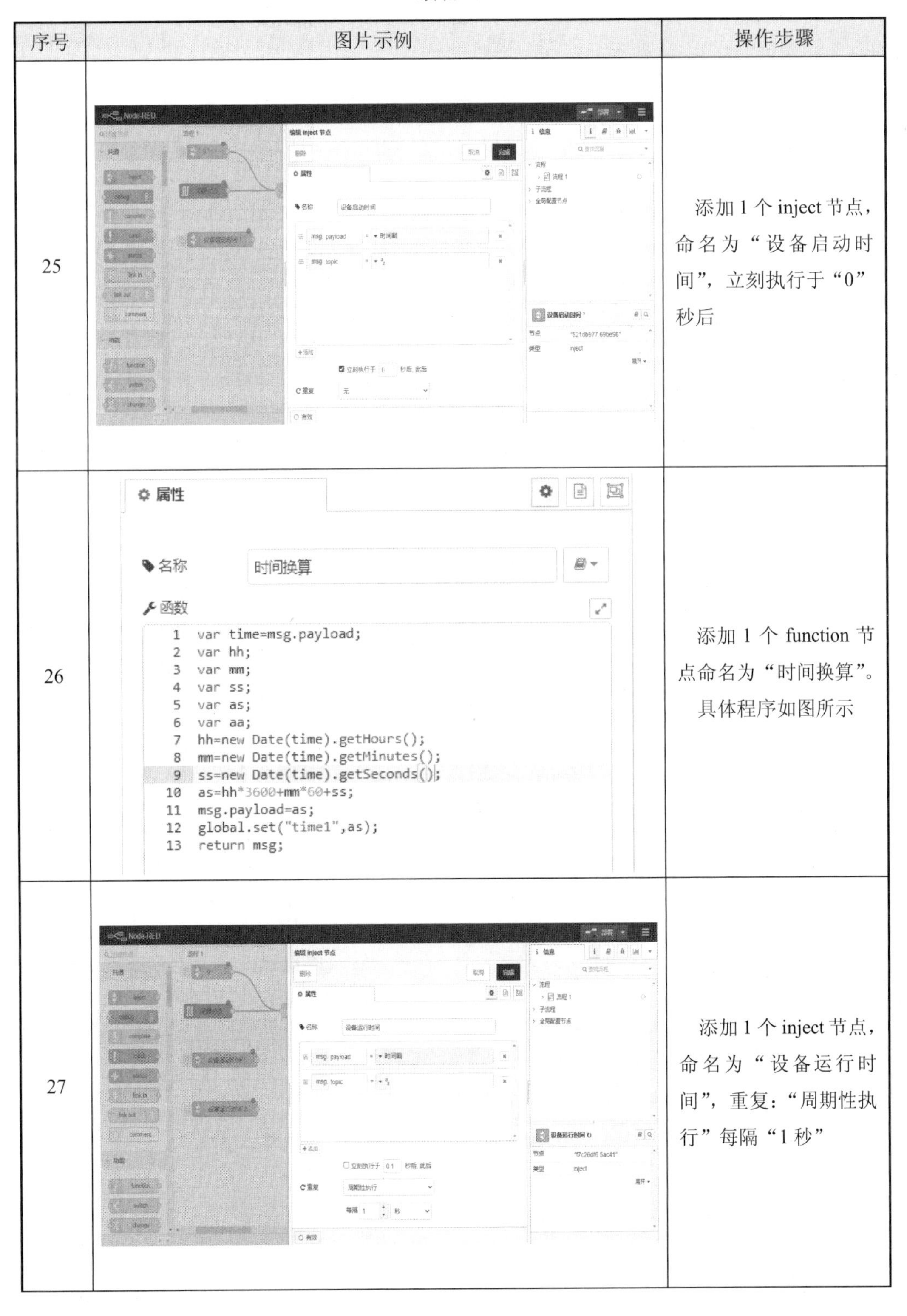

序号	图片示例	操作步骤
25		添加 1 个 inject 节点，命名为“设备启动时间”，立刻执行于“0”秒后

26	属性
	名称　时间换算
	函数
	`1 var time=msg.payload;`
	`2 var hh;`
	`3 var mm;`
	`4 var ss;`
	`5 var as;`
	`6 var aa;`
	`7 hh=new Date(time).getHours();`
	`8 mm=new Date(time).getMinutes();`
	`9 ss=new Date(time).getSeconds();`
	`10 as=hh*3600+mm*60+ss;`
	`11 msg.payload=as;`
	`12 global.set("time1",as);`
	`13 return msg;`
		添加 1 个 function 节点命名为“时间换算”。具体程序如图所示

27		添加 1 个 inject 节点，命名为“设备运行时间”，重复：“周期性执行”每隔“1 秒”

续表9.6

序号	图片示例	操作步骤

28	1 var date=global.get("time1");
	2 var time=msg.payload;
	3 var hh;
	4 var mm;
	5 var ss;
	6 var as;
	7 var aa;
	8 var h=0;
	9 var m=0;
	10 var s=0;
	11 var aaa={};
	12 hh=Number(new Date(time).getHours());
	13 mm=Number(new Date(time).getMinutes());
	14 ss=Number(new Date(time).getSeconds());
	15 as=hh*3600+mm*60+ss;
	16 time=as-date;
	17 if(time<60){
	18 s=time;
	19 }
	20 else{
	21 if(time/60<60){
	22 m=parseInt(time/60);
	23 s=time%60
	24 }else{
	25 h=parseInt(time/3600);
	26 m=parseInt(time%3600/60);
	27 s=time%60;
	28 }
	29 }
	30 if(((time/3600)>10)&&(time%3600/60)>10&&(time%60)>10){
	31 msg.payload=h+":"+m+":"+s;
	32 }else if((time/3600)<10&&(time%3600/60)>10&&(time%60)>10){
	33 msg.payload="0"+h+":"+m+":"+s;
	34 }else if((time/3600)<10&&(time%3600/60)<10&&(time%60)>10){
	35 msg.payload="0"+h+":"+"0"+m+":"+s;
	36 }else if((time/3600)<10&&(time%3600/60)<10&&(time%60)<10){
	37 msg.payload="0"+h+":"+"0"+m+":"+"0"+s;
	38 }else if((time/3600)<10&&(time%3600/60)>10&&(time%60)<10){
	39 msg.payload="0"+h+":"+m+":"+"0"+s;
	40 }else if((time/3600)>10&&(time%3600/60)<10&&(time%60)<10){
	41 msg.payload=h+":"+"0"+m+":"+"0"+s;
	42 }else if((time/3600)>10&&(time%3600/60)<10&&(time%60)>10){
	43 msg.payload=h+":"+"0"+m+":"+s;
	44 }else if((time/3600)>10&&(time%3600/60)>10&&(time%60)<10){
	45 msg.payload=h+":"+m+":"+"0"+s;
	46 }
	47 global.set("alltime",time);
	48 return msg;
		添加 1 个 function 节点命名为“时间格式”。具体程序如图所示

29	属性 名称 本次运行时间 函数 1 var sendcode={}; 2 var para={}; 3 var payload={}; 4 para.thistime=msg.payload; 5 payload.id =1; 6 payload.version= "1.0"; 7 payload.params=para; 8 payload.method="thing.event.property.post"; 9 sendcode.payload=payload; 10 return sendcode;	添加 1 个 function 节点命名为“本次运行时间”。

续表9.6

序号	图片示例	操作步骤
30	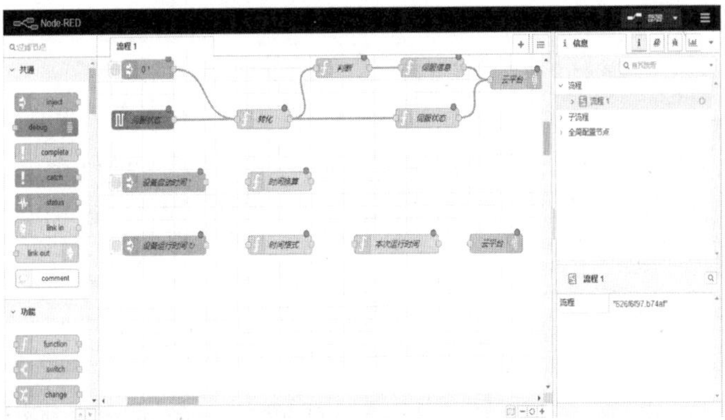	添加 1 个 MQTT 节点
31	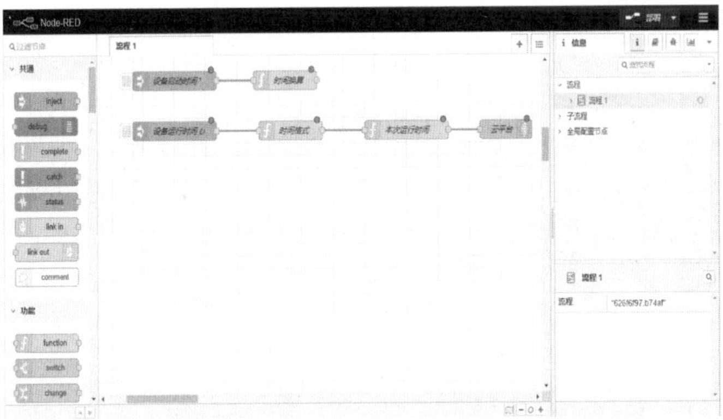	各节点连线
32		添加 1 个 inject 节点，命名为“每 5 分钟更新 1 次”，payload：“true”，立刻执行于“1”秒后，重复：“周期性执行”每隔“5 分钟”

续表9.6

序号	图片示例	操作步骤
33	Node-RED 流程 1 Modbus Flex Connector Modbus Response Filter plc s7 in s7 out s7 control dashboard led button dropdown switch 设备启动时间 时间换算 设备运行时间 时间格式 本次运行时间 云平台 五分钟更新一次 设备停止 信息 流程 流程 1 子流程 全局配置节点 设备停止 节点 "5cd243cd.6be8fc" 类型 s7 in 展开	添加 1 个 s7 in 节点，命名“设备停止”，并配置对应参数
34	Node-RED 流程 1 csv html json xml yaml 存储 file file in watch tail modbus Modbus Response 编辑 file in 节点 删除 取消 完成 属性 文件名 total 输出 一个utf8字符串 编码 utf8 名称 名称 提示：文件名应该是绝对路径，否则它将相对于Node-RED进程的工作目录。 有效 信息 流程 流程 1 子流程 全局配置节点 文件 节点 "45435ce5.a3d274" 类型 file in 展开	添加 1 个 file in 节点，文件名：“total”，输出：“1 个 utf8 字符串”，编码：“utf8”
35	 属性 名称 函数 1 var date=global.get("alltime"); 2 var time=Number(msg.payload); 3 time=time+date; 4 msg.payload=time; 5 return msg;	添加 1 个 function 节点。 具体程序如图所示

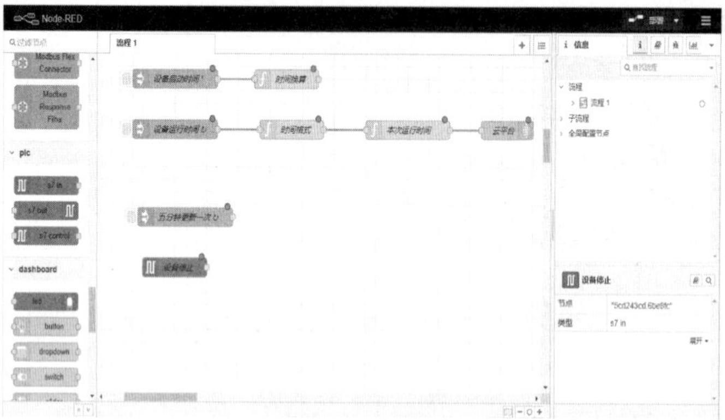

续表9.6

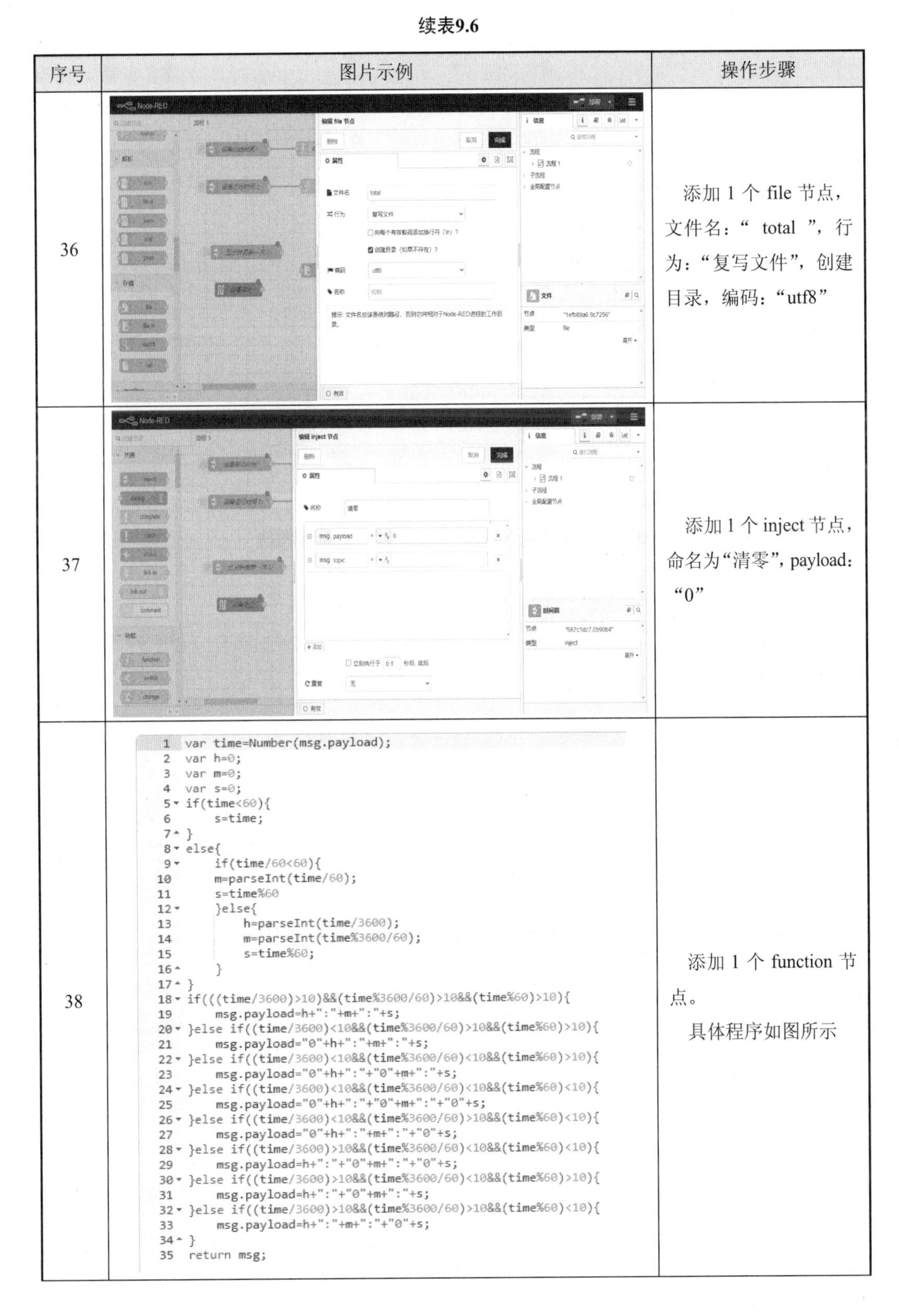

序号	图片示例	操作步骤
36		添加 1 个 file 节点，文件名：“ total ”，行为：“复写文件”，创建目录，编码：“utf8”
37		添加 1 个 inject 节点，命名为“清零”，payload：“0”
38		添加 1 个 function 节点。 具体程序如图所示

```
1  var time=Number(msg.payload);
2  var h=0;
3  var m=0;
4  var s=0;
5  if(time<60){
6      s=time;
7  }
8  else{
9      if(time/60<60){
10     m=parseInt(time/60);
11     s=time%60
12     }else{
13         h=parseInt(time/3600);
14         m=parseInt(time%3600/60);
15         s=time%60;
16     }
17 }
18 if(((time/3600)>10)&&(time%3600/60)>10&&(time%60)>10){
19     msg.payload=h+":"+m+":"+s;
20 }else if((time/3600)<10&&(time%3600/60)>10&&(time%60)>10){
21     msg.payload="0"+h+":"+m+":"+s;
22 }else if((time/3600)<10&&(time%3600/60)<10&&(time%60)>10){
23     msg.payload="0"+h+":"+"0"+m+":"+s;
24 }else if((time/3600)<10&&(time%3600/60)<10&&(time%60)<10){
25     msg.payload="0"+h+":"+"0"+m+":"+"0"+s;
26 }else if((time/3600)<10&&(time%3600/60)>10&&(time%60)<10){
27     msg.payload="0"+h+":"+m+":"+"0"+s;
28 }else if((time/3600)>10&&(time%3600/60)<10&&(time%60)<10){
29     msg.payload=h+":"+"0"+m+":"+"0"+s;
30 }else if((time/3600)>10&&(time%3600/60)<10&&(time%60)>10){
31     msg.payload=h+":"+"0"+m+":"+s;
32 }else if((time/3600)>10&&(time%3600/60)>10&&(time%60)<10){
33     msg.payload=h+":"+m+":"+"0"+s;
34 }
35 return msg;
```

续表9.6

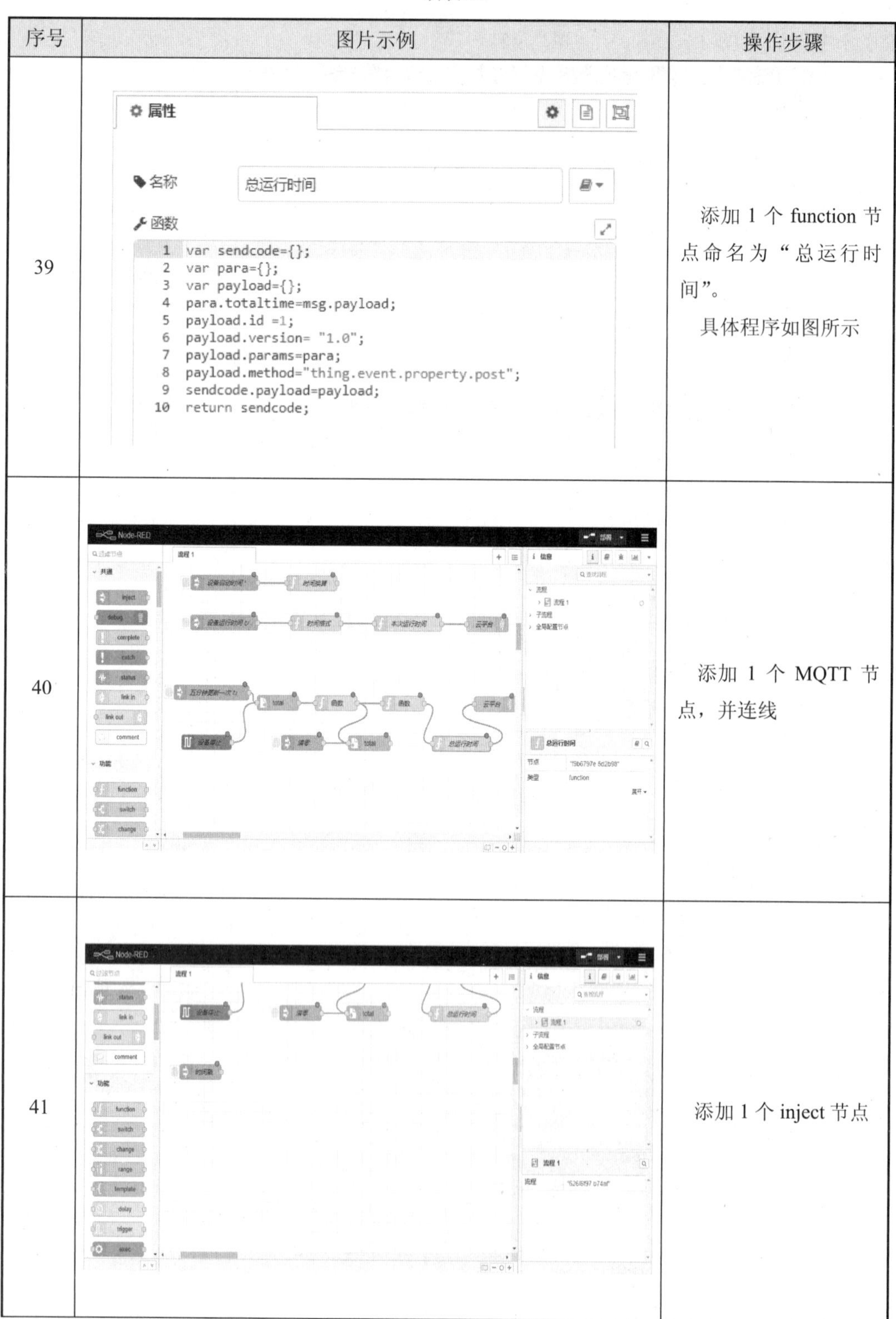
属性
名称
总运行时间
函数
1 var sendcode={};
2 var para={};
3 var payload={};
4 para.totaltime=msg.payload;
5 payload.id =1;
6 payload.version= "1.0";
7 payload.params=para;
8 payload.method="thing.event.property.post";
9 sendcode.payload=payload;
10 return sendcode;
Node-RED

序号	图片示例	操作步骤
39		添加1个function节点命名为“总运行时间”。 具体程序如图所示
40		添加1个MQTT节点，并连线
41		添加1个inject节点

续表9.6

序号	图片示例	操作步骤
42	属性 名称 全局变量初始化 函数 1 var sum=0; 2 var date=[]; 3 global.set("number",sum); 4 global.set("date",date);	添加 1 个 function 节点命名为“全局变量初始化”。 具体程序如图所示
43		各节点连线
44		添加 2 个 s7 in 节点，分别命名“设备启动”和“设备停止”，并配置对应参数

续表9.6

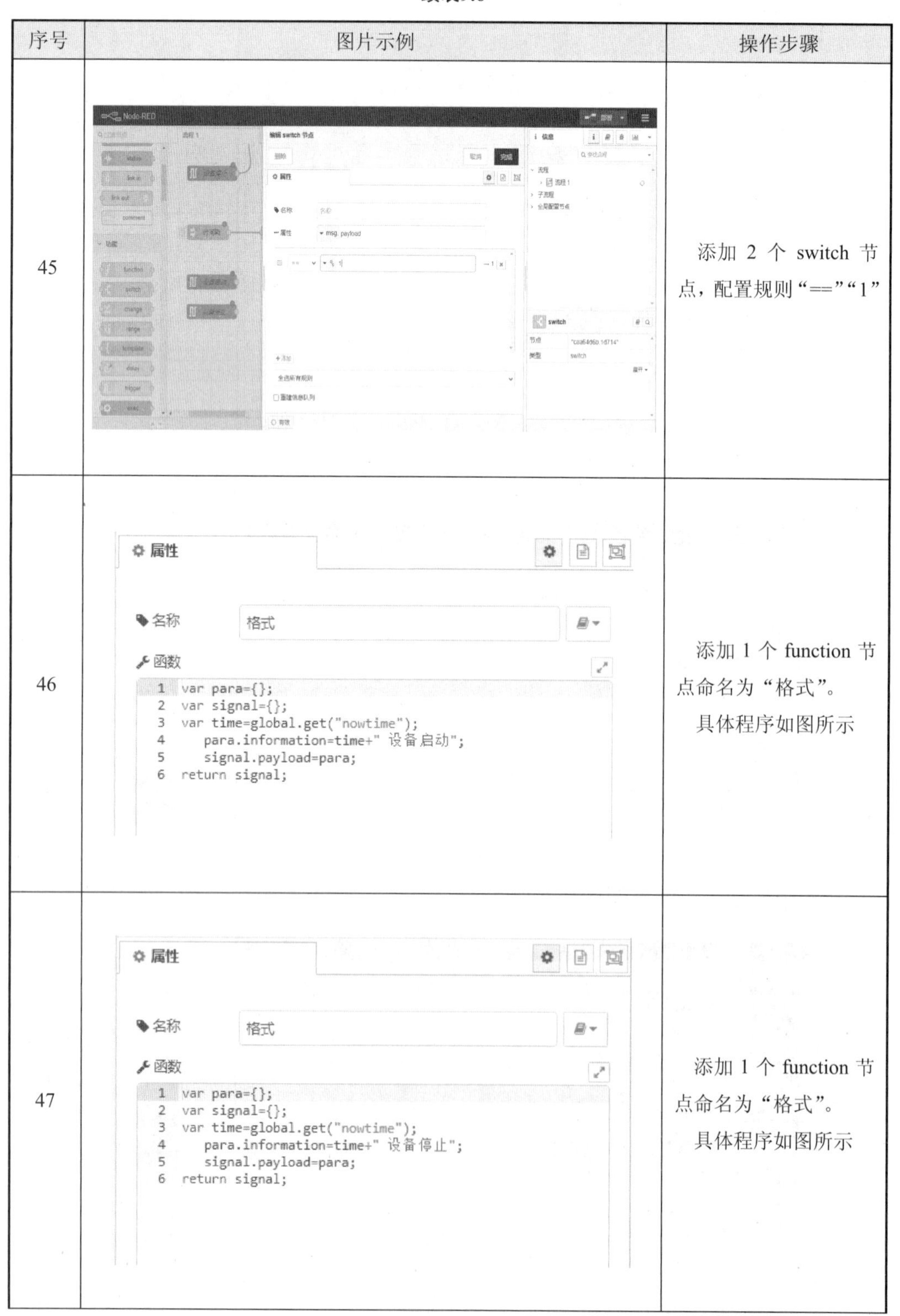

序号	图片示例	操作步骤
45		添加 2 个 switch 节点，配置规则“==”“1”
46		添加 1 个 function 节点命名为“格式”。 具体程序如图所示
47		添加 1 个 function 节点命名为“格式”。 具体程序如图所示

续表9.6

<table>
<tr><th>序号</th><th>图片示例</th><th>操作步骤</th></tr>
<tr><td>48</td><td>属性
名称　日志信息
函数
<pre>var sendcode={};
var para={};
var payload={};
var date=global.get("date");
var length=global.get("number");
date[length]=msg.payload;
length++;
if(length==101)
{
    length=0;
}
global.set("number",length);
global.set("date",date);
para.log=date;
payload.id =1;
payload.version= "1.0";
payload.params=para;
payload.method="thing.event.property.post";
sendcode.payload=payload;
return sendcode;</pre></td><td>添加 1 个 function 节点命名为“日志信息”。具体程序如图所示</td></tr>
<tr><td>49</td><td></td><td>添加 1 个 MQTT 节点，并连线</td></tr>
<tr><td>50</td><td></td><td>添加 1 个 inject 节点，重复：“周期性执行”每隔“1 秒”</td></tr>
</table>

续表9.6

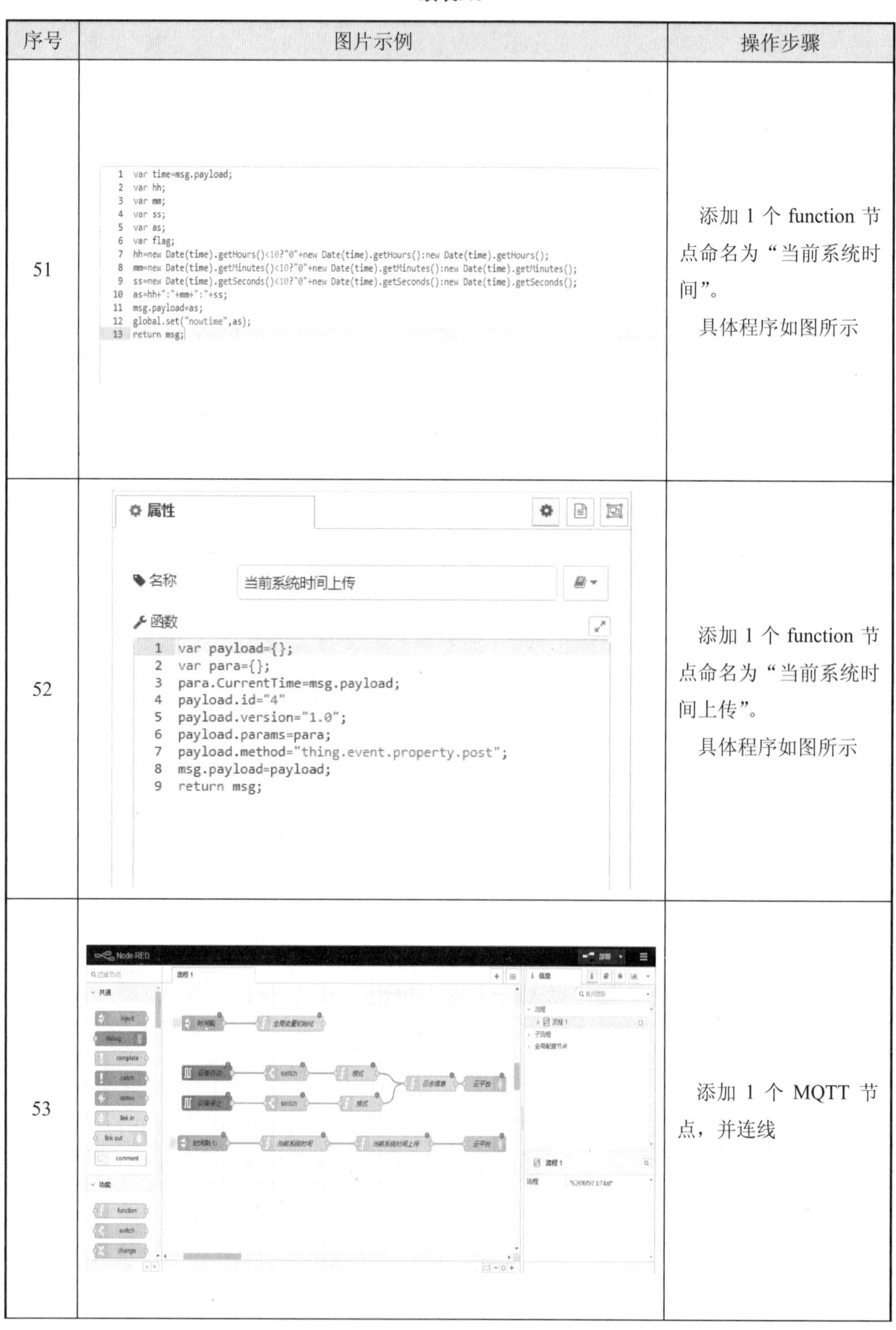

序号	图片示例	操作步骤
51	1 var time=msg.payload; 2 var hh; 3 var mm; 4 var ss; 5 var as; 6 var flag; 7 hh=new Date(time).getHours()<10?"0"+new Date(time).getHours():new Date(time).getHours(); 8 mm=new Date(time).getMinutes()<10?"0"+new Date(time).getMinutes():new Date(time).getMinutes(); 9 ss=new Date(time).getSeconds()<10?"0"+new Date(time).getSeconds():new Date(time).getSeconds(); 10 as=hh+":"+mm+":"+ss; 11 msg.payload=as; 12 global.set("nowtime",as); 13 return msg;	添加 1 个 function 节点命名为“当前系统时间”。 具体程序如图所示
52	属性 名称 当前系统时间上传 函数 1 var payload={}; 2 var para={}; 3 para.CurrentTime=msg.payload; 4 payload.id="4" 5 payload.version="1.0"; 6 payload.params=para; 7 payload.method="thing.event.property.post"; 8 msg.payload=payload; 9 return msg;	添加 1 个 function 节点命名为“当前系统时间上传”。 具体程序如图所示
53	Node-RED	添加 1 个 MQTT 节点，并连线

续表9.6

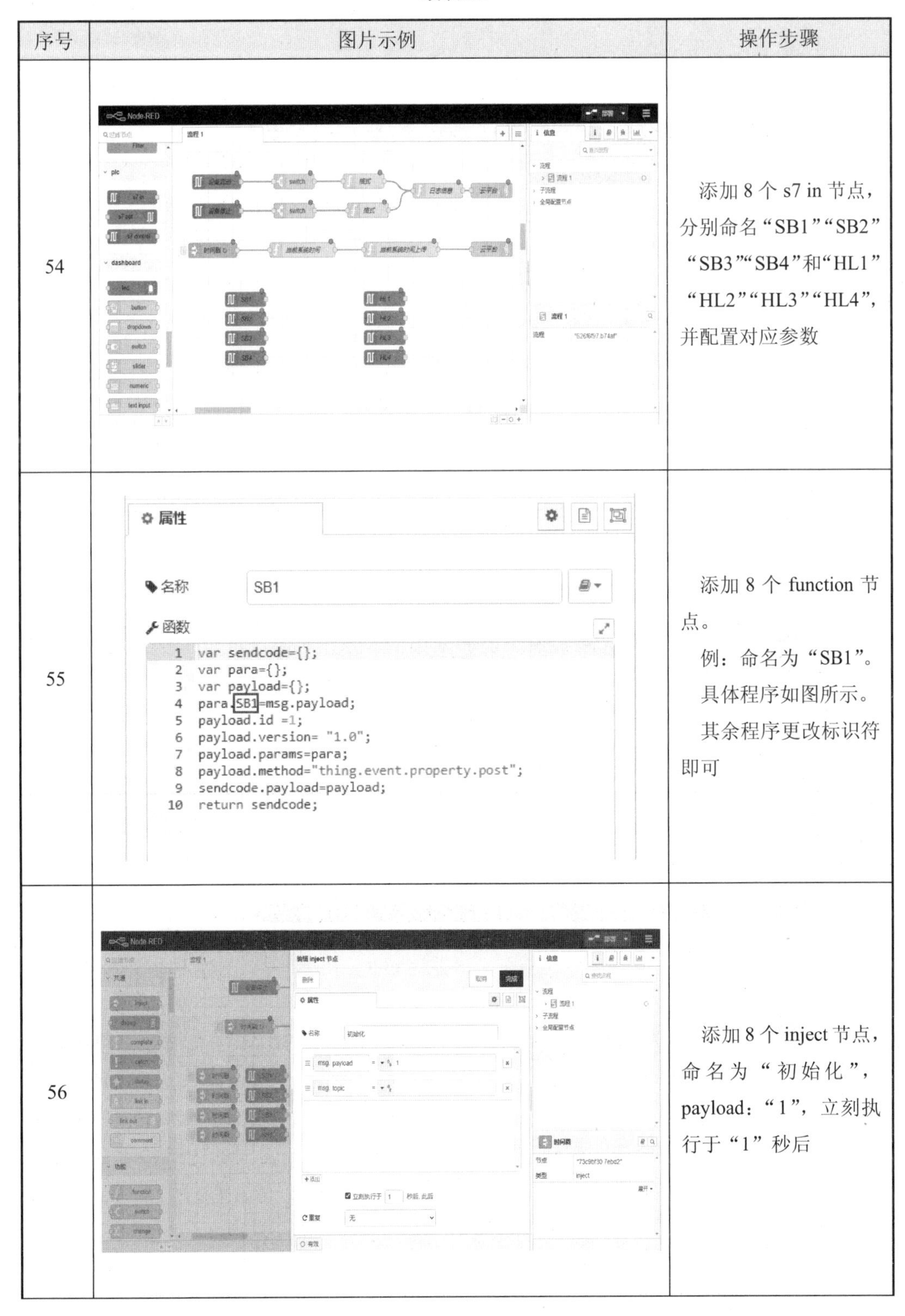

序号	图片示例	操作步骤
54		添加 8 个 s7 in 节点，分别命名“SB1”“SB2”“SB3”“SB4”和“HL1”“HL2”“HL3”“HL4”，并配置对应参数
55	属性 名称 SB1 函数 1 var sendcode={}; 2 var para={}; 3 var payload={}; 4 para.SB1=msg.payload; 5 payload.id =1; 6 payload.version= "1.0"; 7 payload.params=para; 8 payload.method="thing.event.property.post"; 9 sendcode.payload=payload; 10 return sendcode;	添加 8 个 function 节点。 例：命名为“SB1”。 具体程序如图所示。 其余程序更改标识符即可
56		添加 8 个 inject 节点，命名为“初始化”，payload：“1”，立刻执行于“1”秒后

续表9.6

序号	图片示例	操作步骤
57	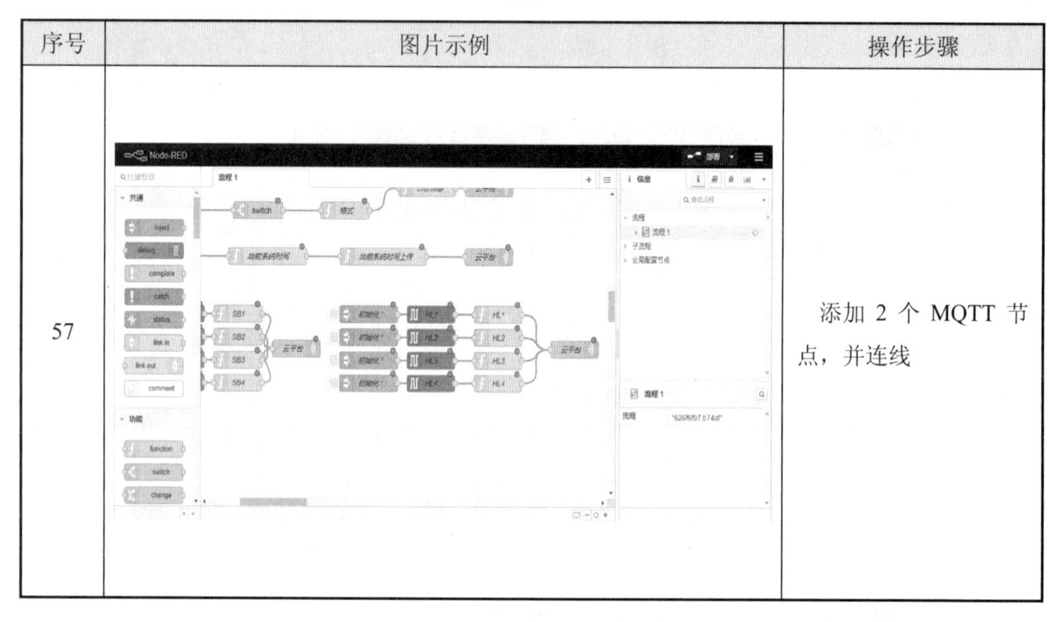	添加 2 个 MQTT 节点，并连线

9.4.5 项目程序调试

首先完成本地硬件调试，智能网关能够采集伺服系统和温湿度记录仪的数据，本地数据正常处理。云端与本地联调，主要检查本地数据发送格式是否正确。

云端可视化界面是否正常展示数据。项目程序调试见表 9.7。

表9.7 项目程序调试

序号	图片示例	操作步骤
1	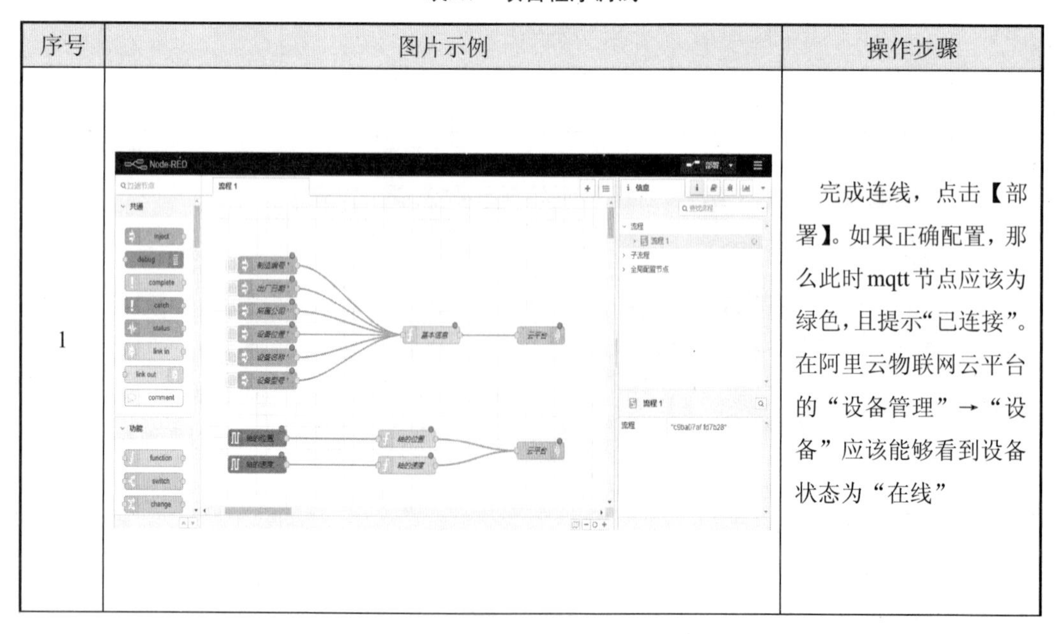	完成连线，点击【部署】。如果正确配置，那么此时mqtt节点应该为绿色，且提示“已连接”。在阿里云物联网云平台的“设备管理”→“设备”应该能够看到设备状态为“在线”

续表9.7

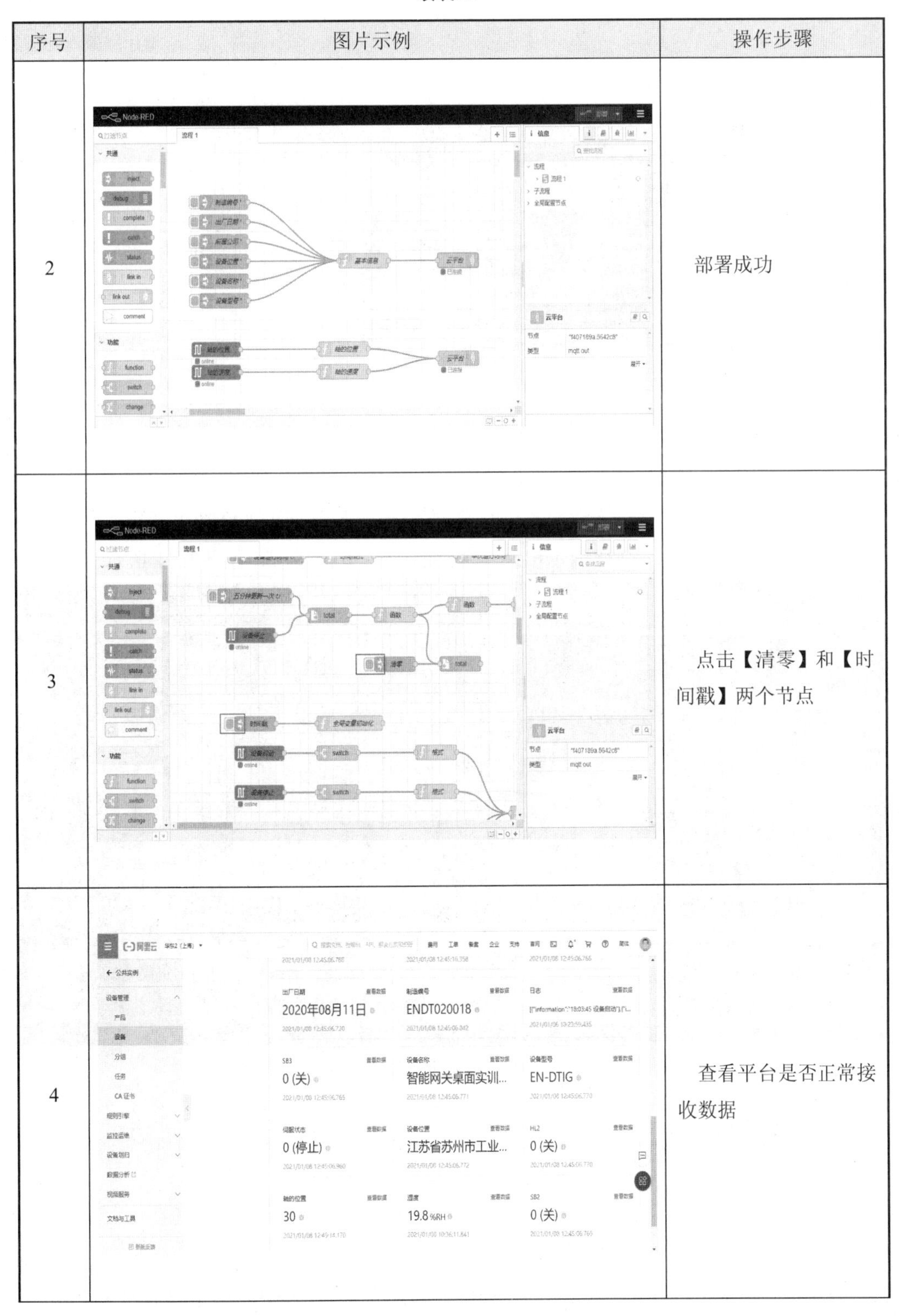

序号	图片示例	操作步骤
2		部署成功
3		点击【清零】和【时间戳】两个节点
4		查看平台是否正常接收数据

续表9.7

序号	图片示例	操作步骤
5	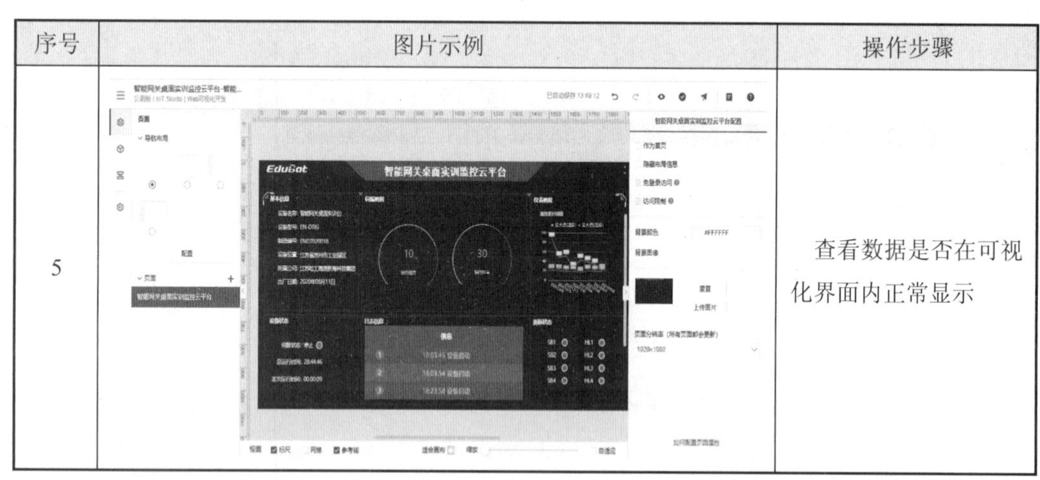	查看数据是否在可视化界面内正常显示

9.4.6 项目总体运行

用户通过按钮对伺服系统进行启停控制，智能网关通过 PLC 采集伺服的运行数据和通过温湿度记录仪采集温湿度数据，进行数据本地处理后，通过 MQTT 节点将数据传输至云端。在云端将数据可视化展示出来，并进行实时更新显示，如图 9.11 所示。

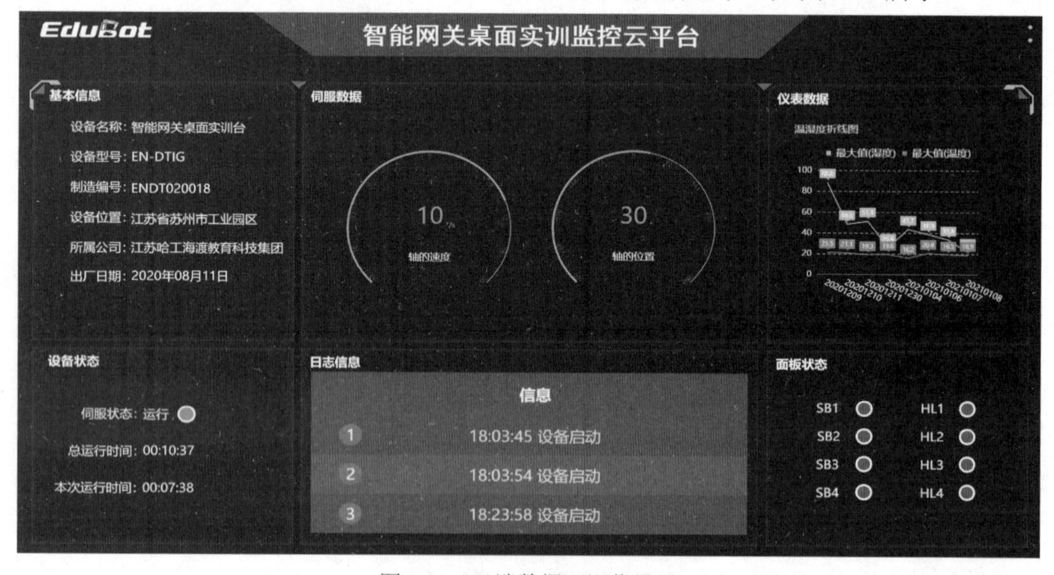

图 9.11 云端数据可视化显示

9.5 项目验证

9.5.1 效果验证

智能网关是否能够采集温湿度记录仪数据和伺服系统数据，在云平台上是否能够接收到数据，在云平台可视化界面上是否能正常显示数据。效果验证流程图如图 9.12 所示。

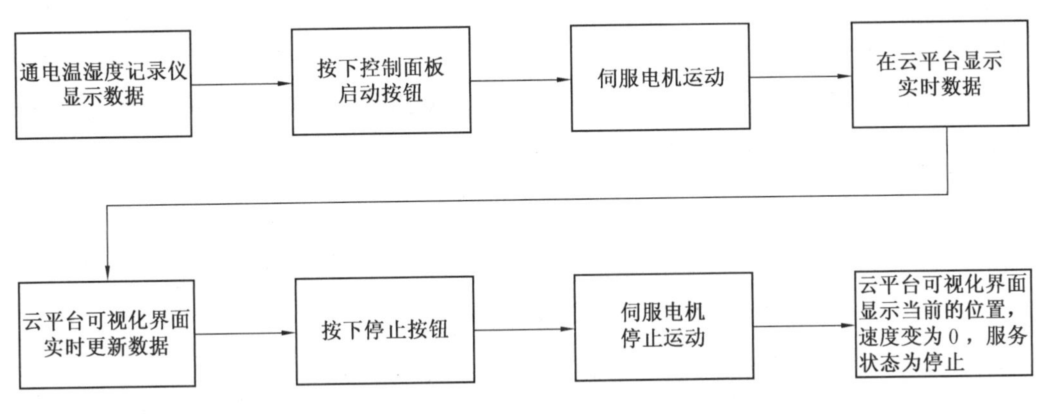

图 9.12　效果验证流程图

9.5.2　数据验证

数据验证主要对相关节点输出的变量情况进行查看，通过云端可视化界面数据与本地数据的对照，对数据上云的准确性、时效性进行验证。

9.6　项目总结

9.6.1　项目评价

项目评价见表 9.8。通过对整个项目的练习，评价对智能网关数据上云后，可视化展现数据过程的知识技能的掌握情况。

表 9.8　项目评价表

项目指标		分值	自评	互评	完成情况说明
项目分析	1. 硬件架构分析	6			
	2. 项目流程分析	6			
项目要点	1. Web 可视化组件介绍	8			
	2. Web 可视化数据源配置	8			
	3. file 节点和 file in 节点	8			
项目步骤	1. 应用系统连接	9			
	2. 应用系统配置	9			
	3. 主体程序设计	9			
	4. 关联程序设计	9			
	5. 项目程序调试	9			
	6. 项目运行调试	9			
项目验证	1. 效果验证	5			
	2. 数据验证	5			
合计		100			

9.6.2 项目拓展

本项目只是将数据上传到云平台后，实现数据 Web 可视化展示。数据上传到云平台后还可以对数据进行移动可视化开发操作和业务逻辑开发。具体内容和操作需要用户去拓展。

参考文献

[1] 夏志杰. 工业互联网：体系与技术[M]. 北京：机械工业出版社，2018.
[2] 魏毅寅，柴旭东. 工业互联网：技术与实践[M]. 北京：电子工业出版社，2017.
[3] 美国通用电气公司(GE). 工业互联网：打破智慧与机器的边界[M]. 北京：机械工业出版社，2015.
[4] 腾讯研究院. 互联网+制造：迈向中国制造 2025[M]. 北京：电子工业出版社，2017.
[5] 工业互联网产业联盟. 工业互联网体系架构（1.0 版）[R]. 工业互联网产业联盟，2016.
[6] 工业互联网产业联盟. 工业互联网平台白皮书(2017)[R]. 工业互联网产业联盟，2017.
[7] 工业互联网产业联盟. 工业互联网平台白皮书(2019)[R]. 工业互联网产业联盟，2019.
[8] 工业互联网产业联盟. 工业互联网垂直行应用报告(2019 版) [R]. 工业互联网产业联盟，2019.
[9] 工业互联网产业联盟. 2018 年工业互联网案例汇编[G]. 工业互联网产业联盟，2018.
[10] Siemens AG. SINAMICS V90 Basic Servo Drive System[Z]. Siemens AG Digital Industries，Motion Control，2019.
[11] 张明文. 工业互联网智能网关技术应用初级教程（西门子）[M]. 哈尔滨：哈尔滨工业大学出版社，2020.

教学课件下载步骤

步骤一

登录“工业机器人教育网”

www.irobot-edu.com，菜单栏单击【职校】

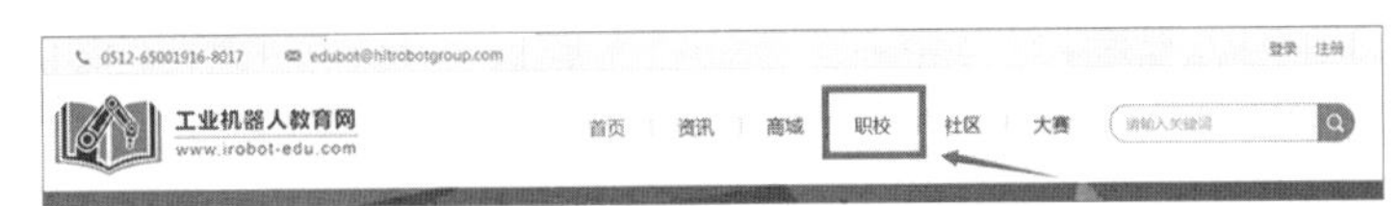

步骤二

单击菜单栏【在线学堂】下方找到您需要的课程

步骤三

课程内视频下方单击【课件下载】

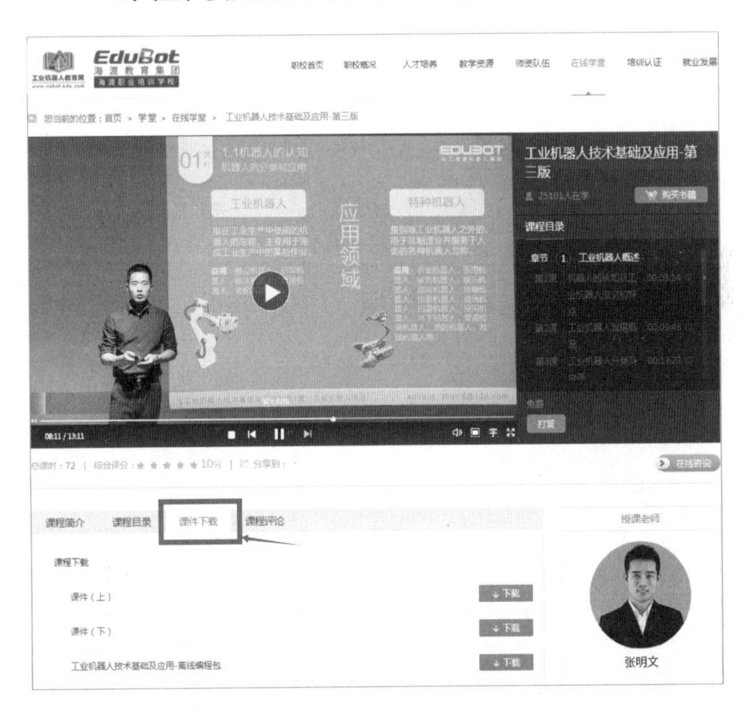

咨询与反馈

尊敬的读者：

感谢您选用我们的教材！

本书有丰富的配套教学资源，在使用过程中，如有任何疑问或建议，可通过邮件（edubot@hitrobotgroup.com）或扫描右侧二维码，在线提交咨询信息。

全国服务热线：400-6688-955

（教学资源建议反馈表）

先进制造业人才培养丛书

■工业机器人

教材名称	主编	出版社
工业机器人技术人才培养方案	张明文	哈尔滨工业大学出版社
工业机器人基础与应用	张明文	机械工业出版社
工业机器人技术基础及应用	张明文	哈尔滨工业大学出版社
工业机器人专业英语	张明文	华中科技大学出版社
工业机器人入门实用教程（ABB机器人）	张明文	哈尔滨工业大学出版社
工业机器人入门实用教程（FANUC机器人）	张明文	哈尔滨工业大学出版社
工业机器人入门实用教程（汇川机器人）	张明文、韩国震	哈尔滨工业大学出版社
工业机器人入门实用教程（ESTUN机器人）	张明文	华中科技大学出版社
工业机器人入门实用教程（SCARA机器人）	张明文、于振中	哈尔滨工业大学出版社
工业机器人入门实用教程（珞石机器人）	张明文、曹华	化学工业出版社
工业机器人入门实用教程（YASKAWA机器人）	张明文	哈尔滨工业大学出版社
工业机器人入门实用教程（KUKA机器人）	张明文	人民邮电出版社
工业机器人入门实用教程（EFORT机器人）	张明文	华中科技大学出版社
工业机器人入门实用教程（COMAU机器人）	张明文	哈尔滨工业大学出版社
工业机器人入门实用教程（配天机器人）	张明文、索利洋	哈尔滨工业大学出版社
工业机器人知识要点解析（ABB机器人）	张明文	哈尔滨工业大学出版社
工业机器人知识要点解析（FANUC机器人）	张明文	机械工业出版社
工业机器人编程及操作（ABB机器人）	张明文	哈尔滨工业大学出版社
工业机器人编程操作（ABB机器人）	张明文、于霜	人民邮电出版社
工业机器人编程操作（FANUC机器人）	张明文	人民邮电出版社
工业机器人编程基础（KUKA机器人）	张明文、张宋文、付化举	哈尔滨工业大学出版社
工业机器人离线编程	张明文	华中科技大学出版社
工业机器人离线编程与仿真（FANUC机器人）	张明文	人民邮电出版社
工业机器人原理及应用（DELTA并联机器人）	张明文、于振中	哈尔滨工业大学出版社
工业机器人视觉技术及应用	张明文、王璐欢	人民邮电出版社
智能机器人高级编程及应用（ABB机器人）	张明文、王璐欢	机械工业出版社
工业机器人运动控制技术	张明文、于霜	机械工业出版社
工业机器人系统技术应用	张明文、顾三鸿	哈尔滨工业大学出版社
机器人系统集成技术应用	张明文、何定阳	哈尔滨工业大学出版社
工业机器人与视觉技术应用初级教程	张明文、何定阳	哈尔滨工业大学出版社

■智能制造

教材名称	主编	出版社
智能制造与机器人应用技术	张明文、王璐欢	机械工业出版社
智能控制技术专业英语	张明文、王璐欢	机械工业出版社
智能制造技术及应用教程	谢力志、张明文	哈尔滨工业大学出版社
智能运动控制技术应用初级教程（翠欧）	张明文	哈尔滨工业大学出版社
智能协作机器人入门实用教程（优傲机器人）	张明文、王璐欢	机械工业出版社
智能协作机器人技术应用初级教程（遨博）	张明文	哈尔滨工业大学出版社
智能移动机器人技术应用初级教程（博众）	张明文	哈尔滨工业大学出版社
智能制造与机电一体化技术应用初级教程	张明文	哈尔滨工业大学出版社
PLC编程技术应用初级教程（西门子）	张明文	哈尔滨工业大学出版社

教材名称	主编	出版社
智能视觉技术应用初级教程（信捷）	张明文	哈尔滨工业大学出版社
智能制造与PLC技术应用初级教程	张明文	哈尔滨工业大学出版社
智能协作机器人技术应用初级教程（法奥）	王超、张明文	哈尔滨工业大学出版社
智能力控机器人技术应用初级教程（思灵）	陈兆芃、张明文	哈尔滨工业大学出版社
智能协作机器人技术应用初级教程（FRANKA）	[德国]刘恩德、张明文	哈尔滨工业大学出版社

工业互联网

教材名称	主编	出版社
工业互联网人才培养方案	张明文、高文婷	哈尔滨工业大学出版社
工业互联网与机器人技术应用初级教程	张明文	哈尔滨工业大学出版社
工业互联网智能网关技术应用初级教程（西门子）	张明文	哈尔滨工业大学出版社
工业互联网数字孪生技术应用初级教程	张明文、高文婷	哈尔滨工业大学出版社
工业互联网智能网关技术应用初级教程	吴永新、张明文、王伟	哈尔滨工业大学出版社

人工智能

教材名称	主编	出版社
人工智能人才培养方案	张明文	哈尔滨工业大学出版社
人工智能技术应用初级教程	张明文	哈尔滨工业大学出版社
人工智能与机器人技术应用初级教程（e.Do教育机器人）	张明文	哈尔滨工业大学出版社